Ana Maria Trinconi Borgatto
Mestra em Letras pela Universidade de São Paulo (USP)
Pós-graduada em Estudos Comparados de Literaturas de Língua Portuguesa pela USP
Licenciada em Letras pela USP
Pedagoga graduada pela USP
Professora universitária
Professora de Língua Portuguesa do Ensino Fundamental e Médio
Atuação em processos de formação de professores

Terezinha Costa Hashimoto Bertin
Mestra em Ciências da Comunicação pela Universidade de São Paulo (USP)
Pós-graduada em Comunicação e Semiótica pela Pontifícia Universidade Católica de São Paulo (PUC-SP)
Licenciada em Letras pela USP
Atuou como professora universitária e professora de Língua Portuguesa do Ensino Fundamental e Médio
Atuação em processos de formação de professores

Vera Lúcia de Carvalho Marchezi
Mestra em Letras pela Universidade de São Paulo (USP)
Pós-graduada em Estudos Comparados de Literaturas de Língua Portuguesa pela USP
Licenciada em Letras pela Universidade Estadual Paulista "Júlio de Mesquita Filho" (Unesp – Araraquara, SP)
Professora universitária
Professora de Língua Portuguesa do Ensino Fundamental e Médio
Atuação em processos de formação de professores

O nome *Teláris* se inspira na forma latina *telarium*, que significa "tecelão", para evocar o entrelaçamento dos saberes na construção do conhecimento.

TELÁRIS
PORTUGUÊS

8

editora ática

Direção Presidência: Mario Ghio Júnior
Direção de conteúdo e operações: Wilson Troque
Direção editorial: Luiz Tonolli e Lidiane Vivaldini Olo
Gestão de projeto editorial: Mirian Senra
Gestão de área: Alice Ribeiro Silvestre
Coordenação: Rosângela Rago
Edição: Ana Paula Enes, Carolina von Zuben, Emílio Satoshi Hamaya, Lígia Gurgel do Nascimento, Solange de Oliveira, Valéria Franco Jacintho (editores) e Débora Teodoro (assist.)
Planejamento e controle de produção: Patrícia Eiras e Adjane Queiroz
Revisão: Hélia de Jesus Gonsaga (ger.), Kátia Scaff Marques (coord.), Rosângela Muricy (coord.), Ana Curci, Ana Paula C. Malfa, Brenda T. M. Morais, Célia Carvalho, Claudia Virgilio, Daniela Lima, Diego Carbone, Flavia S. Vênezio, Gabriela M. Andrade, Lilian M. Kumai, Paula T. de Jesus, Raquel A. Taveira, Rita de Cássia C. Queiroz; Amanda T. Silva e Bárbara de M. Genereze (estagiárias)
Arte: Daniela Amaral (ger.), Catherine Saori Ishihara e Erika Tiemi Yamauchi (coord.); Katia Kimie Kunimura, Tomiko Chiyo Suguita, Nicola Loi (edição de arte)
Diagramação: Nathalia Laia, Renato Akira dos Santos, Estúdio Anexo, Typegraphic e YAN Comunicações
Iconografia e tratamento de imagem: Sílvio Kligin (ger.), Claudia Bertolazzi (coord.), Mariana Valeiro e Jad Silva (pesquisa iconográfica); Cesar Wolf e Fernanda Crevin (tratamento)
Licenciamento de conteúdos de terceiros: Thiago Fontana (coord.), Liliane Rodrigues (licenciamento de textos), Erika Ramires, Luciana Pedrosa Bierbauer, Luciana Cardoso e Claudia Rodrigues (analistas adm.)
Ilustrações: Carlos Araujo, Edson Ikê, Gustavo Grazziano, Gustavo Ramos, Jean Galvão, Mauricio Pierro, Neruuu, Nik Neves, Paulo Manzi, Sylvain Barré e Theo Szczepanski
Cartografia: Eric Fuzii (coord.) e Robson Rosendo da Rocha (edit. arte)
Design: Gláucia Correa Koller (ger.), Adilson Casarotti (proj. gráfico e capa), Erik Taketa (pós-produção), Gustavo Vanini e Tatiane Porusselli (assist. arte)

Todos os direitos reservados por Editora Ática S.A.
Avenida das Nações Unidas, 7221, 3º andar, Setor A
Pinheiros – São Paulo – SP – CEP 05425-902
Tel.: 4003-3061
www.atica.com.br / editora@atica.com.br

Dados Internacionais de Catalogação na Publicação (CIP)

```
Trinconi, Ana
   Teláris língua portuguesa 8º ano / Ana Trinconi,
Terezinha Bertin, Vera Marchezi. - 3. ed. - São Paulo :
Ática, 2019.

   Suplementado pelo manual do professor.
   Bibliografia.
   ISBN: 978-85-08-19338-7 (aluno)
   ISBN: 978-85-08-19339-4 (professor)

   1.   Língua Portuguesa (Ensino fundamental). I.
Bertin, Terezinha. II. Marchezi, Vera. III. Título.

2019-0171                              CDD: 372.6
```

Julia do Nascimento – Bibliotecária – CRB-8/010142

2019
Código da obra CL 742179
CAE 654370 (AL) / 654371 (PR)
3ª edição
2ª impressão

De acordo com a BNCC.

Impressão e acabamento: HRosa Gráfica e Editora

Apresentação

Interagir, compreender as mudanças trazidas pelo tempo, conviver com diferentes linguagens e comunicar-se são desafios que enfrentamos em nosso dia a dia.

Esta obra foi feita pensando em você e tem por finalidade ajudá-lo nesses desafios e contribuir para sua formação como leitor e produtor de textos. Também tem outros objetivos: aguçar a imaginação, informar, discutir assuntos polêmicos, contribuir para aflorar emoções, estimular o espírito crítico e, principalmente, tornar prazerosos seus estudos.

O que você encontrará aqui? Textos de diferentes tipos e gêneros: letras de canção, histórias, notícias, reportagens, relatos, textos expositivos ou argumentativos, debates, charges, quadrinhos, poesia e outras artes... E muita reflexão sobre usos e formas de organizar a língua portuguesa, instrumento fundamental para você interagir e se comunicar cada vez melhor.

Além disso, há uma novidade: o acréscimo de atividades voltadas para as tecnologias digitais de informação e comunicação, que você encontrará, nesta coleção, na seção *Interatividade*.

Venha participar de atividades diferenciadas, que podem ser realizadas ora sozinho, ora em dupla, ora em grupo, ora em projeto interativo que envolve todos os alunos na construção de um produto final.

O convite está feito! Bom estudo!

As autoras

CONHEÇA SEU LIVRO

Estudar a língua portuguesa é fundamental para dominar habilidades de leitura e de produção de textos apropriadas a diversas situações comunicativas. É essencial também para que você reflita sobre aspectos linguísticos e se habitue a identificar os contextos de produção e de circulação dos gêneros textuais.

Esse estudo é proposto também para encantá-lo com a linguagem: lendo, ouvindo textos, interpretando significados, estudando os usos da nossa língua, conversando informalmente sobre música e fotografia, dando opiniões...

Abertura das unidades

As imagens de abertura de cada unidade e as questões que as acompanham são propostas com a intenção de aguçar sua curiosidade e convidá-lo a explorar os conteúdos das seções ao longo da unidade.

Leitura

Cada unidade concentra o estudo em um gênero textual, tendo como base o texto proposto como **Leitura**. A **Interpretação do texto** é dividida em dois momentos – **Compreensão inicial** e **Linguagem e construção do texto** – para que você possa desenvolver com mais eficiência suas habilidades de leitura.

Prática de oralidade

Essa seção conta sempre com dois momentos: **Conversa em jogo**, com questões que propõem uma troca de ideias e opiniões sobre assuntos da unidade, e **produção de gêneros orais** afinados com uma situação comunicativa proposta (debate, exposição oral, sarau...).

Interatividade

Nessa seção, presente em algumas unidades, você terá a oportunidade de interagir com tecnologias digitais e participar mais ativamente de práticas contemporâneas de linguagem: produzindo *podcasts*, *vlog*, videopoemas, *playlist*, etc.

4

Conexões entre textos, entre conhecimentos

A seção traz textos em diferentes linguagens verbais e não verbais, indicando relações entre o texto de leitura e muitos outros e favorecendo, sempre que possível, as relações entre língua portuguesa, outras linguagens e outras disciplinas.

Outro texto do mesmo gênero

Nessa seção, é apresentado outro texto, ou mais de um, do mesmo gênero estudado na unidade, para você interpretar, apreciar e também para ajudá-lo na produção de texto.

Produção de texto

Aqui você será convidado a produzir textos escritos e orais, relacionados aos gêneros estudados, com uso de roteiros que vão ajudá-lo a criar textos com mais autonomia e facilidade.

Língua: usos e reflexão

Nessa seção você estuda as estruturas linguísticas fundamentais do gênero trabalhado na unidade. Você ainda encontra: **No dia a dia**, com foco nos usos da língua cada vez mais presentes no cotidiano do português brasileiro; **Hora de organizar o que estudamos**, que traz um mapa conceitual que vai ajudá-lo a organizar seus conhecimentos sobre os conceitos linguísticos estudados; **Desafios da língua**, em que são apresentados conteúdos de ortografia, acentuação e convenções da escrita.

Autoavaliação

Presente no final de cada unidade, o quadro de autoavaliação vai ajudá-lo a rever o que você aprendeu e o que precisa retomar.

De olho na tela
Contém sugestões de filmes que se relacionam com o conteúdo estudado na unidade.

Minha biblioteca
Apresenta indicações de leitura que podem enriquecer os temas estudados.

Mundo virtual
Apresenta indicações de *sites* que ampliam o que foi estudado.

Ouça mais
Contém sugestões de músicas ou álbuns musicais que se relacionam com o conteúdo estudado.

PROJETO DE LEITURA

Com base em uma coletânea de textos disposta no final do livro, o **Projeto de leitura** é um convite para você participar de atividades lúdicas e interativas.

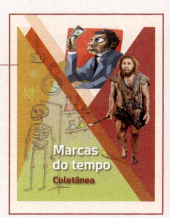

5

SUMÁRIO

Introdução 10

Unidade 1

Música e poesia 16

Letra de canção e poema 18

Leitura 18

Texto 1: **É preciso saber viver**, Erasmo Carlos e Roberto Carlos 18

Interpretação do texto 19

Compreensão inicial 19

Texto 2: **No meio do caminho**, Carlos Drummond de Andrade 20

Interpretação do texto 21

Compreensão inicial 21

Linguagem e construção dos textos 1 e 2 21

Recursos estilísticos 21

Intertextualidade e paródia 23

Prática de oralidade 24

Conversa em jogo 24

Interatividade 25

Playlist comentada 25

Conexões 26

Outras linguagens: Intertextualidade na história em quadrinhos 26

Intertextualidade no processo de criação 27

Miniconto e intertextualidade 28

Caricatura e intertextualidade 28

Língua: usos e reflexão 29

Recursos estilísticos 29

Sonoridade e musicalidade 29

Ritmo 29

Métrica 30

Repetição de palavras 31

Sentido das palavras: literal e figurado 32

Figuras de linguagem 33

Desafios da língua 39

A palavra *meio* 39

Meio: advérbio, numeral ou substantivo 40

Outros textos do mesmo gênero 42

Canção do exílio, Gonçalves Dias 42

Sabiá, Antônio Carlos Jobim e Chico Buarque 42

Produção de texto 43

Paródia 43

Sarau 44

Autoavaliação 45

Unidade 2

Narrativas que atravessaram o tempo 46

Mito 48

Leitura 49

Texto 1: **Dédalo e Ícaro**, Marcia Williams 49

Interpretação do texto 53

Compreensão inicial 53

Texto 2: **Dédalo**, Thomas Bulfinch 54

Interpretação do texto 56

Compreensão inicial 56

Linguagem e construção dos textos 1 e 2 57

Prática de oralidade 60

Conversa em jogo 60

Narrativa oral: personagens mitológicos 60

Conexões 61

Outras linguagens: Filmes protagonizados por heróis 61

Gregos e romanos na História: duas civilizações e uma mitologia 61

Diferentes heróis mitológicos para diferentes povos 62

Língua: usos e reflexão 63

Coesão e coerência I 63

Elementos de coesão 65

Advérbios e locuções adverbiais 66

Preposições e locuções prepositivas 66

Conjunções 67

Coerência nos textos 72

Desafios da língua 76

Competência comunicativa 76

Adequação de linguagem 76

Outro texto do mesmo gênero 77

Como as histórias vieram parar na Terra, Celso Sisto 77

Produção de texto 79

Narrativa inspirada em herói ou heroína
contemporâneo(a) 79

Autoavaliação 81

Unidade 3

Realidade e imaginação na criação de narrativas 82

Crônica 84

Leitura: **Emergência**, Luis Fernando Verissimo 84

Interpretação do texto 86

Compreensão inicial 86

Linguagem e construção do texto 88

Elementos da narrativa 88

Momentos da narrativa/enredo 89

Sequências textuais 89

Modos de citação do discurso de outros 91

Transformação de discurso direto
em discurso indireto 92

Prática de oralidade 96

Conversa em jogo 96

Dramatização 96

Conexões 97

**Outras linguagens: Fotografia de flagrante
do cotidiano** 97

Cronos, o deus do tempo na mitologia grega 98

Crônica: histórias registrando a História 98

A crônica e a literatura 99

Língua: usos e reflexão 100

Coesão e coerência II 100

Uso de pronomes 100

Frase, oração, período 104

Termos da oração: sujeito e predicado 108

Tipos de sujeito e relações de concordância 108

Sujeito simples 108

Sujeito composto 109

Sujeito desinencial ou subentendido 109

Sujeito indeterminado 109

Oração sem sujeito 111

A posição do sujeito em relação ao verbo 115

Desafios da língua 117

Pontuação I 117

Outro texto do mesmo gênero 121

Prova falsa, Stanislaw Ponte Preta 121

Produção de texto 123

Crônica inspirada em foto 123

Autoavaliação 125

Unidade 4

Expor e organizar conhecimentos 126

Texto expositivo 128

Leitura: **Consumismo**, *IstoÉ Tudo* 128

Interpretação do texto 130

Compreensão inicial 130

Linguagem e construção do texto 131

Coesão no texto expositivo 132

Esquema: forma de organizar informações 134

Do esquema ao resumo 134

Prática de oralidade 135

Conversa em jogo 135

Exposição oral 135

Interatividade 137

Slides de apresentação 137

Conexões 139

Outras linguagens: Infográfico 139

Arte: poema 140

A matemática no consumo: gráfico 141

Você conhece seus direitos como consumidor? 142

Língua: usos e reflexão 143

**Adjuntos adnominais: determinantes
dos nomes** 143

Tipos de predicado 146

Predicado nominal 147

Tipos de predicado nas sequências textuais 150

Desafios da língua 155

Pontuação II 155

Emprego da vírgula 155

Outro texto do mesmo gênero 158

**Línguas indígenas, Povos Indígenas no
Brasil Mirim** 158

Produção de texto 160

Texto expositivo: resumo 160

Autoavaliação 163

Unidade 5

A ciência e a informação 164

Texto de divulgação científica 166

Leitura 166

Texto 1: Águas subterrâneas também estão em risco, Jurema Aprile 166

Interpretação do texto 168

Compreensão inicial 168

Linguagem e construção do texto 169

Objetividade e subjetividade no texto 170

Elementos de coesão no texto de divulgação científica 171

Esquema: forma de organizar o conhecimento 172

Texto 2: Mapa 173

Texto 3: Gráficos e infográficos 174

Prática de oralidade 177

Conversa em jogo 177

Exposição oral 177

Conexões 179

Outras linguagens: Ilustração no texto de divulgação científica 179

Pintura e letra de canção 180

Notícia sobre estudos científicos 181

Língua: usos e reflexão 182

Predicado verbal e a completude das orações 182

Verbo transitivo e seus complementos 183

Verbo intransitivo 187

Desafios da língua 193

Regência verbal 193

Outros textos do mesmo gênero 196

Crosta agitada, Bill Bryson 196

Os cientistas conseguiram descobrir a receita original do produto com o qual se realizavam embalsamamentos no antigo Egito, *Sputnik News* 198

Produção de texto 199

Esquemas ou tópicos de texto de divulgação científica 199

Autoavaliação 201

Unidade 6

Ser ou ter? A propaganda tenta convencer 202

Propaganda 204

Leitura 204

Texto 1: Melhor *outfit* do inverno (propaganda) 204

Interpretação do texto 205

Compreensão inicial 205

Texto 2: Sandálias (propaganda) 206

Interpretação do texto 206

Compreensão inicial 206

Linguagem e construção dos textos 1 e 2 208

Estratégias de convencimento 209

Prática de oralidade 213

Conversa em jogo 213

Debate 214

Conexões 215

Outras linguagens: Pintura e ilustração 215

Tirinhas, outra forma de convencer 218

Língua: usos e reflexão 219

Complementos e completude de sentidos 219

Complemento nominal 219

Complementos circunstanciais e adjuntos adverbiais 224

Coesão textual e adjuntos adverbiais 227

Desafios da língua 231

Regência nominal 231

Outro texto do mesmo gênero 234

Sem água somos todos miseráveis (anúncio) 234

Produção de texto 235

Propaganda para campanha 235

Interatividade 237

Cartaz publicitário digital 237

Autoavaliação 239

Unidade 7

O desafio de dar e de aceitar opinião 240

Artigo de opinião 242

Leitura: Eu sou "normal", Adélia Chagas 242

Interpretação do texto 244

Compreensão inicial 244

Linguagem e construção do texto 245

Estrutura do texto argumentativo 247

Prática de oralidade 249

Conversa em jogo 249

Debate regrado 249

Conexões 251

Outras linguagens: Publicidade — uma forma de persuadir 251

Tirinha e argumentação 252

História da adolescência em quadrinhos 253

Letra de canção 255

Língua: usos e reflexão 256

Vozes do verbo 256

Voz ativa e voz passiva 256

Voz passiva: analítica e sintética 260

Voz reflexiva 262

Desafios da língua 265

Mal ou *mau*: qual das grafias usar? 265

Outro texto do mesmo gênero 268

Por que insistimos em definir a personalidade de uma pessoa só de olhar para ela?, Emiliano Urbim 268

Produção de texto 270

Artigo de opinião 270

Autoavaliação 273

Unidade 8

Jornalismo: informação e opinião 274

Reportagem 276

Leitura 276

Parte 1: Órbita da Terra já acumula 7,5 mil toneladas de sucata, Fábio de Castro 277

Interpretação do texto 278

Compreensão inicial 278

Linguagem e construção do texto 282

Tipos de discurso na reportagem 283

Parte 2 284

Texto A: Telescópio russo mapeia lixo em MG, Fábio de Castro 284

Texto B: País produz pouco detrito, mas contribui com limpeza, Fábio de Castro 285

Interpretação dos textos A e B 286

Compreensão inicial 286

Linguagem e construção dos textos A e B 286

Prática de oralidade 288

Conversa em jogo 288

Enquete 288

Conexões 290

Outras linguagens: Arte e defesa do meio ambiente 290

Texto informativo sobre satélites 292

Língua: usos e reflexão 294

Colocação pronominal 294

Próclise 296

Ênclise 296

Mesóclise 298

Desafios da língua 300

O uso do hífen 300

O hífen nas palavras compostas e derivadas 301

Outro texto do mesmo gênero 303

Cientistas sugerem meios para reciclar matérias-primas de lixo eletrônico, Paloma Oliveto 303

Interatividade 305

Curadoria da informação em meios digitais 305

Produção de texto 307

Reportagem 307

Autoavaliação 310

Projeto de Leitura – Marcas do tempo 311

Bibliografia 359

INTRODUÇÃO

A língua e as transformações no tempo

O tempo e as transformações provocadas por sua passagem sempre foram objeto de reflexão comum aos mais diversos povos. Enfrentar essas transformações, no entanto, pode ser um grande desafio. Reflita com seus colegas e o professor: vocês concordam com essa afirmação?

▶ Observem como o cartum abaixo expressa a passagem do tempo, depois conversem sobre ele.

CAULOS. *Só dói quando eu respiro.* Porto Alegre: L&PM, 2001. p. 74.

▶ **cartum:** gênero visual que consiste em um desenho em quadro único que geralmente satiriza ou critica um comportamento humano.

a) Na opinião de vocês, o que os relógios representam?
b) O personagem parece caçar relógios. Qual é o provável sentido dessa ação?
c) Pensem: seria bom conseguir "segurar" o tempo? Por quê?

O tempo tudo transforma

O tempo transforma **o Planeta**...

Pangeia   **Continentes atualmente**

▽ Representações ilustrativas dos continentes.

(Elementos representados em tamanhos não proporcionais entre si. Cores fantasia.)

10 ▶ INTRODUÇÃO

O tempo transforma **os espaços**...

Imagem do alto que mostra a Praia do Porto da Barra em Salvador, BA, por volta de 1865.

Imagem aérea que mostra a Praia do Porto da Barra em Salvador, BA, em 2017.

O tempo transforma **as pessoas**...

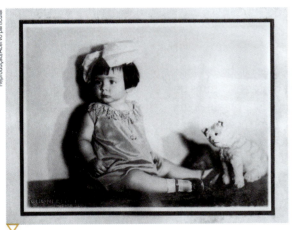
Maria Luiza Reis de Oliveira, com cerca de um ano de idade, em Caconde, SP, por volta de 1943.

Maria Luiza Reis de Oliveira, aos 73 anos de idade, em São Paulo, SP, em 2015.

Montagem com fotos de um mesmo bebê em diferentes momentos do seu desenvolvimento.

INTRODUÇÃO 11

A língua portuguesa também sofreu muitas transformações ao longo do tempo até que ficasse como a conhecemos hoje.

A seguir, leia um trecho da crônica "Antigamente", de Carlos Drummond de Andrade. Observe as expressões em destaque e o significado delas.

Antigamente

Antigamente as moças chamavam-se *mademoiselles* e eram todas mimosas e muito prendadas. Não faziam anos: completavam primaveras, em geral dezoito. Os janotas, mesmo não sendo rapagões, faziam-lhes pé de alferes, arrastando a asa, mas ficavam longos meses debaixo do balaio. E se levavam tábua, o remédio era tirar o cavalo da chuva e ir pregar em outra freguesia. As pessoas, quando corriam, antigamente, era para tirar o pai da forca, e não caíam de cavalo magro. Algumas jogavam verde para colher maduro, e sabiam com quantos paus se faz uma canoa. O que não impedia que, nesse entrementes, esse ou aquele embarcasse em canoa furada. Encontravam alguém que lhes passava manta e azulava, dando às de vila-diogo. [...]

ANDRADE, Carlos Drummond de. *Caminhos de João Brandão*. São Paulo: Companhia das Letras, 2016. Livro eletrônico.

Carlos Drummond de Andrade nasceu em Itabira, Minas Gerais, em 1902. É um dos mais importantes escritores de literatura em língua portuguesa, e sua vasta obra é composta de textos em prosa e em versos, como poemas, contos e crônicas. Faleceu no Rio de Janeiro, em 1987.

▶ **mademoiselles:** palavra de origem francesa que se refere a moças solteiras, jovens.
▶ **mimoso:** que é delicado, sensível.
▶ **prendada:** que tem muitas habilidades. Antigamente, no contexto ao qual a crônica faz referência, essa palavra designava moças que tinham habilidades principalmente domésticas, como saber cozinhar e costurar.
▶ **janota:** indivíduo que se vestia com um cuidado exagerado ou com muita elegância.
▶ **fazer pé de alferes:** namorar, "paquerar".
▶ **debaixo do balaio:** a distância de alguém.
▶ **levar tábua:** ser rejeitado na paquera, receber um "não".
▶ **pregar em outra freguesia:** procurar algo em outro lugar.
▶ **cair de cavalo magro:** ser surpreendido por alguma coisa.
▶ **entrementes:** entretanto; naquele intervalo.
▶ **passar manta:** iludir, enganar alguém.
▶ **azular:** desaparecer.
▶ **dar às de vila-diogo:** fugir, escapar.

Agora, converse com os colegas sobre as questões a seguir.

1▶ Por que o título do trecho da crônica é "Antigamente"?

2▶ Releia o significado das palavras e expressões destacadas ao lado do texto e troque ideias com os colegas:

   a) Vocês já conheciam alguma dessas palavras e expressões? Quais?

   b) Que palavras e expressões usadas por vocês no dia a dia poderiam substituir alguns desses termos?

   c) Conversem com familiares e pessoas mais velhas e perguntem sobre palavras ou expressões que eram empregadas por eles quando eram mais jovens. Anotem-nas e apresentem-nas aos colegas.

3▶ Além das diferenças na língua, você identifica no trecho costumes sociais que se modificaram com o tempo? Em caso afirmativo, quais são eles?

A escrita

Das pinturas rupestres ao estabelecimento da escrita como forma de registro da história, muitos milênios se passaram.

As representações escritas também se transformaram ao longo do tempo.

Pinturas rupestres são os registros feitos por seres humanos mais antigos que se conhecem. Trata-se de pinturas feitas em paredes de cavernas, como a da foto ao lado.

Os seres humanos criaram inúmeros meios de transmitir mensagens: desenhos, sinais, imagens, entre outros. Mas a escrita, propriamente dita, só passou a existir no momento em que foi elaborado um sistema organizado de signos ou símbolos, por meio dos quais seus usuários puderam materializar e registrar claramente o que pensavam ou sentiam.

Observem a seguir imagens que dão uma ideia da longa história da escrita.

Pintura rupestre da caverna de Chauvet, França.

Escrita cuneiforme dos sumérios, que viveram entre 4000 e 3000 a.C. na antiga Mesopotâmia, hoje território de Iraque e Síria.

Escrita em hieróglifos sobre papiro. Detalhe do livro dos mortos de Nebqueb, Egito, 1300 a.C.

INTRODUÇÃO 13

O alfabeto

O alfabeto é uma das invenções fundamentais para a comunicação escrita porque mais da metade da população mundial comunica-se por algum tipo de alfabeto. Mil anos antes de Cristo, foi inventado pelos fenícios o alfabeto fonético, conjunto de signos usados para representar os sons da fala.

Os fenícios eram um povo comerciante que viajava muito e, por esse motivo, acabaram semeando seu alfabeto pelo mundo. Para anotar o que compravam e o que vendiam, criaram alguns sinais que deram origem a algumas das atuais letras do alfabeto.

Os gregos, um dos povos que tinham relações comerciais com os fenícios, utilizaram esses sinais e com o tempo acrescentaram-lhes outros. A palavra *alfabeto* vem da junção do nome das duas primeiras letras gregas: *alfa* (α) e *beta* (β).

Há mais ou menos 2 200 anos, os romanos aprenderam com os gregos o uso do alfabeto e nele fizeram modificações. Assim foi criado o alfabeto latino na forma como o conhecemos hoje.

Inscrições em latim de Piero della Francesca, século XV.

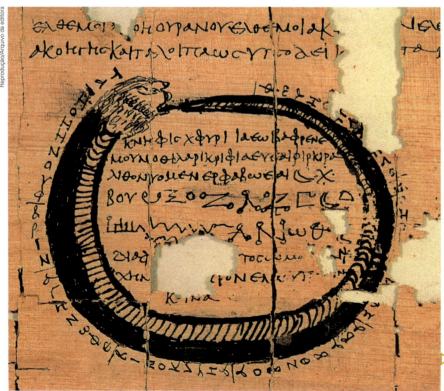

Serpente hierárquica ilustrando um texto grego escrito sobre papiro (século III a.C.).

A ação do tempo

A passagem do tempo também sempre intrigou muitos poetas, músicos, pintores, cineastas e artistas, que criaram inúmeras obras sobre esse tema. Veja, por exemplo, a letra de canção a seguir, escrita em 1987. Caso saiba a melodia, cante-a com os colegas.

Como uma onda
Lulu Santos e Nelson Mota

Nada do que foi será
De novo do jeito que já foi um dia
Tudo passa
Tudo sempre passará
A vida vem em ondas
Como um mar

Num indo e vindo infinito
Tudo que se vê não é
Igual ao que a gente viu há um segundo
Tudo muda o tempo todo no mundo
Não adianta fugir,
Nem mentir pra si mesmo agora
Há tanta vida lá fora
E aqui dentro sempre
Como uma onda no mar!

SANTOS, Lulu. *O ritmo do momento.* WEA, 1983.

Lulu Santos é um compositor, cantor e músico brasileiro nascido em 1953, no Rio de Janeiro (RJ). Em 1982 lançou seu LP de estreia, *Tempos modernos*, cuja faixa-título se tornaria seu primeiro sucesso.
Nelson Mota nasceu em São Paulo (SP), em 1944. É jornalista, compositor, escritor, roteirista, produtor musical e letrista. Produziu discos de cantores famosos da MPB e compôs sucessos em parceria com diversos compositores.

▶ Que pensamentos esses versos despertam em você? A letra da canção afirma que "nada do que foi será de novo do jeito que já foi um dia". Você acredita que, daqui a muitos anos, a língua portuguesa vai estar exatamente da maneira como você a conhece? Ou pensa que ela ainda pode se transformar com o tempo? Compartilhe sua opinião com os colegas e ouça a opinião deles com respeito e atenção.

Daniela Solomon/Getty Images

UNIDADE 1

Música e poesia

Observe a imagem ao lado. O que o jovem parece estar fazendo?
Você se lembra de alguma música ou de algum poema com o qual você se emocionou? Converse com os colegas sobre os textos que você costuma ler, as músicas que você costuma ouvir e as sensações que eles despertam em você.

Nesta unidade você vai:

- ler e interpretar letra de canção e poema;
- identificar recursos de construção da linguagem poética;
- reconhecer formas de produzir sonoridade em letras de canção e em poemas;
- identificar relações intertextuais;
- montar uma *playlist* comentada;
- reconhecer paródias como recurso de intertextualidade;
- retextualizar poema ou letra de canção em forma de paródia;
- reconhecer recursos estilísticos;
- diferenciar linguagem literal e linguagem figurada;
- identificar o uso de figuras de linguagem;
- identificar os usos da palavra *meio*.

LETRA DE CANÇÃO E POEMA

Você sabia que uma das formas de expressão mais antigas da humanidade é a música?

Música e poema sempre estiveram associados. Na antiguidade, na Grécia, a declamação de poemas era acompanhada por um instrumento musical, a lira. Por isso muitos poemas, quando expressam sentimentos, são chamados de *líricos*.

A música só começou a se separar dos textos poéticos por volta do século XIV. Ao longo do tempo, houve compositores que escreveram e musicaram seus textos, músicos que musicaram poemas e autores que escreveram letras para serem musicadas.

Há canções e poemas que são declarações apaixonadas, uns que falam de amores perdidos, outros que denunciam injustiças e problemas sociais.

Nesta unidade, você lerá **letras de canção** e **poemas**. Para começar, leia a letra de uma canção interpretada pelos Titãs.

Leitura

Texto 1

É preciso saber viver
Erasmo Carlos e Roberto Carlos

Quem espera que a vida
Seja feita de ilusão
Pode até ficar maluco
Ou morrer na solidão
É preciso ter cuidado
Pra mais tarde não sofrer
É preciso saber viver

Toda pedra do caminho
Você pode retirar
Numa flor que tem espinho
Você pode se arranhar
Se o bem e o mal existem
Você pode escolher
É preciso saber viver

É preciso saber viver
É preciso saber viver
Saber viver, saber viver...

ERASMO CARLOS E ROBERTO CARLOS. *Volume dois*, Titãs, 1998. Warner Chappell Music. Inc.

Erasmo Esteves, mais conhecido como **Erasmo Carlos**, nasceu no Rio de Janeiro, em 1941. É cantor, compositor e multi-instrumentista. Tem canções gravadas por vários intérpretes. Participou do movimento da Jovem Guarda.
Roberto Carlos Braga, conhecido simplesmente como **Roberto Carlos**, nasceu no Espírito Santo, em 1941. Cantor e compositor de diversas canções, fez muitas parcerias com Erasmo Carlos. Também participou do movimento da Jovem Guarda.

Interpretação do texto

Compreensão inicial

1. Com os colegas, releia estes versos da letra de canção, em voz alta, com bastante expressividade.

   > Quem espera que a vida
   > Seja feita de ilusão
   > Pode até ficar maluco
   > Ou morrer na solidão

   a) O que significa *ilusão*?
   b) Qual poderia ser o significado dessa palavra nesses versos?

2. Geralmente as letras têm um refrão: um verso ou um conjunto de versos que se repete várias vezes.
   a) Identifique o refrão dessa canção e copie-o no caderno.
   b) Quais são os prováveis efeitos de sentido provocados pela repetição do título na letra? Responda em seu caderno.

3. Escreva no caderno o que podem significar os versos ao lado.

   > É preciso ter cuidado
   > Pra mais tarde não sofrer

4. Releia estes versos e observe as palavras destacadas:

   > Toda pedra do caminho
   > Você **pode** retirar
   > Numa flor que tem espinho
   > Você **pode** se arranhar
   > Se o bem e o mal existem
   > Você **pode** escolher

   Assinale a expressão que indica o significado do verbo **poder** nesses versos.
   - ter vontade
   - ter o direito
   - ter força
   - ter possibilidade

> Jovem Guarda foi um movimento cultural brasileiro surgido na década de 1960, inspirado no programa de mesmo nome e apresentado pelos ícones juvenis daquela época: Roberto Carlos, Erasmo Carlos e a cantora Wanderléa. Esse movimento pôs a música brasileira em sintonia com o fenômeno do *rock* internacional, então liderado pelos Beatles, originando uma nova linguagem musical e comportamental no Brasil que se refletia tanto nas músicas, com a incorporação da guitarra elétrica, quanto no modo de se vestir e no comportamento dos jovens.

LETRA DE CANÇÃO E POEMA 19

5. Segundo a letra da canção, os elementos necessários para saber viver são estes:
   - não viver apenas na fantasia;
   - tomar cuidado com as escolhas e as consequências delas;
   - enfrentar os problemas;
   - afastar-se do que pode prejudicar;
   - fazer boas escolhas.

   Qual desses elementos você considera mais importante? Assinale-o e justifique sua escolha.

6. O que podem significar estes versos? Escreva no caderno.

   > Toda pedra do caminho
   > Você pode retirar

Assim como os compositores trazem para suas canções reflexões sobre a vida, os poetas podem ser a voz de seu tempo, traduzindo em poesia sentimentos, sentidos, motivos afetivos, sociais e culturais.

Leia um poema de Carlos Drummond de Andrade:

Texto 2

No meio do caminho
Carlos Drummond de Andrade

No meio do caminho tinha uma pedra
tinha uma pedra no meio do caminho
tinha uma pedra
no meio do caminho tinha uma pedra.

Nunca me esquecerei desse acontecimento
na vida de minhas retinas tão fatigadas.
Nunca me esquecerei que no meio do caminho
tinha uma pedra
tinha uma pedra no meio do caminho
no meio do caminho tinha uma pedra.

ANDRADE, Carlos Drummond de. *Reunião*: 10 livros de poesia. Rio de Janeiro: José Olympio. 1974, p. 12.
© Graña Drummond <www.carlosdrummond.com.br>

Carlos Drummond de Andrade nasceu na cidade de Itabira, Minas Gerais, em 1902. Foi poeta, cronista, contista e tradutor. Colaborou com vários jornais brasileiros e publicou diversos livros. Faleceu em 1987. É um dos principais nomes da literatura brasileira.

Interpretação do texto

Compreensão inicial

1. Os versos da primeira estrofe do poema são construídos pela repetição do verso "no meio do caminho tinha uma pedra". Qual é o efeito provocado por essa repetição?

2. Na segunda estrofe, é destacada a importância do fato para um indivíduo. Que expressão indica que foi um fato marcante?

3. A palavra *caminho* pode ser entendida em seu sentido real como estrada, rumo. Considerando o sentido figurado, a que a palavra *caminho* pode referir-se nesse poema?

4. Releia os versos abaixo.

> Nunca me esquecerei desse acontecimento
> na vida de **minhas retinas** tão **fatigadas**.

Sabendo que retina é uma parte do olho responsável pela visão, reescreva o verso substituindo o que está destacado nele.

5. Qual é o significado de *pedra* no poema?

6. Agora que você leu a letra de canção e o poema, responda: O que aproxima os dois textos?

Linguagem e construção dos textos 1 e 2

Muitas canções lançam mão de recursos próprios do processo de criação poética, como métrica, ritmo, rima, sentidos figurados, para conseguir mais sonoridade.

Na letra da canção "É preciso saber viver", é possível perceber a escolha e a combinação de sons para produzir sentidos variados e também para marcar bem o ritmo. Se você ouvir a música, poderá perceber essa marcação.

Em letras de canções e em poemas, a sonoridade do texto pode ser enfatizada mesmo sem o acompanhamento de instrumentos musicais, isto é, apenas por recursos próprios da linguagem poética.

Recursos estilísticos

Versos e estrofes

Você já sabe que poema e letra de canção são textos construídos em versos, que podem formar uma ou mais estrofes.

▸ Copie o quadro abaixo no caderno e complete-o com as informações solicitadas sobre os textos lidos.

	"É preciso saber viver"	"No meio do caminho"
Quantidade de estrofes		
Quantidade de versos		

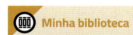 **Minha biblioteca**

Tantas palavras. Todas as letras & reportagem biográfica, Humberto Werneck. Companhia das Letras.

Esse livro traz todas as canções compostas por Chico Buarque entre 1964 e 2006 e várias informações sobre o compositor. Contém ainda uma reportagem escrita por Humberto Werneck, jornalista que, com base em entrevistas e pesquisas feitas com Chico Buarque, Tom Jobim, Caetano Veloso, Edu Lobo e Gilberto Gil, construiu o perfil e a história desse artista.

Rimas

Você já estudou que rima é a repetição de sons semelhantes no interior ou no final dos versos. Releia os textos.

É preciso saber viver

Quem espera que a vida
Seja feita de ilusão
Pode até ficar maluco
Ou morrer na solidão

É preciso ter cuidado
Pra mais tarde não sofrer
É preciso saber viver

Toda pedra do caminho
Você pode retirar
Numa flor que tem espinho
Você pode se arranhar
Se o bem e o mal existem
Você pode escolher
É preciso saber viver

No meio do caminho

No meio do caminho tinha uma pedra
tinha uma pedra no meio do caminho
tinha uma pedra
no meio do caminho tinha uma pedra.

Nunca me esquecerei desse acontecimento
na vida de minhas retinas tão fatigadas.
Nunca me esquecerei que no meio do caminho
tinha uma pedra
tinha uma pedra no meio do caminho
no meio do caminho tinha uma pedra.

1 ▸ Observe se há rimas em cada um dos textos e, no caderno, transcreva-as.

Você já tinha notado que os textos escritos em versos nem sempre apresentam rima? Isso pode acontecer tanto em poemas quanto em letras de canção.

> Quando os versos não apresentam esquema de rima, são chamados de versos **brancos**.

2 ▸ Qual dos textos lidos apresenta versos brancos?

Repetição de palavras

As repetições de palavras nos textos poéticos contribuem para a produção de jogos de sentido.

No texto em prosa não literário, a repetição excessiva, em geral, deve ser evitada. No entanto, no texto literário, como nos poemas, a repetição pode ser um recurso estilístico.

Nas letras de canções, esses jogos também têm a finalidade de enriquecer a pauta sonora quando é cantada.

Nesta unidade, você já observou que a repetição da forma verbal *pode* nos versos da letra de canção "É preciso saber viver" parece ressaltar que sempre há possibilidade de escolha.

Toda pedra do caminho
Você **pode** retirar
Numa flor que tem espinho
Você **pode** se arranhar
Se o bem e o mal existem
Você **pode** escolher
É preciso saber viver

▸ Agora, em seu caderno, responda: Que efeito a repetição dessa palavra traz para a sonoridade?

22 UNIDADE 1 • Música e poesia

Intertextualidade e paródia

Leia com atenção as informações a seguir.
- "É preciso saber viver": letra de canção escrita em **1968** (e regravada pelos Titãs em 1998).
- "No meio do caminho": poema escrito em **1928**.

Há momentos na letra de "É preciso saber viver" em que se percebe a intenção dos compositores de estabelecer relações com o poema "No meio do caminho", de Carlos Drummond de Andrade, escrito muito tempo antes.

Em um dos versos dessa canção, há referência ao poema de forma direta, produzindo novos sentidos para as intenções reveladas nessa letra. São relações que ampliam os significados expressos das palavras, enriquecendo as ideias presentes no texto ao questionar determinadas certezas das pessoas em geral.

Casos como esse, em que um texto apresenta referências claras e diretas — ou seja, **explícitas** — e referências não claras, não declaradas — **implícitas** — a outros textos, são denominados **intertextualidade**.

> **Intertextualidade** é a relação que pode ser estabelecida entre textos diferentes por meio do tema, dos recursos de construção e também por meio de recursos linguísticos.

O texto que você vai ler tem como referência o poema "No meio do caminho", de Carlos Drummond de Andrade.

Pedra
Arthur Nestrovski

A pedra está sempre ali,
no meio do caminho.
Nem ela sabe se estava lá e fizeram o caminho ao redor,
ou se fizeram o caminho e ela apareceu depois.
Não tem a menor importância,
porque o negócio da pedra é ficar.
Pedra não reclama de nada.
Pedra não faz mal a ninguém.
É diferente quando alguém joga uma pedra, mas a pedra não tem culpa.
As pedras se entendem muito bem.
Toda pedra vem de outra pedra maior,
que vem de outra maior ainda.
Quer dizer: toda pedra é um pedaço de pedra.
Isso tem a maior importância para a república das pedras.
Declaração Universal dos Direitos da Pedra:
Um pedaço de pedra é uma pedra.

NESTROVSKI, Arthur Rosenblat. *Coisas que eu queria ser*.
São Paulo: Cosac & Naify, 2003.

O poema que você acabou de ler é uma **paródia**.

> **Paródia** é um tipo de intertextualidade. É uma releitura de uma produção original, criando outra produção provocativa, irônica, cômica que, geralmente, estimula uma reflexão crítica.

1. O poema "No meio do caminho" considera a pedra um problema, um obstáculo. Responda em seu caderno: O poema de Nestrovski também considera a pedra problema ou obstáculo?

2. Responda no caderno: O que causa efeito cômico nessa paródia? Dê exemplos.

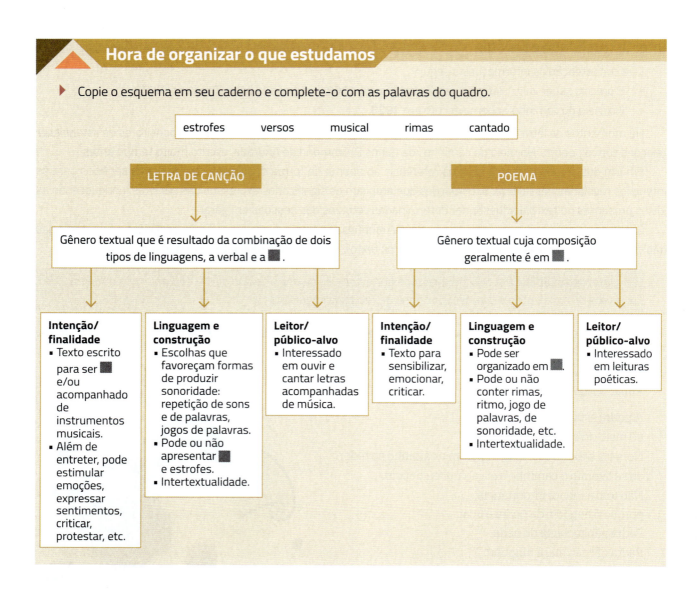

Prática de oralidade

Conversa em jogo

No meio do seu caminho tinha uma pedra?

Nesta unidade você leu textos sobre pedras no caminho: alguns problemas com os quais deparamos e que, muitas vezes, dificultam a nossa caminhada.

▶ E você? Já encontrou uma pedra em seu caminho?
  a) Antes de responder, faça uma lista do que você considera pedras que já estiveram em seu caminho. Podem ser situações difíceis, embaraçosas, problemas simples ou complicados.
  b) Se possível, procure lembrar se houve uma solução, se você encontrou uma maneira de continuar caminhando.
  c) Compartilhe com os colegas e o professor.
  d) Aguarde sua vez para ler a sua lista e ouvir a dos colegas.

INTERATIVIDADE

Playlist comentada

As canções costumam marcar diversos momentos na vida, não é mesmo? Que tal escolher uma canção que seja importante para você, escrever algo sobre ela e compartilhar um pouco do seu gosto e memória musicais em uma *playlist* comentada da turma?

> A ***playlist* comentada** é uma lista de conteúdos que contém textos descritivos, avaliativos ou de apreciação sobre os itens que a compõem. Nela, os internautas apresentam uma seleção de canções ou peças instrumentais e registram para cada uma comentários, compartilhando memórias afetivas, avaliações e experiências a partir do material musical listado.

➡ Planejamento

1 ▸ **Com a turma toda.** Criem um nome para a *playlist* da turma e escolham uma imagem que a identificará na página em que será publicada.

2 ▸ Escrevam um breve texto de apresentação para a *playlist*.

➡ Produção

1 ▸ Individualmente, pesquise e decida qual canção você incluirá na *playlist* da turma. Nessa etapa:

- selecione uma canção de seu gosto e que, de preferência, tenha marcado algum momento de sua vida;

- escolha a gravação que vai indicar, anotando o nome do intérprete e o do álbum;

- dê atenção especial a essa escolha: ela vai representar você na *playlist*! É hora de vivenciar o papel de <u>curador</u>!

> Quando selecionamos uma obra ou um conjunto de obras conforme um critério e organizamos sua apresentação ou seleção também com base em um critério, dizemos que estamos fazendo uma **curadoria**. Em casos assim, é possível dizer que vivenciamos o papel de **curador cultural**.

2 ▸ Com base na curadoria feita, escreva no caderno o título, o autor da música e o da letra da canção. Depois, identifique intérprete, álbum, gravadora e ano de gravação da versão que você escolheu.

> **① Atenção**
>
> Durante a curadoria, pesquise em fontes confiáveis os reais compositores da canção. Muitas fontes informam equivocadamente a autoria das obras, atribuindo-a ao cantor ou à banda que são apenas intérpretes, por exemplo.

3 ▸ Crie o comentário sobre a canção, o qual pode incluir a curiosidade, uma opinião, uma justificativa para sua apreciação e seleção, etc.

4 ▸ Em dia e horário combinados, na sala de informática ou outro ambiente com computadores na escola, digite as descrições e os comentários. Depois, salve os textos no local indicado pelo professor.

➡ Publicação

▸ **Com a turma toda.** O professor vai criar a *playlist* comentada no *blog* da turma e divulgá-la no *site* da escola. Acompanhem essas etapas e ajudem no que for preciso!

LETRA DE CANÇÃO E POEMA **25**

CONEXÕES ENTRE TEXTOS, ENTRE CONHECIMENTOS

Outras linguagens: Intertextualidade na história em quadrinhos

Nesta unidade você viu uma paródia em forma de poema. Agora, conheça uma paródia em forma de história em quadrinhos.

CAULOS. *Vida de passarinho*. 2. ed. Porto Alegre: L&PM, 1995. p. 47.

Converse com os colegas e o professor sobre as atividades propostas a seguir.

1. Essa história em quadrinhos faz uma paródia ao poema "Uma pedra no caminho", de Carlos Drummond de Andrade. Em qual quadrinho há referência explícita, direta, a esse poema?

2. Observe o quarto e o quinto quadrinhos e responda às questões a seguir.
   a) Em um primeiro momento, o passarinho parece desistir de seguir o caminho em que há uma pedra. O que passa essa impressão?
   b) A impressão de que o passarinho desistiu de seguir o caminho é desfeita logo em seguida. O que indica que ele não havia desistido?

3. Por que o passarinho diz ser "um passarinho prático" no sétimo quadrinho?

4. O que confere humor a essa história em quadrinhos?

Intertextualidade no processo de criação

Assim como outros artistas fizeram referências ao poema de Drummond, é possível que o título de seu poema "No meio do caminho" também estabeleça uma relação intertextual com os primeiros versos de uma obra muito mais antiga: *A divina comédia*, de Dante Alighieri.

> Dante Alighieri nasceu em Florença, território da atual Itália, provavelmente no ano de 1265. Escreveu *A divina comédia*, poema narrativo em que descreve uma viagem imaginária ao inferno e depois ao céu. A obra é um grande clássico da literatura mundial.

Leia o início dessa obra:

Inferno

Canto I

No meio do caminho desta vida
me vi perdido numa selva escura,
solitário, sem sol e sem saída

Ah, como armar no ar uma figura
dessa selva selvagem, dura, forte,
que, só de eu a pensar, me desfigura?
[...]

ALIGHIERI, Dante. *A divina comédia*. Tradução: CAMPOS, Augusto de. Disponível em: <https://super.abril.com.br/comportamento/divina-comedia/>. Acesso em: 12 jul. 2018.

▸ Converse com os colegas e o professor: Quais são as semelhanças e as diferenças que se podem perceber entre esses versos e o poema de Drummond? Se necessário, releia o poema "No meio do caminho".

Miniconto e intertextualidade

Além de poemas, letras de canção e quadrinhos, a intertextualidade pode estar presente em outras criações, como em um conto.

Leia o miniconto de Marcelo Spalding.

> Houve um tempo em que havia pedras no meio do caminho.
> Tropeçava-se. Levantava-se. E seguia-se.
> Hoje tem uma bala no meio do caminho.
> No meio do caminho tem uma bala.
> Tem uma bala no meio do ca...
>
> SPALDING, Marcelo. *Minicontos e muito menos*. Porto Alegre: Casa Verde, 2009. p. 45.

▶ Converse com os colegas e o professor sobre o miniconto lido.

   a) Por que o autor se refere a bala e não a pedra?

   b) O que podem significar as reticências e a palavra interrompida no último verso?

Caricatura e intertextualidade

Você sabe o que é uma caricatura?

Caricatura é um desenho em que se exageram as características mais marcantes de uma pessoa, um animal, um objeto ou ainda de um acontecimento a fim de provocar humor, ironizar ou até mesmo criticar. É comumente usada em charges e cartuns.

Veja como o caricaturista Alvarus (Álvaro Cotrim) representou Carlos Drummond de Andrade em uma caricatura feita em 1940. À direita, observe uma fotografia do escritor.

Caricatura de Carlos Drummond de Andrade, de 1940.

Carlos Drummond de Andrade em fotografia de 1970.

▶ Agora, responda às questões a seguir no caderno.

   a) Na caricatura, há uma relação intertextual com o poema "Uma pedra no caminho". Que relação é essa?

   b) A intertextualidade presente na caricatura teria sentido para uma pessoa que não conhece o poema? Por quê?

   c) Que características de Carlos Drummond de Andrade estão evidenciadas na caricatura?

Língua: usos e reflexão

Recursos estilísticos

Você vai estudar recursos estilísticos bastante empregados na construção de letras de música e poemas. Primeiramente, vai observar alguns recursos mais ligados à sonoridade das palavras, depois vai recordar as diferenças entre sentido literal e sentido figurado para então observar determinadas figuras de linguagem que se valem da linguagem figurada.

Sonoridade e musicalidade

A musicalidade em textos poéticos é obtida pela sonoridade resultante do ritmo, das rimas, das combinações de palavras e sons, das repetições e dos jogos de palavras. Ocorre especialmente em letras de canção e em poemas, embora também possa ser percebida em textos de outros gêneros.

A leitura expressiva em voz alta favorece a apreciação desses recursos porque possibilita a percepção de sentidos não tão evidentes em uma leitura silenciosa.

A seguir, propõe-se a análise de elementos que podem ser empregados na construção da sonoridade do texto verbal.

Ritmo

O ritmo está presente em nossas atividades diárias, desde o movimento de respiração, passando pela pulsação do coração até as ações que praticamos rotineiramente: acordar, lavar o rosto, tomar café. Quando dançamos, os passos são marcados pelo ritmo da melodia; quando escrevemos, podemos fazê-lo com maior ou menor velocidade, com pausas curtas ou longas com determinada regularidade, determinando o ritmo da escrita.

Em versos de letras de canções ou poemas, o ritmo no texto verbal é resultado:

- da alternância entre sílabas fortes (tônicas) e sílabas fracas (átonas);
- da extensão dos versos;
- da combinação de sons;
- da repetição de palavras;
- das pausas;
- das rimas.

Métrica

Você já viu que a alternância entre sílabas fortes e sílabas fracas contribui para o ritmo no texto. Mas você sabia que a distribuição dessas sílabas e o tamanho do verso também ajudam a determinar esse ritmo?

Para "medir" o tamanho do verso, fazemos sua escansão, ou seja, contamos o número de **sílabas poéticas** que o compõem.

Métrica é a medida do verso, isto é, a quantidade de sílabas que entram em um verso.

Para verificar a métrica dos versos, algumas regras são observadas:

- contam-se as sílabas somente até a **última sílaba tônica** de cada verso;
- quando uma palavra termina em vogal e a seguinte começa por vogal, elas podem fundir-se: nesse caso ocorre uma **elisão** (supressão de uma das vogais), e contamos apenas uma sílaba.

Veja a contagem de sílabas poéticas de alguns versos da letra de canção e do poema:

É preciso saber viver

To/ da/ pe/ dra/ do/ ca/ **mi**/ nho ⟶ 7 sílabas poéticas
1   2   3   4   5   6   7

Vo/ cê/ po/ de/ re/ ti/ **rar** ⟶ 7 sílabas poéticas
1   2   3   4   5   6   7

No meio do caminho

ti/ nha u/ ma/ pe/ dra/ no/ mei/ o/ do/ ca/ **mi**/ nho ⟶ 11 sílabas poéticas
1   2   3   4   5   6   7   8   9   10   11

ti/ nha u/ ma/ **pe**/ dra/ ⟶ 4 sílabas poéticas
1   2   3   4

Observe:

- As sílabas coloridas são as últimas sílabas tônicas dos versos. A contagem de sílabas poéticas termina nelas.
- O destaque dado onde há **elisão**, isto é, quando as sílabas são pronunciadas juntas.
- Uma sílaba poética nem sempre corresponde a uma sílaba gramatical. Às vezes ocorrem junções de sílabas que refletem a maneira como se pronunciam certas sequências silábicas na língua falada ao se cantar ou ao se declamar.
- Na letra de canção "É preciso saber viver" a quantidade de sílabas poéticas dos versos é sempre igual a 7 sílabas.
- No poema "No meio do caminho" não há regularidade na quantidade de sílabas poéticas nos versos, pois no primeiro e no segundo verso há 11 sílabas, mas no terceiro verso há 4.

Essa irregularidade permite afirmar que os versos do poema são **livres**, isto é, não seguem um padrão métrico.

UNIDADE 1 • Música e poesia

Repetição de palavras

Releia versos do poema "A pedra", de Arthur Nestrovski.

> porque o negócio da pedra é ficar.
> Pedra não reclama de nada.
> Pedra não faz mal a ninguém.

Observe que a repetição da palavra *pedra*, usada sempre no início e no meio dos versos, cria uma regularidade desses sons e sentidos.

As repetições de palavras no texto contribuem para a produção de jogos de sentido. Em poemas e em letras de canções, esses jogos também enriquecem a pauta sonora.

Atividades: sonoridade e musicalidade

1▸ Leia em voz alta o poema a seguir.

A vila
Marcus Accioly

As casas pobres se apertam
Sobre a paisagem tranquila.
Há sempre cabra pastando
Nos arredores da vila.

Há sempre alguém espreitando
A velha estrada que vem
Trazer as mesmas pessoas,
Sem nunca trazer ninguém.

Há sempre alguém espreitando
Os ares secos e nus,
Cortados de más notícias,
Varados por urubus.

Há sempre alguém espreitando
O vento, bom cavaleiro
Que monta em si mesmo e corre,
Servindo de mensageiro.

Há sempre alguém espreitando
Que a vila cresça ou desabe:
Ou em cidade se torne,
Ou para sempre se acabe.

ACCIOLY, Marcus. *Cancioneiro*. Recife: Polys, 2009. p. 50.

No poema "A vila" repete-se um verso em várias estrofes: "Há sempre alguém espreitando". Responda em seu caderno.

a) Substitua a palavra *espreitando* por outra de significado semelhante. Se necessário, consulte o dicionário.
b) Que efeito a repetição desse verso pode provocar?

LETRA DE CANÇÃO E POEMA

2 ▸ Observe a contagem de sílabas poéticas dos versos da primeira estrofe do poema.

> As/ ca/sas/ po/bres/ se a/**per**tam
> So/bre a/ pai/sa/gem/ tran/**qui**la.
> Há/ sem/pre/ ca/bras/ pas/**tan**do
> Nos/ a/rre/do/res/ da/ **vi**/la.

Responda em seu caderno: O que você observou por meio da métrica desses versos?

3 ▸ Escreva em seu caderno as palavras do poema que rimam.

4 ▸ Assinale a(s) alternativa(s) que corresponde(m) ao poema "A vila".
  a) O poema é construído com versos brancos.
  b) O poema apresenta versos livres.
  c) O poema apresenta rimas.
  d) O poema segue métrica.

Sentido das palavras: literal e figurado

Leia o haicai a seguir:

> Na **roca** do tempo
> fotografias antigas
> fabricam saudade.
>
> MURRAY, Roseana. *Arabescos no vento*. São Paulo: Prumo, 2009. p. 9.

Veja o significado da palavra em destaque:

> **roca**: pequeno bastão [...], no qual se enrola o algodão, a lã ou o linho a ser fiado.
>
> *Dicionário eletrônico Houaiss da língua portuguesa*. Rio de Janeiro: Objetiva, 2009.

No haicai, o termo *roca* não é empregado no sentido próprio, como está no dicionário (um objeto no qual se enrola o fio para tecer). Nesse texto literário, a palavra *roca* foi empregada para criar um efeito especial de sentido: algo em que o tempo é o fio que "tece", por meio de fotos antigas, lembranças e saudade. Dizemos que a palavra "roca" no poema está empregada em **sentido figurado**.

Quando uma palavra é empregada em sentido próprio, dizemos que ela está sendo usada no **sentido literal**, também chamado de **sentido denotativo**. No entanto, para conseguir efeitos expressivos em um texto, pode-se empregar um termo fora de seu sentido próprio. Quando se emprega esse recurso, a linguagem pode estar no **sentido figurado**, também chamado de **sentido conotativo**. Essa é uma forma mais subjetiva de expressar algo.

Hora de organizar o que estudamos

▸ Copie o esquema em seu caderno.

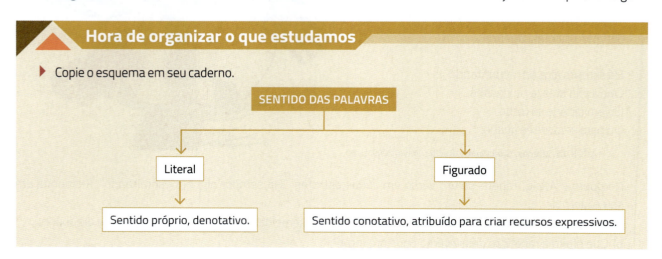

UNIDADE 1 • Música e poesia

1 ▶ Leia o poema a seguir.

Os poemas
Mario Quintana

Os poemas são pássaros que chegam
não se sabe de onde e pousam
no livro que lês.
Quando fechas o livro, eles alçam voo
como de um alçapão.
Eles não têm pouso nem porto
alimentam-se um instante em cada par de mãos
e partem.
E olhas, então, essas tuas mãos vazias,
no maravilhado espanto de saberes
que o alimento deles já estava em ti...

QUINTANA, Mario. *Esconderijos do tempo*.
São Paulo: Globo, 2005. p. 27. © Elena Quintana.

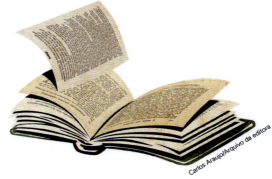

Responda em seu caderno.

a) Qual é o assunto central do poema?
b) A quem se dirige a voz que fala no poema?
c) No texto, o que representam os "pássaros"?
d) O poeta compara os livros a quê?
e) Releia:

> [os pássaros] alimentam-se um instante em cada par de mãos

- O que pode representar cada "par de mãos"?
- Explique o provável significado de os "pássaros" se alimentarem em um "par de mãos".

f) A linguagem desse verso está em sentido **denotativo** ou em sentido **conotativo**? Explique.

2 ▶ Copie do poema uma palavra empregada no sentido próprio, **denotativo**.

Figuras de linguagem

Há recursos estilísticos expressivos representados pelas figuras de linguagem. São bastante empregadas em letras de canção e em poemas. Vamos recordar algumas.

- **Aliteração**

▶ Leia em voz alta este verso do poema "Pedra", de Arthur Nestrovski. Preste atenção na consoante que se repete.

> Quer dizer: **toda pedra é um pedaço de pedra**.

Agora, responda às questões:

a) Que consoante se repete na parte destacada desse verso?

b) Que efeito de sentido a repetição desse som pode produzir?

> **Aliteração** é a repetição de sons consonantais no início ou no meio de palavras ao longo de um verso, poema ou frase para produzir efeitos sonoros e, assim, criar significados no texto.

- **Assonância**

▶ Leia em voz alta um verso da letra de canção.

> É preciso saber viver

Observe que, nesse verso, há a repetição do som vocálico /e/.
Copie em seu caderno a alternativa adequada:
Essa repetição da vogal /e/ causa um efeito sonoro que cria uma regularidade rítmica e:

a) reforça a afirmação dos versos do refrão.

b) contraria a afirmação dos versos do refrão.

c) altera a afirmação dos versos do refrão.

> **Assonância** é o nome dado ao recurso da repetição de sons de vogais iguais ou semelhantes ao longo de um verso, poema ou frase também para produzir efeitos sonoros no texto.

- **Metáfora**

▶ Leia a seguir esta estrofe do poema de Henriqueta Lisboa (1901-1985) sobre o tempo.

O tempo é um fio
Henriqueta Lisboa

O tempo é um fio
bastante frágil.
Um fio fino
que à toa escapa.
[...]

LUCAS, Fábio (Sel.). *Melhores poemas de Henriqueta Lisboa.* São Paulo: Global, 2001.

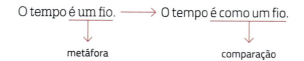

Observe o esquema a seguir:

Converse com os colegas: Que ideia(s) pode(m) ser comum(ns) a *tempo* e a *fio*?

A definição da palavra *tempo* é feita por meio de uma metáfora, isto é, uma relação de semelhança entre a ideia de tempo e a ideia de fragilidade do fio.

> **Metáfora** é a figura que cria um novo significado a partir de uma relação de semelhança entre termos diferentes.

- **Metonímia**

▶ Releia os versos do poema "No meio do caminho", de Carlos Drummond de Andrade:

> Nunca me esquecerei desse acontecimento
> na vida de minhas retinas tão fatigadas.

A palavra *retina*, no sentido próprio, nomeia parte do olho. Responda no caderno: O que essa palavra pode estar representando no poema?

Nesses versos, foi empregado um recurso chamado **metonímia**: a palavra *retina*, parte do olho, foi usada no lugar de olhos, do corpo todo, da vida. Há uma relação de proximidade entre retina e olho/corpo. Dizemos que o poeta empregou *a parte pelo todo*, fazendo uma relação lógica entre eles.

> **Metonímia** é uma figura de linguagem construída a partir de uma relação de proximidade entre dois termos.

Veja outros exemplos de metonímia:

> Comi dois pratos de comida.
> **(comi o conteúdo e não o prato)**

Na relação anterior, emprega-se o continente pelo conteúdo.

> Um Van Gogh será leiloado em Paris.
> **(um quadro de Van Gogh será leiloado, e não o artista)**

Na relação acima, emprega-se o produtor pelo objeto produzido.

- **Personificação**

Releia estes versos do poema "A vila", de Marcus Accioly.

> O vento, bom cavaleiro
> Que monta em si mesmo e corre,
> Servindo de mensageiro.

Nesses versos, atribuem-se ao vento características não só de ser vivo, mas especificamente de ser humano: ser um bom cavaleiro, montar, correr, servir de mensageiro.

> **Personificação** é a figura de linguagem que atribui características humanas a seres não humanos (animais, plantas) ou a seres inanimados (objetos).

▸ Releia estes versos do poema "Pedra", de Arthur Nestrovski.

> A pedra está sempre ali,
> no meio do caminho.
> Nem ela sabe se estava lá e fizeram o caminho ao redor.

Nesses versos há uma personificação. Identifique-a e explique como ela foi construída.

- **Antítese**

Releia os versos do poema "A vila".

> Há sempre alguém espreitando
> Que a vila cresça ou desabe:
> Ou em cidade se torne,
> Ou para sempre se acabe.

Nesses versos, há palavras que expressam ideias opostas: cresça/desabe, se torne/se acabe. Trata-se de antíteses.

> **Antítese** é a figura de linguagem que aproxima palavras que expressam sentidos opostos.

▸ Leia outro exemplo de antítese nos versos a seguir, produzidos pelo poeta português Luís de Camões (1524-1580):

Mudam-se os tempos, mudam-se as vontades
Luís de Camões

[...]
Continuamente vemos novidades,
diferentes em tudo da esperança;
do mal ficam as mágoas na lembrança,
e do bem, se algum houve, as saudades.
[...]

In: TORRALVO, Izeti F.; MINCHILO, Carlos C. (Prefácio e notas). *Sonetos de Camões*. São Paulo: Ateliê Editorial, 2011.

Nesses versos, quais palavras se opõem?

- **Hipérbole**

Você já deve ter ouvido frases como estas:

> Ele ganhou rios de dinheiro.

> Inundou a sala de tanto chorar.

> Morri de vergonha quando ela me olhou.

Observe que nessas frases há exagero: *rios, inundar* e *morrer* foram empregados para criar um efeito expressivo de ênfase, mesmo não correspondendo à verdade.

Hipérbole é a figura de linguagem em que se exagera ou se enfatiza o que se descreve.

▶ Leia a tirinha a seguir.

Disponível em: <http://turmadamonica.uol.com.br/quadrinhos/>. Acesso em: 20 ago. 2018.

Qual é a hipérbole empregada nessa tirinha?

Hora de organizar o que estudamos

▶ Copie o esquema em seu caderno.

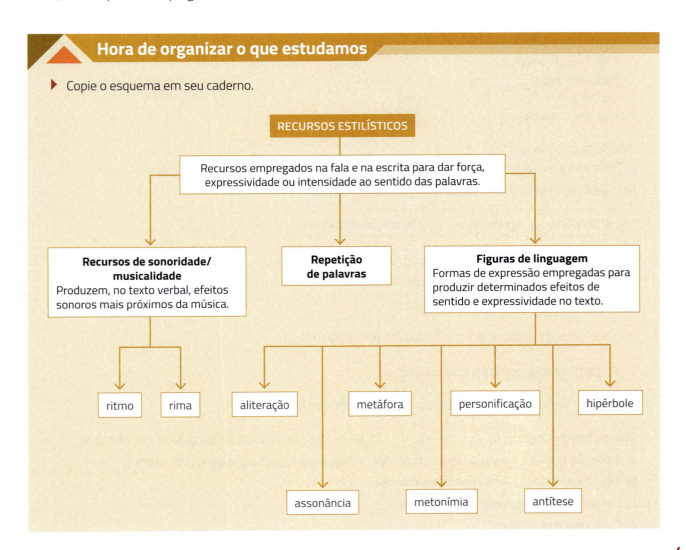

LETRA DE CANÇÃO E POEMA 37

Atividades: figuras de linguagem

1 ▸ Leia a tirinha:

GONSALES, Fernando. Níquel Náusea. *Folha de S.Paulo*. São Paulo: 21 out. 2004. Ilustrada, p. E11.

Responda às atividades no caderno.

a) O que provoca o efeito de humor na tirinha?

b) Copie a figura de linguagem presente nessa tirinha e escreva o nome dela.

2 ▸ Releia a estrofe do poema "O tempo é um fio".

> O tempo é um fio
> bastante frágil.
> Um fio fino
> que à toa escapa.

Responda no caderno.

a) Essa estrofe apresenta o recurso de repetição de sons. Que som se repete ao longo dos versos?

b) Identifique e assinale o nome dessa figura de construção.

| aliteração | assonância | repetição de palavras |

c) Qual é o provável efeito de sentido produzido por essa aliteração?

d) Nessa estrofe, percebe-se também uma assonância. Escreva no caderno qual é o som que se repete.

e) Que ideia essa repetição sugere ou reforça?

3 ▸ A seguir, releia um verso do poema "Pedra", de Arthur Nestrovski.

> As pedras não se entendem muito bem.

Escreva em seu caderno o nome da figura de linguagem que há nesse trecho.

4 ▸ Leia as frases a seguir e, no caderno, indique a figura de linguagem criada pelas palavras em destaque.

a) A **dor** das perdas e a **alegria** de estarem vivos se misturavam nos sobreviventes do acidente.

b) Sua fala parecia uma **enxurrada de palavrões**.

c) Chegamos de viagem **morrendo** de sede.

d) Comi **uma lata** de atum.

UNIDADE 1 • Música e poesia

Desafios da língua

A palavra *meio*

Às vezes, ao redigir um texto ou até mesmo frases simples, a escolha de algumas palavras gera dúvidas. Quando usar, por exemplo, *meio* e *meia*? As atividades a seguir tratam dessas escolhas.

▶ **Desafio!** Leia o anúncio a seguir.

Anúncio publicado no jornal *Gazeta do Povo*. Curitiba, 5 jul. 2005.

a) Releia o texto principal do anúncio:

> Nossa luta é para deixar o Meio Ambiente inteiro. Antes que ele se torne meio de verdade.

Em seu caderno, reescreva-o substituindo os termos *meio ambiente* e *meio* por expressões de sentido equivalentes. Se necessário, acrescente ou exclua palavras para melhor adequação da frase.

b) Como podem ser explicadas as diferenças de significado da palavra *meio* no anúncio?

c) No anúncio, que recursos visuais colaboram para construir os sentidos com que a palavra *meio* foi empregada?

d) Os anúncios têm o objetivo de convencer o leitor a comprar um produto ou a aderir a uma ideia. Depois de explorar os recursos verbais e não verbais empregados nesse anúncio, responda: De que ele pretende convencer o leitor?

Meio: advérbio, numeral ou substantivo

Meio: advérbio de intensidade (um pouco; mais ou menos)

Exemplos:

A arbitragem está meio confusa.
↓ ↓
o mesmo que
"um pouco" ↓
adjetivo

Os animais estavam meio tontos quando foram tirados da jaula.
↓ ↓
o mesmo que
"um pouco" ↓
adjetivo

Nesses exemplos, observe que, como advérbio, *meio* é uma palavra invariável: não sofre flexão nem de gênero nem de número. Veja estes outros exemplos.

Paulo ficou *meio* aflito quando soube que você estava doente.

Marisa ficou *meio* aflita quando soube que você estava doente.

Paulo e Marisa ficaram *meio* aflitos quando souberam que você estava doente.

Meio: numeral adjetivo (metade)

Exemplo:

Coloque na cesta meia laranja e meio tomate.
                      metade de   metade de
                      uma laranja um tomate
                (ligam-se a substantivos)

Como **adjetivo**, *meio* é uma palavra **variável**: concorda com o gênero do substantivo que acompanha.

Meio: substantivo (expediente; recurso; ambiente)

Exemplos:

Você utilizou meios honestos para conseguir sua aprovação.
↓
substantivo (recursos)

O meio em que vivemos é agredido todos os dias pela ação humana.
↓
substantivo (ambiente)

UNIDADE 1 • Música e poesia

1. Em seu caderno, reescreva as frases a seguir completando-as com as palavras *meio* ou *meia*.

   a) Quero uma *pizza* ▪ mozarela, ▪ calabresa.

   b) Marília estava ▪ tonta quando saiu do avião.

   c) Todas as crianças ficaram ▪ assustadas com o tumulto.

   d) Tomou ▪ xícara de leite e foi dormir.

   e) Os manifestantes ocuparam ▪ plataforma do metrô.

2. Responda às questões a seguir e você terá algumas pistas para entender como as palavras *meio/meia* devem ser empregadas.

   a) Em qual(is) frase(s) da atividade 1 essas palavras estão empregadas com o significado de "metade"?

   b) Em qual(is) frase(s) essas palavras estão modificando um adjetivo?

   c) Em qual(is) frase(s) essas palavras estão acompanhando um substantivo?

3. Reescreva as frases abaixo no caderno empregando a palavra *meio* ou *meia* de acordo com a função que exerce. Faça as adequações necessárias e consulte os exemplos anteriores, se preciso.

   a) Todos os que presenciaram a reação do presidente ficaram ▪ surpresos.

   b) Fiquei ▪ insegura quando vi que meus amigos não tinham vindo à festa.

   c) Esse ▪ de transporte é seguro?

   d) Vocês pesquisaram todos os ▪ possíveis para chegarmos ainda hoje à noite?

   e) Creio que você está ▪ enganada sobre o que eu fiz ontem...

   f) ▪ estrada foi interditada depois das chuvas.

   g) ▪ carga foi recuperada depois do acidente.

4. Leia a tirinha e responda às questões.

BECK, Alexandre. *Armandinho*. Disponível em: <http://www.tribunaescrita.com/2013/05/armandinho.html>. Acesso em: 31 out. 2018.

   a) A expressão "evoluir o conceito" pode ser entendida como "tornar algo mais complexo". Que conceito ou ideia Armandinho estaria "evoluindo"? Explique sua resposta.

   b) Converse com os colegas: Será que essa proposta mais complexa de Armandinho ajuda a separar o lixo de modo eficiente?

   c) Com qual função a palavra *meio* foi utilizada na tirinha: advérbio, numeral ou substantivo?

Outros textos do mesmo gênero

Leia um trecho de um poema intitulado "Canção do exílio", do escritor Gonçalves Dias. Ao lado dele, encontra-se a letra da canção "Sabiá", de Tom Jobim e Chico Buarque. Depois, converse com os colegas e o professor sobre as questões propostas.

Canção do exílio
Gonçalves Dias

Minha terra tem palmeiras,
Onde canta o Sabiá;
As aves, que aqui gorjeiam,
Não gorjeiam como lá.

Nosso céu tem mais estrelas,
Nossas várzeas têm mais flores,
Nossos bosques têm mais vida,
Nossa vida mais amores.

Em cismar, sozinho, à noite,
Mais prazer encontro eu lá;
Minha terra tem palmeiras,
Onde canta o Sabiá.

Minha terra tem primores,
Que tais não encontro eu cá;
Em cismar — sozinho, à noite,
Mais prazer encontro eu lá;
Minha terra tem palmeiras,
Onde canta o Sabiá.

Não permita Deus que eu morra,
Sem que volte para lá;
Sem que desfrute os primores
Que não encontro por cá;
Sem qu'inda aviste as palmeiras,
Onde canta o Sabiá.
[...]

Domínio público. Disponível em: <www.dominiopublico.gov.br/download/texto/bn000100.pdf>. Acesso em: 20 ago. 2018.

Sabiá
Antônio Carlos Jobim e Chico Buarque

Vou voltar
Sei que ainda vou voltar
Para o meu lugar
Foi lá e é ainda lá
Que eu hei de ouvir
Cantar uma sabiá,
Cantar uma sabiá

Vou voltar
Sei que ainda vou voltar
Vou deitar à sombra de uma palmeira que já não há
Colher a flor que já não dá
E algum amor talvez possa espantar
As noites que eu não queria
E anunciar o dia

Vou voltar
Sei que ainda vou voltar
Não vai ser em vão
Que fiz tantos planos de me enganar
Como fiz enganos de me encontrar
Como fiz estradas de me perder
Fiz de tudo e nada de te esquecer.

Disponível em: <www.vagalume.com.br/tom-jobim/sabia.html>. Acesso em: 20 ago. 2018.

1. Releia a primeira estrofe da letra de canção "Sabiá" e responda:
   a) Algumas palavras foram repetidas nesses versos. Identifique-as.
   b) Em sua opinião, que efeito a repetição dessas palavras dá à canção?

2. Compare os dois textos e troque ideias com os colegas:
   a) É possível dizer que os versos da letra de canção e do poema são brancos? Por quê?
   b) O que aproxima os dois textos?
   c) Na letra de canção "Sabiá", há referências explícitas ao poema de Gonçalves Dias. Que referências são essas?

PRODUÇÃO DE TEXTO

Paródia

A proposta desta atividade é que você produza, em dupla ou em grupo, um poema ou letra de canção usando um recurso de intertextualidade: a paródia. Os textos produzidos serão apresentados em um sarau organizado pela turma.

➤ Planejamento

1. **Em dupla ou em grupo.** Escolham um poema ou uma letra de canção de que gostem. Se for bastante conhecido, melhor ainda: dessa forma, os colegas conseguirão reconhecer o texto que está sendo parodiado.
2. Leiam o poema (ou a letra de canção) escolhido(a) e pensem de que modo poderá ser feita a paródia: com humor, crítica ou ironia.
3. Selecionem ideias e palavras que estejam relacionadas ao assunto do texto e que possam ajudá-los a compor uma paródia de acordo com a proposta definida por vocês.

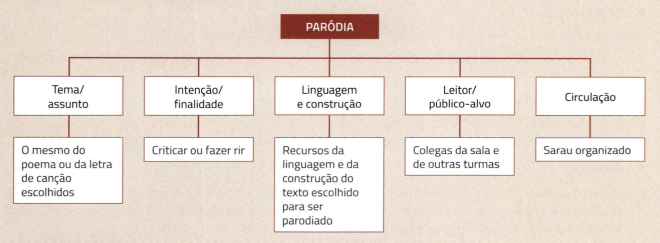

➤ Primeira versão

1. Dividam uma folha de papel ao meio. Escrevam o texto escolhido de um lado e reservem o outro para a produção.
2. Ao produzirem a paródia, procurem usar uma linguagem adequada aos colegas.
3. Escrevam ao lado de cada verso do poema original o verso que corresponderá a ele na paródia.
4. Procurem criar versos que tenham o mesmo ritmo e rimas do original, se houver.
5. Se desejarem, usem a linguagem figurada para produzir sentidos.

➤ Escrita e revisão

1. Releiam a produção de vocês verificando:
   - se há referências ao poema original;
   - se os elementos da paródia contribuem para o humor, a crítica ou a ironia ao texto original;
   - se há pontuação e palavras a serem corrigidas;
   - se os versos estão com o mesmo ritmo e rimas do poema original, se houver;
   - se as escolhas feitas provocam efeitos de sentido e expressividade no texto.
2. Passe os textos a limpo em duas folhas de papel avulsas — em uma escrevam o poema e na outra, a paródia.

➤ Apresentação

A paródia produzida será apresentada em um sarau organizado pela turma na seção *Prática de oralidade*.

Sarau

Agora, vocês vão organizar um sarau para apresentar as paródias produzidas na seção anterior. Sigam as orientações abaixo.

Planejamento e ensaio

1. Retome o grupo ou a dupla que formou na produção textual e separe o texto produzido.
2. **Em grupo.** Com a paródia já escrita e revisada, ensaiem sua leitura em voz alta. Façam uma leitura jogralizada, em que você e seus colegas podem ler de muitas formas:
   - cada um do grupo lê um verso;
   - cada membro lê uma estrofe do poema;
   - um colega lê a primeira parte, outro lê a segunda, e assim por diante.
3. Com a ajuda do professor, decidam um local e um dia para a realização do evento. Pensem em uma maneira de preparar o local escolhido procurando criar um clima favorável às apresentações: os textos escolhidos poderão ser escritos em cartazes para que todos possam conhecer os originais que serviram de base para as paródias.
4. Se possível, distribuam convites à comunidade escolar.

Apresentação

1. Preparem o local escolhido para a realização do evento conforme o planejado.
2. Leiam o texto original antes da apresentação de cada paródia para que todos possam identificar o texto que foi parodiado.
3. Na declamação ou canto dos versos de sua paródia, é importante enfatizar recursos sonoros como rimas, ritmo e outros que forem empregados.
4. Lembrem-se de que todos devem ouvir a apresentação dos colegas com atenção e respeito.

Avaliação

- Depois da apresentação, conversem com os colegas e o professor a respeito das impressões que tiveram das paródias que criaram e das que ouviram. Mencionem se as produções da turma provocaram risos, se vocês perceberam os diferentes estilos apresentados, etc.

Autoavaliação

Chegou o momento de fazer um balanço de tudo o que foi estudado na Unidade 1. Leia o quadro de conteúdos para recordar o que estudou e, no caderno, avalie seu desempenho usando os tópicos propostos a seguir como orientação. Isso ajudará você na hora de organizar seus estudos.

Meu desempenho

- **Compreendi bem** (registre no caderno os itens que você compreendeu)
- **Avancei em** (registre no caderno os itens em que você melhorou)
- **Preciso rever** (registre no caderno os itens que você precisa estudar mais)
- **Outras observações e/ou outras atividades**

UNIDADE 1	
Gêneros letra de canção e poema	**LEITURA E INTERPRETAÇÃO** · Leitura da letra de canção "É preciso saber viver", de Erasmo Carlos e Roberto Carlos, e do poema "No meio do caminho", de Carlos Drummond de Andrade · Formas de produzir sonoridade no verso em letra de canção e em poema · Recursos sonoro-estilísticos: ritmo e rima · Intertextualidade e paródia **PRODUÇÃO** **Oral** · Sarau · Interatividade: *playlist* comentada **Escrita** · Produção de paródia de poema ou de letra de canção
Ampliação de leitura	**CONEXÕES** · Outras linguagens: Intertextualidade na história em quadrinhos · Intertextualidade no processo de criação · Miniconto e intertextualidade · Caricatura e intertextualidade **OUTROS TEXTOS DO MESMO GÊNERO** · "Canção de exílio", de Gonçalves Dias · "Sabiá", de Antonio Carlos Jobim e Chico Buarque de Holanda
Língua: usos e reflexão	· Recursos estilísticos · Sonoridade e musicalidade: ritmo, métrica · Repetição de palavras · Sentido das palavras: literal e figurado · Figuras de linguagem: aliteração, assonância, metáfora, metonímia, personificação, antítese, hipérbole · Desafios da língua: a palavra *meio*
Participação em atividades	· Orais · Coletivas · Em grupo

Carlos Araujo/
Arquivo da editora

Escultura da deusa Atena.
Atenas, Grécia, 2015.

UNIDADE 2

Narrativas que atravessaram o tempo

Esta é a deusa grega Atena. Você já ouviu ou leu alguma história em que essa deusa era personagem? Algumas narrativas são próprias da cultura de determinado povo e tentam explicar fatos da natureza por meio de figuras sobrenaturais e feitos heroicos. Você conhece alguma história assim?

Nesta unidade você vai:

- ler e interpretar mitos em HQ e em prosa;
- localizar os elementos e os momentos da narrativa;
- comparar as duas narrativas quanto aos momentos e elementos;
- produzir narrativa com herói ou heroína;
- identificar coesão e coerência;
- comparar elementos de coesão;
- identificar advérbios ou locuções adverbiais para empregá-los como elementos de coesão;
- identificar preposições e conjunções para empregá-las como elementos de coesão.

MITO

Os mitos são narrativas ligadas às raízes e à cultura dos povos e evidenciam muitos de seus saberes e a maneira como entendem o universo. São histórias que fazem parte da tradição oral e foram transmitidas de geração a geração desse modo. Nos últimos séculos, diversos mitos foram registrados por escrito e publicados.

Os mitos tentam explicar fenômenos da natureza de maneira mágica, e seus personagens são seres sobrenaturais, muitas vezes heróis com poderes que ultrapassam as habilidades humanas.

A narrativa que você vai ler nesta unidade faz parte da mitologia grega e conta a história de personagens que conseguiram voar, como as aves. Você já ouviu essa história? Conhece esses personagens? Se não os conhece, como imagina que sejam?

Vamos apresentar a você o mesmo mito narrado em diferentes linguagens.

Para facilitar a leitura, conheça alguns personagens que são fundamentais na história:

- Dédalo: personagem da mitologia grega, é um notável artesão, inventor e engenheiro de Atenas.
- Ícaro: segundo a mitologia grega, é filho de Dédalo. Na juventude, é aprisionado com o pai na ilha de Creta por decisão do rei Minos.
- Minos: rei da ilha de Creta. Filho de Zeus (o deus de todos os deuses) e da princesa fenícia Europa, é considerado um semideus na mitologia grega.
- Minotauro: na mitologia grega, é uma criatura com cabeça e cauda de touro em corpo humano. É morto pelo herói Teseu.
- Talo: conhecido também como Perdix, é sobrinho de Dédalo. A esse personagem mitológico são atribuídos alguns inventos, como prova de sua habilidade artesanal.

> Mitologia é o conjunto de mitos próprios de um povo. Essa palavra também designa a ciência ou o estudo desses mitos. Exemplos: mitologia grega, mitologia romana, mitologia indígena, mitologia africana, etc.

Será que esta imagem corresponde à sua ideia de um personagem que voa? Em caso negativo, o que seria diferente? Compartilhe sua ideia com os colegas.

Leitura

Texto 1

Dédalo e Ícaro
Marcia Williams

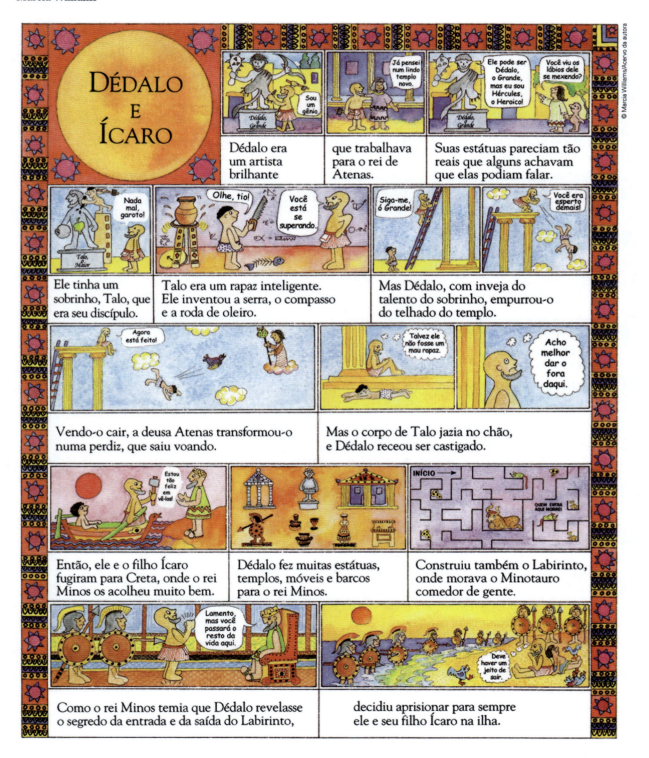

- **oleiro:** pessoa que faz objetos com barro, ceramista.
- **jazer:** estar ou parecer morto.
- **labirinto:** construção cheia de caminhos que têm o objetivo de desorientar quem os percorre, pois apenas um leva à saída. Na mitologia grega, foi construído para manter o Minotauro preso.
- **cordel:** corda fina e flexível.
- **advertir:** avisar, prevenir.
- **Hermes:** personagem da mitologia grega, é o deus mensageiro.

WILLIAMS, Marcia. *Mitos gregos:* o voo de Ícaro e outras lendas. São Paulo: Ática, 2005. p. 22-25.

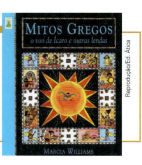

Marcia Williams nasceu em 1945, na Inglaterra. Seu primeiro livro foi publicado em 1987 e, desde então, seu currículo já conta com dezenas de títulos, como *Egito Antigo*, *As aventuras de Robin Hood* e *Rei Artur e os cavaleiros da Távola Redonda*.

Interpretação do texto

Compreensão inicial

1. Agora, você já pode responder às perguntas feitas antes da leitura:
   a) Você já conhecia essa história? Se sim, a versão que você conhece é parecida com essa ou apresenta diferenças?
   b) Quando você leu que a narrativa desta unidade seria sobre personagens que conseguiram voar, você pensou em outra história? Em qual?

2. No início da história, Dédalo tinha um sobrinho que era seu discípulo, Talo.
   a) Discípulo é o nome dado a quem aprende algo com outra pessoa. O que Talo aprendia com Dédalo?
   b) Que criações são atribuídas a Talo?
   c) Que sentimento a criatividade de Talo despertou em Dédalo?

3. Dédalo trabalhava para o rei de Atenas antes de se mudar para Creta. Atenas e Creta ficam na Grécia, país localizado no continente europeu. Observe o mapa atual dessa região:

   a) As histórias da mitologia grega que chegaram a nós são contadas de geração a geração há mais de 2 mil anos. No mundo real, para sair da ilha de Creta, qual seria a opção? Justifique.
   b) Agora, assinale o item que explica a razão da mudança de Dédalo.
   - Vontade de conhecer outros lugares.
   - Desentendimento com o rei de Atenas.
   - Medo de ser punido pela morte do discípulo.
   - Vontade de criar o filho em outro reinado.

A Grécia no continente europeu

Fonte: elaborado com base em <www.universiaenem.com.br/sistema/faces/pagina/publica/conteudo/texto-html.xhtml?redirect=7775318821564451761992941467 3>. Acesso em: 25 fev. 2019.

4. Qual foi a criação de Dédalo que, em Creta, o transformou em prisioneiro? Por quê?

5. Dédalo produziu asas para que ele e seu filho se libertassem da prisão em que a ilha de Creta se transformara. No entanto, orientou Ícaro a tomar alguns cuidados com o voo. Em seu caderno, copie do texto a fala de Dédalo com a orientação sobre os perigos do voo.

 Minha biblioteca

Mitos gregos, Rob Shone. Scipione.

Quer ler mais mitos gregos em quadrinhos? O livro *Mitos gregos*, escrito e ilustrado por Rob Shore, traz informações sobre personagens icônicos da mitologia grega e histórias de feitos grandiosos, como "Os trabalhos de Hércules".

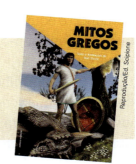

6▸ No início, o voo foi muito divertido para Ícaro, uma brincadeira. Assinale a frase que explica por que essa brincadeira terminou em uma tragédia.

- O pai de Ícaro não passou todas as instruções para o filho.
- As asas de Ícaro tinham um defeito.
- Ícaro voou para perto do Sol.
- Ícaro ficou com medo do Sol.

7▸ Para Dédalo, qual é o significado da morte do filho? Por quê?

8▸ Nas narrativas míticas, as ações costumam vir acompanhadas de consequências, que enfatizam comportamentos e transformam algumas situações em exemplos. Qual foi o grande exemplo na história de Dédalo?

9▸ Você gostou da história de Dédalo e Ícaro? Por quê? Converse com os colegas sobre as impressões que essa narrativa causou em você e ouça as opiniões deles com atenção.

Depois de ter lido e interpretado o mito em quadrinhos, leia a versão em prosa e compare os dois textos.

Texto 2

Dédalo

Thomas Bulfinch

O labirinto do qual Teseu escapou, graças ao fio de Ariadne, fora construído por Dédalo, um artífice habilidosíssimo. Era um edifício com numerosos corredores tortuosos que davam uns para os outros e que pareciam não ter começo nem fim, como o Rio Meandro, que volta sobre si mesmo e ora segue para adiante, ora para trás, em seu curso para o mar. Dédalo construiu o labirinto para Minos, mas, depois, caiu no desagrado do rei e foi aprisionado em uma torre. Conseguiu fugir da prisão, mas não podia sair da ilha para o mar, pois o rei mantinha severa vigilância sobre todos os barcos que partiam e não permitia que nenhuma embarcação zarpasse antes de rigorosamente revistada.

"Minos pode vigiar a terra e o mar, mas não o ar" — disse Dédalo.

"Tentarei esse caminho."

Pôs-se, então, a fabricar asas para si mesmo e para seu jovem filho, Ícaro. Uniu as penas, começando das menores e acrescentando as maiores, de modo a formar uma superfície crescente. Prendeu as penas maiores com fios e as menores com cera e deu ao conjunto uma curvatura delicada, como as asas das aves. O menino Ícaro, de pé, ao seu lado, contemplava o trabalho, ora correndo para ir apanhar as penas que o vento levava, ora modelando a cera com os dedos e prejudicando, com seus folguedos, o trabalho do pai. Quando, afinal, o trabalho foi terminado, o artista, agitando as asas, viu-se flutuando e equilibrando-se no ar. Em seguida, equipou o filho da mesma maneira e ensinou-o a voar, como a ave ensina ao filhote, lançando-o ao ar, do elevado ninho.

— Ícaro, meu filho — disse, quando tudo ficou pronto para o voo —, recomendo-te que voes a uma altura moderada, pois, se voares muito baixo, a umidade emperrará tuas asas e, se voares muito alto, o calor as derreterá. Conserva-te perto de mim e estarás em segurança.

> ▸ **Teseu:** herói da mitologia grega que livrou a Grécia de várias criaturas, sendo o Minotauro a mais famosa delas.
>
> ▸ **Ariadne:** nome da princesa de Creta. A personagem era apaixonada por Teseu e ajudou esse herói a derrotar o terrível Minotauro quando ele precisou entrar no Labirinto. Para isso, deu a Teseu um fio de lã com o qual o herói pôde marcar o caminho e voltar ao ponto de onde havia partido.
>
> ▸ **Meandro:** nome de um rio que, na Antiguidade, ficava em território grego. Hoje, fica na Turquia. Correndo em uma planície, esse rio tem seu traçado com curvas muito acentuadas. Do nome do rio vem o significado da palavra *meandro* como sinônimo de algo sinuoso, complexo.
>
> ▸ **zarpar:** partir (uma embarcação).
>
> ▸ **folguedo:** brincadeira.

54 ❭ **UNIDADE 2** • Narrativas que atravessaram o tempo

Enquanto dava essas instruções e ajustava as asas aos ombros do filho, Dédalo tinha o rosto coberto de lágrimas e suas mãos tremiam. Beijou o menino, sem saber que era pela última vez, depois, elevando-se em suas asas, voou, encorajando o filho a fazer o mesmo e olhando para trás, a fim de ver como o menino manejava as asas. Ao ver os dois voarem, o lavrador parava o trabalho para contemplá-los e o pastor apoiava-se no cajado, voltando os olhos para o ar, atônitos ante o que viam, e julgando que eram deuses aqueles que conseguiam cortar o ar de tal modo.

> **Apolo:** era o deus das artes e um dos mais importantes da mitologia grega.

Os dois haviam deixado Samos e Delos à esquerda e Lebintos à direita, quando o rapazinho, exultante com o voo, começou a abandonar a direção do companheiro e a elevar-se para alcançar o céu. A proximidade do ardente sol amoleceu a cera que prendia as penas e estas desprenderam-se. O jovem agitava os braços, mas já não havia penas para sustentá-lo no ar. Lançando gritos dirigidos ao pai, mergulhou nas águas azuis do mar que, daquele dia em diante, recebeu o seu nome.

— Ícaro, Ícaro, onde estás? — gritou o pai.

Afinal, viu as penas flutuando na água e amargamente, lamentando a própria arte, enterrou o corpo e denominou a região Icária, em memória do filho. Dédalo chegou são e salvo à Sicília, onde ergueu um templo a Apolo, lá depositando as asas, que ofereceu ao deus.

BULFINCH, Thomas. *O livro de ouro da Mitologia*: histórias de deuses e heróis. Rio de Janeiro: Ediouro, 1999. p. 191-193.

Vista aérea do rio Meandro (ou Menderes, como também é conhecido) na Turquia.

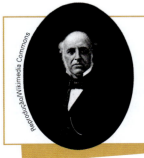

Thomas Bulfinch foi um escritor estadunidense nascido na cidade de Massachusetts, em 1796. Seus recontos têm sido considerados uma das melhores introduções aos mitos clássicos, tanto para jovens quanto para adultos. Morreu em 1867.

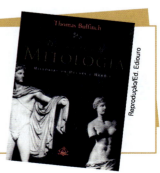

Interpretação do texto

Compreensão inicial

1. No texto em prosa, há referência a uma outra história que não a de Talo: a de Teseu e Ariadne. Leia um resumo do que acontece com esses personagens:

> Ariadne é a filha de Minos, rei de Creta, e Teseu é filho de Egeu, rei de Atenas. Em uma batalha entre Atenas e Creta, Atenas sai derrotada e é obrigada a enviar jovens para serem sacrificados pelo Minotauro, um monstro que habita o Labirinto de Creta.
> Ariadne, apaixonada por Teseu, dá a ele um novelo de linha e o instrui a desenrolar o novelo à medida que adentra o Labirinto. Dessa forma, ele conseguiria encontrar a saída depois de enfrentar o Minotauro, pois o caminho estaria marcado. Essa instrução foi dada a Ariadne por Dédalo.
> Teseu vence o monstro, sai do Labirinto e se casa com Ariadne.

Ariadne ajudou Teseu a sair do Labirinto dando a ele um novelo de linha para marcar seu trajeto lá dentro. Assim, ele pôde voltar pelo mesmo caminho que percorreu para chegar até o Minotauro. Você já leu ou ouviu um conto em que um artifício parecido com o de Ariadne foi usado? Se sim, que conto é esse?

2. Releia a fala de Dédalo a seguir e responda às questões no caderno.

> Minos pode vigiar a terra e o mar, mas não o ar.

a) O que Dédalo quis dizer com essa frase?
b) Dédalo possuía uma qualidade determinante para que conseguisse planejar uma maneira de fugir da ilha com seu filho. Transcreva do texto a expressão que indica essa qualidade.

3. Assinale a alternativa que completa adequadamente esta frase:

> Dédalo queria que Ícaro ficasse perto dele porque

- precisava da companhia do filho.
- queria um voo seguro para o filho.
- estava com medo de Minos aparecer.
- acreditava que sua invenção não funcionaria adequadamente.

4. Ao preparar o filho para voar, Dédalo "tinha o rosto coberto de lágrimas e suas mãos tremiam". Na sua opinião, por que Dédalo chorava antes de iniciarem o voo?

5. O que Dédalo fez após a tragédia?

Mundo virtual

Para conhecer o mito de Ariadne e Teseu em outra linguagem, assista ao vídeo disponível no *site* da Empresa Brasileira de Comunicação (EBC). Nele, essa narrativa é contada por meio de bonecos. Disponível em: <www.ebc.com.br/infantil/voce-sabia/2015/02/voce-conhece-historia-de-ariadne-e-teseu>. Acesso em: 25 fev. 2019.

Linguagem e construção dos textos 1 e 2

1. No Texto 1, Marcia Williams utilizou recursos da linguagem dos quadrinhos para contar sua versão do mito de Dédalo e Ícaro. Releia o início da história.

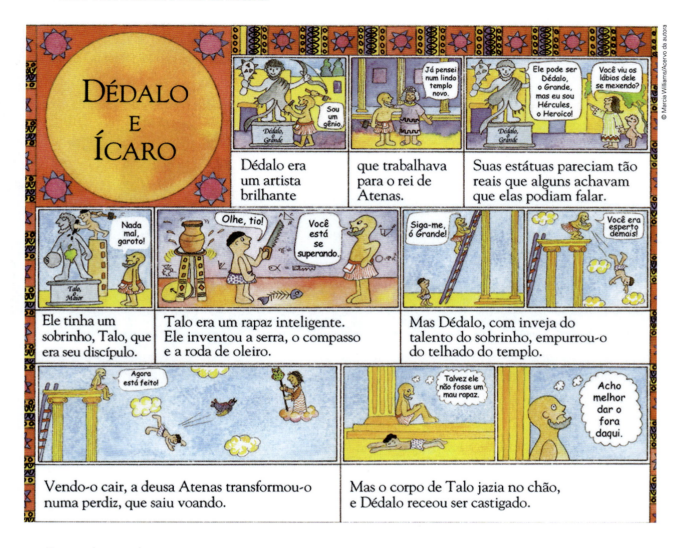

Responda no caderno:
a) Que recursos próprios das histórias em quadrinhos foram utilizados?
b) Além das imagens e das falas dos personagens, que outro recurso é usado nessa narrativa?
c) Qual o provável motivo de a autora ter usado esse recurso?

2. Releia o trecho inicial da história em prosa, prestando atenção nas palavras destacadas:

> O labirinto do qual Teseu escapou, graças ao fio de Ariadne, **fora** construído por Dédalo, **um artífice habilidosíssimo**.

Compare as escolhas de linguagem feitas nos dois textos que você leu e assinale o item que completa cada afirmação.

a) A linguagem adotada nos mitos se caracteriza por ser:
- mais informal.
- mais descontraída.
- mais formal.
- comum, como a do dia a dia.

MITO 57

b) A linguagem usada nos mitos confere aos atos heroicos dos personagens o efeito de:
- grandiosidade.
- dificuldade.
- periculosidade.
- facilidade.

3▸ Copie do Texto 2 outro trecho em que foi usada uma linguagem que você considere muito diferente da que usa no cotidiano.

4▸ Os textos lidos nesta unidade são gêneros do **narrar** e, portanto, são elaborados com os elementos da narrativa indicados na tabela a seguir.
No caderno, copie o quadro e complete-o com os elementos de cada texto lido.

Dédalo e Ícaro		
Elementos da narrativa	Em quadrinhos	Em prosa
Personagens	Dédalo, Ícaro, Talo, Atenas, uma perdiz, Minos, Minotauro, pessoas comuns	
Ações		
Espaço		Grandioso: mar entre Atenas e Creta com Samos e Delos à esquerda e Lebintos à direita, a imensidão do céu até o Sol e Sicília
Tempo		
Narrador	Observador: não participa dos fatos	

5▸ Embora usem recursos diferentes, as duas narrativas têm seus enredos marcados pelos momentos da narrativa. Copie o quadro a seguir no caderno e identifique nas histórias lidas os quatro momentos da narrativa.

Dédalo e Ícaro		
Momentos da narrativa	Em quadrinhos	Em prosa
Situação inicial	De "Dédalo era um artista brilhante…" até "… decidiu aprisionar para sempre ele e seu filho Ícaro na ilha".	
Conflitos/ complicações		De "Conseguiu fugir da prisão…" até "… deuses aqueles que conseguiam cortar o ar de tal modo."
Clímax		
Desfecho		

6 ▸ Depois de ler duas versões do mesmo mito grego, histórias que passaram oralmente de geração a geração durante séculos, converse com os colegas e o professor sobre o que vocês pensam do ditado popular: "Quem conta um conto aumenta um ponto".

7 ▸ Qual das duas versões da história de Dédalo e Ícaro lidas nesta unidade você indicaria para uma pessoa que não conhece a história? Explique sua resposta.

Hora de organizar o que estudamos

▸ Em seu caderno, copie o esquema a seguir e complete-o com as palavras do quadro abaixo:

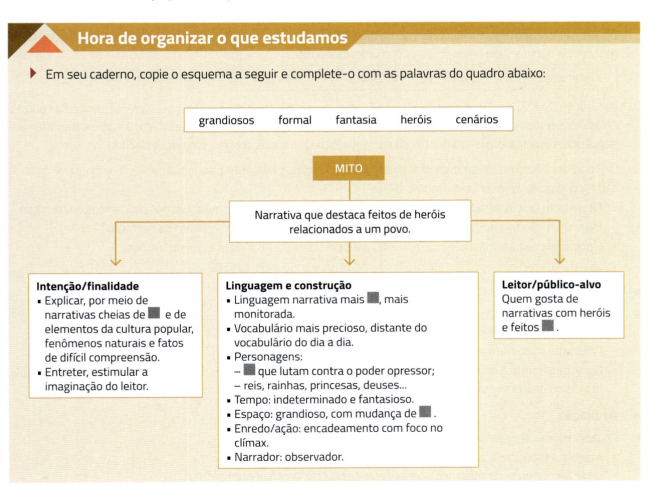

grandiosos   formal   fantasia   heróis   cenários

MITO

Narrativa que destaca feitos de heróis relacionados a um povo.

Intenção/finalidade
- Explicar, por meio de narrativas cheias de ■ e de elementos da cultura popular, fenômenos naturais e fatos de difícil compreensão.
- Entreter, estimular a imaginação do leitor.

Linguagem e construção
- Linguagem narrativa mais ■, mais monitorada.
- Vocabulário mais precioso, distante do vocabulário do dia a dia.
- Personagens:
  – ■ que lutam contra o poder opressor;
  – reis, rainhas, princesas, deuses…
- Tempo: indeterminado e fantasioso.
- Espaço: grandioso, com mudança de ■.
- Enredo/ação: encadeamento com foco no clímax.
- Narrador: observador.

Leitor/público-alvo
Quem gosta de narrativas com heróis e feitos ■.

Prática de oralidade

Conversa em jogo

Há heróis no cotidiano?

1▸ **Em dupla.** Conversem sobre as questões a seguir e procurem fornecer exemplos.

a) Como são os heróis de ficção que vocês conhecem?

b) Vocês conhecem heróis de verdade? Em caso positivo, como eles são? Em caso negativo, qual é a ideia que vocês têm de herói?

c) Na vida real, sem superpoderes, de que maneira agem os heróis do cotidiano, se vocês acham que eles existem?

2▸ Apresentem suas conclusões aos demais colegas e ouçam a opinião das outras duplas sobre o assunto.

Narrativa oral: personagens mitológicos

Nas histórias mitológicas, encontramos heróis, reis, deuses e feitos grandiosos enredados em situações instigantes e às vezes fantásticas que, de algum modo, se relacionam com o que vivemos hoje.

Há diversas mitologias, pois cada povo tem muitas histórias para contar na tentativa de explicar, a seu modo, o mundo que o cerca. Para este trabalho, escolhemos a mitologia grega, que está bastante ligada à cultura ocidental, à qual pertencemos. Certamente você já ouviu alguma das histórias desses deuses e heróis. Agora vai poder pesquisar e contar aos colegas outra narrativa mitológica da Grécia antiga.

➡ Preparação

1▸ **Em grupo.** Cada grupo escolhe um personagem da mitologia grega para pesquisar sua história. As informações podem ser encontradas na biblioteca ou na internet, em livros, revistas e *sites*. A seguir, oferecemos quatro sugestões de personagens, mas vocês podem escolher outros.

Prometeu	Ariadne	Pégaso	Narciso

2▸ Provavelmente, vocês vão encontrar várias histórias, contadas em versões um pouco diferentes umas das outras. Leiam as versões que encontrarem, identificando os episódios em comum. Organizem as ações narradas em sequência, respeitando os momentos da narrativa: situação inicial, conflito, clímax, desfecho.

3▸ O grupo decide como vai se organizar para contar a história oralmente para a turma. Para se preparar melhor, cada grupo pode se guiar pelos itens a seguir.

• Haverá um único narrador, ou cada participante vai se encarregar de contar um dos momentos da narrativa?

• Haverá ou não fala dos personagens, como se houvesse um ator no momento da narração?

• É possível produzir máscaras ou fantasias para destacar algum personagem da história?

• Que outros recursos podem ser providenciados para enriquecer a narração?

➡ Ensaio

▸ Ensaiem o momento da apresentação, lembrando-se das condições necessárias para que a narrativa oral prenda a atenção dos ouvintes:

• Falem de modo claro e audível, com ritmo e modulação da voz.

• Garantam uma boa interação com a plateia, olhando atentamente para as pessoas de modo a detectar qualquer dúvida ou descontentamento, prevendo essas situações e se preparando para agir nesses casos.

➡ Avaliação

▸ Ao ouvirem os colegas, lembrem-se de:

• manter o silêncio e a atenção;

• pedir licença ao fazer qualquer interferência: perguntar, ampliar, exemplificar...

UNIDADE 2 • Narrativas que atravessaram o tempo

CONEXÕES ENTRE TEXTOS, ENTRE CONHECIMENTOS

Outras linguagens: Filmes protagonizados por heróis

Em todos os tempos e lugares, há histórias que revelam feitos extraordinários de personagens heroicos. Atualmente, narrativas protagonizadas por heróis estão presentes em histórias em quadrinhos, filmes e desenhos animados.

Os maiores estúdios de cinema vêm investindo na produção de filmes cujos protagonistas são heróis. Veja alguns deles:

O incrível Hulk, criado por Stan Lee e Jack Kirby em publicação da Marvel, 1962. Na foto, o ator Mark Ruffalo como Hulk, no filme *Os vingadores*, de Joss Whedon, 2012.

O Homem-Aranha é uma criação de Stan Lee e Steve Ditko e surgiu nas histórias em quadrinhos, pela primeira vez, no início da década de 1960. O super-herói já ganhou diversas adaptações para o cinema. Na foto, Tom Holland interpreta o protagonista em *Homem-Aranha: de volta ao lar*, de Jon Watts, 2017.

▶ Converse com os colegas sobre as seguintes questões:
  a) Qual desses personagens de cinema você conhece?
  b) Um herói é aquele que realiza atos excepcionais com coragem e bravura em prol de uma comunidade ameaçada, agindo sempre dentro de princípios éticos. Esse conceito se aplica a esses heróis de quadrinhos e de filmes? Explique.

Batman, o homem-morcego, criado por Bill Finger e Bob Kane em publicação da DC Comics, 1939. Na foto, o ator Christian Bale como Batman no filme *O cavaleiro das trevas*, de Christopher Nolan, 2008.

Gregos e romanos na História: duas civilizações e uma mitologia

Segundo estudiosos da mitologia, os principais deuses gregos eram doze, habitavam o Olimpo, a mais alta montanha da Grécia, e a cada um deles cabia proteger aspectos que fugiam ao domínio dos humanos.

Quando os romanos invadiram e conquistaram a Grécia, os personagens da mitologia receberam nomes em latim, porque essa era a língua dos conquistadores.

MITO 61

Conheça cada um dos deuses, observe como todos estavam ligados a Zeus e como eram chamados pelos gregos e pelos romanos:

Mitologia grega	Mitologia romana	Identidade
Zeus	Júpiter	rei dos deuses, dos trovões e dos relâmpagos
Hera	Juno	esposa de Zeus e deusa do casamento
Poseidon	Netuno	irmão de Zeus e deus dos mares
Hades	Plutão	irmão de Zeus e deus dos mortos e dos mundos subterrâneos
Hefesto	Vulcano	filho de Zeus e deus do fogo, dos vulcões e dos ferreiros
Afrodite	Vênus	esposa de Hefesto e deusa do amor
Ares	Marte	filho de Zeus e deus da guerra
Atena	Minerva	filha de Zeus e deusa da guerra, da justiça e da sabedoria
Apolo	Febo	filho de Zeus e deus do Sol
Ártemis	Diana	filha de Zeus, gêmea de Apolo e deusa da Lua e da caça
Hermes	Mercúrio	filho de Zeus e deus mensageiro dos deuses
Dionísio	Baco	filho de Zeus e deus do vinho

▶ Que tal pesquisar algum desses deuses para contar à turma o que encontrou sobre o herói escolhido por você? Talvez seja possível encontrar informações em filmes, vídeos, jogos eletrônicos, HQs, etc. Você e os colegas também poderão organizar uma sessão para trocar informações, narrativas em diferentes linguagens e ainda ampliar o conhecimento sobre mitos.

Diferentes heróis mitológicos para diferentes povos

Os heróis mitológicos gregos e romanos (Teseu e Hércules, por exemplo) são muito conhecidos até hoje em vários continentes. Entretanto, todos os povos têm suas próprias narrativas míticas e seus próprios heróis.
Conheça alguns heróis de outras culturas:

Povos	Heróis	Características dos heróis
Chineses	Nüwa	Teve oito descendentes, todos legendários, fabulosos (fantásticos).
Egípcios	Hórus	Teve como descendente o primeiro faraó: Menés.
Nórdicos	Siegfried, filho de Siegmund	Recuperou o anel que dá ao proprietário o domínio sobre o Universo.
Maias/Astecas	Hunahpu e Ixbalanque	Lutaram contra os senhores do mundo inferior.

Fonte: *Superinteressante*. O livro das mitologias. São Paulo: Abril, ed. 231-A. Edição especial.

▶ Você já encontrou algum deles em livros, músicas, poemas, filmes ou mesmo em jogos eletrônicos? Quais? Onde? Comente com os colegas.

Língua: usos e reflexão

Coesão e coerência I

1 ▸ **Em dupla.** Leiam e comparem os dois textos do quadro a seguir.

A	B
Não passei no teste de natação. O preço do petróleo caiu no mercado. Um vendaval derrubou árvores e destelhou casas na América Central. Pessoas passeavam tranquilamente sob um sol ameno...	Com calma, ande! Sobra tempo para brincar De gente grande. ZIRALDO. *Os* hai-kais *do Menino Maluquinho*. São Paulo: Melhoramentos, 2013. p. 39.

Tanto o conjunto A quanto o conjunto B têm frases. Qual é apenas um conjunto de frases e qual pode ser considerado um texto único? Conversem e procurem explicar a diferença entre A e B. No caderno, façam um registro coletivo do que vocês observaram.

Observem:

> Um amontoado de palavras ou uma porção de frases juntas não forma um texto. Para ser um **texto**, é preciso que as partes — palavras, frases, parágrafos... — estejam relacionadas. É necessário haver **unidade de sentido** entre as partes, isto é, **coerência**.

Na língua há alguns **recursos** que podem ser empregados para garantir o sentido, a coerência nos textos. É o que estudaremos a seguir.

2 ▸ Releia este trecho do texto "Dédalo e Ícaro", prestando atenção no sentido dos elementos destacados.

> [...] Dédalo construiu o labirinto para Minos, **mas**, **depois**, caiu no desagrado do rei e foi aprisionado em uma torre.

Dos elementos destacados, copie no caderno:

a) a palavra que dá ideia das relações de tempo entre as partes do texto.

b) a palavra que dá ideia de oposição, de desacordo entre as situações relatadas no trecho.

c) a pontuação usada para dar sentido ao texto.

3 ▸ Releia o trecho a seguir, observando o sentido que os elementos destacados fornecem ao texto.

> Os dois haviam deixado Samos e Delos à esquerda e Lebintos à direita, **quando** o rapazinho, exultante com o voo, começou a abandonar a direção do companheiro e a elevar-se para alcançar o céu. A proximidade do ardente sol amoleceu a cera que prendia as penas e estas desprenderam-se. O jovem agitava os braços, **mas** já não havia penas para sustentá-lo no ar.

Em seu caderno, transcreva o elemento destacado que:

a) estabelece relação de tempo entre partes.

b) acrescenta uma ideia que contraria o que estava sendo afirmado.

MITO **63**

Observe nesta página outras relações de sentido. No trecho seguinte, faltam elementos para que o encadeamento na frase produza sentido. Leia e observe:

> Minos pode vigiar a terra ■ o mar, ■ não o ar.

Que sensação causa uma frase assim organizada? Produzida desse modo, dá a sensação de que falta alguma coisa, pois não é possível perceber exatamente qual é a relação entre os elementos.

Leia duas possibilidades de organização da frase:

a) Minos pode vigiar a terra e o mar, mas não o ar.

b) Minos pode vigiar a terra, o mar; não o ar.

▶ Responda no caderno: Que recursos foram empregados para o encadeamento das ideias nessas frases?

Minha biblioteca

A história da mitologia para quem tem pressa. Mark Daniels. Valentina.

A obra leva o leitor por uma viagem panorâmica pelo universo mitológico de diversos povos. Mark Daniels explora as antigas histórias dos sumérios, egípcios, chineses, maias, incas, astecas, gregos, romanos e nórdicos, entre outros. Procurando identificar as relações entre os diversos seres mitológicos, o autor apresenta as narrativas que influenciam nossa cultura e muitas vezes são retomadas pela literatura e pelo cinema.

Observe que a ausência das palavras de ligação deixa a frase sem uma sequência lógica, sem **coerência**. As palavras acrescentadas fazem a ligação entre as ideias, tornando a frase coerente.

Leia outro trecho sem alguns elementos de ligação:

> O labirinto ■ Teseu escapou, graças ■ o fio de Ariadne, fora construído por Dédalo, um artífice habilidosíssimo.

Nesse trecho, a falta de alguns elementos de ligação tirou a lógica do texto, isto é, a **coesão** entre as partes e, portanto, a coerência de sentido do trecho. Releia-o a seguir, agora com os elementos de ligação recolocados:

> O labirinto **do qual** Teseu escapou, graças **a**o fio de Ariadne, fora construído por Dédalo, um artífice habilidosíssimo.

Esses elementos de ligação são os elementos de **coesão textual**.

> **Coesão textual** é a ligação entre as partes de uma frase ou entre as frases de um texto para que haja relações de sentido entre essas partes ou frases. A coesão entre as partes é um dos elementos responsáveis pela coerência de um texto.

Dizemos que um texto tem **coesão** quando revela:

- relações de significado que tornam o sentido mais claro e compreensível: é o **encadeamento semântico**;
- relação lógica entre as partes do texto por meio de recursos linguísticos — pontuação, pronomes, advérbios, preposições, conjunções, etc. — empregados para ligar as partes do texto: é o **encadeamento sintático**.

A **semântica** é o estudo do significado e das transformações de sentido das palavras.

A **sintaxe** é o segmento da gramática que estuda as relações entre as partes de uma frase.

64 UNIDADE 2 • Narrativas que atravessaram o tempo

Elementos de coesão

Leia os quadrinhos a seguir. Você logo vai observar que faltam algumas palavras. Observe: O que parece se perder no texto sem essas palavras?

SOUSA, Mauricio de. *Mônica*: a fábrica de Papai Noel. São Paulo: Panini Comics, n. 96, dez. 2014. p. 70-71.

Para que os textos — falados ou escritos — tenham mais **sentido**, há palavras que ajudam a fazer as **ligações** entre as partes.

1▸ Releia a história em quadrinhos acima e, no caderno, reescreva as falas nas quais algumas palavras foram substituídas por ■. Para isso, escolha do quadro a seguir as palavras ou expressões que podem completar adequadamente os sentidos dos balões ao serem usadas no lugar de ■.

porque	este	depois	mas também	nem	assim	elas	pra

2▸ Agora que você conseguiu ler e completar a HQ, responda oralmente: O que a personagem Dorinha diz que não precisa enxergar nem tocar para saber que existe?

As palavras trabalhadas na atividade 1 são elementos de coesão. Observe, a seguir, a classe a que elas pertencem.

- porque, mas também, nem ⟶ **conjunções:** ligam orações
- este, elas ⟶ **pronomes:** fazem referência a termos do texto
- pra (para) ⟶ **preposições:** ligam palavras
- depois, assim ⟶ **advérbios:** indicam tempo, modo

Palavras ou expressões empregadas em um texto para fazer ligações/conexões entre palavras, frases, períodos são chamadas também de **conectivos**.

> **Conectivo**: vem de *conectar*, isto é, ligar, fazer a relação. É um termo que estabelece ligações, relações.

Advérbios e locuções adverbiais

▶ Releia as frases dos itens a seguir observando as expressões destacadas. No caderno, indique o tipo de circunstância que elas expressam, levando em consideração estas possibilidades do quadro:

| tempo | espaço/lugar | modo | afirmação da ação | negação da ação |

a) "**Quando**, afinal, o trabalho foi terminado [...]"

b) "[...] o artista, agitando as asas, viu-se flutuando e equilibrando-se **no ar**."

c) "Era um edifício **com** numerosos corredores tortuosos que davam uns para os outros [...]"

d) "[...] equipou o filho da mesma maneira e ensinou-o a voar, como a ave ensina ao filhote, lançando-o **ao ar**, do elevado ninho."

e) "**Em seguida**, equipou o filho [...]".

f) "[...] e não permitia que nenhuma embarcação zarpasse antes de **rigorosamente** revistada."

g) "Conseguiu fugir da prisão, mas **não** podia sair da ilha para o mar [...]."

As palavras e expressões destacadas são conectivos — elementos de ligação — que indicam circunstâncias de tempo, modo, lugar, espaço, dúvida, certeza, etc. Exemplos: hoje, aqui, rapidamente, não, sim, etc. Esses conectivos são denominados **advérbios**.

Os advérbios compostos de mais de uma palavra são chamados de **locuções adverbiais**: à tarde, às ocultas, às avessas, de repente, para sempre, na manhã seguinte, depois de algum tempo, em noites calmas, durante horas, do alto da grande muralha, etc.

Além de estabelecer relações entre as partes de uma frase ou de um texto, o emprego de advérbios ou de locuções adverbiais enriquece o texto, fornecendo as circunstâncias em que ocorrem as ações.

Preposições e locuções prepositivas

Observe:

Lançando gritos dirigidos **ao** pai, mergulhou **nas** águas azuis **do** mar...

preposição *a* + artigo *o*   preposição *em* + artigo *as*   preposição *de* + artigo *o*

As palavras destacadas na construção acima fazem a ligação entre palavras da frase estabelecendo relações de sentido entre elas. São **preposições**.

Se é preciso mais de uma palavra para fazer o papel de uma preposição, esse conjunto é chamado de **locução prepositiva**: antes de, ao invés de, depois de, por baixo de, junto a, atrás de, ao lado de, etc.

É possível usar as preposições combinadas com artigos, pronomes ou advérbios. Por exemplo:

- **da**: é a combinação da preposição *de* com o artigo *a*;
- **na**: é a combinação da preposição *em* com o artigo *a*;
- **deste**: é a combinação da preposição *de* com o pronome *este*;
- **daqui**: é a combinação da preposição *de* com o advérbio *aqui*.

UNIDADE 2 · Narrativas que atravessaram o tempo

As mesmas palavras ligadas por uma preposição podem gerar sentido diferente se forem unidas por outras preposições. Na troca, em geral ocorre mudança de sentido. Observe alguns exemplos:

> Cada parte aumentou de volume **até** se tornar uma montanha.
> Cada parte aumentou de volume **sem** se tornar uma montanha.
> Cada parte aumentou de volume **depois de** se tornar uma montanha.
> Cada parte aumentou de volume **em vez de** se tornar uma montanha.

Conjunções

Leia o trecho a seguir:

> O menino Ícaro, de pé, ao seu lado, contemplava o trabalho, ora correndo para ir apanhar as penas que o vento levava, ora modelando a cera com os dedos e prejudicando, com seus folguedos, o trabalho do pai.

Cada forma verbal destacada em vermelho corresponde ao núcleo (o centro) de uma oração. Observe as palavras em verde: estão ligando as orações de um mesmo período. São as **conjunções**.

As **conjunções** ligam orações de um mesmo período. Observe que as preposições ligam palavras ou expressões dentro de uma mesma oração.

As **conjunções** fazem relações de sentido entre as orações de um mesmo período. Observe:

O *mas* dá ideia contrária ao que se imagina pela leitura da 1ª oração.

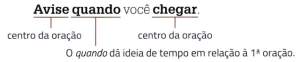

O *quando* dá ideia de tempo em relação à 1ª oração.

Hora de organizar o que estudamos

▶ Leia o esquema abaixo, que sintetiza o que estudamos sobre coesão textual. A última linha de quadros está incompleta.

Com base no que foi estudado, faça um esquema parecido em seu caderno, completando-o com as informações que faltam.

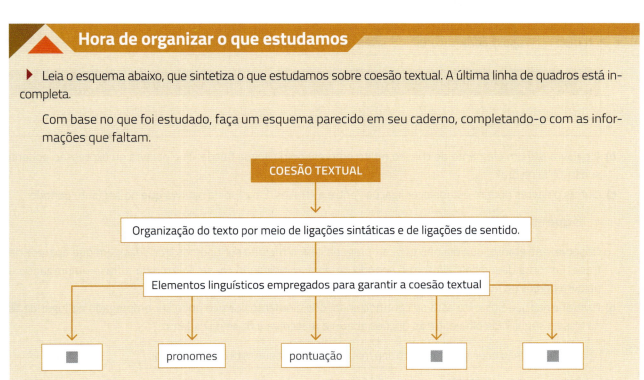

Atividades: coesão e coerência nos textos

1 ▸ Leia a tira reproduzida a seguir. Nela, aparecem as personagens Susanita (à esquerda) e Mafalda.

QUINO. *Toda Mafalda*. São Paulo: Martins Fontes, 1993. p. 88.

a) Segundo o dicionário, *hipócrita* é "aquele que sente ou pensa uma coisa e demonstra outra, por interesse". *Hipócrita*, portanto, é o mesmo que "fingido", "falso", "dissimulado". Susanita não se considera hipócrita. Você concorda com ela? Explique sua resposta.

b) Para compreender melhor um texto, é necessário entender as informações que estão implícitas, ou seja, subentendidas. Susanita confunde Mafalda, pois faz questão de parecer contente, embora declare estar de mau humor. Leia:

> Um dia vou analisar o que me deixa mais doente: a Susanita ou a sopa.

Que informação está subentendida nessa afirmação de Mafalda?

2 ▸ Ainda sobre a tirinha da atividade 1, observe que as palavras e expressões destacadas nos balões estabelecem a **coesão textual**, isto é, ligam os segmentos e as frases, garantindo a **sequência** e o **sentido** das falas.

a) Em seu caderno, copie a tabela a seguir e complete-a com o termo que mostra a relação de sentido que cada palavra estabelece na tira. Escolha entre as possibilidades do quadro abaixo.

| tempo | oposição/desacordo | causa | espaço | conclusão |

hoje	mas	então	aí	um dia

b) A palavra *aí* é um elemento de coesão muito empregado na língua falada. Que palavra ou expressão poderia substituí-la na tira?

c) Outras palavras podem estabelecer ligações entre as frases. É o caso da palavra **que** no seguinte período:

> É **que** eu não quero **que** ninguém perceba **que** eu estou de mau humor.

Observe, entretanto, que ela não está empregada com o mesmo sentido nas três vezes em que aparece na frase. Em uma das vezes, ela tem o sentido de *porque*, indicando causa. Reescreva a frase empregando a palavra *porque* no lugar adequado.

d) Para afirmar que Susanita está se contradizendo, que elemento coesivo pode ser empregado no lugar de ■ na frase a seguir? Escolha entre as opções abaixo e reescreva a frase no caderno.

> Susanita não quer que percebam seu mau humor, ■ diz que está de mau humor.

- porque
- entretanto
- portanto

3. Na tira a seguir, foram eliminados elementos de coesão. Leia:

BROWNE, Chris. Hagar. *Folha de S.Paulo*. São Paulo, 23 ago, 2003. p. E13.

a) No caderno, reescreva as falas da personagem substituindo os ■ por palavras ou expressões que estabeleçam a coesão adequada.

b) Você empregou algum elemento coesivo que indica oposição? Qual?

c) Em dupla. Leia para seu colega como ficou o texto da tirinha depois de completado com os elementos de coesão que você utilizou. Comparem as semelhanças e as diferenças das escolhas e respondam: Mesmo com o emprego de palavras diferentes, o sentido se manteve o mesmo?

4. Na reprodução do texto a seguir não foi respeitada a sequência narrativa. Os parágrafos estão fora de ordem, com exceção do primeiro e do último. Faça a leitura em voz alta dos parágrafos. Você perceberá que não há coerência no texto, isto é, não há uma unidade textual para que ele seja entendido. Releia-os buscando encontrar a ordem adequada. Para isso, observe os **elementos de coesão**, que podem ajudar a perceber a melhor relação entre os parágrafos. Copie no caderno o início de cada parágrafo na ordem em que eles devem ser organizados para que o texto tenha **coerência**.

O cavalo de madeira
Homero
Recontado por Roberto Lacerda

Assim que terminou o banquete, Demódoco pegou a cítara e preparou-se para iniciar o seu canto. Iria falar do célebre cavalo de madeira, o mais engenhoso de quantos ardis elaborou o astuto Ulisses.

2
Numa noite sem lua, os gregos empurraram a imensa máquina de guerra para perto das muralhas, levando em seu ventre oco um grupo de valorosos guerreiros comandados por Ulisses, e voltaram rapidamente para as naus.

3
Então os troianos deixaram-se persuadir e concordaram em puxar o enorme monumento para dentro da cidade. Cumprida a penosa tarefa, deram vazão ao júbilo festejando o fim da guerra até o anoitecer, quando, extenuados pelos excessos das comemorações, se recolheram aos lares, certos de que as agruras e os sofrimentos haviam terminado e de que no dia seguinte a vida retomaria o seu curso normal. Os gregos não esperavam outra coisa.

O trecho reproduzido é uma adaptação em prosa da epopeia grega *Odisseia*, atribuída a Homero. Nela, narram-se as aventuras do herói Ulisses em sua viagem de retorno a Ítaca, sua terra natal. A viagem ocorre depois da Guerra de Troia (por volta de 1200 a.C.), na qual ele fora combatente. Ulisses é um herói que se destaca pela astúcia (esperteza).

▸ **ardil:** artimanha, armadilha.
▸ **júbilo:** grande alegria.
▸ **extenuado:** muito cansado, exausto.
▸ **agrura:** dificuldade.

4

Então construiu-se um cavalo de madeira, grande o bastante para abrigar em seu bojo uma pequena tropa de guerreiros armados. Esse cavalo, deslizando sobre rodas, à semelhança de outros engenhos bélicos, tornou-se obra de arte tão perfeita que deu aos troianos a ilusão de se tratar de uma <u>estátua votiva</u>. O plano de Ulisses previa também que os gregos ateassem fogo às suas tendas e se retirassem para as naus, simulando uma retirada.

▶ **estátua votiva:** estátua construída para cumprir uma promessa ou agradecer uma graça alcançada.

5

Demódoco começou contando que, apesar do cerco implacável e das duras perdas que eram impostas a Troia, essa cidade ainda resistia. Os chefes gregos, por sua vez, já estavam quase sem esperança de conquistá-la pela força das armas e por isso resolveram aceitar a sugestão do mais <u>ardiloso</u> de seus heróis, o ladino Ulisses, que imaginara um audacioso <u>estratagema</u> para tomar a cidade.

▶ **ardiloso:** cheio de astúcia, esperto.
▶ **estratagema:** forma astuciosa empregada na guerra para enganar o inimigo.

6

Mas, em vez de partirem na direção da Grécia, os barcos ancoraram numa ilha vizinha, fora do alcance dos olhos inimigos.

 Minha biblioteca

Ruth Rocha conta a Odisseia. Ruth Rocha. Salamandra.

As aventuras do corajoso Ulisses percorrem o mundo há anos. Há várias traduções da *Odisseia* para a língua portuguesa. Uma delas é a versão da escritora brasileira Ruth Rocha, intitulada *Ruth Rocha conta a Odisseia*, indicada aqui.

7

Mas o que fazer com aquele objeto estranho e de proporções desmesuradas? Destruí-lo a golpes de machado? Empurrá-lo para o alto de um rochedo e precipitá-lo montanha abaixo? Comprimidos dentro do cavalo, Ulisses e seus companheiros ouviam aterrorizados os gritos dos troianos.

8

E só se acalmaram quando uma voz grave se sobrepôs às outras e, impondo silêncio, disse em tom autoritário que o cavalo era uma dádiva oferecida aos deuses. Seria um sacrilégio atentar contra a sua integridade!

9

Pela manhã, os troianos surpreenderam-se ao topar com aquele gigantesco cavalo de madeira diante das portas da cidade. E mais surpresos ficaram quando viram vazio o local onde na véspera se erguia o acampamento dos gregos. Alongaram os olhos para a praia e, não avistando as naus inimigas, abriram as portas e saíram para comemorar a suposta vitória. A euforia tomou conta de todos os troianos, que se puseram a cantar e a dançar como loucos em torno do cavalo.

Parágrafo final

Assim que perceberam que não havia mais ninguém por perto, deixaram o esconderijo e foram abrir as portas da cidade para os companheiros, que, protegidos pelas trevas da noite, haviam retornado das naus. Foi uma terrível carnificina! Os troianos acordavam estremunhados de sono e eram mortos sem piedade...

- **desmesurado:** enorme, descomunal, imenso.
- **dádiva:** presente.
- **sacrilégio:** ofensa grave causada a pessoa, objeto ou lugar sagrado.
- **carnificina:** massacre.
- **estremunhado:** estonteado.

HOMERO. *Odisseia*. Recontada por Roberto Lacerda. 7. ed. São Paulo: Scipione, 2003. p. 52-53. (Adaptado.)

Coerência nos textos

Vimos algumas palavras ou expressões que estabelecem relações de sentido entre as palavras, entre as partes de um único período ou entre os parágrafos de um texto. São elementos de **coesão** que contribuem para a **coerência** do texto.

Mas há casos em que esses elementos não estão presentes no texto e a coerência também é mantida. Para compreender como isso ocorre, são propostas as atividades a seguir.

1▸ Leia a tira, observando que o personagem tem sua fala interrompida.

VERISSIMO, Luis Fernando. Família Brasil. *O Estado de S. Paulo*. São Paulo, 4 dez. 2011. p. D12.

a) Por que o personagem diz: "Deixa eu terminar, Boca", interrompendo sua fala inicial?

b) Releia as duas falas do personagem. No contexto da tira, você acha que falta algum elemento linguístico que faça a ligação entre essas falas para tornar o texto coerente e coeso? Explique.

2▸ Vamos observar como é garantida a coerência nos versos a seguir. Leia o texto e responda às questões no caderno.

Poeminha (bem) *moderato*
Millôr Fernandes

Hora de beber; parcimônia,
Hora de falar; discrição,
Hora de comer; continência,
Hora de amar — (muita) atenção.

FERNANDES, Millôr. *Poemas*.
Porto Alegre: L&PM, 2002. p. 33.

▸ *moderato*: (palavra italiana empregada para indicar o andamento de músicas; equivale à palavra *moderado*, em português), comedido, equilibrado, prudente, não exagerado.

a) Com a leitura do poema, como se explica a escolha do título?
b) Qual é a única palavra usada como elemento de coesão, isto é, de ligação entre as outras?
c) Que outro elemento ajudou a dar mais sentido e coesão ao texto?
d) Por que se pode afirmar que há coerência e coesão nesse texto?

UNIDADE 2 • Narrativas que atravessaram o tempo

Atividades: a coerência nos textos

▸ No mundo em que vivemos, a agilidade com que as informações circulam resulta também em transformações na linguagem. Alguns autores passam a criar textos curtos, rápidos de serem lidos, escritos também em linguagem concisa. Os minicontos exemplificam esse novo contexto da linguagem, como é o caso deste texto que você vai ler, do escritor Wilson Freire.

Bala perdida

Acorda, levanta, vai ganhar a vida...

(Disparos)

... passou tão rápida.

FREIRE, Wilson. Bala perdida. In: FREIRE, Marcelino (Org.). *Os cem menores contos brasileiros do século.* Cotia: Ateliê, 2004. p. 211.

a) Leia os verbos de ação da primeira frase do miniconto e assinale o item que corresponde ao que esses verbos indicam.
- Referem-se a vários personagens.
- Referem-se a um só personagem.
- Dirigem-se ao leitor.
- Referem-se à bala perdida.

b) A que tipo de sujeito se referem os verbos da primeira frase? Explique no caderno.

c) Releia este trecho e observe que as ações expressas na frase estão ligadas por vírgulas.

> Acorda, levanta, vai ganhar a vida...

Que palavra ou expressão poderia substituir as vírgulas e funcionar como elementos de coesão?

d) Responda no caderno: Qual é o sujeito a que se refere o verbo da frase a seguir?

> ... passou tão rápida.

e) No miniconto não há preposições, pronomes ou conjunções. Como a coerência é garantida?

‹ No dia a dia ›

Coesão na língua falada: marcadores na conversa

No uso que fazemos da língua em nossa fala cotidiana, também são empregados mecanismos de coesão para garantir a interação e a sequência de uma conversa. Nem sempre são os mesmos empregados no texto escrito. Vamos ver alguns exemplos.

A seguir, reproduzimos um trecho de uma conversa real, registrada por um projeto dedicado ao estudo da língua oral. Ele se chama Nurc (Norma Urbana Culta). Na fala transcrita há dois interlocutores, que são identificados como L1 e L2. Eles conversam sobre a cidade de São Paulo.

Leiam juntos e observem as expressões destacadas.

> L1 eu fui :: quinta-feira... não foi terça-feira à noite fui lá no [...] **né**? Lá na Celso Furtado
>
> L2 **éh**::

O sinal :: representa uma pausa feita pelo falante.

MITO ‹ 73

> L1 passei ali em frente à Faculdade de Direito... então estava lembrando... que eu ia muito lá quando tinha sete nove onze... [com] titia sabe? ... e:: está muito pior a cidade está... o aspecto dos prédios assim é bem mais sujo... tudo acinzentado **né**?
>
> L2 **uhn**::poluição **né**?
>
> L1 ruas mais ou menos sujas... ali perto da Praça da Sé da Praça da Sé tudo esburacado por causa do metrô né?... achei horrível... feio feio feio... e toda segunda à noite eu passo ali do lado da faculdade **certo**?
>
> In: FÁVERO, Leonor Lopes et al. *Oralidade e escrita*: perspectivas para o ensino da língua materna. 8. ed. São Paulo: Cortez, 2012. p. 42-43. Nurc–SP, D2 343: 17-69. p. 17-18.

As expressões destacadas nesse texto são marcadores na conversa e ajudam a dar encadeamento na fala, contribuindo para garantir a continuidade da conversa, a atenção daquele com quem falamos. São também elementos de coesão.

A seguir leiam o trecho de uma letra de canção que emprega esses recursos.

Dói, né

[...]

Dói, né? Quando a gente ama, dói, né?

Alguém que nos engana, dói, né?

A gente quebra a cara e a dor machuca o coração, né?

Quando a gente gosta, dói, né?

E o outro não se importa, pois é!

Eu fiz só pra você saber o que eu senti no coração

Compositores: SODRÉ, Cay; LEITE, Rhino. Intérpretes: Aviões do Forró, 2003. © Warner Chappell Edições Musicais LTDA.

1. Leia a tira reproduzida a seguir.

WATTERSON, Bill. O melhor de Calvin. *O Estado de S. Paulo*. São Paulo, 20 dez. 2014. Caderno 2. p. C4.

a) Por que o amigo de Calvin diz que vai falar para a mãe do menino regar e botar o filho no sol periodicamente?

b) No segundo quadrinho, Calvin lista motivos para não sair de onde está. Que palavra Calvin emprega para indicar que vai começar uma lista?

c) Que outras palavras Calvin emprega nessa fala para organizar, encadear seus motivos?

2. Leia outra tira com o personagem Calvin. Na conversa entre Calvin e os pais, vários marcadores organizam as falas.

WATTERSON, Bill. O melhor de Calvin. *O Estado de S. Paulo*. São Paulo, 15 dez. 2014. Caderno 2. p. C4.

a) Quais são as expressões que exercem, nessas falas, a função de marcadores?

b) Converse com os colegas: Que efeito o uso desses marcadores nas falas do pai produziu em Calvin?

3. Leia os quadrinhos reproduzidos a seguir.

SOUSA, Mauricio de. *Almanaque do Cascão*. São Paulo: Panini Comics, nov. 2014. p. 10.

a) A Mônica pode ser muito delicada quando controla sua raiva, não é? Você também já se acalmou durante um ataque de raiva por ter conseguido "usar o cérebro"? Conte para seus colegas e ouça o que eles têm para contar.

b) Para produzir os quadrinhos como uma conversa espontânea, foram empregados vários recursos de coesão e marcadores próprios da oralidade. Em seu caderno, indique os elementos utilizados com as funções mencionadas em cada caso.

- quadrinho 2: expressão de espanto;
- quadrinho 3: expressões que indicam reação imediata numa interação;
- quadrinho 4: expressões que garantem continuidade e encadeamento das ideias numa conversa;
- quadrinho 5: expressão empregada apenas como recurso de expressividade;
- quadrinhos 6 e 7: marcas próprias de conversas, muito empregadas nas falas do dia a dia, que confirmam a posição de quem fala;
- quadrinho 8: expressões que, ao ter a garantia da aceitação por parte do interlocutor, reafirmam posições de quem fala.

Desafios da língua

Competência comunicativa

Adequação de linguagem

Leia uma definição de competência comunicativa:

> **Competência comunicativa** é a capacidade de um usuário da língua usá-la adequadamente — na modalidade oral ou na modalidade escrita — nas diversas situações de comunicação em que for envolvido.

Isso significa que o usuário, além de conhecer a língua — o vocabulário e as maneiras de organizá-la em frases —, precisa desenvolver a capacidade de adequar seu texto às diversas situações em que precisar falar ou escrever.

1▸ Leia alguns dos significados da palavra *jargão*:

> **jargão: 1** linguagem viciada, disparatada, que revela conhecimento imperfeito de uma língua [...] **4** código linguístico próprio de um grupo sociocultural ou profissional com vocabulário especial, difícil de compreender ou incompreensível para os não iniciados; **5** código linguístico próprio de um grupo [...] **6** linguagem deliberadamente artificializada empregada pelos membros de um grupo desejosos de não serem entendidos pelos não iniciados ou, simplesmente, de diferenciarem-se das demais pessoas.
>
> *Dicionário eletrônico Houaiss da língua portuguesa*. Rio de Janeiro: Objetiva, 2009.

Leia agora o significado de *bordão* e compare com o significado de *jargão*:

> **Bordão** é uma expressão que nasce de usos da língua no cotidiano, seja no meio televisivo, para caracterizar personagens e produtos, seja em determinados grupos sociais. É repetida na fala e na escrita e, na maioria das vezes, o usuário nem sequer atenta para o sentido. Exemplos: "tipo assim", "a nível de", "comigo é no popular", "fala sério".

Em sua opinião, essas expressões podem prejudicar a comunicação? Converse com os colegas sobre o uso de jargão e de bordão e depois registre no caderno a que conclusão a turma chegou.

76 **UNIDADE 2** · Narrativas que atravessaram o tempo

2 **Em grupo.** Considerando o que é jargão e o que é bordão, façam a atividade a seguir:

a) Preparem uma lista de expressões que vocês ouvem no dia a dia — na escola, no bairro, na cidade — que possam ser consideradas jargões ou bordões.

b) Apresentem sua lista aos outros grupos e observem as expressões que seus colegas coletaram.

c) Preparem uma lista das expressões apresentadas pela turma.

d) Analisem:

- Em que circunstâncias os jargões ou bordões listados podem ser considerados uma forma de comunicação eficiente?
- Qual é o motivo provável de alguns jargões ou bordões deixarem de ser usados?

e) Perguntem a pessoas mais velhas sobre palavras ou expressões que eram empregadas em sua juventude. Analisem se podem ser classificadas em jargões ou bordões.

Outro texto do mesmo gênero

Você leu o mito grego "Dédalo e Ícaro" e viu que todo povo possui histórias que falam sobre sua origem, suas lutas, seus valores, suas verdades, utilizando a fantasia e a imaginação quando a razão não é suficiente para dar conta de tanto detalhe e aventura.

Leia agora um mito africano que narra a aventura do povo axânti para conseguir trazer para a Terra suas histórias, que eram guardadas no céu. Como foi possível subir até lá? Não, dessa vez não foi com um par de asas feito por um artífice desesperado para sair de uma ilha na qual fora feito prisioneiro. Foi com o talento de uma arquitetura que só as aranhas dominam.

Leia o mito:

Como as histórias vieram parar na Terra

Celso Sisto (reconto)

Há muito tempo, na África, quando ainda havia a primeira aranha, Kwaku Anansi andou por toda a parte, através do mundo, viajando em suas fortes teias. E aprendia com as coisas, mais como um homem velho e sábio do que como uma aranha.

Nesse longínquo tempo, ninguém na Terra tinha histórias para contar. O deus do céu guardava todas as histórias para ele mesmo, lá no alto, trancadas em uma caixa de madeira.

E isso era o que a aranha queria. Antes dela, outras tantas criaturas também quiseram se apoderar das histórias. Especialmente para que pudessem saber o começo e o final das coisas. Mas todos os que tinham tentado pegar as histórias voltaram de mãos vazias.

Um dia, Anansi subiu até os limites celestiais, através de sua teia, e foi falar com o deus do céu, Nyame, para pedir histórias. Quando o deus viu aquele magro e velho homem, com cara de aranha, rastejando até seu trono, riu dele e perguntou:

— O que o faz pensar que você, dentre todas as criaturas, pode pagar o preço que eu exijo por minhas histórias?

A aranha não respondeu nada. Era exatamente isso que ela queria saber: o preço das histórias!

O deus finalmente expôs as condições:

— Minhas histórias têm um preço alto demais. Eu diria, assustador! — E o deus do céu riu, sacudindo o corpo. — Custam... quatro apavorantes criaturas: Onini, a jiboia que engole homens inteiros; Osebo, o leopardo com dentes afiados como lanças; Mmoboro, as abundantes vespas de ferrões potentes; e Mmoatia, o mágico que nunca é visto. Traga-me todos esses e eu lhe darei as histórias.

Chegando à sua casa, perguntou primeiramente à sua esposa, Aso, como poderia capturar Onini. A esposa ensinou-lhe um plano. Anansi dirigiu-se ao córrego pantanoso, carregando um galho de palmeira e um cipó, dizendo em voz alta:

— Este é mais longo... Minha mulher está mentindo! Ela me garantiu que a jiboia é mais longa que este galho de palmeira.

MITO 77

Anansi pôs o galho da palmeira ao lado da grande serpente e viu a cobra esticar-se para mostrar que era mais longa. Com o cipó, Anansi amarrou a serpente no galho, golpeou-a e disse:

—Tola, agora vou levar você ao deus!

Anansi teceu uma teia em torno da serpente para carregá-la nas costas, atravessar as nuvens e chegar ao céu. Mas ainda faltava o resto... Era a vez de Osebo, o leopardo.

Após ter seguido as pegadas do leopardo, a aranha cavou um buraco fundo, cobriu-o com galhos e esperou. O leopardo caiu no buraco e, quando tentava subir, Anansi golpeou-o e envolveu-o em sua teia de aranha. E lá se foi Anansi, levando mais uma de suas presas. Mas ainda faltava o resto. Era a vez de Mmoboro, o enxame das vespas.

A aranha foi procurar as vespas. Esperou o melhor momento com uma abóbora cheia de água. Derramou a água da abóbora e disse:

—Vejam, a chuva chegou! Voem para dentro da abóbora, assim a chuva não vai bater nas suas asas.

As vespas entraram na abóbora e Anansi teceu uma grossa teia em torno delas e levou-as para o céu. Mas ainda faltava o resto. Era a vez de Mmoatia, o mágico que nunca é visto.

Anansi esculpiu uma boneca de madeira e recobriu-a com óleo pegajoso. Quando o mágico chegou, agarrou a boneca, mas sua mão ficou grudada nela. Ele a chutou e seu pé ficou grudado na boneca pegajosa. Anansi teceu uma teia em volta da boneca, prendendo o mágico.

O deus, vendo que Anansi tinha conseguido realizar a última tarefa, disse:

—Anansi acabou de fazer o que ninguém tinha feito até então! De agora em diante e para sempre, minhas histórias lhe pertencem! Kose! Kose! Kose!

E assim, por causa da esperteza de Kwaku Anansi e de sua esposa, as histórias vieram parar na Terra.

Quando Anansi trouxe as histórias para casa, ele e sua esposa aprenderam cada uma delas. Ainda hoje, Aku e Aso contam suas histórias. Para ter certeza, basta olhar em volta... em toda parte há sempre uma aranha tecendo sua teia!

SISTO, Celso. *Mãe África*. São Paulo: Paulus, 2007. p. 19-25. (Adaptado.)

Gostou de conhecer esse mito? Então, converse sobre ele com os colegas com base nas seguintes questões:

1. Nesse mito, qual dos personagens pode ser apontado como o herói? Por quê?
2. Essa é uma história cheia de desafios. Que parte dela poderia representar o clímax?
3. De qual dos mitos lidos nesta unidade você gostou mais? Por quê?

PRODUÇÃO DE TEXTO

Narrativa inspirada em herói ou heroína contemporâneo(a)

Em todos os tempos e lugares, há histórias que revelam feitos extraordinários de personagens heroicos. Atualmente, narrativas protagonizadas por heróis estão presentes em histórias em quadrinhos, em filmes e em desenhos animados.

Agora chegou a sua vez de criar uma história sobre um fato heroico de um personagem criado por você.

▶ Preparação

1 ▶ Criação do personagem principal: o herói ou a heroína.

  a) Imagine a figura de um herói ou de uma heroína.

  b) Inspire-se nos heróis ou nas heroínas atuais que conhece de livros, do cinema ou das histórias em quadrinhos e crie seu personagem: pense em sua aparência e em características emocionais, afetivas e comportamentais que o tornam especial.

  c) Anote todas essas características e, se puder, esboce a figura de seu herói (ou de sua heroína) desenhando ou montando a imagem com a técnica de recorte e colagem de partes de imagens de revista.

2 ▶ Imagine uma história em que o herói ou a heroína é a figura criada por você. Pense qual pode ser o feito grandioso em que esse personagem estará envolvido, considerando este desenvolvimento:

- Uma grande ameaça está prestes a atingir uma comunidade.
- Essa ameaça compromete o futuro dessa comunidade.
- O herói ou a heroína deverá enfrentar essa ameaça com inteligência e muita coragem, pois se importa com a comunidade e com as pessoas em geral.

3 ▶ Imagine e anote em seu caderno:

- a situação inicial da história antes de a comunidade ser ameaçada;
- o tipo de ameaça;
- como essa ameaça chegará à comunidade: por quais meios e de onde virá;
- como o herói ou a heroína poderá enfrentar essa ameaça;
- que feito grandioso será exigido dele ou dela.

4 ▶ Tenha este esquema como referência:

▸▸ Rascunho

1▸ Escreva a narrativa imaginada lembrando-se de:
- criar a história garantindo a ela todos os momentos de uma narrativa: situação inicial, complicação, clímax e desfecho;
- organizar a narrativa com estes elementos: personagens, ações/enredo, espaço e tempo;
- empregar o narrador-observador, em 3ª pessoa;
- dar destaque ao clímax da narrativa, assegurando que nesse momento o suspense chegue ao máximo.

2▸ Relembre e utilize os elementos de coesão que ajudarão você a dar continuidade, unidade e coerência a sua narrativa. Para isso, consulte o quadro a seguir e escolha os conectivos que forem apropriados a sua história.

Conectivos que indicam tempo	Conectivos que indicam oposição	Conectivos que indicam modo e conclusão
um dia	mas	assim
então	entretanto	depressa
depois	embora	cuidadosamente
enquanto isso	apesar de	finalmente
inicialmente	todavia	por fim
até	mesmo assim	enfim

▸▸ Revisão

▸ Releia sua narrativa procurando imaginar de que modo um leitor a compreenderia. Verifique se:
- os elementos e os momentos da narrativa estão bem trabalhados;
- o tom da narrativa corresponde ao que você planejou;
- a linguagem utilizada está adequada à sua intenção ao criar a história;
- os elementos de coesão ajudam a desenvolver a história.

▸▸ Reescrita

1▸ Reescreva seu texto fazendo as correções necessárias.

2▸ Aguarde orientação do professor sobre como e onde escrever seu texto definitivo: à mão, no caderno ou em papel avulso; digitado para imprimir ou para arquivar em pasta no computador.

▸▸ Circulação

Aguarde a orientação do professor sobre como possibilitar que o maior número de leitores tenha acesso às narrativas produzidas: publicação em um painel, montagem de uma antologia de narrativas heroicas, publicação no *blog* da escola, etc.

Autoavaliação

Chegou o momento de fazer um balanço de tudo o que foi estudado na Unidade 2. Leia o quadro de conteúdos para recordar o que estudou e, no caderno, avalie seu desempenho usando os tópicos propostos a seguir como orientação. Isso ajudará você na hora de organizar seus estudos.

Meu desempenho

- **Compreendi bem** (registre no caderno os itens que você compreendeu)
- **Avancei em** (registre no caderno os itens em que você melhorou)
- **Preciso rever** (registre no caderno os itens que você precisa estudar mais)
- **Outras observações e/ou outras atividades**

UNIDADE 2	
Gênero Mito	**LEITURA E INTERPRETAÇÃO** · Leitura e interpretação da história em quadrinhos "Dédalo e Ícaro", de Marcia Williams, e de "Dédalo", de Thomas Bulfinch · Localização e identificação dos elementos e momentos da narrativa tanto na versão verbo-visual quanto na versão verbal · Comparação dos recursos de linguagem e de construção entre as duas versões do mito **PRODUÇÃO** **Oral** · Narrativa oral e personagens mitológicos a partir de pesquisa sobre heróis gregos **Escrita** · Produção de narrativa com herói ou heroína
Ampliação de leitura	**CONEXÕES** · Outras linguagens: Filmes protagonizados por heróis · Gregos e romanos na História: duas civilizações e uma só mitologia · Diferentes heróis mitológicos para diferentes povos **OUTRO TEXTO DO MESMO GÊNERO** · "Como as histórias vieram parar na Terra", mito africano, de Celso Sisto

Língua: usos e reflexão	· Coesão e coerência
	  – Elementos de coesão:
	    Advérbios e locuções adverbiais
	    Preposições
	    Conjunções
	  – Coerência nos textos
	· No dia a dia: Coesão na língua falada: marcadores na conversa
	· Desafios da língua: Competência comunicativa

Participação em atividades	· Orais · Coletivas · Em grupo

Nik Neves/Arquivo da editora

UNIDADE 3

Realidade e imaginação na criação de narrativas

Na imagem, a pessoa parece interessada na leitura. Será que jornais trazem apenas notícias e informações? É possível ler histórias em jornais ou outros veículos de comunicação? Que tipo de leitura desperta seu interesse: a de fatos reais ou a de fatos imaginários? Você se lembra de alguma história que tenha marcado você? Por quê? Onde você a leu? Se quiser, conte-a aos colegas.

Nesta unidade você vai:

- ler e interpretar crônicas;
- localizar elementos e momentos da narrativa;
- identificar modos de citação do discurso;
- participar de dramatização;
- produzir uma crônica;
- reconhecer elementos de coesão e de coerência;
- ampliar o conceito de frase, oração e período;
- reconhecer os termos da oração;
- diferenciar tipos de sujeito e estabelecer relações de concordância;
- rever o uso dos sinais de pontuação.

CRÔNICA

Na unidade anterior, você leu uma narrativa fantástica em torno de Dédalo, um personagem da mitologia. Nesta unidade, o voo da imaginação é menor porque, no texto reproduzido, os personagens e o enredo são inspirados em fatos do cotidiano de nosso tempo. Trata-se de uma crônica.

A palavra *crônica*, de origem grega — *khrónos* ("tempo") —, mantém relação de sentido com outras palavras ligadas à noção de tempo: *cronômetro* (instrumento para medir o tempo), *crônico* (que dura muito), *anacrônico* (que não está de acordo com os usos e costumes de uma época), entre outras. Esse termo é muito antigo e faz referência à ideia de relatar fatos na ordem em que ocorreram.

As crônicas atuais são em geral divulgadas em jornais e também em algumas revistas, tipos de publicação em que o cotidiano é o assunto fundamental. Por causa do espaço disponível nesses meios, as crônicas geralmente são curtas.

Você vai ler uma crônica do escritor gaúcho Luis Fernando Verissimo, um especialista no gênero.

Qual será a emergência narrada nesta crônica? Leia para saber!

◣ Leitura

Emergência
Luis Fernando Verissimo

1   É fácil identificar o passageiro de primeira viagem. É o que já entra no avião desconfiado. O cumprimento da aeromoça, na porta do avião, já é um desafio para a sua compreensão.

— Bom dia...

— Como assim?

Ele faz questão de sentar num banco de corredor, perto da porta. Para ser o primeiro a sair no caso de alguma coisa dar errado. Tem dificuldade com o cinto de segurança. Não consegue atá-lo. Confidencia para o passageiro ao seu lado:

5   — Não encontro o buraquinho. Não tem buraquinho?

Acaba esquecendo a fivela e dando um nó no cinto.

Comenta, com um falso riso descontraído: "Até aqui, tudo bem". O passageiro ao lado explica que o avião ainda está parado, mas ele não ouve. A aeromoça vem lhe oferecer um jornal, mas ele recusa.

— Obrigado. Não bebo.

Quando o avião começa a correr pela pista antes de levantar voo, ele é aquele com os olhos arregalados e a expressão de Santa Mãe do Céu! no rosto. Com o avião no ar, dá uma espiada pela janela e se arrepende. É a última espiada que dará pela janela.

10   Mas o pior está por vir. De repente, ele ouve uma misteriosa voz <u>descarnada</u>. Olha para todos os lados para descobrir de onde sai a voz.

> ▶ **descarnado:** desprovido de algo essencial.

UNIDADE 3 • Realidade e imaginação na criação de narrativas

"Senhores passageiros, sua atenção, por favor. A seguir, nosso pessoal de bordo fará uma demonstração de rotina do sistema de segurança deste aparelho. Há saídas de emergência na frente, nos dois lados e atrás."

— Emergência? Que emergência? Quando eu comprei a passagem ninguém falou nada em emergência. Olha, o meu é sem emergência.

Uma das aeromoças, de pé ao seu lado, tenta acalmá-lo.

— Isto é apenas rotina, cavalheiro.

— Odeio a rotina. Aposto que você diz isso para todos. Ai, meu santo.

"No caso de despressurização da cabina, máscaras de oxigênio cairão automaticamente de seus compartimentos."

— Que história é essa? Que despressurização? Que cabina?

"Puxe a máscara em sua direção. Isto acionará o suprimento de oxigênio. Coloque a máscara sobre o rosto e respire normalmente."

— Respirar normalmente? A cabina despressurizada, máscaras de oxigênio caindo sobre nossas cabeças — e ele quer que a gente respire normalmente?

"Em caso de pouso forçado na água..."

— O quê?!

"... os assentos de suas cadeiras são flutuantes e podem ser levados para fora do aparelho e..."

— Essa não! Bancos flutuantes, não! Tudo, menos bancos flutuantes!

— Calma, cavalheiro.

— Eu desisto! Parem este troço, que eu vou descer. Onde é a cordinha? Parem!

— Cavalheiro, por favor. Fique calmo.

— Eu estou calmo. Calmíssimo. Você é que está nervosa e, não sei por quê, está tentando arrancar as minhas mãos do pescoço deste cavalheiro ao meu lado. Que, aliás, também parece consternado e levemente azul.

— Calma! Isso. Pronto. Fique tranquilo. Não vai acontecer nada.

— Só não quero mais ouvir falar em banco flutuante.

— Certo. Ninguém mais vai falar em banco flutuante.

Ele se vira para o passageiro ao lado, que tenta desesperadamente recuperar a respiração, e pede desculpas. Perdeu a cabeça.

— É que o banco flutuante é demais. Imagine só. Todo mundo flutuando sentado. Fazendo sala no meio do oceano Atlântico!

A aeromoça diz que vai lhe trazer um calmante e aí mesmo é que ele dá um pulo:

— Calmante, por quê? O que é que está acontecendo? Vocês estão me escondendo alguma coisa!

▸ **de bordo:** que fica no interior da aeronave.
▸ **despressurização:** ato de interromper a pressurização, ou seja, a pressão regular mantida artificialmente em espaço fechado que funciona em grandes altitudes (por exemplo, a cabine de uma aeronave).
▸ **cabina (ou cabine):** compartimento dos aviões onde viajam os passageiros.
▸ **compartimento:** cada divisão de um móvel, de um imóvel, etc.
▸ **acionar:** fazer funcionar, pôr em movimento.
▸ **suprimento:** reserva necessária.
▸ **consternado:** abatido, desolado, aflito.

CRÔNICA 85

35　　Finalmente, a muito custo, conseguem acalmá-lo. Ele fica rígido na cadeira. Recusa tudo o que lhe é oferecido. Não quer o almoço. Pergunta se pode receber a sua comida em dinheiro. Deixa cair a cabeça para trás e tenta dormir. Mas, a cada sacudida do avião, abre os olhos e fica cuidando a portinha do compartimento sobre sua cabeça, de onde, a qualquer momento, pode pular uma máscara de oxigênio e matá-lo do coração.

De repente, outra voz. Desta vez é a do comandante.

— Senhores passageiros, aqui fala o comandante Araújo. Neste momento, à nossa direita, podemos ver a cidade de...

Ele pula outra vez da cadeira e grita para a cabina do piloto:

— Olha para a frente, Araújo! Olha para a frente!

VERISSIMO, Luis Fernando. *Mais comédias para ler na escola*. Rio de Janeiro: Objetiva, 2008. p. 75-77.

▶ **cabina do piloto (ou cabine de pilotagem):** compartimento fechado dos aviões onde viajam os pilotos e copilotos e no qual se localizam os instrumentos de controle e de navegação aérea.

Luis Fernando Verissimo nasceu em Porto Alegre, no Rio Grande do Sul, em 1936. É um dos mais respeitados e populares escritores nacionais. Colabora com diversos jornais do país, como *O Globo* e *O Estado de S. Paulo*. Tem diversos livros publicados, e sua obra já foi traduzida para dezesseis línguas. É filho do também escritor Erico Verissimo.

Interpretação do texto

Compreensão inicial

1▸ Ao ler o título da crônica, "Emergência", você imaginou que a emergência seria a que foi narrada? Por quê?

2▸ O título de uma narrativa costuma ter relação direta com o assunto desenvolvido no texto.

    a) Qual é o assunto dessa crônica?

    b) O título da crônica é "Emergência". Que relação há entre esse título e o assunto?

    c) Que outro título você daria à crônica? Explique o porquê.

3▸ A crônica lida apresenta fatos ocorridos em diferentes momentos de uma viagem de avião. Responda no caderno: Como reage o passageiro de primeira viagem em destaque quando o avião:

    a) está parado?

    b) ganha velocidade para levantar voo?

    c) está no ar?

4▸ Que situação desencadeia o maior descontrole do passageiro? Por quê?

5) Quem narra os fatos da crônica? Assinale a alternativa correta.
   a) O passageiro do lado.
   b) A aeromoça.
   c) O narrador-personagem (1ª pessoa).
   d) Um narrador observador (3ª pessoa).

6) Releia e explique a resposta do passageiro:

> [...] A aeromoça vem lhe oferecer um jornal, mas ele recusa.
> — Obrigado. Não bebo.

7) O personagem da crônica é um passageiro que viaja pela primeira vez de avião.
   a) O texto é construído de modo a mostrar que ele não está acostumado a esse tipo de transporte. Assinale as falas do passageiro que comprovam essa afirmação.

   > — Odeio a rotina.
   > — Olha para a frente, Araújo!
   > — Parem este troço, que eu vou descer.
   > — Onde é a cordinha?
   > — Vocês estão me escondendo alguma coisa.

   b) As falas do personagem indicam que ele está acostumado a outro tipo de transporte. Qual seria? Justifique.

8) A exposição das instruções de segurança desencadeia reações desesperadas no passageiro. Uma delas refere-se a um equipamento que flutua em situações de emergência. Releia:

> "Em caso de pouso forçado na água os assentos de suas cadeiras são flutuantes [...]".

Observe acima algumas imagens que ilustram o uso desse equipamento e responda no caderno:
   a) Qual foi a confusão que o passageiro fez com relação aos assentos?
   b) O que ele imaginou?
   c) Qual foi a reação desesperada que ele teve?

9) As confusões do personagem produzem efeitos humorísticos. Para você, qual momento do texto é o mais engraçado? Por quê?

Linguagem e construção do texto

A crônica registra um momento ou uma passagem da vida cotidiana. Inspirando-se em fatos do cotidiano, em costumes de seu tempo, o cronista constrói sua narrativa. Muitas vezes, procura criticar o comportamento humano por meio do humor. Esse é o caso, por exemplo, da crônica "Emergência".

1▸ Grande parte do humor da crônica "Emergência" está estruturada nas reações e nas falas do personagem principal. Observe algumas expressões empregadas no texto escrito que o aproximam de características da língua falada, mais espontânea, do dia a dia.

> [...] — e ele quer que a gente respire normalmente?
> [...] Parem este troço, que eu vou descer.

Leia outras expressões empregadas por esse personagem e escreva o significado delas no caderno.

a) "[...] os olhos arregalados e a **expressão de Santa Mãe do Céu!**"

b) "Ai, **meu santo**."

c) "Todo mundo flutuando sentado. **Fazendo sala** no meio do oceano Atlântico!"

d) "**Perdeu a cabeça**."

2▸ As expressões analisadas na questão anterior são próprias de uma linguagem mais espontânea, mais informal. Em que trecho do texto a linguagem empregada é mais formal, mais cuidada? Transcreva-o no caderno.

3▸ Releia estes trechos:

> "No caso de despressurização da cabina, máscaras de oxigênio cairão automaticamente de seus compartimentos."

> "Puxe a máscara em sua direção. Isto acionará o suprimento de oxigênio. Coloque a máscara sobre o rosto e respire normalmente."

Como é a linguagem dos trechos reproduzidos? Assinale as alternativas adequadas.

a) Mais monitorada, mais cuidada.

b) Clara e espontânea.

c) Com o uso de termos técnicos.

d) Objetiva.

e) Com o uso de termos do dia a dia.

Elementos da narrativa

Toda narrativa é estruturada pelos elementos: personagens, ações/enredo, espaço, tempo e narrador. Esses elementos estão presentes na crônica.

1▸ Em seu caderno, copie o quadro e preencha-o com os elementos da crônica "Emergência".

Elementos da narrativa	"Emergência"
Personagens	
Ações/enredo	
Espaço	
Tempo	
Narrador	

2▸ Uma das características de textos do gênero crônica está no fato de que o acontecimento narrado apresenta breve duração. Identifique, no texto "Emergência", qual é a duração do acontecimento que motiva a crônica.

UNIDADE 3 • Realidade e imaginação na criação de narrativas

Momentos da narrativa/enredo

Não são apenas os elementos mencionados anteriormente que estruturam a narrativa. Os momentos que se sucedem no tempo e no espaço também estão presentes na crônica. São eles: situação inicial, conflito, clímax do conflito e desfecho.

▶ Copie o quadro no caderno e complete-o indicando os trechos que correspondem a cada um dos momentos da narrativa.

Momentos da narrativa/enredo	De	Até
Situação inicial	"É fácil [...]"	"— Bom dia..."
Conflito	"— Como assim?"	
Clímax		
Desfecho do conflito		

Sequências textuais

Um texto desenvolve-se em torno de um tema ou **assunto específico**. Além disso, atende a uma intenção/objetivo de quem o produz. De acordo com a intenção/objetivo, o autor opta por um modo de organizar o texto. Ele pode empregar apenas trechos que narram os fatos ou combiná-los com outros tipos, como os que descrevem detalhes, os que apresentam falas e os que apresentam opiniões. Cada um dos trechos é chamado de **sequência textual** e pode ocorrer dentro de um mesmo texto, de um mesmo parágrafo.

▶ **Desafio!** Leia trechos da crônica "Emergência" que representam as sequências textuais (expostas no quadro abaixo). Em seu caderno, indique a qual sequência textual corresponde cada trecho da narrativa.

- Sequência que narra fatos — narrativa
- Sequência que apresenta falas — conversacional
- Sequência que descreve detalhes — descritiva
- Sequência que apresenta opiniões — argumentativa/opinativa

a) "[...] ele é aquele com os olhos arregalados e a expressão de Santa Mãe do Céu! no rosto."
b) "— Calma! Isso. Pronto. Fique tranquilo. Não vai acontecer nada."
c) "É fácil identificar o passageiro de primeira viagem."
d) "Finalmente, a muito custo, conseguem acalmá-lo."

Depois do desafio, conheça melhor cada uma das sequências.

Sequências narrativas

Na crônica que você leu, há sequências que **narram os fatos**. São as chamadas **sequências narrativas**, em que o **narrador** vai relatando os fatos que marcam a viagem do passageiro e caracterizam seu estado emocional. Observe:

> Quando o avião começa a correr [...].
> De repente, ele ouve uma misteriosa voz [...].

CRÔNICA 89

Sequências conversacionais

O registro dos diálogos do passageiro com outros personagens compõe outro tipo de sequência, chamado de **sequência conversacional**.

> Na sequência conversacional, as falas dos personagens são apresentadas ao leitor diretamente. São registrados os **turnos de fala**, isto é, ora a fala de um personagem, ora a fala de outro.

A seguir, releia o trecho do diálogo entre o passageiro e a aeromoça. Observe que o travessão identifica a mudança do turno de fala entre os dois:

> — Eu estou calmo. Calmíssimo. Você é que está nervosa e, não sei por quê, está tentando arrancar as minhas mãos do pescoço deste cavalheiro ao meu lado. Que, aliás, também parece consternado e levemente azul.
> — Calma! Isso. Pronto. Fique tranquilo. Não vai acontecer nada.

No trecho reproduzido a seguir, o passageiro responde a uma voz de alguém que não está presente na cena, que apenas apresenta instruções de segurança. Os turnos de fala estão indicados por aspas (voz) e por travessão (passageiro). Leia:

> "No caso de despressurização da cabina, máscaras de oxigênio cairão automaticamente de seus compartimentos."
> — Que história é essa? Que despressurização? Que cabina?

Sequência descritiva dentro de uma narrativa

Você viu que na crônica "Emergência" foram utilizadas as sequências narrativa e conversacional. Agora observe:

> Ele fica rígido na cadeira.

Essa sequência descreve como ficou o passageiro. Ela poderia ser caracterizada mais detalhadamente assim:

> Ele fica rígido na cadeira, pálido, trêmulo, com os olhos arregalados, suando frio...

Por ser um texto mais breve, que trabalha um único fato ou acontecimento, muitas vezes a crônica deixa de empregar **sequências descritivas** detalhadas, pois o foco é o acontecimento.

Leia trechos de outras crônicas de Luis Fernando Verissimo, em que há sequências descritivas mais marcadas:

Crônica 1: "A metamorfose"

> Uma barata acordou um dia e viu que tinha se transformado num ser humano. Começou a mexer suas patas e descobriu que só tinha quatro, que eram grandes e pesadas e de articulação difícil. Acionou suas antenas e não tinha mais antenas. Quis emitir um pequeno som de surpresa e, sem querer, deu um grunhido...
>
> VERISSIMO, Luis Fernando. *Mais comédias para ler na escola*. Rio de Janeiro: Objetiva, 2008. p. 123.

Para dar ideia da transformação da barata em ser humano, o autor usou uma **sequência descritiva**, em que as patas desse ser são descritas como "só [...] quatro", "grandes e pesadas e de articulação difícil".

A crônica "A metamorfose", de Luis Fernando Verissimo, inspira-se em outra narrativa de mesmo nome, escrita pelo tcheco Franz Kafka (1883-1924) e publicada originalmente em 1915. Na história de Kafka, o personagem Gregor Samsa, um ser humano, certa manhã descobre-se transformado em um grande inseto. Há várias traduções para a língua portuguesa dessa narrativa; entre elas a de Marcelo Backes, publicada pela editora L&PM.

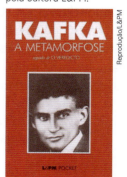

Crônica 2: "Os 64 caminhos"

O encanador vai atender a um chamado. É no apartamento de um velho que o recebe vestindo um robe tão desalinhado quanto ele e pede, com um sotaque carregado, para o encanador dar uma olhada na pia do banheiro que parece estar entupida. Pelo seu aspecto, e pelo aspecto do apartamento, o encanador deduz que o velho mora sozinho e raramente sai da sua toca malcheirosa.

VERISSIMO, Luis Fernando. *Mais comédias para ler na escola*. Rio de Janeiro: Objetiva, 2008. p. 91.

Nesse segundo trecho de crônica, para dar ideia do apartamento e da aparência do morador, o autor usou uma **sequência descritiva**, fornecendo detalhes sobre o personagem. Esse recurso permite ao leitor saber que ele é "desalinhado" e tem "sotaque carregado".

As **sequências narrativas** apresentam fatos ou ações em ordem temporal (há relação de **anterioridade** e de **posterioridade** entre os fatos ou ações apresentados).

As **sequências descritivas** expõem a caracterização de seres: objetos, pessoas, espaços, situações... Esse tipo de sequência geralmente se organiza pela **simultaneidade**, isto é, não há relação de anterioridade e de posterioridade entre os aspectos descritos.

Nas **sequências conversacionais**, as falas dos personagens são apresentadas diretamente ao leitor.

Nas **sequências opinativas** são apresentadas opiniões e argumentos.

Modos de citação do discurso de outros

Discurso direto

Releia este trecho da crônica "Emergência":

— Senhores passageiros, aqui fala o comandante Araújo. Neste momento, à nossa direita, podemos ver a cidade de...

Ele pula outra vez da cadeira e grita para a cabina do piloto:

— Olha para a frente, Araújo! Olha para a frente!

Nessa passagem, o narrador reproduz a fala do piloto e do passageiro literalmente, ou seja, com as palavras ditas por esses personagens. O narrador anuncia que vai reproduzir a fala do passageiro dizendo "grita para a cabina do piloto:" e introduz essa fala por meio de um travessão. A esse modo de citação chamamos **discurso direto**.

O **discurso direto** é geralmente marcado pelo uso de:
- travessão;
- aspas;
- verbos de dizer (como *dizer, falar, perguntar, afirmar, responder, gritar*, etc.).

Discurso indireto

Neste outro trecho da crônica, a citação do discurso é feita de forma diferente. Leia:

[O passageiro] Pergunta **se** pode receber a sua comida em dinheiro.

Na frase acima, o narrador usa as próprias palavras para mostrar ao leitor o que o passageiro teria dito. A fala do personagem não é reproduzida literalmente. A esse modo de citação chamamos **discurso indireto**.

No **discurso indireto**:
- o narrador reproduz a fala de cada personagem com as próprias palavras;
- a fala reproduzida não é marcada por travessão;
- é comum a presença dos verbos de dizer acompanhados das conjunções *que* e *se*.

CRÔNICA

Discurso indireto livre

Releia outro trecho de "Emergência":

> Ele se vira para o passageiro ao lado, que tenta desesperadamente recuperar a respiração, e pede desculpas. **Perdeu a cabeça**.

Observe que, nesse caso, nenhuma marca separa o discurso do narrador da fala do personagem (em destaque). É como se a fala do passageiro se misturasse com a do narrador.

Nos casos em que o discurso do narrador se mistura ao pensamento ou à fala do personagem, sem marcas da passagem de um para o outro, afirma-se que há **discurso indireto livre**.

> No **discurso indireto livre**:
> - a fala do narrador mistura-se à fala do personagem;
> - não há marcas da passagem da fala do narrador para a fala do personagem.

▸ Identifique o tipo de discurso que ocorre nos trechos reproduzidos a seguir: discurso direto, discurso indireto ou discurso indireto livre. Escreva no caderno.

a) "A aeromoça diz que vai lhe trazer um calmante e aí mesmo é que ele dá um pulo."
b) "O passageiro ao lado explica que o avião ainda está parado, mas ele não ouve."
c) "Confidencia para o passageiro ao seu lado: — Não encontro o buraquinho. Não tem buraquinho?"

Transformação de discurso direto em discurso indireto

Observe como fica a mudança do discurso direto para o discurso indireto:

Discurso direto	Discurso indireto	Alterações na passagem do discurso direto para o discurso indireto
"Confidencia para o passageiro ao seu lado: — Não encontro o buraquinho. Não tem buraquinho?"	Confidencia para o passageiro ao seu lado **que** não **encontra** o buraquinho e **pergunta se** não tem buraquinho.	1. Acréscimo da conjunção *que*. 2. Mudança das formas verbais. 3. Acréscimo de um verbo de dizer (*perguntar*). 4. Acréscimo da conjunção *se*.
"— Odeio a rotina. Aposto que você diz isso para todos."	Ele **diz que** odeia a rotina e que **aposta que** a aeromoça diz isso para todos.	1. Acréscimo de um verbo de dizer (*dizer*). 2. Acréscimo da conjunção *que*. 3. Mudança das formas verbais. 4. Mudança das pessoas do discurso.
"— Eu estou calmo. Calmíssimo. Você é que está nervosa [...]."	Ele **diz que está** calmo. Calmíssimo. **Diz que** a aeromoça é que está nervosa.	1. Acréscimo de um verbo de dizer (*dizer*). 2. Acréscimo da conjunção *que*. 3. Mudança das formas verbais. 4. Mudança das pessoas do discurso.

Ao transformar um tipo de discurso em outro, além dessas alterações, às vezes é necessário mudar advérbios e pronomes. Por exemplo:

- Discurso direto:

> Disse o rapaz apaixonado à namorada:
> — Quando estou **aqui** com você, esqueço-me de tudo o mais.

- Discurso indireto:

> O rapaz apaixonado disse à namorada que, quando está **ali** com ela, esquece-se de tudo o mais.

O advérbio *aqui* indica o lugar em que se encontra a pessoa que fala. No discurso indireto, é preciso usar o advérbio *ali* para fazer referência a esse lugar em que se encontra a pessoa de quem se fala.

Observe:

- Discurso direto:

> Ele disse:
> — **Esta** é a minha chance de vencer o preconceito.

- Discurso indireto:

> Ele disse que **aquela** era a sua chance de vencer o preconceito.

O pronome demonstrativo *esta* refere-se a objetos que estão próximos de quem fala (a 1ª pessoa). Na passagem para o discurso indireto, o pronome demonstrativo *esta* foi alterado para o pronome demonstrativo *aquela*, pois, nessa construção, o falante é o narrador, e o objeto se refere à pessoa de quem ele fala (3ª pessoa). Note que houve alteração também do pronome possessivo, de *minha* para *sua*.

Hora de organizar o que estudamos

▶ Copie o esquema em seu caderno e complete os espaços com as palavras adequadas que constam do quadro a seguir:

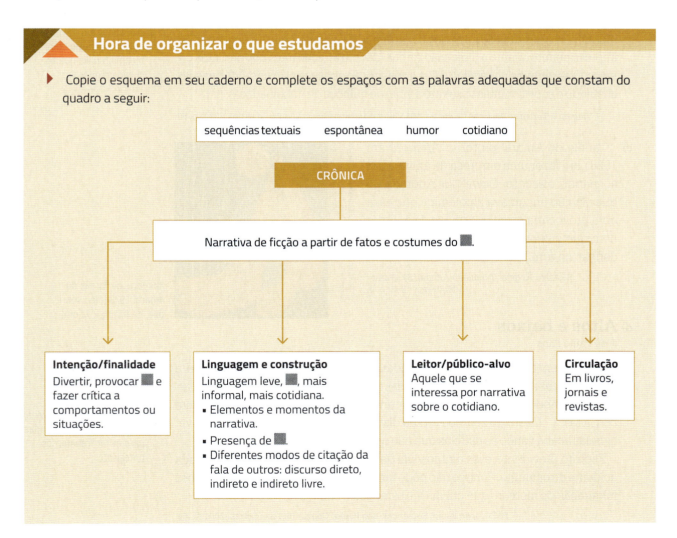

Atividades: sequências textuais

1. Escreva no caderno o tipo de sequência que **predomina** nos textos a seguir: narrativa, descritiva ou conversacional.

a) Cidadezinha qualquer
Carlos Drummond de Andrade

Casas entre bananeiras,
mulheres entre laranjeiras,
pomar amor cantar.

Um homem vai devagar
Um cachorro vai devagar
Um burro vai devagar
Devagar... as janelas olham

Eta vida besta, meu Deus.

ANDRADE, Carlos Drummond de. *Poesia completa e prosa*. Rio de Janeiro: Nova Aguilar, 1973. p. 67.

b) Grande Muralha

Você certamente já ouviu dizer que a Grande Muralha pode ser vista da lua. Não é verdade. Mas essa afirmação tem lá sua razão de ser. O que há de mau em ter mania de grandeza, quando se trata de uma gigantesca estrutura que serpenteia por montanhas e desertos do norte do país, ao longo de mais de 7 mil quilômetros? Tão impressionante quanto a dimensão é a sua idade: a atração mais *pop* da China começou a ser erguida no século 3 a.C. e a construção atravessou mais de 20 dinastias, custando o suor (e muitas vezes até a vida) de milhões de trabalhadores. [...]

Viagem e Turismo. Destinos de sonho. 101 viagens inesquecíveis. São Paulo: Abril, 2011. p. 50.

> **serpentear:** ter curso sinuoso ou tortuoso; ziguezaguear.
>
> **dinastia:** série de reis ou soberanos de uma mesma família que se sucedem no trono.

c)

Tarsila do Amaral pintou o *Abaporu* em 1928 para fazer uma surpresa de aniversário ao marido, o escritor Oswald de Andrade. Só que ela não imaginava a polêmica que essa obra provocaria entre os artistas da época e nem que sua obra provocaria grandes mudanças na arte brasileira de nosso século.

BRAGA, Ângela. *Tarsila do Amaral*. São Paulo: Moderna, 1998. p. 3.

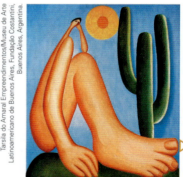

Abaporu, de Tarsila do Amaral, 1928 (óleo sobre tela, de 85 cm × 72 cm).

d) Altos e baixos
José Paulo Paes

Um homem apaixonado pelo céu andava o tempo todo de rosto para cima, a contemplar as mutáveis configurações das nuvens e o brilho distante das estrelas.

Nesse embevecimento, não viu uma trave contra a qual topou violentamente com a testa. Um amigo zombou da sua distração, dizendo que quem só quer ver estrelas acaba vendo as estrelas que não quer.

Espírito previdente, esse amigo vivia de olhos postos no chão, atento a cada acidente do caminho. Por isso não pôde ter sequer um vislumbre da maravilhosa fulguração do meteoro que um dia lhe esmagou a cabeça.

PAES, José Paulo. *Socráticas*. São Paulo: Companhia das Letras, 2001. p. 64.

> **embevecimento:** admiração profunda; satisfação; êxtase.
>
> **previdente:** que se previne, toma medidas antecipadas para evitar transtornos; precavido.

2 A notícia é o relato de um fato. Nela predomina, portanto, a sequência narrativa. Entretanto, o autor pode utilizar também outras sequências discursivas, dependendo de suas intenções. Na notícia a seguir, os parágrafos foram numerados. Leia o texto e identifique a sequência predominante em cada um deles. Escreva no caderno.

Versão russa do Papai Noel usa casaco de peles e trenó com cavalos
Irineu Franco Perpétuo
Jornalista e tradutor brasileiro

1   Traduzido por "Vovô Gelo", Ded Moróz é a versão russa do Papai Noel. Como o bom velhinho adotado no Ocidente, tem barba branca e traz presentes às crianças. Seus trajes, porém, diferem do Papai Noel, e a ocasião de sua visita aos lares é o Ano-Novo.

2   Como quase tudo na Rússia que tem estilo ocidental, a tradição de festejar o Natal com pinheiros e trocas de presentes teria começado com o czar Pedro, o Grande (1672-1725), que reinou de 1682 até o ano de 1721.
[...]

Ded Moróz carregando a tocha olímpica das Olimpíadas de Inverno de 2014, Vologda, Rússia.

3   Em sua representação clássica, Ded Moróz aparece vestido com um casaco de peles, cuja cor pode variar: azul, branco ou vermelho.

4   Ele empunha um báculo, calça válenki (botas de feltro), e anda em uma troica puxada não por renas, mas por cavalos. Em sua tarefa de distribuição de presente, é auxiliado pela neta, a pequena Snegúrotchka (Menina da Neve). [...]

▶ **báculo:** bastão alto.
▶ **troica:** carruagem ou grande trenó puxados por três cavalos.

Folha de S.Paulo. São Paulo, 8 jul. 2018.

3 Leia a tira a seguir e observe que Snoopy, em sua fala, usa comparações para descrever a "garota dos seus sonhos".

SCHULZ, Charles M. Minduim. *O Estado de S. Paulo*. São Paulo, 23 dez. 2004.

E você? Já tentou imaginar a pessoa dos seus sonhos? Faça como o Snoopy e produza um pequeno texto **descritivo** escrevendo como essa pessoa seria. Você poderá ler seu texto para os colegas e ouvir o deles.

Atividades: modos de citação do discurso

1 Passe os trechos abaixo do discurso indireto para o discurso direto, fazendo as adequações necessárias.
a) "O passageiro pergunta se pode receber a sua comida em dinheiro."
b) "A aeromoça diz que vai lhe trazer um calmante."
c) "O passageiro ao lado explica que o avião ainda está parado."

2 ▶ No caderno, reescreva os trechos abaixo passando-os do discurso direto para o discurso indireto. Na reescrita, faça as adequações observando a forma verbal, os pronomes e os acréscimos necessários.

a) Um amigo me perguntou:

— Você vai à China conhecer a Grande Muralha?

b) Ela me disse:

— Gosto muito do quadro *Abaporu*.

c) Perguntei-lhe:

— Você já ouviu falar de Ded Moróz, o Papai Noel russo?

Grande Muralha da China. Trecho nas proximidades de Pequim, China.

Prática de oralidade

Conversa em jogo

Você tem medo de quê?

Muitas pessoas têm medo de aranha, de barata, de dentista, de escuro... coisas que podem ser inofensivas para os outros. Algumas pessoas caçoam, riem de quem expõe seus medos. Como encarar esses medos em nós e nos outros? De que modo agir? Fale o que pensa a esse respeito e ouça o que dizem os colegas.

Dramatização

Alternar a fala e as reações do personagem principal com as falas dos outros personagens, principalmente com a de "uma misteriosa voz descarnada", foi um dos recursos de humor usados na crônica "Emergência".

A proposta é que você e os colegas dramatizem esse texto a fim de colocar em evidência, de maneira prazerosa, os recursos de construção e de linguagem dessa crônica.

▸ Preparação

1 ▶ **Em grupo.** Forme um grupo de seis alunos para dramatizar o texto. Decidam quem será o narrador, o passageiro de primeira viagem, o passageiro ao lado, a aeromoça, o comandante Araújo e aquele que fará a voz misteriosa.

2 ▶ Preparem o cenário: o interior de um avião de passageiros. Se for possível, providenciem roupas e acessórios que ajudem a compor cada personagem.

3 ▶ Cada um deve memorizar a parte que lhe coube. Sempre observem a sucessão das falas no texto.

4 ▶ Ensaiem o suficiente para garantir a expressividade e a clara articulação de cada fala. Deem especial atenção à:
- **entonação de voz** para produzir o efeito de sentido desejado: medo, pavor, calma, instrução, impessoalidade;
- **articulação de palavras**, de modo que o público presente à dramatização as compreenda. Não se esqueçam de sempre voltar o rosto para a direção em que o público se encontra.

▸ Apresentação

▸ Combinem com o professor o dia e a hora da apresentação, o local onde ela ocorrerá e qual será o público.

▸ Avaliação

▸ Terminada a apresentação, reúnam-se em uma roda para conversar sobre os pontos fortes da apresentação e aqueles que poderiam ser melhorados.

CONEXÕES ENTRE TEXTOS, ENTRE CONHECIMENTOS

Outras linguagens: Fotografia de flagrante do cotidiano

Uma crônica narra fatos da realidade cotidiana do ponto de vista do cronista, como fez Luis Fernando Verissimo ao narrar a história de um passageiro em sua primeira viagem de avião. Ele escolheu contar essa história ressaltando o humor da situação.

A fotografia também possibilita flagrar uma cena do cotidiano de acordo com um ponto de vista, um modo único de mostrar uma situação. O registro fotográfico sugere narrativas do cotidiano ao mostrar personagens ou fatos que fazem parte do dia a dia, de um tempo e de um espaço. Para isso, o fotógrafo faz escolhas levando em conta os recursos da linguagem visual — perspectiva, figura, luz, cor, textura, por exemplo —, de forma a conseguir despertar em quem vê a cena fotografada o efeito desejado.

> **flagrante:** ação registrada no momento da ocorrência.
>
> **enquadramento:** posicionamento dos elementos da cena a ser fotografada (orientação da câmera: horizontal ou vertical; posicionamento do fotógrafo em relação à cena; ângulo da câmera: foco no personagem ou em detalhe do cenário, etc.).

Veja a foto produzida pelo fotógrafo Thiago Nagasima:

Thiago Nagasima/Acervo do fotógrafo

1. **Em dupla.** Observem as escolhas do fotógrafo e respondam às questões no caderno.

   a) A ação flagrada: Quem participa, o que acontece, por que motivo?

   b) O espaço: Que elementos podem ser observados no ambiente e o que sugerem?

   c) O tempo: Parte do dia ou da noite, ocasião especial ou cotidiana?

   d) O enquadramento: Qual é a posição do fotógrafo e o que está no centro da foto?

2. Pelo que foi observado na atividade anterior, que história essa foto pode inspirar? Que efeito de sentido ela poderia provocar com mais intensidade: humor, tristeza, alegria, crítica, afetividade? Conversem sobre o efeito que ela provocou em vocês.

A seguir, você vai conhecer o deus do tempo na mitologia grega, vai ler um trecho de uma crônica relatando ao rei de Portugal as impressões dos primeiros viajantes portugueses sobre as terras brasileiras e seus habitantes e vai conhecer a importância do gênero crônica na literatura.

CRÔNICA 97

Cronos, o deus do tempo na mitologia grega

Você já leu que a palavra *crônica* vem da palavra grega *khrónos*, que significa "tempo". Agora você vai conhecer o deus do tempo na mitologia dos gregos. Leia o texto a seguir:

O terrível Cronos
Cíntia Cristina da Silva

O mais importante titã, e também o mais jovem, costumava ser representado com uma foice na mão, com a qual teria mutilado seu pai, Urano. Cronos se uniu a uma de suas irmãs, Reia, com quem teve vários filhos. Como tinha medo de que os descendentes desafiassem seu poder sobre o mundo, ele engolia todos os seus filhos. Mas um deles, Zeus, contou com a ajuda da mãe para escapar desse destino trágico. Após crescer e se tornar forte, Zeus decidiu resgatar seus irmãos, dando uma poção para o pai que fez este vomitar todos os filhos engolidos. Com a ajuda dos irmãos, Zeus derrotou Cronos e outros titãs numa grande batalha e passou a ser o grande chefe de todos os deuses gregos. Cronos e seus aliados foram presos para sempre no Tártaro, o mundo subterrâneo para onde iam os mortos.

Disponível em: <https://super.abril.com.br/mundo-estranho/quem-sao-os-titas-da-mitologia-grega/>. Acesso em: 26 fev. 2019.

> **titã:** um dos doze seres que, segundo a mitologia grega, nasceram no início dos tempos. Seriam filhos da união entre Urano (o Céu) e Gaia (a Terra). Os titãs eram os ancestrais dos deuses olímpicos (Zeus, Afrodite, Apolo…) e dos mortais. Não eram humanos por completo, tinham o poder de se transformar em animais.

Crônica: histórias registrando a História

A palavra *crônica* era usada, antes mesmo de os portugueses chegarem ao Brasil, para definir os relatos de fatos reais organizados em ordem cronológica, ou seja, na ordem em que haviam ocorrido. A crônica era então um registro de fatos históricos. Em Portugal, o grande cronista do século XIV foi Fernão Lopes, que, em seus textos, apresentava sua perspectiva pessoal ao relatar a vida de personalidades ilustres como reis e rainhas. No século XVI, a palavra *crônica* é usada como sinônimo de *história*.

O Brasil do século XVI foi também assunto de crônica histórica. O primeiro de nossos cronistas foi Pero Vaz de Caminha, o autor da *Carta de achamento das terras que hoje conhecemos como Brasil*. Nesse documento ele registra, do ponto de vista de um português da época, tanto a viagem comandada por

Parte da carta escrita em 1500 por Pero Vaz de Caminha para d. Manuel I (1469-1521), rei de Portugal, quando os navios portugueses chegaram às terras brasileiras.

Pedro Álvares Cabral como os fatos resultantes dos primeiros contatos com os habitantes da nova terra, os indígenas.

A seguir, leia um trecho que mostra o espanto do escrivão por não haver aqui animais de criação nem o cuidado de cultivar a terra para que não houvesse dependência exclusiva do que oferecia a natureza.

> Eles não lavram, nem criam. Não há aqui boi, nem vaca, nem cabra, nem ovelha, nem galinha, nem qualquer outra alimária, que costumada seja ao viver dos homens. Nem comem senão desse inhame, que aqui há muito, e dessa semente e frutos, que a terra e as árvores de si lançam. [...]

Disponível em: <www.biblio.com.br>. Acesso em: 5 jul. 2018.

▶ **lavrar:** cultivar a terra.
▶ **alimária:** animal irracional.

A crônica e a literatura

Com o desenvolvimento da imprensa, sobretudo a partir do século XIX, as crônicas começaram a circular nas páginas dos jornais e ganharam força como gênero literário, portanto mais ficcional. Assim, o cronista podia apenas se inspirar em fatos do cotidiano para criar um texto de leitura agradável, que atraía o leitor pelo humor ou pela crítica, mas, sobretudo, pelos jogos de linguagem.

A crônica revelou-se um gênero que agrada aos leitores e aos escritores. Muitos são os autores brasileiros contemporâneos que se dedicam a produzir crônicas e a reuni-las em livros de própria autoria ou em antologias de crônicas de autores diversos.

Você conhece algum livro de crônicas?

Minha biblioteca

Os dias lindos. Carlos Drummond de Andrade. Companhia das Letras. O volume reúne textos publicados por Carlos Drummond de Andrade originalmente no *Jornal do Brasil*. A obra traz exemplos do texto leve e circunstancial que tornou esse escritor um dos grandes nomes desse gênero literário, além de divulgar pequenos contos e outras narrativas. Trata-se de uma reunião diversificada, mas que mantém um aspecto em comum: o fato de serem enredos interessantes que envolvem personagens cheios de graça. As narrativas tratam um pouco da vida da classe média carioca no século XX e do processo de urbanização das cidades brasileiras.

CRÔNICA

◣Língua: usos e reflexão

Coesão e coerência II

Uso de pronomes

Na unidade anterior, você estudou algumas formas de coesão. Nesta, você estudará como pode ocorrer a coesão com o emprego de **pronomes**.

Releia um trecho da crônica "Emergência", de Luis Fernando Verissimo:

> Comenta, com um falso riso descontraído: "Até aqui, tudo bem". O passageiro ao lado explica que o avião ainda está parado, mas **ele** não ouve. A aeromoça vem **lhe** oferecer um jornal, mas **ele** recusa.

As palavras destacadas no texto acima são pronomes e se referem ao passageiro de primeira viagem.

Observe como ficaria o trecho se, em vez dos pronomes, fosse usada, em todos os casos, a expressão "passageiro de primeira viagem":

> O **passageiro de primeira viagem** comenta, com um falso riso descontraído: "Até aqui, tudo bem". O passageiro ao lado explica que o avião ainda está parado, mas o **passageiro de primeira viagem** não ouve. A aeromoça vem oferecer ao **passageiro de primeira viagem** um jornal, mas o **passageiro de primeira viagem** recusa.

1▸ Compare os dois trechos e assinale o que se pode afirmar sobre o emprego dos pronomes no primeiro trecho:

a) Tornou o trecho menos preciso.

b) Evitou a repetição de termos.

c) Manteve a unidade sobre a quem o trecho se refere.

d) Reduziu e empobreceu o trecho.

e) Fez referência a um termo já citado.

2▸ Leia outro trecho da crônica observando o pronome destacado:

> "Puxe a máscara em sua direção. **Isto** acionará o suprimento de oxigênio."

A palavra *isto* é um pronome demonstrativo. Responda no caderno: Qual é o referente desse pronome, isto é, a que termo ele se refere nesse trecho?

3▸ Identifique, na crônica "Emergência", outro trecho em que um pronome demonstrativo faz referência a um bloco inteiro de texto, e não a uma palavra específica. Transcreva-o no caderno.

> Os **elementos de coesão textual** — advérbios, preposições, conjunções e pronomes — ajudam a manter a coerência e a coesão dos textos.

4▸ Leia uma conclusão sobre o estudo do uso dos pronomes conforme o trabalho feito e converse com os colegas sobre o que compreende desta afirmação:

> Os **pronomes** colaboram para:
> - evitar repetições desnecessárias;
> - garantir a unidade de assunto de um texto, uma vez que fazem referência a termos ou ideias já mencionados;
> - garantir a sequência e a progressão do texto.

UNIDADE 3 • Realidade e imaginação na criação de narrativas

5 Leia a tira reproduzida a seguir.

BROWNE, Dik. Hagar. *Folha de S.Paulo*. São Paulo, 26 dez. 2009. Ilustrada, p. E9.

a) No primeiro quadrinho, Hagar diz à sua mulher que ela sempre leva excesso de bagagem nas férias. Ela rebate a crítica, dizendo que só leva o que precisa. No segundo quadrinho, porém, Hagar tenta provar que tem razão. Qual é o argumento que ele utiliza para justificar sua crítica?

b) De que modo Helga justifica o tipo de bagagem escolhido?

c) Observe a segunda fala de Helga e assinale o(s) item(ns) que completa(m) adequadamente a afirmação a seguir. Pode-se afirmar que o pronome *tudo*:
- refere-se apenas às roupas que já estão no baú.
- refere-se às diversas circunstâncias para as quais Helga deseja estar preparada.
- é um termo empregado para confundir o marido, pois não deixa claro quais são as razões de levar tanta roupa para as férias.
- é um termo que justifica o fato de a personagem levar muita bagagem.

Hora de organizar o que estudamos

▶ Vamos ampliar o esquema sobre os elementos de coesão textual proposto na unidade anterior. Copie no caderno o esquema abaixo e complete-o com dois exemplos de cada elemento.

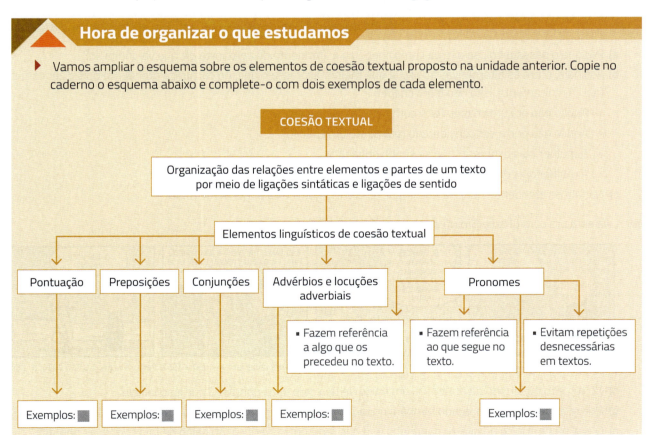

CRÔNICA 101

Atividades: coesão textual

1 A seguir há um trecho da crônica "Emergência", de Luis Fernando Verissimo. Releia-o.

> Finalmente, a muito custo, conseguem acalmá-lo. Ele fica rígido na cadeira. Recusa tudo o que lhe é oferecido. Não quer o almoço. [...] Mas, a cada sacudida do avião, abre os olhos e fica cuidando a portinha do compartimento sobre sua cabeça, de onde, a qualquer momento, pode pular uma máscara de oxigênio e matá-lo do coração.

a) Copie no caderno os pronomes empregados para evitar a repetição de expressão referente ao passageiro que sentia medo de voar.

b) Reflita sobre o uso dos pronomes nesse trecho. Esse uso indica que é um trecho mais formal, com linguagem mais monitorada e planejada, ou mais informal, com linguagem menos monitorada e mais espontânea?

2 Leia o cartum reproduzido a seguir.

THAVES, Bob. Frank & Ernest. *O Estado de S. Paulo*. São Paulo, 27 dez. 2011, p. D4.

a) Por que o passageiro usa a mala como chapéu e a atendente do aeroporto diz que vai multá-lo?

b) Assinale, entre as alternativas abaixo, a que melhor expressa o que, no cartum, a atendente quis dizer com a fala: "Tecnicamente, isso não é um chapéu".
- Aquilo não era um chapéu feito com técnica.
- Aquilo não podia ser considerado realmente um chapéu.
- A mulher quis expressar que se sentia enganada.
- A mulher quis demonstrar sua irritação com o homem.

c) Na fala da atendente, qual é a palavra de referência que indica o motivo da multa?

3 Leia esta tira com Charlie Brown e seus amigos.

SCHULZ, Charles. *Peanuts completo — 1950 a 1952*. Porto Alegre: L&PM, 2010. p. 285.

a) No terceiro quadrinho da tirinha, há um balão de fala com duas pontas. O que isso indica?

b) Que recurso verbal empregado também no terceiro quadrinho reforça o uso do balão de fala com duas pontas?

c) O que há de irônico no quarto quadrinho, em que também se verifica um balão de fala com duas pontas?

4 ▸ A seguir há um trecho do livro *Diário de Pilar na Amazônia*. Nele, Pilar, Breno e o gato Samba, girando em uma rede mágica, chegam a um barco em pleno rio Amazonas, onde ficam amigos de Bira e Maiara. Juntos, esses personagens descobrem segredos da Floresta Encantada. Leia um trecho dessa história.

Entre feras
Flávia Lins e Silva

Ao ouvir aquele rugido pela segunda vez, apertei a mão de Breno, apavorada:

Precisamos ir para um lugar mais seguro!

[...]

Apesar de ser bem mais pesada que meu gato, decidi testar o invento mais uma vez e, finalmente, funcionou. Agarrada ao cabo do guarda-vento, fui parar na copa da árvore, **de onde** lancei o guarda-chuva para Breno, Bira e Maiara. **Quando, por fim**, já estávamos sobre a árvore, ouvimos o rugido novamente. **Dessa vez**, o som estava bem mais perto. Perto demais! Tirando a lanterna do meu superbolso, apontei para o chão, procurando a fera. Era uma jaguatirica com dentes afiados, pronta para pular!

Logo descobrimos que a jaguatirica é uma onça pequena, muito ágil e feroz. Com um salto certeiro, subiu na árvore onde estávamos, e Maiara e eu soltamos um grito:

— Aaaaaahhhhhhh!

— Fiquem calmas! Nós vamos dar um jeito de enfrentar a fera, disse Breno, tentando usar o guarda-chuva como arma.

Enquanto isso, a jaguatirica subia pela árvore, galho após galho. Eu bem que me esforcei para afugentar a fera, lançando lupa, apito, caderno e vários outros objetos que encontrei no fundo do meu superbolso. **No entanto, tudo isso** só atiçava a jaguatirica, que rosnava feroz. [...]

SILVA, Flávia Lins e. *Diário de Pilar na Amazônia*.
Rio de Janeiro: Zahar, 2011. p. 73-76.

Responda no caderno:

a) Esse trecho faz parte de um romance de aventuras. É possível determinar o tipo de narrador por frases do texto. Que tipo de narrador há nesse romance? Copie uma frase que comprove sua resposta.

CRÔNICA 103

b) Para organizar a narrativa, foram empregados elementos coesivos que ajudam a encadear os fatos. Releia o trecho e observe as palavras e expressões destacadas. Copie no caderno o quadro abaixo e complete-o usando as expressões indicadas a seguir para entender que tipo de relação elas ajudam a estabelecer no texto.

- ideia de algo contrário ao esperado
- lugar
- referência a algo já mencionado
- tempo

Elemento coesivo	Função que exerce no texto	Elemento coesivo	Função que exerce no texto
apesar de		logo	
de onde		enquanto	
quando		isso	
por fim		no entanto	
dessa vez		tudo isso	

c) Quais desses elementos coesivos parecem contribuir mais para criar tensão na narrativa? Por quê?

Frase, oração, período

Você já estudou os termos **frase**, **oração** e **período**. Reveja o que significam.

Releia, a seguir, um trecho da crônica "Emergência", de Luis Fernando Verissimo. Observe que nele há três frases.

> [...] O cumprimento da aeromoça, na porta do avião, já **é** um desafio para sua compreensão. — frase 1

> — Bom dia... — frase 2
> — Como assim? — frase 3

Note que há três frases, mas que apenas na frase 1 há uma palavra colorida. Esse termo é um verbo.

Releia as frases 2 e 3:

> — Bom dia...
> — Como assim?

Observe que essas frases têm sentido completo no contexto, sem depender da presença de verbos.

Leia uma definição de frase e relacione-a com o que foi observado no trecho:

> **Frase** é um enunciado — oral ou escrito — que forma uma unidade de sentido, com o objetivo de comunicar algo.

As frases organizam os textos falados ou escritos. Algumas são construídas em torno de um verbo, outras não. Observe as frases a seguir.

- **Frases nominais**: organizadas sem verbo.

É o caso destas falas:

— Bom dia...
— Como assim?

— O quê?!

— Calma, cavalheiro.

— Calmante, por quê? [...]

Releia abaixo uma fala completa do personagem, construída apenas com frases nominais.

— Essa não! Bancos flutuantes, não! Tudo, menos bancos flutuantes!

- **Frases verbais**: organizadas com verbo.

Releia:

— **Odeio** a rotina.
   ↓
   verbo

— Não **vai acontecer** nada.
        ↓
     locução verbal

Cada uma dessas frases é uma **oração** ou **período simples**, pois foi construída em torno de **um verbo** ou de **uma locução verbal**.

> **Oração** ou **período simples** são frases organizadas em torno de um verbo ou de uma locução verbal.

Além desse caso de oração ou **período simples**, ou seja, frase com um único verbo ou uma única locução verbal, há construções que apresentam mais de um verbo ou locução verbal.

Releia o trecho a seguir, da crônica "Emergência", e observe que há mais de uma forma verbal destacada.

[...] os assentos de suas cadeiras **são** flutuantes e **podem ser levados** para fora do aparelho [...]
                                         ↓   ↓
                                       verbo   locução verbal

Cada verbo ou locução verbal pertence a uma oração. Vamos separar as orações para perceber melhor como elas foram construídas. Observe:

[...] os assentos de suas cadeiras **são** flutuantes [...] (1ª oração)
e **podem ser levados** para fora do aparelho [...] (2ª oração)

Essa é uma frase organizada em torno de duas formas verbais. É um período formado por duas orações. Portanto, trata-se de um **período composto**.

> O período formado por mais de uma oração é classificado como **período composto**.

Em textos em prosa, geralmente o início de um período ou de uma frase é indicado pelo uso da inicial maiúscula na primeira palavra. A pontuação final — exclamação, interrogação, ponto final, reticências — indica o término do período.

CRÔNICA 105

Hora de organizar o que estudamos

▶ Copie este esquema no caderno e complete-o com as informações sobre o que foi estudado.

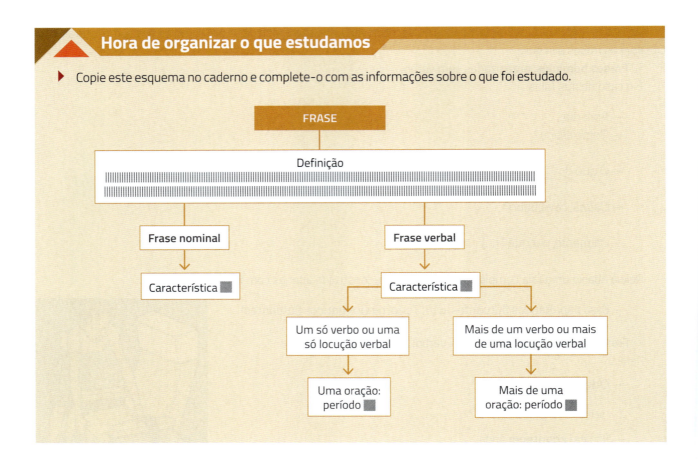

Atividades: frase, oração, período

1▶ No dia a dia, empregamos frases de todos os tipos. Leia o diálogo na tira humorística reproduzida a seguir, entre a personagem Julieta e seu pai.

ZIRALDO. *As melhores tiradas do Menino Maluquinho*. São Paulo: Melhoramentos, 2000. p. 27.

a) Leia o primeiro quadrinho com atenção e observe as fisionomias dos personagens. Assinale a alternativa que melhor indica o estado de espírito deles.
- Parecem indiferentes.
- Já apresentam irritação.
- Parecem afetuosos.
- Demonstram má vontade.

b) Indique, no caderno, um aspecto da imagem ou do texto verbal do primeiro quadrinho para justificar a escolha de sua resposta.

c) O que o uso de sombras no segundo quadrinho indica?

d) No terceiro quadrinho, o que Julieta quis dizer com a expressão "a princesa vira plebeia"?

e) Observe que, no diálogo entre Julieta e o pai, há frases organizadas de diferentes modos. Assinale as frases abaixo e indique se são **frases nominais** ou **frases verbais**.

- Paiê...
- O que você quer, minha princesa?
- Aumento de mesada!
- Negativo!
- Não dá!
- Num piscar de olhos, a princesa vira plebeia!

f) Que tipo de frase predomina na tira?

g) Responda no caderno: Que alternativa melhor indica o efeito produzido pela alternância de tipo de frases na tira?
- Torna os diálogos mais lentos e retarda o desfecho.
- Torna os fatos e os diálogos mais rápidos.
- Não interfere na dinâmica da história.
- O diálogo é mais rápido, mas o desfecho demora.

h) A frase "Aumento de mesada!" é curta, objetiva. Suponha que a personagem não estivesse com muita coragem para fazer esse pedido e, em vez de uma frase curta, optasse por uma frase mais longa, com mais argumentos para sensibilizar o pai. No caderno, reescreva essa frase levando em conta essa nova situação.

2 Leia as frases a seguir e, no caderno, registre os verbos ou as locuções verbais e classifique-as como período simples ou período composto.

a) "Com o avião no ar, dá uma espiada pela janela e se arrepende."

b) "— Senhores passageiros, aqui fala o comandante Araújo."

c) "Mas, a cada sacudida do avião, abre os olhos e fica cuidando a portinha do compartimento sobre sua cabeça, de onde, a qualquer momento, pode pular uma máscara de oxigênio e matá-lo do coração."

d) "A seguir, nosso pessoal de bordo fará uma demonstração de rotina do sistema de segurança deste aparelho."

3 Leia a frase a seguir, empregada como título de uma matéria jornalística.

> **Praia da Pipa: um caminho deslumbrante até o paraíso**
>
> Disponível em: <http://turismo.ig.com.br>.
> Acesso em: 9 jul. 2018.

a) Assinale o item que completa a afirmação adequadamente. Esse título é uma frase nominal porque:
- é curto.
- apresenta apenas uma forma verbal.
- não contém verbo.
- se refere apenas à expressão *caminho*.
- tem mais substantivos do que verbos.

A Praia da Pipa fica no município de Tibau do Sul, a 85 km de Natal, no Rio Grande do Norte. Fotografia de 2013.

CRÔNICA 107

b) Entre os títulos jornalísticos a seguir, transcreva no caderno o que é formado apenas por frase nominal.

> **Desbrave Fernando de Noronha**
>
> **Roteiros alternativos em Brasília**
>
> **Maceió é eleita a cidade mais bonita do Brasil**

Disponível em: <http://turismo.ig.com.br/>. Acesso em: 9 jul. 2018.

c) Leia a seguir e, depois, assinale as alternativas que indicam as razões do uso de frases nominais em títulos de textos jornalísticos:
- Tornam o texto mais detalhado.
- Contribuem para uma leitura mais ágil.
- Ocupam melhor os espaços da página do jornal.
- Evitam o uso errado de verbos.
- Tornam o texto mais objetivo.

Termos da oração: sujeito e predicado

Na organização de uma oração, palavras e expressões podem desempenhar papéis diferentes. O papel que exercem na oração é chamado de **função sintática**.

Releia a oração a seguir:

> [...] os assentos de suas cadeiras são flutuantes [...].

A identificação do verbo dessa oração — a forma verbal *são* — permite localizar o sujeito a que o verbo se refere: "os assentos de suas cadeiras". Observe:

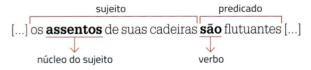

O termo destacado no sujeito é o foco da informação: trata-se do **núcleo do sujeito**. É com esse núcleo que, geralmente, o verbo faz **concordância**. Nesse exemplo, o verbo está no plural porque o núcleo está no plural.

O trabalho de analisar os elementos de uma oração, identificando as palavras fundamentais e as que se relacionam com elas, permite perceber a **construção sintática** da oração, ou seja, como as palavras ou expressões se relacionam na frase em busca de sentido e, consequentemente, as funções que exercem. Assim, **sujeito**, **núcleo do sujeito** e **predicado** são **funções sintáticas** dos termos nas frases.

Sujeito e **predicado** são termos importantes na estrutura da oração. Geralmente a oração se constrói em torno de um sujeito.

> **Sujeito** é o termo da oração a que o verbo se refere e sobre o qual é dada a informação principal.
> **Predicado** é toda informação que é dada sobre o sujeito da oração.

Tipos de sujeito e relações de concordância

Sujeito simples

O sujeito da frase analisada no fim da página anterior tem apenas um núcleo: *aeromoça*. É um sujeito simples. Observe que essa palavra (o núcleo) está na terceira pessoa do singular (a aeromoça ⟶ ela) e que a forma verbal (*oferece*) concorda com ela, ou seja, também está na terceira pessoa do singular.

Sujeito composto

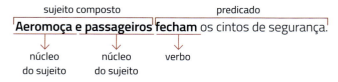

Nessa oração, o sujeito tem dois núcleos, isto é, a declaração feita no predicado refere-se a dois termos indicados separadamente: *aeromoça* e *passageiros*. Trata-se de um **sujeito composto**. O verbo faz a concordância então com os dois núcleos e por isso é empregado no plural.

Sujeito desinencial ou subentendido

Releia, a seguir, uma fala do passageiro da narrativa de Luis Fernando Verissimo.

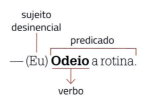

Observe que o verbo se refere à primeira pessoa do singular, *eu*, que não está presente na frase, mas pode ser identificado pelo verbo, por estar flexionado nessa pessoa.

O sujeito que não está presente na oração, mas que pode ser identificado por meio do verbo, é denominado **sujeito subentendido ou desinencial**. É a **terminação do verbo** que indica a pessoa a que esse termo se refere.

Releia abaixo um trecho da crônica e observe que a construção de orações com sujeito subentendido evita repetições desnecessárias. Note que o termo que identifica o sujeito é empregado apenas uma vez, no início do parágrafo.

> **Ele** faz questão de sentar num banco de corredor, perto da porta. Para ser o primeiro a sair no caso de alguma coisa dar errado. Tem dificuldade com o cinto de segurança. Não consegue atá-lo. Confidencia para o passageiro ao seu lado: [...]

Observe que quase todos os verbos do trecho se referem ao mesmo sujeito: *ele*. Mas o autor construiu o período de modo que o sujeito está evidenciado apenas no início do trecho, no restante ele é subentendido.

A construção com sujeito subentendido ou desinencial pode ser um recurso de **concisão textual**, pois evita repetições desnecessárias.

Sujeito indeterminado

Você estudou que o sujeito subentendido ou desinencial não está presente na oração, mas pode ser identificado, determinado pelas informações que o texto traz ou por meio da terminação do verbo.

Há casos, porém, em que a intenção é não deixar claro para o leitor quem é precisamente o sujeito da oração. Há um sujeito ao qual o verbo se refere; no entanto, nem o contexto nem a forma verbal permitem sua identificação.

Releia o período a seguir:

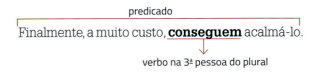

CRÔNICA 109

No exemplo anterior, não há um sujeito presente na oração. O verbo *conseguir* é usado na terceira pessoa do plural e o contexto não é suficiente para determinar a quem, ou a qual sujeito, a afirmação se refere especificamente, pois não indica exatamente os responsáveis por conseguir acalmar o personagem: apenas os tripulantes do voo, outros passageiros? Não há como saber, não há um termo antecedente que o indique. Nesses casos, afirma-se que o período apresenta **sujeito indeterminado**.

A construção de orações com sujeito indeterminado pode ser feita de duas maneiras:

- Uso do verbo na terceira pessoa do plural, sem um antecedente no contexto. Exemplos:

> **Ligaram** para casa hoje cedo e **deixaram** um recado para você.

> **Roubaram** o depósito do supermercado e não **deixaram** pistas.

- Uso da partícula *se* com determinados tipos de verbo na terceira pessoa do singular. Exemplos:

verbo na 3ª pessoa do singular
Vive-se melhor em Lisboa do que em Nova Iorque.
partícula *se*

Atenção

Nesses casos, a forma verbal está sempre na terceira pessoa do singular.

verbo na 3ª pessoa do singular
Precisa-se de motoristas com experiência comprovada em carteira.
partícula *se*

Lisboa, Portugal.

Cidade de Nova York, Estados Unidos.

Nessas orações, a partícula *se* que aparece junto ao verbo tem a função de indeterminar o sujeito. Por isso, recebe o nome de **índice de indeterminação do sujeito**.

Nem sempre essa partícula funciona como índice de indeterminação do sujeito. Em outro momento destes estudos, serão comentados casos em que ela desempenha funções diferentes.

▶ Leia a tira e observe o emprego de vários tipos de sujeito nas orações. Responda às questões no caderno.

SCHULZ, Charles M. Minduim. *O Estado de S. Paulo*. São Paulo, 3 dez. 2011, p. D6.

UNIDADE 3 • Realidade e imaginação na criação de narrativas

a) O que faz o menino pensar que os flocos de neve foram gastos?

b) Releia a fala do primeiro quadrinho:

> Eu sabia que isso ia acontecer.

- Levando-se em conta os verbos, quantas orações há nessa fala?
- A qual sujeito a forma verbal *sabia* se refere?
- A locução verbal *ia acontecer* se refere a que termo da oração?
- Como se classificam os sujeitos dessa fala?

c) No terceiro quadrinho, foi empregado um tipo de sujeito que reforça a ideia da ingenuidade ou do desconhecimento do menino sobre o que aconteceu com os flocos de neve. Identifique o verbo e indique a que tipo de sujeito ele se refere.

Oração sem sujeito

Diz-se que uma oração é sem sujeito nos casos em que o predicado não pode ser atribuído a nenhum termo dessa oração, mesmo pelo contexto. Geralmente isso ocorre nestas situações:

- Orações com o verbo *haver* usado no sentido de "existir". Exemplo:

predicado

Não **houve** registro de tumultos ou outras ocorrências, de acordo com a PM.

haver = existir (3ª pessoa do singular)

Há dias em que estamos mais animados, e em outros mais desanimados.

haver = existir (3ª pessoa do singular)

Sempre **haverá** reivindicações justas e injustas.

haver = existir (3ª pessoa do singular)

- Verbo *haver* indicando tempo decorrido. Exemplo:

Há muito tempo o povo espera leis mais justas.

haver = tempo decorrido (3ª pessoa do singular)

Na linguagem do dia a dia, é comum usarmos o verbo *fazer* também para indicar tempo decorrido. Veja os exemplos:

Faz muito tempo que trabalho nesta empresa.
Faz três anos que ele não visita os pais.

fazer = tempo decorrido (3ª pessoa do singular)

- Orações construídas com verbos ou expressões que indicam fenômenos da natureza, como *entardecer*, *nevar*, *gear*, *fazer calor*, *fazer frio*, *ventar*, *anoitecer*, *trovejar*. Exemplos:

Choveu muito neste verão.
Faz um frio fora do normal nesta época do ano.
Ventava fortemente durante o *show*.

chover, fazer (frio, calor, etc.) = verbos indicando fenômeno da natureza (3ª pessoa do singular)

CRÔNICA **111**

> Nas orações sem sujeito, o verbo é conjugado na 3ª pessoa do singular, por ser considerado **verbo impessoal**.

- Verbo *ser* indicando tempo e distância. Nesse caso, o verbo pode ser empregado no plural. Exemplos:

    É uma hora da manhã agora.
    São trezentos quilômetros da minha casa até sua cidade.

    ↓
    ser = tempo e distância (3ª pessoa do singular/plural)

Assim, podemos concluir que, nas orações sem sujeito, os verbos geralmente estão na 3ª pessoa do singular, com exceção do verbo *ser* nas indicações de distância e de tempo (hora e data). Leia:

> **É** um quilômetro de distância. / **São** cinco quilômetros de distância.
> **É** uma hora. / **São** duas horas.
> **É** primeiro de abril. / **São** vinte e cinco de dezembro.

▶ Observe na tira a seguir o emprego de oração sem sujeito. Depois, responda às questões no caderno.

LAERTE. *Classificados*. São Paulo: Devir, 2001. p. 45.

a) No segundo quadrinho, o personagem diz: "Já faz uma sola!". O que significa essa frase?

b) No primeiro e no segundo quadrinhos, os verbos *haver* e *fazer* são usados em orações sem sujeito. Explique por que essas orações são assim consideradas.

‹ No dia a dia ›

Usos do verbo *haver*

Segundo as regras da norma-padrão, deve-se empregar o verbo *haver* na 3ª pessoa do singular sempre que esse verbo for usado com o sentido de *existir*. Releia um exemplo retirado da crônica "Emergência":

Há saídas de emergência na frente, nos dois lados e atrás.
↓
haver = existir

Entretanto, nos usos mais espontâneos e, portanto, menos monitorados da língua, outras construções são empregadas pelos falantes.

UNIDADE 3 • Realidade e imaginação na criação da narrativa

Observe a construção de uma letra de canção popular, produzida em linguagem mais espontânea. Nela, o verbo destacado, que não é *haver*, tem sentido de *existir*.

> **Tem** dias que a gente olha pra si
> E se pergunta se é mesmo isso aí
> [...]
>
> SANTOS, Lulu. Já é. *Bugalu*. São Paulo: BMG, 2003.

Na linguagem informal, muitas vezes o verbo *haver* é substituído pelo verbo *ter*.

1▸ Leia a oração abaixo e, depois, responda à questão no caderno.

> Em Copa do Mundo, não tem jogo fácil.

Como se deveria escrever essa oração segundo as regras da norma-padrão?

2▸ Preste atenção a falas na TV, no rádio, no dia a dia e registre: O que mais se emprega, o verbo *ter* ou o verbo *haver*, no sentido de *existir?* Nas situações mais formais ou mais informais? Leve para a sala de aula o que registrar e converse com os colegas sobre a adequação dos usos à circunstância em que o falante está envolvido.

Hora de organizar o que estudamos

▸ Copie os esquemas em seu caderno e complete-os adequadamente com as palavras que constam do quadro a seguir.

simples	predicado	impessoais	sujeito

FORMA DE ORGANIZAR AS ORAÇÕES

- Oração sem ■.
- Uso de verbos ■.

- Oração com sujeito e ■.

TIPOS DE SUJEITO

■	composto	subentendido	indeterminado

CRÔNICA 113

Atividades: tipos de sujeito

1▸ Leia a tira do cartunista Quino reproduzida a seguir, com os personagens Mafalda e Miguelito.

QUINO. *Toda Mafalda*. São Paulo: Martins Fontes, 1993. p. 219.

a) A graça da tira está na diferença entre o que Mafalda e Miguelito entendem por sujeito. Pela fala do menino no último quadrinho, o que ele entende como o sujeito da frase inventada por Mafalda?

b) Em sua opinião, Miguelito está errado em sua dedução?

c) Releia a frase dita por Mafalda como exemplo:

> Esse lixo enfeia a rua.

Se considerarmos *sujeito* como função sintática, qual é o sujeito dessa oração?

2▸ No caderno, copie as orações da crônica "Emergência" abaixo e indique qual é o verbo e qual é o núcleo do sujeito em cada oração.

a) "[...] nosso pessoal de bordo fará uma demonstração de rotina do sistema de segurança deste aparelho."

b) "Isto acionará o suprimento de oxigênio."

c) "No caso de despressurização da cabina, máscaras de oxigênio cairão automaticamente de seus compartimentos."

3▸ Leia este título de notícia e resolva as atividades no caderno.

> **Nível de água do Cantareira não sobe há meses**
> *Folha de S.Paulo*. São Paulo, 16 dez. 2014. p. C1.

a) Identifique os verbos desse título de notícia.

b) Quantas orações há nessa frase?

c) A expressão "Nível de água do Cantareira" funciona como sujeito de qual verbo?

d) Releia o título de notícia e responda: Qual das orações que formam esse título é considerada uma oração sem sujeito? Por quê?

4▸ **Em dupla.** A seguir releiam um trecho da crônica de Luis Fernando Verissimo. Observem os verbos destacados e numerados para responder, no caderno, às questões propostas.

> Finalmente, a muito custo, (1) **conseguem** acalmá-lo. Ele (2) **fica** rígido na cadeira. (3) **Recusa** tudo o que lhe é oferecido. Não (4) **quer** o almoço. (5) **Pergunta** se pode receber a sua comida em dinheiro. [...]

a) Como se classifica o sujeito do verbo indicado como 1? E do verbo 2?

b) O sujeito das orações cujos verbos estão indicados pelos números 3, 4 e 5 é subentendido. É possível identificá-lo não nessas orações, mas no texto da crônica. Que palavra, nesse trecho, concorda com esses verbos e ajuda o leitor a perceber a quem eles se referem?

5▶ Leia um trecho da letra de uma canção do cantor e compositor brasileiro Cazuza.

Brasil
Cazuza

Não me **convidaram**
Pra essa festa pobre
[...]
Não me **subornaram**
Será que é o meu fim?
Ver TV a cores [...]
Programada pra só dizer "sim"

CAZUZA. *Ideologia*. Rio de Janeiro: Universal Music Group, 1988.

▶ **subornar:** dar dinheiro ou outros valores a alguém para conseguir vantagens.

O cantor Cazuza. Detalhe da capa do álbum ao vivo *O tempo não para*, de 1988.

Responda no caderno:

a) Observe os verbos em destaque: É possível determinar os sujeitos a que se referem? Que classificação pode ser atribuída aos sujeitos nesse caso?

b) Com que provável intenção foi empregado esse tipo de sujeito?

6▶ Identifique e classifique, no caderno, o sujeito das orações abaixo, observando as formas verbais destacadas.

a) O feriadão **está chegando**, e você não **tem** carro pra viajar?
b) **Foram identificados** os principais focos de dengue nas cidades.
c) O sucesso dos atletas paralímpicos **valorizou** o potencial de pessoas com necessidades especiais no Brasil.
d) Os rios, os lagos e os mares sempre **foram considerados** depósitos da natureza.
e) **Há** dias que não **chove** no Rio Grande do Sul.
f) **Roubaram** meu celular e **fizeram** ligações para minha casa.
g) **Termina** o horário de verão.
h) **Há** quase dois meses não **chove**.
i) Nada **substitui** o talento e o empenho.
j) **Chovem** artistas mirins nas portas de emissoras de TV.

A posição do sujeito em relação ao verbo

Em geral construímos as orações no sentido direto, ou seja, posicionando os elementos na sequência sujeito + predicado. O sujeito é **anteposto** ao verbo. Essa escolha favorece a objetividade. Observe um exemplo da crônica lida neste capítulo:

Ele **faz** questão de sentar num banco de corredor, perto da porta.
↓ ↓
sujeito verbo
simples

Entretanto, muitas vezes não é esse o posicionamento do sujeito em relação ao verbo.

CRÔNICA 115

1 ▸ Do mesmo texto de Luis Fernando Verissimo, observe estes exemplos:

[...] de onde **sai** a voz.
↓
verbo

— [...] aqui **fala** o comandante Araújo.
↓
verbo

a) Copie no caderno o sujeito desses verbos.
b) Qual é a posição deles em relação ao verbo?

2 ▸ Leia os títulos de notícia reproduzidos a seguir. O sujeito de cada um deles está em destaque.

I.
Cai o preço do litro da gasolina em Fortaleza

Disponível em: <www.opovo.com.br>. Acesso em: 14 mar. 2015.

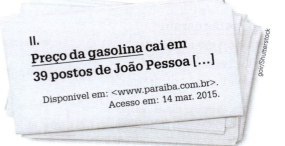

II.
Preço da gasolina cai em 39 postos de João Pessoa [...]

Disponível em: <www.paraiba.com.br>. Acesso em: 14 mar. 2015.

Nesses títulos de notícia, a posição do sujeito da oração varia de uma construção para a outra. Na frase I, está **depois** do verbo. Na frase II, está **antes** do verbo. Responda no caderno: Que efeito causa a posição do sujeito em relação ao verbo? Compare as duas possibilidades.

3 ▸ Leia estes títulos de notícia e responda às questões em seu caderno.

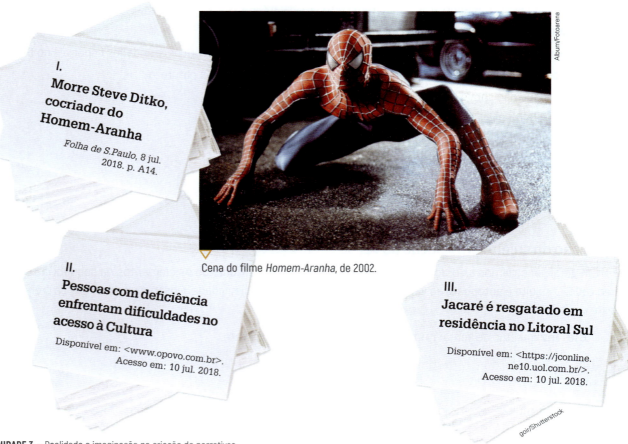

I.
Morre Steve Ditko, cocriador do Homem-Aranha

Folha de S.Paulo, 8 jul. 2018. p. A14.

Cena do filme *Homem-Aranha*, de 2002.

II.
Pessoas com deficiência enfrentam dificuldades no acesso à Cultura

Disponível em: <www.opovo.com.br>. Acesso em: 10 jul. 2018.

III.
Jacaré é resgatado em residência no Litoral Sul

Disponível em: <https://jconline.ne10.uol.com.br/>. Acesso em: 10 jul. 2018.

a) Identifique o sujeito de cada título de notícia.

b) O sujeito do título de notícia I está posicionado antes ou depois do verbo? Qual é o efeito de sentido nesse caso? E nos títulos de notícia II e III?

4. Nas frases abaixo, o sujeito foi sempre posicionado **depois** do verbo. Esse tipo de construção pode dificultar a concordância, em razão de a oração não estar na ordem direta (sujeito + predicado). Identifique as alternativas que apresentam concordância **inadequada**. Reescreva as frases no caderno estabelecendo a concordância adequada entre verbo e sujeito.

a) Falta apenas cinco dias para o início do campeonato de natação.

b) Chegaram ontem à nossa cidade uma companhia de circo muito famosa.

c) Durante os jogos, haviam inúmeras pessoas sobre os muros que circundam o estádio.

d) Começou o mês de doações para a campanha do agasalho.

Desafios da língua

Pontuação I

Entre as histórias da mitologia guardadas ao longo do tempo, há uma que chama a atenção por um aspecto curioso: como a entonação de voz ou a pontuação pode interferir no sentido de uma frase escrita.

Ruínas de Delfos, na Grécia, onde ficava o famoso Oráculo de Delfos.

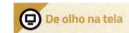 **De olho na tela**

Percy Jackson e o ladrão de raios. Fox Film. DVD. O que você faria se soubesse que é metade humano, metade deus? Percy Jackson é o personagem que precisa se fazer essa pergunta ao descobrir que seu verdadeiro pai era Poseidon, o deus dos mares. Com seus amigos Annabeth e Grover, Percy passa por uma jornada que pode definir o destino de toda a humanidade.

Na antiga Grécia, existiam os oráculos, consultados quando era necessária uma orientação a respeito de situações futuras. Um renomado general, antes de uma batalha, consultou um oráculo, pois queria saber se seria vitorioso ou não. Ele recebeu a seguinte resposta:

> Irás voltarás não ficarás lá

A batalha revelou-se uma grande derrota para o general: ele perdeu muitos homens e desapareceu. Seu filho dirigiu-se ao oráculo para pedir esclarecimentos. O oráculo respondeu-lhe, oralmente, que a previsão era esta:

> Irás? Voltarás? Não. Ficarás lá.

1. Releia em voz alta a frase dita pelo oráculo, procurando dar a entonação adequada para a resposta que o filho do general ouviu.

> Irás? Voltarás? Não. Ficarás lá.

CRÔNICA 117

2. Qual seria a previsão do oráculo se a frase fosse pontuada de outra maneira? Leia em voz alta as frases abaixo e, depois, analise com os colegas e com o professor que significado elas teriam em cada caso.

a) Irás. Voltarás. Não ficarás lá.
b) Irás, voltarás. Não ficarás lá.
c) Irás... Voltarás... Não... Ficarás lá.
d) Irás? Voltarás? Não ficarás lá.
e) Irás. Voltarás? Não; ficarás lá.

Em qual(quais) das previsões o general teria mais chance de sair vitorioso? Copie-as no caderno.

A **pontuação** é considerada um sistema de reforço da escrita, constituído de sinais. Estes têm a finalidade de organizar as relações entre os termos das frases, as partes do discurso e as pausas orais e escritas.

3. No texto escrito, especialmente em prosa, pode-se afirmar que a pontuação é parte fundamental do sentido, pois há momentos em que ela complementa a informação escrita, chegando a indicar as intenções não explícitas ou a eliminar ambiguidades. A pontuação empregada inadequadamente pode produzir efeitos desastrosos no texto. Observe estas brincadeiras, adaptadas de uma gramática*. Para entendê-las, leia-as antes em voz alta.

a) Imagine-se com uma bola, diante de um goleiro, ouvindo estas duas ordens do treinador:

Situação 1

Não pode chutar!

Situação 2

Não, pode chutar!

O que você faria em cada situação?

b) Transcreva em seu caderno o período abaixo. Leia-o em voz alta e depois o pontue, de forma a torná-lo mais claro e coerente.

Um fazendeiro tinha um bezerro e a mãe do fazendeiro era também o pai do bezerro.

4. Veja estes quadrinhos:

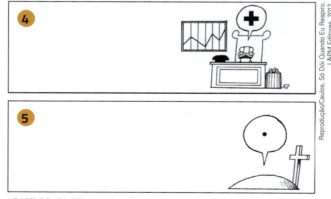

CAULOS. *Só dói quando eu respiro*. Porto Alegre: L&PM, 2001. p. 50.

Que significados os sinais acrescentam ao texto? Para cada sinal de pontuação e para cada sinal gráfico, elabore em seu caderno uma frase que o explique.

---

* BECHARA, Evanildo. *Moderna gramática portuguesa*. Ed. rev. e ampl. Rio de Janeiro: Lucerna, 2004. p. 606.

Ao longo de sua vida escolar, você deve ter ouvido que a pontuação indica os momentos do texto em que se pode ou se deve respirar. Não é bem assim; a pontuação pode também ser determinada pela forma como estão organizados os termos das frases.

Atualmente, com o uso crescente das redes sociais, os jovens criaram uma linguagem típica para *chats*, *blogs* e aplicativos de mensagens instantâneas. Nesse uso, alguns sinais de pontuação ganharam outros significados, chegando a representar ideias. Leia a seguir uma frase escrita por um internauta e a transcrição de como ela seria escrita de acordo com a norma-padrão da língua.

> Oiiee... td bein??!! Hj naum v encontrar vcs pq v ver minha mina =)

> Oi, tudo bem? Hoje não vou encontrar vocês porque vou ver minha mina. Estou muito feliz!

▶ *chat*: forma de comunicação por internet que permite uma conversa em tempo real. Podem participar de um *chat* diversas pessoas de uma só vez, as quais podem estar em uma mesma sala ou em um mesmo edifício ou ainda em diferentes lugares do mundo.

▶ *blog*: palavra derivada de *weblog*, o *blog* é um diário virtual no qual se pode publicar textos ou imagens.

Na escrita, a pontuação pode ser representada por sinais gráficos assim distribuídos:

Sinal de pontuação (usos)	Representação	Exemplos
Ponto final • no encerramento de frases; • em abreviaturas.	**.**	• Não gosto de café. • Sra. (senhora), p. (página), a.C. (antes de Cristo), etc.
Ponto de exclamação • em frases que indicam surpresa, espanto, indignação; • em chamamentos.	**!**	• Que injustiça! • Carlos! Não entre aí agora!
Ponto de interrogação • em orações que expressam pergunta. Fica no final de uma frase interrogativa.	**?**	• O que significa isso? — eu lhe perguntei. • Você deseja alguma coisa?
Reticências • indicam interrupção, pausa, suspense, descontinuidade da ideia.	**...**	• Ninguém pelas ruas... Silêncio completo... Só ouço sua respiração ofegante...
Vírgula • indica pausa. É o sinal de pontuação com maior diversidade de emprego, por isso os casos serão estudados à parte.	**,**	• Carros, motos, pedestres, todos paravam para ver o acidente. • Carlos, não venha tarde.
Ponto e vírgula • indica pausa maior que a da vírgula e menor que a do ponto final; • separa itens ou tópicos.	**;**	• Chegou, abraçou-a, disse-lhe frases carinhosas; pegou-a pela mão e levou-a até os pais.
Dois-pontos • introduzem uma explicação ou uma enumeração; • anunciam a fala de um personagem ou uma citação.	**:**	• Muita coisa ameaçava aquele povoado: terremotos, enchentes, invasões estrangeiras, etc. • Mauro disse: — Olha só quem chegou!
Aspas duplas ou simples • destacam citações; • destacam algum termo usado de maneira especial, por exemplo, com ironia; • destacam estrangeirismo ou gíria.	**" "** **' '**	• "Irmãos, uni-vos.", assim ele começou seu discurso. • "Não quero esta 'beleza' de tarefa malfeita", reclamou o chefe daquele setor.
Travessão • intercala uma ideia, indica pausa forte; • indica a mudança de interlocutor no diálogo.	**—**	• Eu lhe contei mil coisas — da viagem, do encontro com os parentes, das aventuras — e nada o entusiasmou. • Depois de ter-lhe contado tudo com enorme entusiasmo, ele apenas olhou-me com olhos inexpressivos e disse: — Legal.
Parênteses • isolam palavras ou expressões de caráter explicativo.	**( )**	• A Rússia (país da antiga União Soviética) passa por instabilidade financeira.

CRÔNICA **119**

Há sinais de pontuação — como a vírgula, o travessão, os parênteses explicativos — que desempenham funções semelhantes e podem, nesses casos, ser substituídos uns pelos outros.

Os sinais de pontuação conferem à ideia apresentada mais expressividade e, por isso, nem sempre os autores têm a preocupação de obedecer a um sistema de regras rígidas. É o caso da combinação de sinais diferentes em uma mesma frase:

— Você me trouxe só isso?!
— Você tem certeza de que quer...?

Ao ler diferentes textos, observe como cada autor emprega a pontuação para conseguir mais efeitos expressivos e tornar seu texto mais claro.

Para fazer as atividades a seguir, consulte a tabela dos sinais de pontuação, se precisar.

5 ▸ Leia a tira e responda à questão no caderno.

DAVIS, Jim. Garfield. *Folha de S.Paulo*. São Paulo, 5 abr. 2005.

Por que foram usadas aspas nos dois primeiros quadrinhos?

6 ▸ Leia esta tira e responda às questões no caderno.

SOUSA, Mauricio de. Turma da Mônica. *O Estado de S. Paulo*. São Paulo, 4 abr. 2005.

a) Releia o primeiro quadrinho e imagine-se no lugar do carteiro ao ler a placa. Que sinal de pontuação poderia substituir a vírgula nessa fala do personagem?

b) Que efeito de sentido provoca o uso de pontos de exclamação repetidos no segundo quadrinho?

7 ▸ **Desafio!** O trecho na página a seguir é o início da crônica "Na multidão", de Ferreira Gullar. Ele foi transcrito sem pontuação. Pontue-o da melhor maneira possível, verificando os sentidos que a pontuação poderá produzir. Para isso:

a) Copie o trecho no caderno.

b) Faça várias leituras em voz alta procurando os prováveis sentidos.

c) Considere a situação que o trecho procura representar, o provável estado de ânimo do narrador, pois isso também poderá determinar a pontuação.

d) Experimente pontuá-lo. Releia-o e faça as alterações necessárias na pontuação inicial.

e) Leia o texto em voz alta para a turma, procurando expressar a maneira como você o pontuou. Se possível, justifique a pontuação feita.

Na multidão
Ferreira Gullar

Saio de casa e a confusão começa ônibus passam que digo <u>farfalham</u> tilintam rosnam bondes chiam e <u>estridem</u> buzinas explosões batidos apitos estou em plena Cidade brasileira

Sair de casa cansa mais que trabalhar Andar pelas ruas do Rio é quase tão estafante quanto quebrar pedras Não vou precisamente para parte alguma a esta hora não tenho pressa mas Disparam lotações voam automóveis motocicletas lambretas um ciclista desliza milagrosamente no caos e dobra <u>lépido</u> a primeira esquina O sinal fecha as pessoas estacam <u>de golpe</u> e ficam de motor roncando outras atravessam entre os veículos praguejam e quase me atropelam quando abre o sinal são pastas embrulhos <u>quepes</u> batedeiras relógios enceradeiras seres de um mundo velocíssimo que a todos leva <u>de roldão</u>.

[...]

GULLAR, Ferreira. *O menino e o arco-íris*. São Paulo: Ática, 2001.

> **farfalhar:** produzir sons rápidos e indistintos.
> **estridir:** produzir som agudo, forte e penetrante.
> **lépido:** ligeiro, ágil.
> **de golpe:** de súbito, repentinamente.
> **quepe:** boné com viseira, geralmente usado como peça de uniforme militar.
> **de roldão:** atropeladamente; repentinamente.

Outro texto do mesmo gênero

Prova falsa
Stanislaw Ponte Preta

Quem teve a ideia foi o padrinho do caçula — ele me conta. Trouxe o cachorro de presente e logo a família inteira se apaixonou pelo bicho. Ele até que não é contra isso de se ter um animalzinho em casa, desde que seja obediente e com um mínimo de educação.

— Mas o cachorro era um chato — desabafou.

Desses cachorrinhos de raça, cheios de <u>nhém-nhém-nhém</u>, que comem comidinha especial, precisam de muitos cuidados, enfim, um <u>chato de galocha</u>. E, como se isto não bastasse, implicava com o dono da casa.

Vivia de rabo abanando para todo mundo, mas quando eu entrava em casa, vinha logo com aquele latido fininho e antipático de cachorro de francesa.

Ainda por cima era puxa-saco. Lembrava certos políticos da oposição, que <u>espinafram</u> o ministro, mas quando estão com o ministro ficam mais por baixo que tapete de porão. Quando cruzavam num corredor ou qualquer outra dependência da casa, o desgraçado rosnava ameaçador, mas quando a patroa estava perto abanava o rabinho, fingindo-se seu amigo.

— Quando eu reclamava, dizendo que o cachorro era um <u>cínico</u>, minha mulher brigava comigo, dizendo que nunca houve cachorro fingido e eu é que implicava com o "pobrezinho".

Num rápido balanço poderia assinalar: o cachorro comeu oito meias suas, roeu a manga de um paletó de <u>casimira</u> inglesa, rasgara diversos livros, não podia ver um pé de sapato que arrastava para locais incríveis.

> **nhém-nhém-nhém (ou nhe-nhe-nhem):** repetição entediante; ato de resmungar, choramingar.
> **chato de galocha:** indivíduo muito aborrecedor, extremamente chato.
> **espinafrar:** falar mal de alguém, criticar.
> **cínico:** debochado; desavergonhado; atrevido.
> **casimira:** tecido leve de lã.

CRÔNICA 121

A vida lá em sua casa estava se tornando insuportável. Estava vendo a hora em que se desquitava por causa daquele bicho cretino. Tentou mandá-lo embora umas vinte vezes e era uma choradeira das crianças e uma espinafração da mulher.

— Você é um desalmado — disse ela, uma vez.

Venceu a guerra fria com o cachorro graças à má educação do adversário. O cãozinho começou a fazer pipi onde não devia. Várias vezes exemplado, prosseguiu no feio vício. Fez diversas vezes no tapete da sala. Fez duas na boneca da filha maior. Quatro ou cinco vezes fez nos brinquedos do caçula. E tudo culminou com o pipi que fez em cima do vestido novo de sua mulher.

— Aí mandaram o cachorro embora? — perguntei.

— Mandaram. Mas eu fiz questão de dá-lo de presente a um amigo que adora cachorros. Ele está levando um vidão em sua nova residência.

— Ué... mas você não o detestava? Como é que ainda arranjou essa sopa pra ele?

— Problema de consciência — explicou: — o pipi não era dele.

E suspirou cheio de remorso.

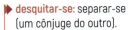

> **desquitar-se:** separar-se (um cônjuge do outro).
> **guerra fria:** estado de tensão em que um busca prejudicar o outro por meio de quaisquer atos que não impliquem diretamente declaração de guerra.
> **sopa:** neste contexto, facilidade, situação confortável.

Para gostar de ler 13. Histórias divertidas. São Paulo: Ática, 2003. p. 63-64.

Você leu uma crônica assinada por Stanislaw Ponte Preta, nome com o qual eram identificados os textos bem-humorados de autoria do jornalista carioca Sérgio Porto, nas décadas de 1950 e 1960.

Responda oralmente às questões a seguir:

1. Que fato comum da vida de famílias brasileiras é narrado na história?

2. Que recurso de construção foi utilizado pelo autor para imprimir o efeito de humor na história?

3. Você conhece fatos parecidos com os vividos pela família dessa crônica? Conte para seus colegas e ouça as histórias deles.

 Minha biblioteca

***Ninguém me entende nessa casa!* Leo Cunha. FTD.** As 26 crônicas reunidas nessa publicação de Leo Cunha buscam mergulhar em um universo íntimo e aconchegante, mas também recheado de histórias curiosas: o universo familiar, enriquecido pela presença dos amigos mais próximos, em cenas novas e antigas revistas pela memória.

***Crônica brasileira contemporânea.* Manuel da Costa Pinto (seleção). Moderna.** Nesse livro há narrativas que envolvem casos curiosos e lembranças pessoais, memória e invenção. Por trás do humor e da simplicidade dessas histórias, entretanto, há uma produção bem planejada de encadeamento de ideias e de fatos. A obra reúne textos de dez cronistas brasileiros.

PRODUÇÃO DE TEXTO

Crônica inspirada em foto

O desafio agora é produzir uma crônica inspirada na foto apresentada a seguir, ou em outra de sua escolha. A ideia é publicá-la no mural ou em um jornal da escola impresso ou eletrônico.

❯❯ Preparação

1❯ Relembre as características de uma crônica. Os textos pertencentes a esse gênero:
- têm relação com cenas do cotidiano de determinado tempo;
- utilizam linguagem mais informal, próxima da fala dos personagens;
- podem ser escritos para fazer uma crítica ou provocar uma reflexão sobre o fato narrado, assim como para estimular uma emoção ou o humor.

2❯ Leia o esquema para organizar os elementos que vão orientar sua produção de texto.

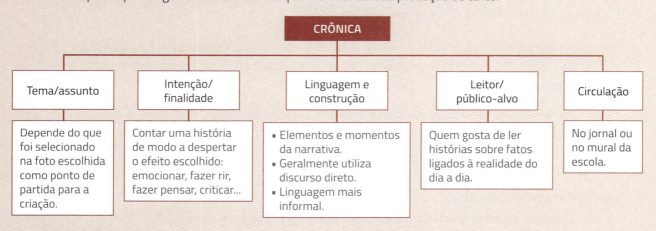

❯❯ Planejamento

1❯ Observe a foto a seguir, sugerida como inspiração para sua crônica. Você pode escolher outra foto se preferir.

Fotografia de Thiago Nagasima, São Paulo, 2014.

2 ▸ Para decidir a melhor foto para a sua produção, siga estas dicas:

a) Observe o que mais chama sua atenção nas imagens: o personagem, a paisagem, o fato registrado, etc.

b) Imagine a **história** sugerida pela foto.

c) Decida qual será sua intenção comunicativa ao narrar: criticar, fazer humor, expressar emoção, etc.

3 ▸ Pense na maneira de despertar o interesse dos prováveis leitores do jornal da escola e prender sua atenção, uma vez que a crônica poderá ser lida por diferentes pessoas, além dos seus colegas de sala e de escola.

4 ▸ Pense também na linguagem do texto, que, para ser fiel ao cotidiano, será mais informal, mais próxima da fala. Leve em conta sua intenção comunicativa e o perfil do provável leitor do jornal em que a crônica será publicada.

> **! Atenção**
>
> Se escolher outra foto, não se esqueça de guardá-la para acompanhar a crônica produzida.

➦ Versão inicial

1 ▸ Escreva a primeira versão da narrativa que você imaginou.

2 ▸ Decida se o narrador será observador ou personagem. Crie os momentos da narrativa (situação inicial, complicação, clímax e desfecho) e certifique-se de empregar os elementos da narrativa: personagens, ações/enredo, espaço e tempo.

3 ▸ Desenvolva as sequências textuais que vão fazer parte do enredo: narrativas, descritivas, conversacionais, argumentativas/opinativas.

➦ Revisão e reescrita

1 ▸ Leia atentamente sua produção e verifique:

- se a pontuação está de acordo com a entonação que você pretendia dar ao texto, principalmente nas falas dos personagens;
- se o texto ficou claro e se atendeu à sua intenção de provocar humor, emoção, reflexão ou crítica sobre algo.
- se o título que você escolheu está de acordo com o texto produzido e com a sua intenção.

2 ▸ **Em dupla.** Troque de texto com um colega. Vocês atuarão como um leitor de jornal para o texto um do outro.

3 ▸ Caso vocês tenham escolhido a mesma cena, comparem a estrutura do texto de cada um, assim como a intenção planejada. Se optaram por cenas diferentes, comparem a intenção que os motivou, pensando no efeito que o texto pode produzir no leitor.

4 ▸ Verifiquem a adequação das sugestões dadas pelo colega.

5 ▸ Passem o texto a limpo depois de o professor informar se ele será registrado à mão ou se será digitado.

➦ Circulação

1 ▸ Definam com o professor e com a turma o local de publicação das crônicas: no jornal ou no mural da escola. Para isso, agrupem os textos, formando uma coletânea de acordo com a foto que os inspirou ou pelo efeito produzido (humor, emoção, crítica...).

2 ▸ Também é possível convidar pessoas da comunidade escolar para um dia de roda de leitura de crônicas.

Autoavaliação

Chegou o momento de fazer um balanço de tudo o que foi estudado na Unidade 3. Leia o quadro de conteúdos para recordar o que estudou e, no caderno, avalie seu desempenho usando os tópicos propostos a seguir como orientação. Isso ajudará você na hora de organizar seus estudos.

Meu desempenho

- **Compreendi bem** (registre no caderno os itens que você compreendeu)
- **Avancei em** (registre no caderno os itens em que você melhorou)
- **Preciso rever** (registre no caderno os itens que você precisa estudar mais)
- **Outras observações e/ou outras atividades**

UNIDADE 3	

Gênero Crônica	**LEITURA E INTERPRETAÇÃO**
	· Leitura e interpretação da crônica "Emergência", de Luis Fernando Verissimo
	· Localização e identificação dos elementos e momentos da narrativa na crônica
	· Identificação dos recursos de linguagem e de construção da crônica
	  - Identificação dos tipos de sequências textuais: narrativa, descritiva, conversacional e argumentativa/opinativa.
	  - Análise dos tipos de discurso: direto, indireto, indireto livre
	PRODUÇÃO
	Oral
	· Leitura dramatizada da crônica
	Escrita
	· Produção de crônica inspirada em foto

Ampliação de leitura	**CONEXÕES** · Outras linguagens: Fotografia de flagrante do cotidiano · Cronos, o deus do tempo na mitologia grega · Crônica: histórias registrando a História · A crônica e a literatura **OUTRO TEXTO DO MESMO GÊNERO** · "Prova falsa", de Stanislaw Ponte Preta
Língua: usos e reflexão	· Coesão e coerência II · Frase, oração, período · Termos da oração: sujeito e predicado · Tipos de sujeito e relações de concordância · Desafios da língua: Pontuação I
Participação em atividades	· Orais · Coletivas · Em grupo

Jean Galvão/ Arquivo da editora

UNIDADE 4

Expor e organizar conhecimentos

Observe os elementos da imagem: que tipo de atividade pode ser realizada nesse cenário? Quando está estudando um conteúdo, você consulta só uma fonte ou recorre a várias? Por quê? O que você faz para organizar informações pesquisadas sobre um assunto? Por quê?

Nesta unidade você vai:

- ler e interpretar textos expositivos;
- localizar a ideia principal e os elementos coesivos nos textos expositivos;
- participar de exposição oral;
- produzir resumo de texto;
- produzir *slides* de apresentação;
- reconhecer adjuntos adnominais;
- situar o predicado na organização das orações;
- conhecer e diferenciar tipos de predicado;
- identificar e diferenciar tipos de sequência discursiva;
- ampliar o conhecimento sobre o uso dos sinais de pontuação.

TEXTO EXPOSITIVO

Você encontra textos expositivos todas as vezes que abre um livro didático. Em geral, os textos expositivos têm como finalidade fornecer ao leitor um modo de conhecer ou estudar o conteúdo das diferentes áreas do saber. Em verbetes de dicionário, enciclopédias e textos científicos, por exemplo, há predominância de texto expositivo.

Uma forma de estudar pressupõe selecionar dados e informações presentes em textos expositivos e organizá-los por meio de **resumos** e **esquemas**, textos elaborados para facilitar a compreensão sobre determinado assunto e que são comumente utilizados para apoiar uma exposição oral.

Antes de ler o texto expositivo a seguir, responda:

Você se deixa influenciar pela publicidade e pelas promoções? Você é consumidor ou consumista?

Leia o texto e veja quais são as estratégias usadas para convencer você a ser consumista e consumir mais do que necessita.

Leitura

Consumismo

1   Tudo parece mágico, grande e alegremente anárquico. Há música em todos os locais. As vitrines estão muito bem decoradas. O ambiente está propício para um passeio gratificante. Estamos, quase sem perceber, em uma selva de consumo onde, inevitavelmente, cairemos em algumas das "armadilhas" que equipes formadas por psicossociólogos, arquitetos, decoradores, iluminadores e especialistas em *marketing* prepararam para os consumidores potenciais.

2   O ritmo musical que ouvimos, suave e quase imperceptível, tem suas razões de ser, assim como a disposição dos produtos em lugares determinados, a largura dos corredores e tudo o mais que nos impressiona em alguns supermercados ou *shopping centers* que incentivam a febre do consumo. Esses fatores são tão importantes que existem, em alguns países, laboratórios para testá-los. Na França, por exemplo, funciona, desde 1989, um supermercado-laboratório, onde o comportamento do consumidor é observado e analisado em detalhes. Esse falso supermercado, onde as cobaias são os clientes, é o menor do mundo — possui apenas $200\,m^2$, com música ambiente. Os visitantes são selecionados em supermercados verdadeiros e recebem, ao entrar, uma lista de compras. Eles devem escolher as marcas e depois dizer por que preferem esta ou aquela. Na verdade, seus movimentos estão sendo estudados por especialistas escondidos atrás de vidros espelhados. Cada passo dado pelo cliente, cada expressão facial ficarão gravados em uma fita que será utilizada para estudo posterior. Hoje em dia, qualquer lançamento só é feito depois

> **anárquico**: confuso, desordenado.

> **psicossociólogo**: profissional que estuda a influência e a importância da sociedade nas questões e nos fenômenos da mente humana.

> **especialista em *marketing***: pessoa que desenvolve estratégias e ações para o desenvolvimento, o lançamento e a sustentação de um produto ou serviço no mercado consumidor.

> **consumidor potencial**: pessoa com poder de compra.

de o produto ter passado por esses tubos de ensaio. Os fabricantes sabem muito bem que é ali que se decide a sorte de seu produto.

3   Para planejar melhor suas vendas — e fazer com que as pessoas consumam mais —, os supermercadistas já dispõem de algumas informações. Em primeiro lugar, sabem que o consumidor permanece durante uma média de 40 minutos dentro do supermercado, onde são apresentados de 4 a 6 mil produtos. Dessa forma, o consumidor só conta com alguns segundos para registrar tudo o que vê e decidir o que comprar. Por outro lado, sabe-se também que 50% dos produtos vendidos em supermercados são comprados por impulso. Isso significa que entre as mercadorias de compra planejada — como o leite e o açúcar, entre outros — devem ser colocadas outras mercadorias, não programadas, que atraiam a atenção do consumidor.

4   Outro recurso bastante utilizado é ter o preço de um produto anunciado em um grande cartaz, o que pode dar a sensação de que esse produto está em promoção, mesmo quando o preço não foi alterado. É frequente ver que, com técnicas semelhantes, uma determinada marca de café — para citar um exemplo — pode incrementar seu volume de venda.

5   Um outro segredo se encontra nas prateleiras, que são geralmente dispostas em cinco de cada lado da gôndola. A prateleira de cima é a que mais se vê, embora fique um pouco fora do alcance da mão. A segunda e a terceira são as melhores, porque ficam à altura da vista e ao alcance das mãos. A quarta e a quinta são as menos valorizadas, por serem mais desconfortáveis de ver e alcançar. O objetivo, segundo especialistas, é chegar a um equilíbrio e evitar "pontos frios" dentro do supermercado. Para isso, colocam-se os setores de maior afluência de público — como os lácteos, por exemplo — perto de outros locais difíceis, cujos produtos têm, na maioria das vezes, uma rentabilidade maior. O objetivo final é que o cliente encontre a maior quantidade possível de produtos e aumente seu consumo.

6   Os *shopping centers* também baseiam seu sucesso na exposição tentadora, mas acrescentam outros elementos — como a sensação de <u>onipotência</u> proporcionada pela arquitetura e a sensação de pertencer e possuir de que são tomados os clientes assim que entram no local. Segundo alguns psicólogos, outra característica inconsciente, certamente, mas muito forte, é a sensação de segurança e proteção que esses locais proporcionam. Além disso, são como grandes cenários onde as pessoas podem olhar, mexer, espiar, ver de tudo, ficar a par de tudo, satisfazer todas as inquietudes, ser espectadoras, protagonistas, desejosas de tudo o que está exposto, mas também capazes de obter o que veem. É assim que se criam uma tentação e uma excitação dos sentidos que põem em movimento a pulsão possessiva das pessoas, por meio de estímulos visuais, olfativos, auditivos, racionais e também impulsivos e compulsivos.

[...]

▶ **onipotência:** poder absoluto.

IstoÉ Tudo: o livro do conhecimento. São Paulo: Três, [s.d.]. p. 174-177.

Interpretação do texto

Compreensão inicial

1▸ Releia este trecho do texto "Consumismo":

> Estamos, quase sem perceber, em uma selva de consumo onde, inevitavelmente, cairemos em algumas das "armadilhas" [...].

Sobre essas **armadilhas**, responda em seu caderno a estas questões, de acordo com o texto lido:

a) Quais são elas?

b) Quem as prepara?

c) Para que elas servem?

d) Por que os consumidores se deixam levar por elas "quase sem perceber"?

2▸ Complete a frase abaixo assinalando a alternativa adequada.

Em alguns países, especialistas descobrem meios eficazes de influenciar as compras:

a) conversando com os consumidores em *shopping centers*.

b) analisando o comportamento de consumidores em supermercados-laboratório.

c) fazendo perguntas diretamente aos consumidores nas ruas.

3▸ No terceiro parágrafo, são apresentadas informações usadas para planejar as vendas no supermercado.

a) Quais são essas informações?

b) Quais são as mercadorias de compra planejada mencionadas no texto?

c) Em sua opinião, que outros produtos poderiam entrar na categoria de "produtos de compra planejada"?

d) Por que as mercadorias de compra planejada são colocadas junto a outras mercadorias não programadas?

4▸ Nos parágrafos 4 e 5 do texto lido, são relacionados vários outros recursos utilizados para incentivar o consumidor a comprar no supermercado. Qual é o recurso empregado com o objetivo de:

a) dar a sensação de que o produto tem preço em promoção?

b) fazer o cliente encontrar a maior quantidade possível de produtos?

5▸ Que recursos da construção dos *shoppings* são planejados para estimular os sentidos dos consumidores, provocando "a pulsão possessiva das pessoas"?

6▸ Releia:

> Tudo parece mágico, grande e alegremente anárquico. Há música em todos os locais. As vitrines estão muito bem decoradas. O ambiente está propício para um passeio gratificante. Estamos, quase sem perceber, em uma selva de consumo onde, inevitavelmente, cairemos em algumas das "armadilhas" [...].

Em sua opinião, por que o autor escolheu a palavra *selva* para caracterizar o ambiente de consumo?

7▸ O texto "Consumismo" deixa transparecer a opinião do autor sobre o assunto. Em seu caderno, transcreva um trecho que comprove isso e explique-o.

Linguagem e construção do texto

O texto "Consumismo" tem a intenção de apresentar ao leitor as estratégias empregadas em locais de compras para levar as pessoas a consumir mais do que o planejado. O texto apresenta dois encaminhamentos:

- a exposição de **dados** e **informações** sobre os mecanismos que levam ao consumo em supermercados e *shoppings*;
- a **opinião** (o **posicionamento**) do autor sobre os fatos expostos.

As escolhas de linguagem ajudam o autor a produzir esses encaminhamentos e o leitor a identificá-los.

1▸ Observe estas palavras e expressões retiradas do primeiro parágrafo do texto.

músicas em todos os locais	armadilhas
selva de consumo	parece mágico
grande e alegremente anárquico	vitrines bem decoradas
equipes especializadas preparam atrativos para os consumidores	

Agora, faça no caderno um quadro como o do modelo a seguir e preencha-o com as palavras acima, de acordo com o título das colunas.

Palavras e expressões que fornecem dados ou informações objetivas ao leitor	Palavras e expressões que revelam a opinião do autor

2▸ Releia o que você escreveu na coluna que inclui palavras e expressões que revelam a opinião do autor. Esses elementos indicam que ele é a favor ou contra o uso dos mecanismos que estimulam o consumo? Explique.

3▸ Releia estes trechos do texto:

> [...] o consumidor permanece durante uma média de 40 minutos dentro do supermercado, onde são apresentados de 4 a 6 mil produtos.

> [...] o consumidor só conta com alguns segundos para registrar tudo o que vê e decidir o que comprar.

> [...] sabe-se também que 50% dos produtos vendidos em supermercados são comprados por impulso.

4▸ Com base na leitura desses trechos, é possível afirmar que o texto expositivo apresenta uma linguagem:
   a) elaborada, de difícil compreensão por causa do vocabulário.
   b) clara, direta e objetiva, apoiada em números e em dados de pesquisa.
   c) poética, com o emprego de recursos sonoros: rima, ritmo...
   d) mais espontânea, com o emprego de expressões do dia a dia.

O autor do texto "Consumismo", ao construí-lo, dividiu-o em **parágrafos**. Essa divisão contribuiu para organizar a apresentação das **ideias-chave** do texto.

> **Ideia-chave** é aquela que norteia o desenvolvimento de cada parágrafo.

TEXTO EXPOSITIVO

5▸ A seguir, estão relacionadas as ideias-chave do texto lido, mas fora da ordem em que são tratadas. Copie o quadro no caderno e indique o(s) parágrafo(s) que desenvolve(m) essas ideias.

Ideias-chave	Parágrafos
Conhecimento sobre o consumidor e estratégias de vendas em supermercados.	
O ambiente do consumo: uma selva com armadilhas.	
Conhecimento sobre o consumidor e estratégias de vendas em *shopping centers*.	
Fatores que incentivam o consumo.	

6▸ Textos expositivos e argumentativos ganham credibilidade quando o produtor do texto cita a palavra de alguém que domina o assunto e tem sua competência reconhecida socialmente: um especialista. Chamamos a isso de **citação de autoridade**. Observe um exemplo de citação de autoridade no texto "Consumismo":

> O objetivo, segundo especialistas, é chegar a um equilíbrio e evitar "pontos frios" dentro do supermercado.

Copie do texto outra passagem em que uma citação de autoridade tenha sido usada.

Coesão no texto expositivo

Para garantir o sentido de um texto não basta desenvolver as ideias em parágrafos. É preciso relacioná-los. Os elementos que estabelecem relações de sentido entre segmentos de um texto são chamados **elementos de coesão**. São recursos de linguagem utilizados pelo autor para tornar seu texto claro, bem organizado e convincente.

Para perceber o uso de um desses elementos no texto lido, observe a ligação entre os três parágrafos reproduzidos abaixo. Note que, neste trecho, o autor procura apresentar recursos utilizados para atrair o consumidor para a compra.

Parágrafo 3	Para planejar melhor suas vendas — e fazer com que as pessoas consumam mais —, os supermercadistas já dispõem de algumas informações. [...] Isso significa que entre as mercadorias de compra planejada — como o leite e o açúcar, entre outros — devem ser colocadas outras mercadorias, não programadas, que atraiam a atenção do consumidor.	
Parágrafo 4	**Outro** recurso bastante utilizado é ter o preço de um produto anunciado em um grande cartaz [...].	Elemento que liga este parágrafo ao anterior: *outro*.
Parágrafo 5	Um **outro** segredo se encontra nas prateleiras, que são geralmente dispostas em cinco de cada lado da gôndola [...].	Usa-se o mesmo elemento que ligou o 3º ao 4º parágrafo, mostrando que a enumeração de recursos continua.

O pronome *outro* é um **elemento de coesão** que faz a retomada do assunto do parágrafo anterior — sobre estratégias de venda — garantindo a articulação entre os parágrafos.

1▸ Releia agora apenas o terceiro parágrafo:

> Para planejar melhor suas vendas — e fazer com que as pessoas consumam mais —, os supermercadistas já dispõem de algumas informações. **Em primeiro lugar**, sabem que o consumidor permanece durante uma média de 40 minutos dentro do supermercado, onde são apresentados de 4 a 6 mil produtos. **Dessa forma**, o consumidor só conta com alguns segundos para registrar tudo o que vê e decidir o que comprar. **Por outro lado**, sabe-se também que 50% dos pro-

dutos vendidos em supermercados são comprados por impulso. **Isso** significa que entre as mercadorias de compra planejada — como o leite e o açúcar, entre outros — devem ser colocadas outras mercadorias, não programadas, que atraiam a atenção do consumidor.

As expressões destacadas são elementos de coesão que organizam o parágrafo, estabelecendo relações entre suas partes. Identifique a relação estabelecida e, no caderno, indique qual desses elementos:

a) sintetiza e inicia a conclusão;
b) indica ordenação de ideias no texto;
c) reafirma o que já foi dito;
d) traz oposição de ideias.

2▸ Observe os elementos coesivos destacados neste outro parágrafo:

Os *shopping centers* também baseiam seu sucesso na exposição tentadora, mas acrescentam outros elementos — como a sensação de onipotência proporcionada pela arquitetura e a sensação de pertencer e possuir de que são tomados os clientes assim que entram no local. Segundo alguns psicólogos, **outra** característica inconsciente, certamente, **mas** muito forte, é a sensação de segurança e proteção que esses locais proporcionam. **Além disso**, são como grandes cenários onde as pessoas podem olhar, mexer, espiar, ver de tudo, ficar a par de tudo, satisfazer todas as inquietudes, ser espectadoras, protagonistas, desejosas de tudo o que está exposto, mas também capazes de obter o que veem. **É assim que** se criam uma tentação e uma excitação dos sentidos que põem em movimento a pulsão possessiva das pessoas, por meio de estímulos visuais, olfativos, auditivos, racionais e também impulsivos e compulsivos.

Desse parágrafo, copie no caderno o elemento que:

a) adiciona ideia;
b) apresenta uma oposição;
c) conclui;
d) amplia a enumeração.

Hora de organizar o que estudamos

▸ Copie o esquema em seu caderno e complete-o com as palavras do quadro a seguir:

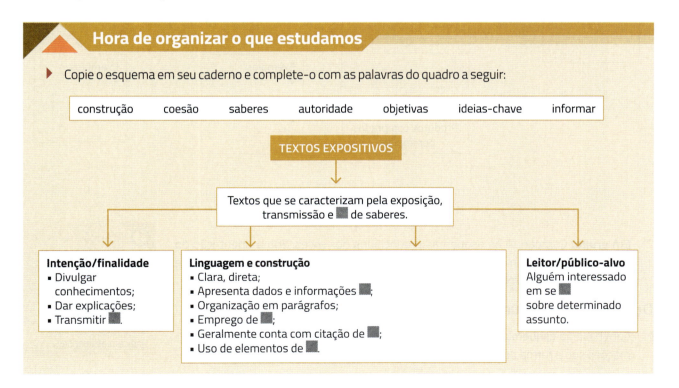

Esquema: forma de organizar informações

Uma das formas de nos apropriarmos das informações de um texto é organizá-las em **esquemas**.

O esquema organiza as informações essenciais de um texto, possibilitando ao leitor visualizar com mais clareza as relações entre os elementos que sintetizam o assunto. Podemos dizer que o esquema é o "esqueleto" do texto.

Para construir um esquema, é fundamental selecionar, do texto, as palavras ou expressões-chave, isto é, as que comunicam os dados principais. Também é preciso entender as relações entre esses dados, pois são essas ligações que orientam a montagem do esquema.

Neste livro, você já observou diversos esquemas, apresentados no fechamento de cada estudo, em *Hora de organizar o que estudamos*. Pode voltar a eles se quiser e, lendo o estudo feito, perceber como o esquema organiza as informações fundamentais do trabalho.

1▸ No caderno, copie o esquema a seguir e complete-o de acordo com as informações que podemos encontrar no texto "Consumismo".

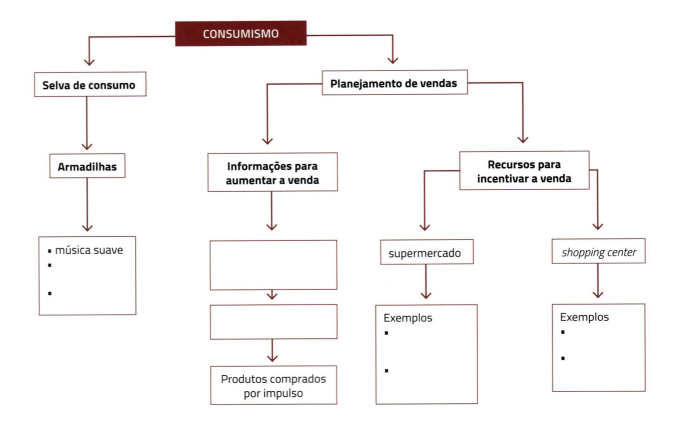

2▸ Em grupo. Comparem os esquemas preenchidos por vocês. Sob a orientação do professor, conversem sobre as diferenças e as semelhanças dessas produções e procurem chegar a uma conclusão sobre a melhor forma encontrada.

Do esquema ao resumo

▸ Com base no **esquema** construído, produza um resumo do texto, reunindo as informações sob a forma de orações e períodos.

> **❗ Atenção**
>
> No alto de um esquema ficam as palavras que tratam o assunto de modo geral; os detalhes são organizados mais para baixo. As setas indicam as ligações.

UNIDADE 4 • Expor e organizar conhecimentos

⬛ Prática de oralidade

Conversa em jogo

Você é consumidor ou consumista?

Você sabe qual é a diferença entre ser consumista e ser consumidor? *Consumidor* é aquele que consome bens, serviços e produtos; ou seja, é quem compra um objeto para fazer uso dele. *Consumista* é alguém que consome com exagero bens, serviços e produtos.

▶ Agora que você já leu o texto e conhece o significado dessas duas palavras, reflita:

a) Você é consumidor ou consumista?

b) Antes de comprar um produto, você considera importante se perguntar se precisa mesmo realizar essa compra ou se está se deixando levar pelas "armadilhas" empregadas pelos especialistas em *marketing*?

Exponha sua opinião e ouça a de seus colegas. Juntos, verifiquem em qual dos grupos — consumidor ou consumista — a maioria dos colegas se posiciona.

Exposição oral

A prática de expor informações oralmente não se limita ao mundo escolar. O mundo do trabalho e mesmo algumas ocasiões sociais podem levar as pessoas a fazer uma exposição oral. Uma exposição oral mais formal requer planejamento: é preciso pesquisar, selecionar informações, tomar notas para organizar o que vai ser dito.

A proposta desta seção é que os grupos reflitam sobre hábitos de consumo e façam uma exposição oral para a classe. A questão a ser discutida é:

É possível não se deixar levar pelo consumismo?

São várias as tentações: o mundo bonito e cheio de vida inventado pela publicidade e pela indústria da moda; os lançamentos de produtos anunciados como maravilhosos e mais tecnológicos, a aparente facilidade de pagamento possibilitada pela compra parcelada (em que os juros ficam bem disfarçados)... Como resistir a essas tentações?

> O **Instituto Akatu** é uma organização não governamental sem fins lucrativos que trabalha pela conscientização e pela mobilização da sociedade para o consumo consciente e a transição para estilos sustentáveis de vida. De acordo com o instituto, "consumo consciente não é deixar de consumir. É consumir melhor e diferente, levando em consideração os impactos desse consumo".

▸ Preparação

1▸ O Instituto Akatu apresenta uma possível classificação dos consumidores, de acordo com o grau de reflexão e monitoramento de suas atitudes de consumo. Leia e reflita.

Classificação de consumidores proposta pelo Instituto Akatu
Consumidor indiferente Na hora de consumir você não leva em conta sequer aspectos que evitam desperdícios e trazem benefícios diretos para você e para o seu bolso. Somente 3% dos consumidores agem como você. Que tal transformar seu interesse em ações concretas?
Consumidor iniciante Você age como 54% dos consumidores que praticam o consumo consciente ainda pensando apenas nas soluções para evitar desperdícios. Mas o consumo consciente não é só isso. Lembre-se de que suas ações afetam a todos e procure agir levando em conta os efeitos de seus atos sobre a sociedade.
Consumidor engajado Você já percebeu que o consumo consciente não é só uma maneira de economizar recursos. Como você, pensam 37% dos consumidores, mas isso não é o suficiente. Lembre-se sempre das consequências de seus atos para a coletividade e as gerações futuras.
Consumidor consciente Você faz parte do grupo de 6% dos consumidores que já agem considerando que as consequências de seus atos de consumo afetam não só a você, mas também toda a coletividade e até as futuras gerações. Continue assim!

Adaptado de: <www.akatu.org.br>. Acesso em: 14 jul. 2018.

TEXTO EXPOSITIVO **135**

Ao ler a caracterização de cada caso, percebe-se que, em geral, as pessoas têm aspectos de várias categorias, mas é possível descobrir quais características prevalecem em cada um de nós. Pense em sua experiência como consumidor e na das pessoas próximas antes de conversar sobre o assunto: como se classificariam?

2. **Em grupo.** Conversem sobre o modo de vocês consumirem e sobre as maneiras de evitar o consumismo. Anotem as ideias fundamentais. Preparem-se para a exposição seguindo os passos abaixo.

- Pesquisem sobre consumidores e consumismo. Vale consultar livros, revistas, jornais, internet, etc.
- Do material encontrado na pesquisa, selecionem o que pode ajudá-los a comprovar a ideia de vocês sobre consumidores e consumismo. De preferência, escolham gráficos, infográficos, imagens ou reportagens que possam mostrar à classe no momento da apresentação.

- Organizem o conteúdo da apresentação. Um modo de fazer isso é montar um esquema com a ideia principal sobre consumidores e consumismo no alto e outras ideias mais abaixo. Esse esquema pode orientar toda a apresentação oral.
- Planejem em que momento da apresentação vocês vão mostrar os materiais complementares (imagens, gráficos, etc.) que selecionaram e como serão apresentados – se em forma de *slides*, cartazes, etc.

- Tenham claro também como vão iniciar a exposição, que ideias vão apresentar e como vão finalizar o trabalho.
- Distribuam a apresentação entre os componentes do grupo; decidam quem vai se encarregar de apresentar cada parte.
- Escolham a forma de uso da fala: memorizada, apoiada na leitura ou mais espontânea.

- Se possível, ensaiem a exposição oral, observando:
    a) a adequação da linguagem: lembrar que a exposição deve privilegiar uma linguagem mais bem cuidada;
    b) a postura corporal e a colocação de voz: considerar que a exposição tem de ser agradável e prender a atenção dos ouvintes.

> **⚠ Atenção**
>
> Se optarem pela apresentação em forma de *slides*, sigam as orientações da seção *Interatividade*, na próxima página.

➤ Apresentação

▶ No momento da exposição, será preciso:
- fazer uma breve saudação aos ouvintes, cumprimentando-os;
- desenvolver o assunto com a maior clareza possível;
- não exceder o tempo dado pelo professor;
- apresentar a conclusão do grupo;
- no encerramento, agradecer a atenção.

➤ Avaliação

▶ Conversem sobre os pontos positivos da apresentação ou sobre a necessidade de rever alguns pontos, como:
- clareza da exposição e uso dos recursos;
- esclarecimento das dúvidas apresentadas;
- comportamento perante os colegas.

INTERATIVIDADE

Slides de apresentação

Na seção anterior, você e seus colegas planejaram uma exposição oral sobre o mundo do consumo, pesquisando em diferentes fontes, selecionando conteúdos verbais e visuais e organizando as informações. Agora, vocês vão criar *slides* de apresentação para compartilhar os resultados da pesquisa com o restante da turma.

> **Slide** é cada uma das partes de uma apresentação gráfica digital desenvolvida em um programa de computador ou aplicativo. Os *slides* podem conter textos, imagens, músicas e animações (tanto dos elementos verbais quanto dos elementos visuais) e são geralmente exibidos durante as apresentações orais para apoiar a fala de quem faz a exposição.

Siga as orientações do professor e acompanhe as etapas para criar uma boa apresentação!

➡ Planejamento

1. Com a turma toda: Combinem em que dia e horário cada grupo fará a exposição.

2. Considerando o tempo disponível, separem os materiais complementares que selecionaram na seção anterior (imagens, gráfico, etc.) e planejem como serão distribuídos nos *slides*. Nesse momento, decidam quantos *slides* comporão a apresentação e quanto tempo de fala será reservado à exposição do conteúdo de cada *slide*.

3. Na sala de informática ou em outro espaço com computadores, explorem o programa digital que utilizarão. Investiguem os recursos da ferramenta e já comecem a selecionar aqueles que poderão ser utilizados em cada *slide* quando forem fazer a apresentação.

> **⚠ Atenção**
>
> Explorem os diferentes modelos de *slide*, fontes de texto, animação e recursos visuais e sonoros disponíveis no programa.

4. Elaborem um roteiro de criação da apresentação levando em conta tudo o que definiram neste *Planejamento*.

➡ Produção

1. No dia e horário combinados, reúnam-se junto a um computador com todo o material de pesquisa e o roteiro em mãos. Seguindo a orientação do professor, abram o programa e selecionem o *layout* que utilizarão. Para isso, considerem, além do visual, a adequação ao tema da exposição.

> **Layout :** modelo de apresentação visual com diagramação, cores e formatos predefinidos para material a ser produzido em meio impresso ou digital. Pode também ser chamado de *template* e *design*.

2. Em seguida, comecem a montar cada *slide* de acordo com o roteiro. Digitem os textos, transfiram as imagens e gráficos para o computador, insiram cada um desses elementos no respectivo *slide* e adicionem os efeitos de animação.

> **⚠ Atenção**
>
> Verifiquem se é possível recriar os gráficos e esquemas com base no material impresso. Na maioria dos programas de apresentação digital, há ferramentas que possibilitam gerar esses elementos.

3. Com a ajuda do professor, escolham como farão as transições de um *slide* para o outro. Escolham entre as opções de animação disponíveis no próprio programa.

TEXTO EXPOSITIVO 137

4. Se acharem interessante, gravem algumas falas usando o microfone acoplado no próprio computador, se houver. Muitas vezes, é possível também incluir áudios e vídeos previamente salvos na máquina ou mesmo acrescentar imagens e efeitos sonoros do banco do programa.

▶ Revisão e ensaio

1. Repassem toda a apresentação, *slide* a *slide*, e façam os ajustes e adequações necessárias tanto nos textos quanto nas imagens e recursos audiovisuais e de animação.

2. Ensaiem a exposição usando os *slides*. Aproveitem para definir quem falará em cada momento e para planejar diferentes usos da fala (memorizada, com apoio da leitura dos textos do *slide* ou espontânea). Verifiquem também se estão respeitando o tempo previsto para cada *slide* e para a apresentação como um todo.

▶ Finalização e apresentação

1. Depois da etapa de revisão e edição, assistam à apresentação digital e certifiquem-se de que tudo está ocorrendo como o planejado.

2. Coloquem o nome dos integrantes do grupo no final da apresentação e, se desejarem, escrevam uma mensagem agradecendo a atenção do público no último *slide*.

3. Salvem a apresentação digital de vocês no local indicado pelo professor.

4. No dia da exposição oral, utilizem os *slides* de acordo com o que definiram nos ensaios. Combinem também quem ficará responsável por mudar os *slides* em cada momento.

> **! Atenção**
> Usem tudo o que já aprenderam sobre fala expressiva para melhor transmitir as informações e prender a atenção dos ouvintes! Prestem atenção também na postura corporal e nos gestos que podem ajudar na comunicação!

CONEXÕES ENTRE TEXTOS, ENTRE CONHECIMENTOS

Outras linguagens: Infográfico

O texto que você leu foi publicado em um livro que trata de diferentes temas. Nessa publicação original, foi apresentado um infográfico logo na abertura do tópico com o título "Consumismo", para dar uma ideia impactante do assunto.

O infográfico é um gênero que circula em várias publicações. Ele combina imagens (linguagem não verbal) com linguagem verbal para, muitas vezes, dar uma ideia do que se vai desenvolver em um texto.

No caso do infográfico dessa matéria, há uma combinação de ilustração e fotos, algumas com tratamento digital, para criar a imagem do infográfico e reunir as informações. Veja:

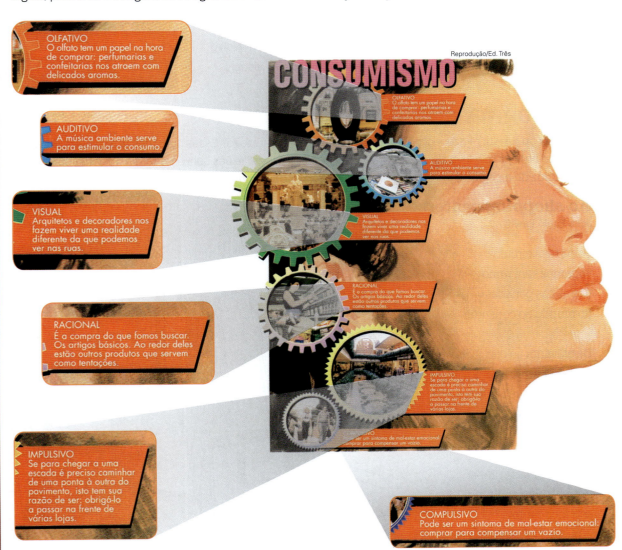

IstoÉ Tudo: o livro do conhecimento. São Paulo: Três, [s.d.]. p. 174.

1 ▶ O texto "Consumismo" apresenta os esforços de pesquisas por trás da organização de supermercados e *shopping centers* que têm como interesse atrair os consumidores e fazê-los comprar. Na publicação original, o infográfico acima foi apresentado antes desse texto expositivo. Que impressão causa em você o conjunto dessa imagem baseada na cabeça de uma pessoa? Explique.

TEXTO EXPOSITIVO 139

2 ▸ Seis ilustrações de polias (círculos dentados) foram sobrepostas à cabeça da mulher e associadas umas às outras como se o movimento de uma provocasse o movimento das outras. Como essa imagem se relaciona com a ideia de consumismo do texto? Explique.

▸ **polia:** roda para correia transmissora de movimento.

3 ▸ Dentro de cada círculo há uma foto associada a um texto verbal à direita da imagem. Explique a relação de cada foto com o texto correspondente.

4 ▸ Nos círculos ligados aos textos verbais, é possível afirmar que há basicamente dois grupos de associação:
- estímulos sensoriais
- comportamentos de compra

Responda no caderno: A qual desses grupos pertence cada uma das palavras em destaque?

a) olfativo

b) racional

c) compulsivo

d) auditivo

e) impulsivo

f) visual

Arte: poema

Consumir ou resistir? Fazer escolhas com liberdade ou sob pressão? Essas questões fazem parte da vida diária do mundo atual, o que leva alguns artistas a apresentar suas reflexões sobre elas. Leia o poema de José Paulo Paes, reproduzido a seguir, e procure ampliar sua reflexão sobre **consumo** e **consumismo**.

Ao *shopping center*
José Paulo Paes

Pelos teus círculos
vagamos sem rumo
nós almas penadas
do mundo do consumo.

De elevador ao céu
pela escada ao inferno:
os extremos se tocam
no castigo eterno.

Cada loja é um novo
prego em nossa cruz.
Por mais que compremos
estamos sempre nus

nós que por teus círculos
vagamos sem perdão
à espera (até quando?)
da Grande Liquidação.

PAES, José Paulo. *Melhores poemas*. São Paulo: Global, 2000. p. 197.

A matemática no consumo: gráfico

A linguagem matemática pode colaborar na reunião de resultados de pesquisa. Os gráficos e infográficos são bem familiares para quem lê jornais e revistas e mesmo para os que acompanham jornais televisivos.

Veja um gráfico publicado pelo Instituto Akatu — organização que trabalha pela conscientização para o consumo consciente — que mostra atitudes de pessoas entrevistadas em relação a comportamentos de consumo, tanto pessoais como coletivos.

Observe que há cinco campos, com alternância das cores verde e amarela:
- dois campos referem-se ao pessoal (consciência em casa e compra planejada);
- um campo refere-se à consciência fora de casa (transporte);
- dois campos referem-se a ações coletivas.

Pesquisa Akatu 2018 — Panorama do consumo consciente no Brasil: desafios, barreiras e motivações

Disponível em: <https://www.akatu.org.br/arquivos/Pesquisa_akatu_apresentacao.pdf>. Acesso em: 13 ago. 2018.

Converse com os colegas sobre as questões a seguir.

1▸ O número ao final de cada barra indica a porcentagem de pessoas entrevistadas que adotam cada um dos comportamentos descritos. Sabendo disso, indique o comportamento mais adotado e o menos adotado pelas pessoas nas ações citadas no agrupamento:
   a) consciência em casa;
   b) compra planejada.

2▸ Observando todos os itens do gráfico, é possível afirmar que as pessoas entrevistadas adotam, em geral, mais medidas de impacto pessoal ou de compacto coletivo?

3▸ Converse com os colegas: Quais dos comportamentos listados no gráfico você mais adota em seu dia a dia? E quais você menos adota? Explique a razão para isso acontecer.

Você conhece seus direitos como consumidor?

Você sabia que pode devolver um produto adquirido e recorrer à justiça quando se sentir enganado na aquisição de um bem ou de um serviço? Esses e outros direitos estão descritos em um conjunto de leis que protegem o consumidor: trata-se do Código de Defesa do Consumidor.

Para ler e compreender uma lei, é importante entender sua estrutura. Leia o trecho abaixo e observe os elementos que constituem esse gênero de texto. Depois, converse com os colegas sobre as questões.

Código de Defesa do Consumidor — Lei nº 8.078/90 | Lei nº 8.078, de 11 de setembro de 1990 ← número de referência e data da lei
Publicado por Presidência da República

Dispõe sobre a proteção do consumidor e dá outras providências. ← ementa: breve apresentação do conteúdo da lei

O PRESIDENTE DA REPÚBLICA, faço saber que o Congresso Nacional decreta e eu sanciono a seguinte lei:

TÍTULO I
Dos Direitos do Consumidor ← título da lei

CAPÍTULO III ← subdivisão em capítulos
Dos Direitos Básicos do Consumidor

Art. 6º São direitos básicos do consumidor: ← *caput*: parte inicial do artigo

I - a proteção da vida, saúde e segurança contra os riscos provocados por práticas no fornecimento de produtos e serviços considerados perigosos ou nocivos;

II - a educação e divulgação sobre o consumo adequado dos produtos e serviços, asseguradas a liberdade de escolha e a igualdade nas contratações;

III - a informação adequada e clara sobre os diferentes produtos e serviços, com especificação correta de quantidade, características, composição, qualidade, tributos incidentes e preço, bem como sobre os riscos que apresentem; (Redação dada pela Lei nº 12.741, de 2012) (Vigência)

IV - a proteção contra a publicidade enganosa e abusiva, métodos comerciais coercitivos ou desleais, bem como contra práticas e cláusulas abusivas ou impostas no fornecimento de produtos e serviços;

V - a modificação das cláusulas contratuais que estabeleçam prestações desproporcionais ou sua revisão em razão de fatos supervenientes que as tornem excessivamente onerosas;

VI - a efetiva prevenção e reparação de danos patrimoniais e morais, individuais, coletivos e difusos;

VII - o acesso aos órgãos judiciários e administrativos com vistas à prevenção ou reparação de danos patrimoniais e morais, individuais, coletivos ou difusos, assegurada a proteção jurídica, administrativa e técnica aos necessitados; ← incisos: cada uma das subdivisões do artigo

[...]

Código de Defesa do Consumidor. Disponível em: <www.planalto.gov.br/ccivel_03/LEIS/L8078.htm>. Acesso em: 11 out. 2018.

1 ▸ Qual inciso protege o consumidor das propagandas enganosas?

2 ▸ A linguagem usada nesse texto é mais informal, espontânea, ou mais formal, monitorada?

3 ▸ Reflita e converse com os colegas: Por que essa linguagem é empregada em textos como esse?

4 ▸ Qual dos incisos presentes nesse trecho mais chamou sua atenção? Por quê?

Língua: usos e reflexão

Adjuntos adnominais: determinantes dos nomes

ad: preposição latina que significa "em direção a", "junto de".
adjunto: o que está junto, unido, próximo.
adnominal: junto do nome.

Na unidade anterior você estudou o sujeito das orações. Ao identificá-lo, podemos localizar também o elemento principal desse sujeito: o núcleo. O núcleo é o termo principal do sujeito.

Reveja esta frase do texto "Consumismo":

As **vitrines** **estão** muito bem decoradas.
(núcleo do sujeito / verbo)

O artigo *as* determina e especifica o substantivo *vitrines*, que tem função de núcleo do sujeito, pois é o foco da informação da frase.

É comum o núcleo vir acompanhado de termos e expressões que o caracterizam, determinam e especificam melhor sua ideia.

Leia outra frase:

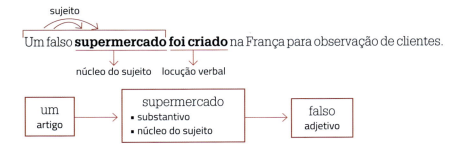

Um falso **supermercado foi criado** na França para observação de clientes.

- um — artigo
- supermercado — substantivo, núcleo do sujeito
- falso — adjetivo

O artigo e o adjetivo detalham e especificam o substantivo *supermercado*, ampliando seu significado. Essas palavras ou expressões que acompanham o substantivo especificando-o, caracterizando-o, ampliando a ideia são os **determinantes** do substantivo.

Na frase de exemplo, esses determinantes do substantivo têm função de **adjuntos adnominais**.

Os adjuntos adnominais podem estar presentes em outras partes da oração, e não apenas no sujeito. Observe o predicado desta frase:

Indústrias automobilísticas (sujeito) **lançam os seus primeiros automóveis elétricos**. (predicado)
verbo / substantivo

▷ Carros elétricos compartilhados. Fortaleza, CE, 2018.

TEXTO EXPOSITIVO 143

Verifique no esquema abaixo como os adjuntos adnominais caracterizaram o substantivo *automóveis*, que faz parte do predicado da oração.

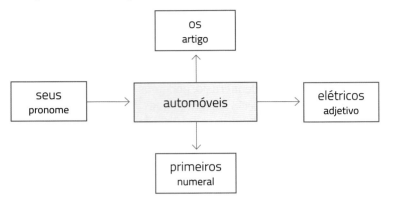

Leia a seguir uma versão da frase do exemplo anterior construída sem adjuntos adnominais ligados à palavra *automóveis*.

Indústrias automobilísticas lançam **automóveis**.

Certamente você notou que o sentido da frase original foi alterado. Pode-se dizer que isso aconteceu porque, na versão mais enxuta da frase, o substantivo *automóveis* perdeu particularidades que ampliam a informação e a tornam mais precisa.

▶ Leia esta frase:

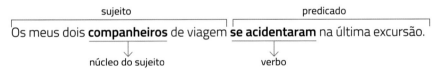

Complete o esquema a seguir com as palavras que caracterizam ou determinam o substantivo *companheiros*, núcleo do sujeito nessa frase.

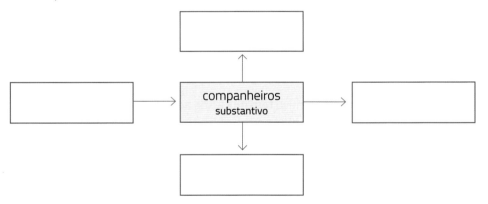

Os **adjuntos adnominais** são os termos que acompanham o substantivo. Essa função pode ser exercida pelas seguintes classes de palavras:
- artigo;
- adjetivo;
- locução adjetiva;
- numeral;
- pronomes que acompanham substantivos.

Os adjuntos adnominais são recursos de linguagem que enriquecem as frases quando se tem a intenção de ampliar a informação com detalhes, descrições, caracterizações.

Atividades: uso dos adjuntos adnominais

1. Identifique o sujeito de cada uma das orações a seguir. Copie-o no caderno e indique o núcleo e os adjuntos adnominais que determinam o núcleo.

   a) O uso consciente da água é uma questão global.

   Disponível em: <www.worldwaterforum8.org>. Acesso em: 13 ago. 2018.

   b) A renda média real do trabalhador foi de R$ 2.198 no segundo trimestre.

   Disponível em: <https://economia.uol.com.br/noticias>. Acesso em: 13 ago. 2018.

2. Reescreva no caderno as frases a seguir, ampliando-as com detalhes sobre os núcleos destacados. Para isso, acrescente adjuntos adnominais a esses substantivos.

   a) **Ciclistas** ganharam **troféu**.
   b) **Armas** foram recolhidas.
   c) **Terremoto** mata mais de cem na Turquia.
   d) Existem **rios** e **florestas** sendo dizimados por pessoas.
   e) **Nações** se comprometem com **despoluição**.
   f) **Jovens** concorrem entre si no **mercado de trabalho**.
   g) Durante **inverno**, **aves** buscam **calor**.
   h) **Aquecimento** causa enchentes.
   i) **Livros** são vendidos em **bazares**.
   j) **Banda** faz **turnê**.
   k) **Homem** e **mulher** casam-se em **praia**.
   l) **Iguanas** são **animais**.

3. Leia o texto a seguir, que apresenta uma paisagem famosa do Maranhão.

   ### Lençóis Maranhenses

   Na ponta norte do bioma Caatinga encontra-se um ecossistema costeiro único, que combina ventos fortes com chuvas regulares, formando a paisagem conhecida como Lençóis Maranhenses. É uma faixa de dunas de até 20 metros de altura que avança 50 quilômetros para o interior, entre as quais se formam pequenas lagoas de água doce e azul. A área se encontra protegida nos 1550 quilômetros quadrados do Parque Nacional dos Lençóis Maranhenses, criado em 1981. Hotéis e pousadas se concentram na cidade de Barreirinhas (MA).

   LEITE, Marcelo. *Brasil*: paisagens naturais. São Paulo: Ática, 2007. p. 51.

   Trecho da faixa de dunas do Parque Nacional dos Lençóis Maranhenses, em Barreirinhas, MA, 2013.

   a) Para apresentar a paisagem brasileira, nesse texto o autor empregou predominantemente uma sequência descritiva. Justifique essa afirmação.

b) Para descrever melhor a região que destaca, o autor emprega adjuntos adnominais com função de determinantes de alguns substantivos. Em seu caderno, copie os substantivos indicados a seguir e, em outra cor, escreva os adjuntos adnominais ligados a cada um deles no texto.
- ecossistema
- ventos
- chuvas
- faixa
- lagoas

c) Que tipo de adjunto adnominal predominou como determinante para fazer a caracterização nessa sequência descritiva?

▽ Vista aérea das dunas e das lagoas de água-doce. Parque Nacional dos Lençóis Maranhenses, MA.

Tipos de predicado

Geralmente, as orações são organizadas com sujeito e predicado.

A organização do predicado ajuda a determinar o tipo de informação fornecida sobre o sujeito.

Observe:

Oração A

sujeito — As vitrines
predicado — **estão** muito bem decoradas.
↓
qualidade do sujeito "as vitrines"

> A palavra **predicado** tem o sentido de "característica, atributo, qualidade". Veja essa palavra empregada numa frase:
> Paulo tem muitos **predicados**: é honesto, trabalhador e inteligente.

Na oração **A**, o **predicado** da oração informa uma **característica**, um **estado** do **sujeito**. Trata-se de uma sequência **descritiva**.

Oração B

sujeito — Os *shopping centers*
predicado — também **baseiam** seu sucesso na exposição tentadora [...].
↓
expressa ideia significativa sobre o sujeito "os *shopping centers*"

146 › **UNIDADE 4** • Expor e organizar conhecimentos

Em **B**, o predicado apresenta uma **ação** do sujeito. Trata-se de uma sequência **narrativa**.

Note que a formação do predicado está diretamente relacionada com o tipo de sequência textual produzida.

Nas orações **A** e **B**, os predicados se classificam de modo diferente:
- em **A**, a ideia expressa pelo predicado é uma **qualidade** ou **estado do sujeito**; é um **predicado nominal**;
- em **B**, o predicado expressa **ideia significativa sobre o sujeito** por meio do verbo: **predicado verbal**.

Leia outros exemplos:

| sujeito | predicado nominal | | sujeito | predicado verbal |

O ritmo musical **é suave e imperceptível**.   Um supermercado-laboratório **funciona** na França.

verbo ligando o sujeito à qualidade / qualidade do sujeito

verbo que traz ideia significativa sobre o sujeito

Predicado nominal

Releia a frase:

Tudo **parece mágico, grande e alegremente anárquico**.

verbo de ligação — características/estados do sujeito

Observe que o predicado da frase anterior expressa as características do sujeito (*tudo*), e não as ações desse sujeito. O verbo *parecer* "liga" (relaciona) o sujeito às características ou aos estados que ele experimenta.

Leia outro exemplo:

A quarta e a quinta prateleiras **são as menos valorizadas** [...].

verbo de ligação — características do sujeito = predicativo do sujeito

Neste caso, como no anterior, o verbo liga o sujeito ("a quarta e a quinta prateleiras") a características dele ("as menos valorizadas"). Observe que ele não indica uma ação: o **verbo** exerce o papel de **elemento de ligação** entre o sujeito e o estado ou qualidade. Pode-se dizer, então, que esse é um **verbo de ligação**.

O estado, a qualidade ou a característica do sujeito indicado no predicado é chamado de **predicativo do sujeito**.

Leia o quadro a seguir com a síntese desse estudo sobre o **predicado nominal**:

> Quando a ideia principal expressa pelo predicado está na qualidade ou no estado do sujeito, trata-se de **predicado nominal**. O verbo, nesse caso, liga a qualidade ou o estado ao sujeito.
>
> A qualidade ou estado do sujeito recebe o nome de **predicativo do sujeito**.

A seguir, leia frases com alguns dos verbos mais usados com predicativos do sujeito, isto é, como verbos que "ligam" uma característica ao sujeito: ser, estar, parecer, permanecer, ficar, continuar, andar (com o sentido de estar):

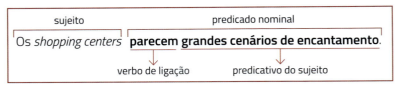

Paulo **andou** doente. (predicativo do sujeito: *doente*)
Todos **permaneceram** calados na aula. (predicativo do sujeito: *calados*)
Carlos **ficou** abatido com a notícia. (predicativo do sujeito: *abatido*)
Os suspeitos **continuam** presos até o julgamento. (predicativo do sujeito: *presos*)

Esses verbos também podem indicar ação do sujeito. Nesses casos, o predicado será verbal. Nos exemplos abaixo, observe a diferença de sentido que ganham ao serem usados como verbos de ação.

Paulo **andou** quilômetros até encontrar um posto de gasolina.
Todos **permaneceram** na entrada da sala até a chegada do chefe.
Carlos **ficou** no abrigo até a chuva passar.
Os suspeitos **continuaram** a escalada apesar dos ventos fortes.

Hora de organizar o que estudamos

▶ Em seu caderno, copie o esquema a seguir e complete-o com as informações do quadro abaixo.

- termo ou parte da oração que apresenta informação sobre o sujeito
- qualidade ou estado do sujeito
- verbo expressa informação essencial sobre o sujeito
- liga o sujeito a um estado ou qualidade
- termo a que o verbo se refere

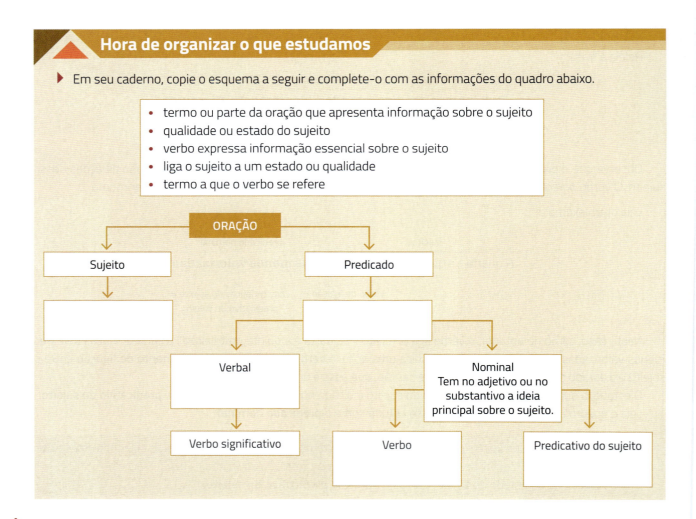

UNIDADE 4 • Expor e organizar conhecimentos

Atividades: tipos de predicado

1 ▸ Leia a tira reproduzida a seguir com os personagens Garfield, o gato, e Odie, o cão.

DAVIS, Jim. Garfield. *Folha de S.Paulo*. São Paulo, 19 jul. 2011, p. E7. Ilustrada.

a) A palavra *entediado* pode significar "aborrecido", "cansado", "enfadado", "chateado", "indiferente", "desanimado". Em sua opinião, por que Garfield tem a impressão de que Odie está entediado?

b) Você concorda com a impressão de Garfield sobre Odie?

c) Releia:

> O Odie está entediado.

Nessa fala, Garfield manifesta sua impressão sobre Odie, caracterizando-o por meio de uma expressão que tem a função de predicativo do sujeito. Transcreva-a em seu caderno.

2 ▸ Leia o quadrinho reproduzido a seguir. Observe as reações do personagem Manuelito, no centro dos quadrinhos.

QUINO. *Toda Mafalda*. São Paulo: Martins Fontes, 2000. p. 121.

a) Por que Manuelito fica tão bravo?

b) Releia parte de sua fala:

> [...] Sou um estúpido e um pamonha!

Copie dessa frase o que se pede:
- verbo;
- sujeito a que esse verbo se refere;
- tipo de sujeito;
- predicado;
- qualidade que Manuelito se atribui;
- função que as qualidades exercem na oração.

c) Em sua opinião, o personagem tem razão em se atribuir esses predicativos?

TEXTO EXPOSITIVO 149

d) O que revela a reação dos outros personagens no último quadrinho?

e) Reescreva no caderno a afirmativa abaixo, completando-a com a palavra adequada.

Pode-se afirmar que, no 3º quadrinho, a sequência textual da fala é predominantemente ▓.

narrativa	argumentativa	descritiva	expositiva

3▸ Em seu caderno, copie os verbos ou as locuções verbais das orações a seguir e analise se:

- trata-se de um **verbo** que indica **ação do sujeito**;

- trata-se de um **verbo de ligação**, que relaciona o **sujeito** com o **predicativo** do sujeito.

a) Nos supermercados, cairemos em algumas armadilhas.

b) Os visitantes recebem uma lista de compras na entrada do supermercado-laboratório.

c) Outro recurso de convencimento é o preço em um grande cartaz.

d) O consumidor fica, em média, 40 minutos no supermercado.

e) Os *shopping centers* são selvas de consumo.

f) Os jovens de hoje parecem mais consumistas do que os do passado.

g) Os consumidores ficam encantados com o ambiente dos *shoppings*.

h) O objetivo dos supermercados é o estímulo ao consumo cada vez maior.

4▸ Identifique o predicativo do sujeito das orações a seguir.

a) Os alunos pareciam assustados com a reação da professora.

b) As escolas permanecerão fechadas no período de férias.

c) Os pais ficam preocupados com a ousadia dos adolescentes.

d) Em alguns supermercados, as luzes e a música são artifícios de encantamento.

e) Nos *shopping centers*, a decoração é estratégia de consumo.

5▸ No caderno, copie os trechos a seguir e escreva frases completando-os com o tipo de predicado indicado nos parênteses.

a) Os supermercados ▓. (predicado nominal)

b) Os supermercados ▓. (predicado verbal)

c) Os produtos mais caros ▓. (predicado nominal)

d) Os produtos mais caros ▓. (predicado verbal)

Tipos de predicado nas sequências textuais

Uma das formas de organizar o texto é combinar tipos diferentes de **sequência discursiva**: narrativa, descritiva, conversacional, argumentativa, expositiva, etc.

▸ Releia estes trechos do texto "Consumismo":

A.

Tudo parece mágico, grande e alegremente anárquico. Há música em todos os locais. As vitrines estão muito bem decoradas. O ambiente está propício para um passeio gratificante.

B.

Os visitantes são selecionados em supermercados verdadeiros e recebem, ao entrar, uma lista de compras. Eles devem escolher as marcas e depois dizer por que preferem esta ou aquela. Na verdade, seus movimentos estão sendo estudados por especialistas escondidos atrás de vidros espelhados. Cada passo dado pelo cliente, cada expressão facial ficarão gravados em uma fita que será utilizada para estudo posterior.

UNIDADE 4 • Expor e organizar conhecimentos

c.

> Os *shopping centers* também baseiam seu sucesso na exposição tentadora, mas acrescentam outros elementos — como a sensação de onipotência proporcionada pela arquitetura e a sensação de pertencer e possuir de que são tomados os clientes assim que entram no local.

a) Converse com os colegas e o professor sobre a característica predominante em cada uma dessas sequências. Antes, leia as expressões a seguir:

> sequência descritiva   sequência narrativa   sequência expositiva
>
> predomina sequência de ações   predomina apresentação de características
>
> predomina apresentação de dados e informações

b) Copie a tabela em seu caderno e preencha-a com as expressões que melhor caracterizem cada um dos trechos.

Trecho A	Trecho B	Trecho C

Podemos organizar os textos com:
- **sequência narrativa:** trecho organizado em torno de ações: fatos, histórias;
- **sequência descritiva:** trecho em que predomina a apresentação de características ou estado de alguém ou de alguma coisa;
- **sequência expositiva:** trecho em que são apresentados dados e informações sobre algo.

Há também as **sequências conversacionais**, trechos nos quais o que predomina é a organização das frases para reproduzir falas, diálogos, conversas, e que apresentam os **turnos de fala**, isto é, a alternância das falas entre aqueles que participam de uma conversa.

Cada uma dessas sequências, por sua vez, pode apresentar uma forma diferente de organizar as frases, as orações.

Veja, a seguir, como os diferentes tipos de predicado ajudam a compor um texto e contribuem tanto para compreender um tipo de sequência discursiva como para organizá-la melhor, quando necessário.

Geralmente, nas **sequências narrativas** predominam os verbos de ação (predicados verbais), pois as orações são organizadas para contar fatos, narrar histórias.

Nas **sequências descritivas** podem predominar os verbos de ligação (predicados nominais), pois a ideia principal a ser comunicada é o estado ou a qualidade do sujeito — o predicativo do sujeito.

Nas **sequências expositivas**, embora também haja predominância de verbos de ação (predicados verbais), o foco está na intenção de expor dados, informações.

Embora os textos possam apresentar predominância de uma sequência, eles costumam ser construídos com sequências de vários tipos. Desse modo, as orações com predicados verbais e as que contam com predicados nominais podem estar alternadas, ou próximas, dependendo da intenção de comunicação de quem produziu o texto. Observe nas atividades propostas a seguir.

Atividades: sequências textuais e tipos de predicado

1▸ Releia os seguintes trechos do poema "Ao *shopping center*", de José Paulo Paes, e responda, no caderno, à questão proposta mais abaixo.

> **A**
> Pelos teus círculos
> vagamos sem rumo
> nós almas penadas
> do mundo do consumo.
> [...]

> **B**
> Cada loja é um novo
> prego em nossa cruz.
> [...]

Qual trecho (**A** ou **B**) apresenta predominância narrativa e qual mostra predominância descritiva? Justifique.

2▸ Algumas publicações dedicam-se a matérias sobre assuntos específicos, como a fauna de uma região. Leia:

Dourado

O dourado é um dos maiores peixes de escama de água doce. Chega a atingir 1,10 m e pesar 20 quilos. Habita águas correntes e sua pesca é fácil, pois é atraído por tudo o que brilha na superfície da água. A boca grande é provida de dentes afiados. Possui coloração dourada, com uma mancha na cauda e pequenas listras escuras paralelas em todo o corpo. Peixe predador, voraz, provido de duas séries de dentes cônicos, tanto no pré-maxilar quanto no dentário, e de uma série ao longo do maxilar [...].

Disponível em: <http://www.portalpantanal.com.br/peixesdopantanal/148-dourado.html>. Acesso em: 13 ago. 2018.

Dourado no rio da Prata, em Bonito, MS.

a) Releia esta frase:

> O dourado é um dos maiores peixes de escama de água doce.

Identifique os termos pedidos a seguir:
- verbo;
- sujeito;
- predicativo do sujeito;
- tipo de predicado.

b) Assinale a alternativa correta. Pode-se afirmar que esse trecho do texto é:
- narrativo.
- descritivo.
- argumentativo.
- expositivo.

c) Releia outro trecho:

> Possui coloração dourada, com uma mancha na cauda e pequenas listras escuras paralelas em todo o corpo.

Assinale a alternativa que considerar a mais adequada. A oração apresenta:
- uma caracterização.
- uma conversa.
- uma justificativa.

d) Assinale a alternativa que completa adequadamente a frase a seguir.
Pode-se considerar que o trecho da atividade anterior é:
- narrativo.
- descritivo.
- argumentativo.

152 UNIDADE 4 • Expor e organizar conhecimentos

3 ▶ A foto e o texto a seguir foram reproduzidos de uma matéria da revista *Terra da Gente*. Leia o trecho referente à foto:

O Saco do Mamanguá fica no município de Paraty, no estado do Rio de Janeiro, divisa com São Paulo. Está a 260 km da capital fluminense e a 270 km da capital paulista. Tem 9 km de extensão, 33 praias, 5 parcéis e 2 ilhas. O acesso é feito só de barco, 40 minutos a partir da vila de Paraty-Mirim. Também é possível chegar por trilhas.

Terra da Gente. Campinas: EPTV, n. 90, out. 2011. p. 73.

a) Qual sequência predomina no trecho: narrativa, descritiva ou expositiva?

b) Da mesma matéria da revista foi retirado este trecho:

▶ **parcel:** recifes, rochedos completa ou parcialmente submersos, próximos à costa marítima.

O ecoturismo gera trabalho e renda para os caiçaras sem interferir no modo de vida da população nativa.

Qual é o tipo de sequência predominante no texto: narrativa, descritiva ou expositiva?

4 ▶ Leia este trecho do conto "Aos vinte anos", de Aluísio Azevedo, e faça as atividades propostas.

Mas, ao levantar os olhos para certo lado da vizinhança, dei com os de alguém que me fitava; fiz com a cabeça um cumprimento quase involuntário, e fui deste bem pago, porque recebi outro com os juros de um sorriso; e, ou porque aquele sorriso era fresco e perfumado como a manhã daquele abril, ou porque aquela manhã era alegre e animadora como o sorriso que desabotoou nos lábios da minha vizinha, o certo foi que neste dia escrevi os meus melhores versos e no seguinte conversei a respeito destes com a pessoa que os inspirou.

In: ANDRADE, Mário de et al. *Contos brasileiros 3*. São Paulo: Ática, 1999. p. 54-59. (Coleção Para gostar de ler, vol. 10).

▽ Aluísio Azevedo foi romancista, contista e jornalista brasileiro. Nascido em São Luís, no Maranhão, viveu entre 1857 e 1913.

a) Identifique a sequência que predomina nesse trecho e, no caderno, copie quatro verbos que ajudem a caracterizar a sequência..

b) Copie do trecho uma sequência predominantemente descritiva.

TEXTO EXPOSITIVO ⟨ 153

5 ▸ Leia este trecho de matéria sobre a sumaúma, árvore que chega a 50 metros de altura, e, no caderno, responda às questões propostas mais abaixo.

> A sumaumeira, também conhecida como árvore-da-seda, árvore-da-lã, ceiba e paina-lisa, é um dos gigantes da floresta ombrófila da Amazônia. Espécie tropical, é uma árvore das matas de várzea e de áreas alagadas. Suas folhas são alternas; as flores são róseo-claras com manchas púrpuras e o fruto é uma cápsula com 120 a 175 sementes.
>
> Adaptado de: <www.sumauma.net/sama/sama-portugues.html>.
> Acesso em: 15 jul. 2018.

▸ **ombrófilo:** qualidade das plantas cujo desenvolvimento exige clima chuvoso.
▸ **alterno:** diz-se de folha que ocorre de modo alternado.

a) Que tipo de sequência caracteriza o trecho?
b) Copie uma frase que confirme a sequência indicada.
c) Copie dois verbos que ajudem a caracterizar a sequência indicada.

6 ▸ A seguir, leia o trecho de uma matéria jornalística.

> Os elefantes vagam por quilômetros de savana intacta no parque Queen Elizabeth, em Uganda. A população local chega a 2,5 mil indivíduos, um aumento dramático desde a época de abates ilegais na década de 1980. Fora da reserva, moradores matam os elefantes que destroem as safras, mas os ataques diminuíram com as valas que agora isolam as plantações.
>
> SARTORE, Joel. *National Geographic Brasil.* São Paulo: Abril, ano 12, n. 140, nov. 2011. p. 79.

Observe os verbos: *vagam, chega, matam, destroem, diminuíram, isolam.*

a) Responda no caderno: que tipos de verbo são esses?
b) Compare a sequência desse texto sobre os elefantes com a das atividades de 1 a 5. De qual dessas outras sequências ele se aproxima?
c) Nesse trecho predomina sequência narrativa, descritiva ou argumentativa?

7 ▸ Leia um trecho de um texto jornalístico que trata do aumento de problemas respiratórios no inverno.

> O inverno é a estação do ano em que as doenças respiratórias mais se manifestam na população. A baixa umidade do ar, as mudanças bruscas de temperatura e a tendência das pessoas de se aglomerarem para se proteger do frio são alguns fatores que ajudam no aumento da incidência das doenças do aparelho respiratório e das infecções agudas das vias aéreas superiores e inferiores.
>
> Disponível em: <https://jornal.usp.br/atualidades/doencas-respiratorias-aumentam-internacoes-hospitalares-no-inverno/>.
> Acesso em: 14 ago. 2018.

a) Observando os verbos empregados nesse trecho da matéria, responda em seu caderno: Que tipo de sequência textual prevalece nesse trecho? Justifique sua resposta.
b) Relendo a resposta ao item anterior, reflita e responda: em que essa sequência textual difere de uma sequência narrativa?

Desafios da língua

Pontuação II

Trataremos aqui especificamente da vírgula, que é o sinal de pontuação com maior diversidade de uso.

Emprego da vírgula

A vírgula tem diversos usos, o mais comum é colaborar para separar e organizar elementos. Assim, emprega-se a vírgula para:

- separar os nomes de lugar dos elementos que compõem as datas. Exemplos:

> Recife, 22 de abril de 2018.
> Terça-feira, 8 de julho de 2019.

- separar os elementos que compõem um endereço. Exemplo:

> Rua XV de Novembro, 234, 13º andar.

- separar os elementos de uma enumeração (palavras, expressões ou orações). Exemplos:

> Tudo era arrastado pelas águas: carros, caixas, árvores, móveis.
> enumeração de palavras

> **quarto:** nos animais quadrúpedes que servem à alimentação humana, parte superior da coxa e lateral dos quadris.
>
> **mocotó:** pata de gado bovino, desprovida de casco.
>
> **perigalho:** pele do queixo ou do pescoço quando começa a cair por magreza ou velhice; pelanca.
>
> **magote:** agrupamento de coisas ou seres vivos; amontoado; grande quantidade.
>
> **escoucear:** o mesmo que escoicear, isto é, dar coices.

Enumeração de orações: há nove orações no período (destacamos os verbos).

> **Empinam-se** os cangotes, **retesam-se** os fios dos lombos em sela, **espremem-se** os quartos musculosos, mocotós **derrapam** na lama, **dançam** no ar os perigalhos, o barro **espirra**, **engavetam-se** os magotes, **se escoram, escouceiam**.

ROSA, Guimarães Rosa. O burrinho pedrês. *Sagarana*. Rio de Janeiro: Nova Fronteira, 2001.

- separar o vocativo do restante da frase. Exemplos:

> **Felipe,** telefone pra você!
> Não volte de madrugada, **meu amor,** é muito perigoso.
> Ei, **pessoal,** vamos almoçar?

- separar o aposto do restante da frase. Exemplo:

> Carlos, **amigo de Fabiana,** chegou tarde.

A vírgula também pode ser usada para marcar a inversão ou intercalação de termos da oração construída fora da ordem direta.

Para compreender esse uso da vírgula, é necessário saber o que significam **ordem direta** e **ordem inversa**.

Uma oração está na **ordem direta** quando seus termos estão dispostos nesta sequência:

> sujeito   predicado (verbo e complementos)
> "Estudantes **fazem** manifestação pela paz no Rio de Janeiro."

Disponível em: <https://www1.folha.uol.com.br/folha/cotidiano>. Acesso em: 16 jul. 2018.

TEXTO EXPOSITIVO **155**

Na ordem direta, não há vírgula entre o sujeito e o verbo. Só haverá vírgula se, entre o sujeito e o verbo, for intercalado outro termo:

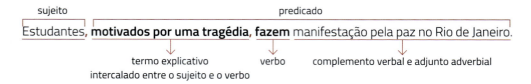

Ao se inserir o termo explicativo para o sujeito, houve necessidade da vírgula para marcar a intercalação.

Qualquer alteração na ordem direta dos termos (sujeito ⟶ verbo ⟶ complemento verbal) produz uma frase que estará na ordem inversa, ou indireta:

Nessa frase, o adjunto adverbial foi antecipado e o sujeito foi posposto ao verbo e ao complemento verbal. Por sua vez, na construção abaixo, o adjunto adverbial foi intercalado entre o sujeito e o verbo:

Nos dois casos, é possível dizer também que o adjunto adverbial foi **deslocado** de sua posição habitual na frase.

1. Reescreva o texto a seguir em seu caderno, utilizando a vírgula quando necessário.

> Prezados alunos
>
> No próximo sábado dia 5 de maio terão início os campeonatos de futebol de salão vôlei handebol basquete e tênis de mesa da nossa cidade. Poderão se inscrever alunos da escola equipes de bairros equipes formadas por ex-alunos das escolas da cidade e equipes de pais. A inscrição das equipes deverá ser feita até o dia 17 de junho.
>
> Aguardamos a participação de todos.
>
> *Professores de Educação Física*

2. Transcreva em seu caderno as frases em que a vírgula foi empregada inadequadamente, corrigindo-as.
   a) Todos os alunos, sentiram o afastamento daquele professor.
   b) Não queríamos, naquela tarde, que o tempo passasse...
   c) Ventos e chuva forte atrapalharam a corrida, no fim de semana.
   d) Os presidentes reunidos durante a conferência, publicaram uma nota conjunta sobre o acordo entre os países.

3 ▶ Leia esta tira e responda às questões no caderno.

WATTERSON, Bill. *Os dias estão simplesmente lotados*: um livro de Calvin e Haroldo. São Paulo: Best News, 1993. p. 32.

a) Por que o menino Calvin se recusa a deixar sua mãe ver o gibi?

b) Justifique o uso da vírgula no balão de fala de Calvin, no primeiro quadrinho.

4 ▶ As frases a seguir estão em ordem direta. No caderno, reescreva-as em ordem inversa, de duas formas diferentes. Use a pontuação adequada.

a) Os pilotos separaram pneus de chuva para o final da corrida.

b) O terremoto na Ásia fez despencar o preço dos produtos daquela região na última semana.

c) As frutas frescas estão mais vistosas esta semana.

5 ▶ Reescreva no caderno as frases a seguir ampliando-as com uma enumeração coerente de elementos. Use a pontuação necessária.

a) Vários fatores contribuem para a alteração da qualidade de vida das pessoas ■.

b) É preciso ■ para que se consiga melhorar as relações de convivência no planeta.

6 ▶ O texto a seguir é uma piada. Ele foi transcrito sem sinais de pontuação.

a) Leia-o com atenção. Faça também uma leitura em voz alta para perceber entonações e sentidos prováveis.

b) No caderno, reescreva-o, pontuando de tal forma que o sentido fique claro para quem lê. Caso tenha dúvidas, você poderá consultar a tabela dos usos dos sinais de pontuação que está na seção *Desafios da língua* da unidade anterior.

Dispensa

A velhinha entra no quartel e vai direto para o escritório dos oficiais capitão eu vim visitar o meu neto Sérgio Ricardo ele serve no seu regimento não é serve sim mas hoje pediu licença para ir ao enterro da senhora

Almanaque de Cultura Popular. Andreato Comunicação & Cultura.
Ano 9, n. 104, dez. 2007. p. 34.

Outro texto do mesmo gênero

Leia um trecho de um texto expositivo que trata sobre as línguas indígenas, os povos que as usam e a distribuição geográfica desses povos pelo Brasil.

Línguas indígenas

Quando falamos de línguas indígenas, a primeira coisa que se pensa é que no Brasil todos os povos falam Tupi. Mas a diversidade de línguas indígenas no nosso país é enorme!

Nos dias de hoje, existem mais de 6 mil línguas diferentes em todo o mundo! Desse conjunto, mais de 154 línguas são faladas pelos povos indígenas no Brasil, pertencentes a muitas e diferentes famílias linguísticas! Você imaginava que eram tantas assim?

Muitos povos, muitas línguas

Mais do que servir para a comunicação, cada língua indígena revela uma forma diferente de ver e compreender o mundo. Ao descrever os objetos, as paisagens e as situações do cotidiano, as palavras expressam um modo de pensar construído por gerações e gerações de um povo: saberes únicos. Por isso, o desaparecimento de qualquer língua é uma perda para toda a humanidade.

Além disso, todas as línguas — indígenas ou não — são ricas e complexas: têm extensos conjuntos de palavras, das mais simples às mais abstratas. Por isso, para garantir a comunicação, as línguas se adaptam à realidade e à história dos povos.

Assim, como os povos que as falam, as línguas não ficam paradas no tempo: têm passado, presente e futuro.

Existem povos que não falam mais suas línguas?

Como diz o historiador José Bessa Freire: "A língua é arquivo da história, é a canoa do tempo, responsável por levar os conhecimentos de uma geração à outra". Por isso, uma língua está em risco de extinção quando os falantes:

- param de usá-la;
- só a usam em um número pequeno de situações de comunicação;
- deixam de transmiti-la de uma geração para outra.

Essa é a situação de alguns povos indígenas no Brasil atual.

Em 1550, logo após a ocupação portuguesa, o número de línguas era muito maior: cerca de 1300 línguas diferentes. Mas muitas delas desapareceram durante a colonização; outras continuam ameaçadas ainda hoje.

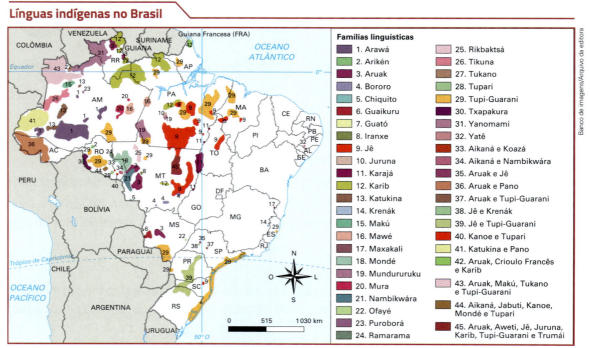

Fonte: elaborado com base em MIRIM. Povos Indígenas do Brasil. Instituto Socioambiental (ISA). Disponível em: <https://mirim.org/linguas-indigenas>. Acesso em: 8 nov. 2018.

Um exemplo é o dos povos que vivem no Nordeste, a mais antiga região de colonização do Brasil. Foi lá que surgiram os primeiros aldeamentos missionários, locais onde se fazia a catequese: a conversão dos índios ao catolicismo e ao jeito de ser do colonizador. Nesses aldeamentos do período colonial, diferentes povos indígenas eram obrigados a viver juntos, sendo escravizados, maltratados — e obrigados a abandonar suas línguas.

Mesmo assim, algumas línguas indígenas resistiram aos impactos da colonização nessa região, como é o caso do Yatê, do povo Fulni-ô, no Pernambuco.

[...]

Você sabia que...

- apenas 25 línguas indígenas são faladas por mais de 5 mil pessoas?
- cerca de 110 línguas indígenas são faladas por menos de 400 pessoas?
- a língua dos Akuntsu é falada apenas pelas 5 pessoas que formam esse grupo indígena?
- os Guató têm uma população de cerca de 370 pessoas, mas há apenas 5 falantes de sua língua!

Povos Indígenas no Brasil Mirim. Disponível em: <https://mirim.org/linguas-indigenas>. Acesso em: 26 fev. 2019.

1 ▸ Observe:
- os dois primeiros parágrafos, que expõem o assunto do texto;
- a divisão em **subtítulos**;
- algumas informações organizadas em tópicos;
- o mapa, que situa as línguas indígenas faladas no Brasil;
- o quadro, que contém informações pontuais;
- os dados históricos.

Converse com os colegas sobre estas questões:

a) A organização do texto facilita a leitura e a compreensão? Por quê?

b) O texto apresenta linguagem clara?

Indígenas da etnia Guató na Aldeia Uberaba, Corumbá, MS, 2017.

2 ▸ O historiador entrevistado afirma que a língua é o "arquivo da história" e a "canoa do tempo". Por que ele faz essas comparações?

3 ▸ Retome o texto "Consumismo", do início desta unidade, e converse com a turma.

Qual dos dois textos você achou mais claro e fácil de entender? E de qual você mais gostou?

Mundo virtual

<https://pib.socioambiental.org>

O site Povos Indígenas no Brasil traz diversas informações sobre os muitos povos indígenas que habitam o país. Ele faz parte do portal do Instituto Socioambiental (ISA). Entre outras tantas informações, o site traz verbetes e análises com a temática indígena, além de fotografias, tabelas, gráficos, notícias, mapas e textos expositivos diversos sobre esses povos e seus territórios.

Acesso em: 31 out. 2018.

PRODUÇÃO DE TEXTO

Texto expositivo: resumo

Nesta unidade, por meio da leitura de texto expositivo, você pôde conhecer um pouco das estratégias das empresas ligadas ao varejo para levar as pessoas a comprar.

O desafio agora é produzir um **resumo** de três textos para compor um cartaz com o objetivo de estimular as pessoas da comunidade a desenvolver atitudes que promovam o consumo responsável.

Você sabe que:
- o resumo de um texto de estudo e pesquisa precisa conter as ideias principais;
- uma forma de organizar as ideias é colocá-las em um esquema;
- o esquema deve ser organizado de forma que as ideias mais abrangentes constem das primeiras linhas/quadros que vão se subdividir em ideias interdependentes das primeiras.

▶ Preparação

1▶ **Em grupo.** Sob a orientação do professor, organizem-se em três grupos. Cada equipe vai ficar responsável pelo resumo de um dos textos.

2▶ Leiam o texto indicado para o seu grupo (texto 1, 2 ou 3).

Texto 1

Refletir

[...] Consumir é quase um vício atualmente. Claro que não estamos falando dos produtos indispensáveis do dia a dia, mas de objetos que compramos por simples impulso, condicionados pela vontade de consumir — os chamados produtos supérfluos.

Um dos problemas dessa atitude consumista é seu impacto ambiental, que na maioria das vezes nem percebemos. Qualquer item comprado em uma loja ou supermercado exige recursos para ser produzido — como água e energia —, além de gerar resíduos que devem ser tratados e eliminados: sobras de matérias-primas, embalagens, etc. Portanto, toda vez que decidimos comprar alguma coisa, é bom pensar que estaremos automaticamente aumentando a quantidade de lixo no ambiente e os problemas decorrentes de seu acúmulo.

Para muita gente, no entanto, ser consumista não parece ser um defeito. Pelo contrário, parece que se dá mais valor a quem possui a maior quantidade de bens. Mas será que isso é mesmo verdade? Só pelo fato de possuir mais bens uma pessoa deve ser mais valorizada?

A oferta de bens é muito maior atualmente do que no passado, mas isso não significa que nossas necessidades tenham aumentado na mesma proporção. Claro que muitos desses produtos facilitam a vida, mas é preciso avaliar com cuidado o que de fato é importante para a gente.

Outro aspecto importante é a durabilidade dos produtos. Brinquedos, eletrodomésticos, roupas, carros... Hoje tudo parece ser produzido para durar pouco e ser rapidamente substituído. Roupas que estão na moda em uma estação já não estarão mais alguns meses depois, aparelhos eletrônicos parecem descartáveis e daí por diante.

RIOS, Rosana; MUHRINGER, Sonia Marina; SHAYER, Michelle M. *Lixo e sustentabilidade*. São Paulo: Ática, 2007. p. 34-35.

Texto 2

Recusar

Consumir de forma equilibrada, gerando menor volume de resíduos e reduzindo o impacto do lixo sobre o meio ambiente é o que chamamos consumo consciente. Em geral, as pessoas dão importância ao preço mais baixo, à marca conhecida ou à embalagem atraente, mas é importante considerar outros critérios. Avalie, por exemplo, se o produto é durável e pode ser reutilizado, se a embalagem é feita de material reciclável, se a empresa tem equipamentos para evitar a poluição, se usa animais para testar seus produtos, se respeita as leis trabalhistas, se dispõe de um telefone ou *site* para atendimento ao consumidor, etc. Os próprios rótulos dos produtos costumam trazer informações que nos ajudam a descobrir tudo isso.

Boa parte do lixo gerado é composta de embalagens de produtos. Muitos desses invólucros são totalmente supérfluos e poderiam ser recusados. Ao invés de aceitar todas aquelas sacolinhas plásticas que nos oferecem a cada compra na banca de jornais, padaria, supermercado ou papelaria, uma boa ideia é trazer de casa uma sacola de pano ou de plástico resistente para carregar as compras, que poderia ser reutilizada várias vezes, evitando assim o desperdício. Na Alemanha, esse é um hábito bastante comum — e quem prefere utilizar as sacolinhas do supermercado tem que pagar por elas.

RIOS, Rosana; MUHRINGER, Sonia Marina; SHAYER, Michelle M., op. cit.

Texto 3

Reduzir

Uma das formas mais eficazes de contribuir para a sustentabilidade do planeta é reduzir o consumo e o desperdício. O Brasil tem uma marca estatística nada boa: é um dos campeões mundiais de desperdício de alimentos — que começa no momento da colheita e continua no armazenamento, transporte, distribuição e consumo. Calcula-se que mais de 70 mil toneladas de alimentos sejam desperdiçadas por dia em nosso país. Só para dar uma ideia, perdem-se 20% de todos os grãos colhidos (feijão, arroz, soja, milho, etc.), ao passo que, de cada lote de 100 pés de alface, 40 pés vão parar no lixo.

Do lado do consumidor, há um cálculo impressionante: se uma família de quatro pessoas desperdiçar 100 gramas de alimentos a cada refeição, em 70 anos terá descartado 31 toneladas de comida. O suficiente para alimentar 17 crianças por dez anos. E vale lembrar que mais de 50% do lixo doméstico é constituído de matéria orgânica, em sua maioria sobras de alimentos.

Especialistas em educação alimentar atentam que partes nutritivas de verduras, frutas e legumes são jogadas fora. Cascas, folhas, sementes e talos vão para o lixo quando poderiam virar um alimento saboroso e saudável.

RIOS, Rosana; MUHRINGER, Sonia Marina; SHAYER, Michelle M., op. cit.

❱❱ Versão inicial

Produção do esquema

1▸ Releiam o esquema do texto "Consumismo" que vocês fizeram no caderno a partir do modelo apresentado na página 134.

2▸ Organizem o esquema do texto que coube ao seu grupo.

Produção do resumo

1▸ Leiam o esquema que deve orientar a produção do resumo.

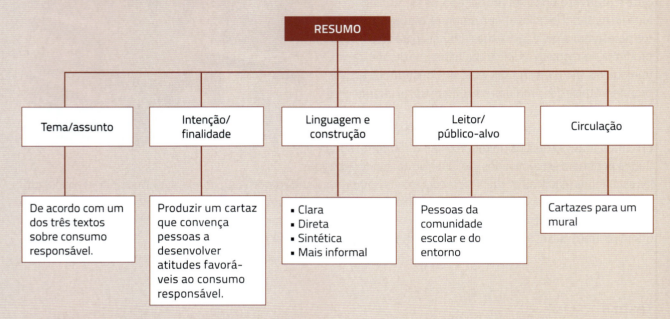

2▸ Escrevam o resumo e deem um título a ele.

❱❱ Revisão e reescrita

▸ Releiam o resumo produzido para fazer possíveis correções:
- Avaliem se o texto está bem resumido, se pode ser ainda mais sucinto, mas mantendo as informações principais do texto original.
- Verifiquem se o texto está bem claro, sem inadequações de concordância, de pontuação, de grafia das palavras, etc.

❱❱ Produção dos cartazes

▸ Produzam os cartazes. Para isso:
- sublinhem no resumo produzido, entre as ideias fundamentais de cada texto, aquela que melhor pode servir de título ao cartaz, lembrando sempre do objetivo principal do cartaz: alertar as pessoas para a necessidade do consumo responsável;
- pesquisem imagens, gráficos e formas de escrever as palavras que possam causar um impacto visual. Lembrem-se de que o objetivo do seu cartaz é fazer parte de um mural de conscientização da comunidade escolar para a necessidade de participar de uma campanha voltada para o consumo consciente.

❱❱ Circulação

▸ Conforme combinado, exponham os cartazes no mural da escola. O título do mural pode ser:

"Consumo consciente: **r**efletir, **r**ecusar, **r**eduzir".

Autoavaliação

Chegou o momento de fazer um balanço de tudo o que foi estudado na Unidade 4. Leia o quadro de conteúdos para recordar o que estudou e, no caderno, avalie seu desempenho usando os tópicos propostos a seguir como orientação. Isso ajudará você na hora de organizar seus estudos.

Meu desempenho

- **Compreendi bem** (registre no caderno os itens que você compreendeu)
- **Avancei em** (registre no caderno os itens em que você melhorou)
- **Preciso rever** (registre no caderno os itens que você precisa estudar mais)
- **Outras observações e/ou outras atividades**

	UNIDADE 4
Gênero Texto expositivo	**LEITURA E INTERPRETAÇÃO** • Leitura do texto expositivo "Consumismo", *Istoé Tudo: o livro do conhecimento* • Localização e identificação da ideia-chave do texto expositivo • Identificação de citação de autoridade e dos elementos coesivos no texto expositivo **PRODUÇÃO** **Oral** • Exposição oral: É possível não se deixar levar pelo consumismo? **Escrita** • Produção de resumo de texto expositivo para cartaz sobre atitudes a favor do consumo responsável • Interatividade: *Slides* de apresentação
Ampliação de leitura	**CONEXÕES** • Outras linguagens: Infográfico • Arte: poema • A matemática no consumo: gráfico • Você conhece seus direitos como consumidor? **OUTRO TEXTO DO MESMO GÊNERO** • "Línguas indígenas", PIB Mirim
Língua: usos e reflexão	• Adjuntos adnominais: determinantes dos nomes • Tipos de predicado • Desafios da língua: pontuação II
Participação em atividades	• Orais • Coletivas • Em grupo

Theo/Arquivo da editora

UNIDADE 5

A ciência e a informação

Com os recursos da tecnologia, as informações sobre as pesquisas científicas chegam a nós quase instantaneamente.
Como manter-se atualizado sobre descobertas científicas que contribuem para melhorar nossa vida?

Nesta unidade você vai:

- ler e interpretar texto de divulgação científica;
- localizar partes do texto de divulgação científica;
- identificar marcadores gráficos e elementos de coesão;
- ler mapa, gráfico e infográfico;
- produzir esquemas ou tópicos de texto de divulgação científica;
- participar de exposição oral;
- relacionar predicado verbal e completude das orações;
- diferenciar verbo transitivo de verbo intransitivo;
- identificar os complementos dos verbos;
- conhecer a regência de alguns verbos.

TEXTO DE DIVULGAÇÃO CIENTÍFICA

Na unidade anterior, você leu um texto expositivo sobre consumismo. Nesta unidade, você vai estudar outro texto expositivo, mas que se diferencia do anterior por ter um caráter de divulgação científica.

Os textos de divulgação científica são produzidos com a finalidade de tornar acessíveis, a um público amplo, os saberes específicos de determinadas áreas do conhecimento. Costumam ser escritos por jornalistas especializados e por profissionais interessados em levar seu conhecimento à sociedade em geral, possibilitando o acesso à informação a quem não é estudioso de determinada ciência. Podem se apresentar em linguagem verbal e não verbal ou misturar essas duas linguagens e, geralmente, circulam em revistas, jornais, livros didáticos ou em *sites* especializados na divulgação de temas relacionados a uma área ou assunto específicos.

Você já deve ter lido vários textos sobre a água: a necessidade de preservar as fontes, de não poluir, o fato de a maior parte da água do planeta ser salgada... Mas você já ouviu falar que há quase um oceano subterrâneo de água doce? Quer saber mais sobre essa preciosidade? Leia o texto de divulgação científica a seguir.

Leitura

Texto 1

Águas subterrâneas também estão em risco

Jurema Aprile

1   A contaminação da água doce que circula pelo planeta é cada vez maior, seja causada por agrotóxicos e fertilizantes químicos usados na agricultura, seja por resíduos de processos industriais, por esgotos domésticos e por lixões, sem esquecer dos dejetos químicos de produtos empregados na mineração.

2   Com a poluição das águas de superfície, a humanidade passou a se abastecer em grande parte das águas subterrâneas. Um bilhão e meio de habitantes de centros urbanos do mundo dependem totalmente delas para sobreviver. No Brasil, 80% das cidades do Centro-Sul já são abastecidas pelas águas tiradas das profundezas subterrâneas.

3   Mas essas reservas estão diminuindo em todo o planeta de forma impressionante, em especial no Oriente Médio e na África. Elas não se renovam com a velocidade da extração feita pelo ser humano. Na Europa, 50% das cidades convivem com a ameaça, num futuro próximo, de falta de água. Elas precisam dos depósitos sob a terra e os exploram acima da capacidade de reposição natural que eles têm.

> **agrotóxico:** produto químico usado no combate de pragas das lavouras e plantações.
>
> **fertilizante:** produto usado para nutrir o solo, deixando-o mais fértil, mais produtivo.
>
> **dejeto:** resíduo, sobra.

166   **UNIDADE 5** • A ciência e a informação

Nesta ilustração, mostra-se o impacto da ação humana sobre as águas subterrâneas.

O que são os aquíferos

4   Por esse cenário, crescem em importância os aquíferos. Eles são grandes depósitos subterrâneos de água alimentados pelas chuvas que se infiltram no subsolo. Por sua vez, alimentam mananciais de água na superfície e formam lagoas, rios ou pântanos. Não custa recapitular: só cerca de 3% de toda a água do planeta é doce. Mais ou menos a terça parte disso (30,1%) existe em reservatórios no subsolo.

5   Muitas pessoas pensam que os aquíferos são grandes bolsões subterrâneos encapados em rocha e cheios de água. Não é assim na maioria das vezes. A água costuma preencher os espaços entre os sedimentos arenosos, como se fosse em uma tigela com areia e água misturadas, ou se infiltra pelas fraturas, ou rachaduras, das rochas — pense em uma imensa esponja que absorve a água e você vai ter a ideia mais próxima do que é um aquífero. Apenas em alguns casos a água fica armazenada em bolsões, quando ela dissolve as rochas.

O Guarani

6   O aquífero Guarani é o principal manancial de água doce da América do Sul, formado entre 200 milhões e 132 milhões de anos atrás, nos períodos Triássico, Jurássico e Cretáceo Inferior. Imagine só: oito estados brasileiros, mais o norte da Argentina e do Uruguai e parte do Paraguai se assentam sobre esse oceano de água doce, numa área de 1,2 milhão de quilômetros quadrados — o que faz dele o maior reservatório de água subterrânea transnacional do mundo.

- **rejeito:** resíduo; aquilo que é rejeitado.
- **manancial:** nascente, fonte.
- **sedimento:** depósito de material sólido.
- **arenoso:** de areia.
- **Triássico:** primeiro e mais antigo período da Terra.
- **Jurássico:** período em que surgiram os primeiros dinossauros na Terra.
- **Cretáceo Inferior:** período posterior ao Jurássico, quando surgiram os primeiros mamíferos e as primeiras plantas na Terra.
- **transnacional:** que se estende por várias nações, países.

7   E a maior parte dele fica em território brasileiro — são dois terços da área total, nos estados de Mato Grosso, Mato Grosso do Sul, Goiás, Minas Gerais, São Paulo, Paraná, Santa Catarina e Rio Grande do Sul.

8   Só em um desses estados, São Paulo, o Guarani é explorado em mais de mil poços — e a maioria deles fica numa área de recarga do aquífero, isto é, na região de 17 mil quilômetros quadrados em que ele se recarrega com a infiltração das águas das chuvas.

Prevenção e cuidados

9   Especialistas alertam que essa área é a mais vulnerável e precisa ter sua exploração supervisionada por programas ambientais que previnam a poluição da água subterrânea e também seu esgotamento.

10   Outro cuidado necessário por parte de uma política governamental é evitar que fertilizantes químicos e pesticidas utilizados na agricultura dessa região contaminem os lençóis freáticos. Só para recordar: lençol freático é a parte superior de um depósito subterrâneo de água.

11   De acordo com estudos da Universidade da Água, a poluição dos aquíferos superiores, que ocorre no Brasil, Paraguai, Uruguai ou Argentina, poderá contaminar a água que é extraída dos poços profundos, "até mesmo quando estão localizados nos seus setores confinados".

12   Mas nem só de subsolo vive um aquífero: embora tenha camadas com profundidades que variam entre 50 metros e 1 800 metros, ele também surge na superfície, em afloramentos — e nesses locais o risco de contaminação com agrotóxicos é muito maior. [...]

13   O canadense Marq de Villiers calcula que, se todos os recursos hídricos disponíveis para consumo fossem espalhados sobre o globo, formariam uma piscina em que uma pessoa com 1,82 metro de altura poderia caminhar sem se afogar.

14   "O esgotamento dos lençóis freáticos é uma das grandes crises invisíveis mais ameaçadoras que o planeta enfrenta, com todas as suas implicações de queda na oferta de alimentos, miséria humana, fome, conflitos e guerra", alerta.

[...]

> **vulnerável:** que pode ser prejudicado.
> **confinado:** isolado.
> **afloramento:** que vem à superfície do solo.
> **hídrico:** relacionado à água.

Jornalista e escritor, **Marq de Villiers** é autor do livro *Água: como o uso do precioso recurso natural poderá acarretar a mais séria crise do século 21*, lançado em 2002 pela editora Ediouro, e de outras obras de divulgação científica.

APRILE, Jurema. Disponível em: <https://educacao.uol.com.br/disciplinas/geografia/aquifero-guarani-aguas-subterraneas-tambem-estao-em-risco.htm>. Acesso em: 5 nov. 2018.

Interpretação do texto

Compreensão inicial

1▸ Segundo o texto, o que levou a humanidade a se abastecer das águas subterrâneas?

2▸ As reservas de água estão diminuindo em todo o planeta. O texto indica dois motivos para essa diminuição. Quais são eles?

3▸ O que contribui para a formação ou para o recarregamento dos aquíferos?

4▸ Por que a palavra *transnacional* é empregada no texto na referência ao aquífero Guarani?

UNIDADE 5 • A ciência e a informação

5. Mesmo os poços profundos podem ser contaminados. Qual é a causa da contaminação da água desses poços?

6. Releia este trecho do texto:

> [...] se todos os recursos hídricos disponíveis para consumo fossem espalhados sobre o globo, formariam uma piscina em que uma pessoa com 1,82 metro de altura poderia caminhar sem se afogar.

Marque a alternativa correta. Com base nessa afirmação, podemos deduzir que:
a) existe muita água disponível.
b) existe pouca água disponível.
c) existem muitos mananciais.
d) existe água suficiente para todos.

7. O texto cita o estudioso canadense Marq de Villiers, para quem o esgotamento dos lençóis freáticos é "uma crise invisível". Por que foi escolhida a palavra *invisível* nesse caso?

8. Que informação do texto lido mais chamou sua atenção? Por quê?

Linguagem e construção do texto

1. Na leitura do texto de divulgação científica sobre águas subterrâneas, são fornecidos muitos **dados** numéricos. Releia este trecho:

> No Brasil, 80% das cidades do Centro-Sul já são abastecidas pelas águas tiradas das profundezas subterrâneas [...].

Identifique no texto outro trecho em que são apresentados **dados numéricos** semelhantes ao do trecho citado. Copie-o em seu caderno.

2. O texto de divulgação científica que você leu emprega também **medidas**. Identifique um trecho com esse tipo de informação e copie-o no caderno.

Os textos de divulgação científica, em geral, apresentam dados reais, apurados em pesquisas e em artigos especializados, para que as afirmações divulgadas sejam reconhecidas como comprovadas, científicas. Isso fornece **credibilidade** ao texto.

Além dos dados, pode haver, em textos desse gênero, alguns **marcadores de destaque**, como os que foram empregados no texto "Águas subterrâneas também estão em risco":

- **marcadores gráficos**: letras em negrito, mais grossas, ou em itálico, inclinadas, que se diferenciam das demais, para dar destaque a um item ou informação específicos;
- **aspas**: nas citações, para dar destaque à fala de especialistas.

3. Localize no texto e transcreva no caderno dois exemplos registrados como marcadores de assuntos específicos.

4. Identifique de quem são as afirmações a seguir, marcadas pelo sinal de aspas no texto.
a) "até mesmo quando estão localizados nos seus setores confinados."
b) "O esgotamento dos lençóis freáticos é uma das grandes crises invisíveis mais ameaçadoras que o planeta enfrenta [...]"

5 ▸ Releia este trecho:

> Especialistas alertam que essa área é a mais vulnerável e precisa ter sua exploração supervisionada por programas ambientais que previnam a poluição da água subterrânea e também seu esgotamento.

Por que essa frase, que cita um alerta de especialistas, diferentemente das anteriores, não está marcada pelo sinal de aspas?

Objetividade e subjetividade no texto

Você já ouviu alguma vez frases como estas?

> Você precisa ser mais **objetivo**.
> Sua análise está muito **subjetiva**.

Você sabe o que significam os termos destacados? Observe outros dois exemplos:

> I. A contaminação da água doce que circula pelo planeta é cada vez maior.
> II. A terrível contaminação da água doce leva-me a pensar em um futuro incerto e triste.

No exemplo I, a frase não expressa a opinião da pessoa que fala. Ela diz respeito ao mundo exterior, ao que pode ser **observado**, comprovado. A linguagem utilizada só permite uma interpretação. O que a frase está indicando pode ser confirmado ou desmentido por outra pessoa que conheça o assunto. Dizemos, portanto, que a frase I é **objetiva**.

No exemplo II, a frase expressa a **impressão** causada pela contaminação da água no sujeito que emite sua opinião. Esse sujeito revela um sentimento ou um ponto de vista que não pode ser comprovado por outro sujeito. Dizemos, portanto, que a frase II é **subjetiva**.

1 ▸ Leia a seguinte frase, extraída do texto de divulgação científica lido, e assinale a alternativa que melhor corresponde a ela.

> Eles [os aquíferos] são grandes depósitos subterrâneos de água alimentados pelas chuvas.

a) É uma frase subjetiva, pois expressa a emoção e o sentimento de quem a produziu.
b) É uma frase objetiva, pois expõe um fato sem mencionar as impressões pessoais de quem a produziu.

2 ▸ Com relação ao texto lido: trata-se de um texto objetivo ou subjetivo? Justifique sua resposta.

O texto de divulgação científica tem a intenção de explicar e tornar claras para o leitor leigo, isto é, não especialista, as informações sobre determinado assunto científico. Por essa razão, ele é estruturado para ajudar o leitor a se apropriar dos conceitos e a compreender as explicações apresentadas. Vamos estudar essa construção.

3 ▸ O **título** "Águas subterrâneas **também** estão em **risco**" permite ao leitor prever qual vai ser o conteúdo do texto.
a) Qual é o **risco** a que se refere o título?
b) Por que no título é empregada a palavra *também*?

O texto de divulgação científica geralmente apresenta uma estrutura própria, de modo a facilitar a compreensão do leitor. Assim, **organiza os parágrafos** com uma introdução, com o desenvolvimento e, por fim, com a conclusão ou o fechamento.

A **introdução** do texto que você leu ocupa os três primeiros parágrafos e nela são expostas várias informações, sendo uma delas a indicação do **assunto** que vai ser tratado.

4) Assinale a alternativa que sintetiza o assunto ou a ideia principal apresentada na **introdução**.
   a) O grande uso de agrotóxicos na agricultura.
   b) A diminuição das reservas subterrâneas de água.
   c) As reservas de água do Oriente Médio e da África.
   d) As reservas de água da Europa e do Brasil.

O **desenvolvimento** tem a função de explicar o assunto apresentado na introdução. No texto que você leu, o desenvolvimento é organizado em três grandes blocos, com os marcadores **O que são os aquíferos**, **O Guarani** e **Prevenção e cuidados**.

5) Copie o esquema a seguir no caderno e complete-o com as informações referentes ao segundo bloco do desenvolvimento do texto.

Para finalizar o texto de divulgação, é preciso fazer um **fechamento** do assunto, com uma conclusão, uma retomada ou uma citação. No texto lido, o fechamento ocupa os dois últimos parágrafos.

6) Marque a alternativa que melhor sintetiza a ideia apresentada no **fechamento** do texto lido.
   a) Alerta da crise.
   b) Grandes esperanças.
   c) Futuro dos aquíferos.
   d) Importância dos afloramentos.

Morador carregando baldes com água abastecidos pelo reservatório instalado em praça. Itu (SP), outubro de 2014.

Elementos de coesão no texto de divulgação científica

O texto lido está estruturado em 14 parágrafos. Para torná-los mais organizados, a fim de obter clareza, a autora usou elementos que ligam o texto. São os chamados **elementos de coesão**. Vamos estudar como os parágrafos se relacionam por meio desses elementos.

Observe que, para fazer a ligação entre a introdução (parágrafos 1, 2 e 3) e o desenvolvimento (parágrafo 4), foi empregada a expressão "Por esse cenário". Com essa expressão, a autora do texto sintetiza, resume e retoma o que foi apresentado na introdução e faz a articulação entre essas informações e o assunto que será desenvolvido: a importância dos **aquíferos**.

▶ Releia o início dos parágrafos 9, 10, 11 e 12, do bloco **Prevenção e cuidados**, para observar as ligações feitas:

> Especialistas alertam que essa área é mais vulnerável e precisa ter [...].
> **Outro cuidado** necessário por parte de uma política governamental [...].
> **De acordo** com estudos da Universidade da Água, [...].
> **Mas** nem só de subsolo vive um aquífero: [...].

As expressões destacadas são elementos de coesão que relacionam o que será apresentado no parágrafo ao que foi lido no parágrafo anterior. Identifique a relação estabelecida e indique qual dos elementos:

a) alterna ou mostra oposição;
b) adiciona uma informação;
c) amplia a informação.

Esquema: forma de organizar o conhecimento

Textos expositivos, como aqueles presentes em livros didáticos e destinados à divulgação científica em geral, podem fazer parte de um estudo, pois organizam e divulgam conhecimentos. Um modo de organizar o conteúdo desses textos é fazer um esquema, um procedimento muito útil nos estudos.

1 ▶ Copie o esquema a seguir em seu caderno e complete os quadros com as **principais informações do texto** "Águas subterrâneas também estão em risco". Ao completar o esquema, você terá uma representação gráfica do texto.

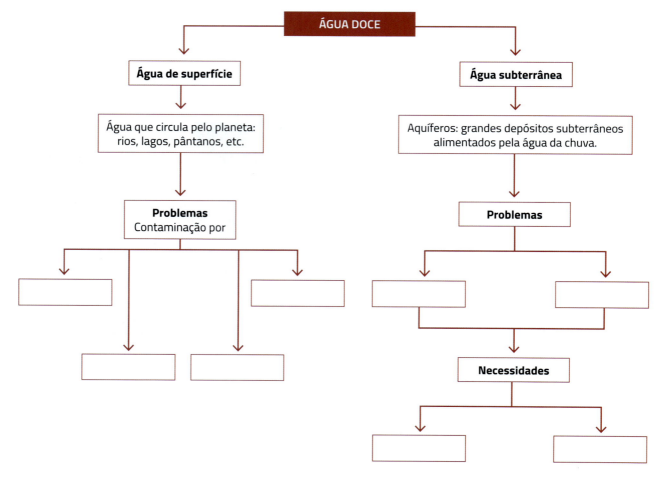

2 ▶ Agora, organize em parágrafos as informações relacionadas no esquema, escrevendo um breve resumo do texto. Use elementos de coesão para estabelecer relações entre as frases e os parágrafos.

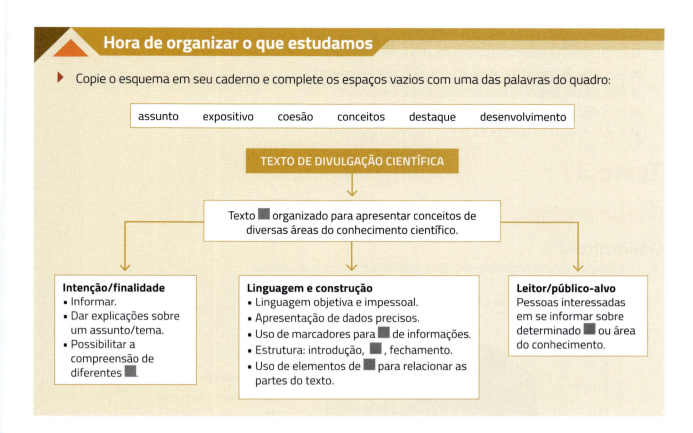

Texto 2

Mapa

Mapas e gráficos são representações de dados físicos, sociais, econômicos, entre outros. Os objetivos do leitor ao ler mapas e gráficos são diferentes daqueles que tem ao ler um romance, um jornal ou uma revista. Quem procura um atlas pretende localizar rapidamente uma informação sobre uma realidade física, social, econômica, etc., relacionada ao espaço geográfico.

Veja no mapa ao lado a localização do aquífero Guarani, citado no texto que você leu.

Leia a **legenda** para entender o significado das cores usadas no mapa.

- A cor roxa representa as áreas de afloramento, isto é, aquelas em que as águas dos aquíferos surgem na superfície.
- A cor lilás representa as áreas de confinamento, isto é, aquelas em que as águas dos aquíferos estão cobertas por rochas.

▶ **atlas:** livro composto de uma coleção de mapas ou cartas geográficas.

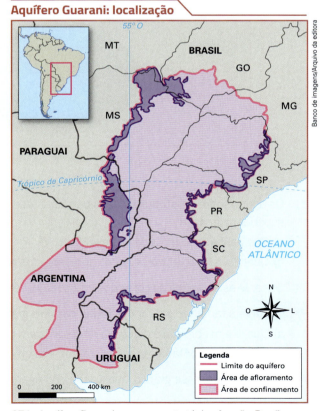

OEA. *Aquífero Guarani*: programa estratégico de ação. Brasil, jan. 2009. p. 129, 141 e 143.

▶ Observe o mapa e responda no caderno:
   a) Onde ficam localizadas as áreas de afloramento?
   b) Das duas áreas indicadas, qual é a maior área de reserva?
   c) Que estado brasileiro tem a menor área do aquífero?
   d) Qual dos países, fora o Brasil, tem em seu espaço mais áreas de afloramento?
   e) O estado em que você mora fica na região do aquífero?

Texto 3

Gráficos e infográficos

Gráfico circular

Leia a seguir alguns dados sobre a água, apresentados por meio de gráficos.

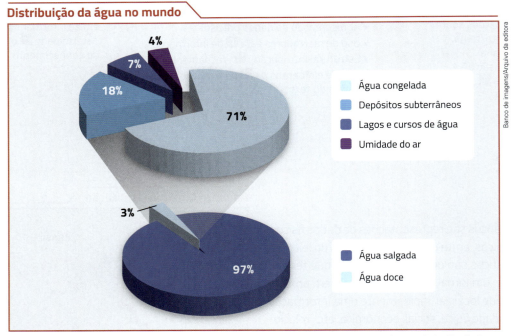

Disponível em: <https://mundoeducacao.bol.uol.com.br/geografia/a-distribuicao-agua-no-mundo.htm>. Acesso em: 7 jun. 2018.

1▶ Os dados sobre a distribuição da água são apresentados em dois gráficos, um na parte inferior e outro na parte superior da imagem.
   a) Que dados cada um deles apresenta?
   b) Qual é a relação entre os dados apresentados nesses gráficos?

2▶ Observe as **legendas** de cores dos gráficos. O que as cores representam em cada gráfico?

3▶ Observe o tamanho e a cor das **fatias** nos dois gráficos.
   a) Qual é a maior fatia e o que ela representa em cada gráfico?
   b) Qual é a menor fatia e o que ela representa em cada gráfico?

4▶ De acordo com esse gráfico, qual é a porcentagem de água doce em depósitos subterrâneos?

5▶ Com base na leitura desses gráficos, é possível deduzir que o acesso à maior parte de água doce do planeta é fácil ou difícil? Por quê?

174 UNIDADE 5 • A ciência e a informação

Gráfico de barras

O gráfico a seguir representa a relação entre a distribuição de água doce, a área e a população nas cinco regiões do Brasil:

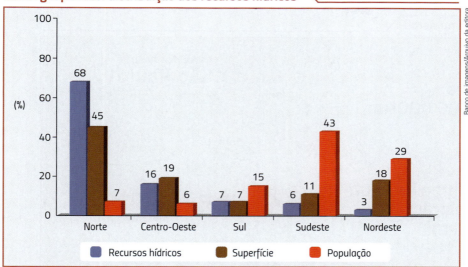

Disponível em: <www.maenatureza.org.br/projetoeducando/folders/poster6_brasil_aguas/index.htm>.
Acesso em: 2 nov. 2018.

1. Observe que o gráfico apresenta dois eixos: um horizontal e um vertical. Apresenta também o símbolo % à esquerda, que significa "por cento". Responda no caderno.
   a) O que indica a linha horizontal?
   b) O que indica a linha vertical?

2. Escreva no caderno. De acordo com a **legenda**, a que se refere a cor:
   a) azul?
   b) marrom?
   c) vermelha?

3. Usando as informações do gráfico, copie o quadro no caderno e complete-o.

	Recursos hídricos	Superfície	População
Região com mais ou maior			
Região com menos ou menor			

4. Observe o gráfico e responda no caderno:
   a) Que regiões apresentam a situação mais preocupante, isto é, contam com poucos recursos hídricos em relação à quantidade da população?
   b) A situação dos recursos hídricos na região em que você mora é preocupante? Por quê?

5. Assinale as alternativas que indicam as afirmações verdadeiras sobre o gráfico em estudo.
   a) A região Norte tem a maior quantidade de recursos hídricos do Brasil.
   b) Na região Sul, há equilíbrio entre os recursos hídricos e a superfície.
   c) A população da região Centro-Oeste vive uma situação preocupante em relação aos recursos hídricos.
   d) A população da região Norte é maior do que a população da região Centro-Oeste.
   e) A região com a menor superfície é a região Nordeste.

Minha biblioteca

As sete maiores descobertas científicas da história. David Eliot Brody e Arnold R. Brody. Companhia das Letras.

Neste livro, os irmãos Brody transformam uma série de informações especializadas em conhecimento acessível para leigos. Eles explicam várias descobertas científicas excepcionais relacionando-as com o avanço tecnológico dos dias de hoje.

Infográfico

Infográficos são textos informativos que combinam texto verbal e não verbal (fotos, desenhos, ilustrações e outros recursos) para apresentar informações de modo mais dinâmico. Veja:

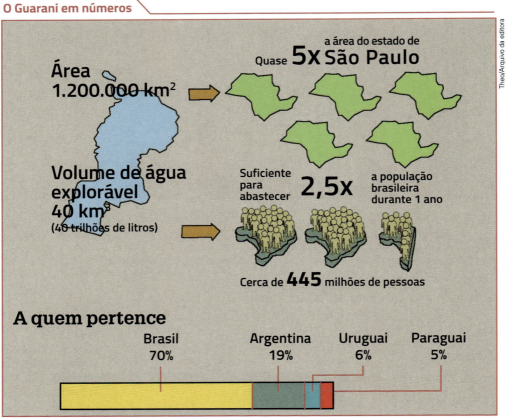

Adaptado de: <http://revistagloborural.globo.com>. Acesso em: 20 jul. 2018.

Responda no caderno.

1▸ A que se refere o nome *Guarani* do título?

2▸ Quais são os blocos de informações apresentados nesse infográfico?

3▸ Para dar ideia da **área** do Guarani, foi feita uma comparação. Afirma-se que ela corresponde a quase cinco vezes a área do estado de São Paulo (a palavra *quase* indica uma aproximação, e não um número exato). Qual seria a área aproximada do estado de São Paulo segundo os dados apresentados?

4▸ De acordo com as informações sobre o **volume** de água, por que teria sido escolhida a população brasileira para a comparação?

5▸ Complete a informação a seguir assinalando a alternativa que apresenta a informação adequada.

De acordo com a parte do infográfico sobre a porção do Guarani que pertence aos países, é possível afirmar que o Brasil tem:

a) o dobro da porção do Paraguai.

b) o equivalente a 14 vezes a porção do Paraguai.

c) três vezes mais do que a porção argentina.

d) a porção equivalente à soma das porções da Argentina, do Uruguai e do Paraguai.

6▸ Em sua opinião, qual é o dado mais interessante apresentado no infográfico? Por quê?

UNIDADE 5 • A ciência e a informação

Prática de oralidade

Conversa em jogo

A água doce disponível é limitada: o que fazer?

A água doce é um bem precioso para a sobrevivência dos seres vivos. Por isso, é preciso refletir sobre o modo como consumimos a água e o que podemos fazer para preservá-la.

▶ **Em grupo.** Conversem sobre esta questão: Que ações os vários setores da sociedade — governos, empresas, pesquisadores, cidadãos em geral — podem adotar para contribuir com o uso responsável desse recurso?

a) Primeiro, ouçam o que cada um pensa sobre o assunto.

b) Organizem as ideias comuns e mais significativas do grupo sobre o que fazer para preservar a água doce disponível.

c) Exponham as ideias do grupo para os colegas da turma e ouçam as deles.

d) Organizem uma lista coletiva com as ideias de toda a turma. Essa lista pode ser divulgada em um cartaz na escola e também, se possível, na internet (*blog* ou *site* da escola).

De olho na tela

Planeta humano – BBC. John Hurt. Log on. DVD.

Este DVD reúne oito documentários que retratam a complexa relação dos humanos com a natureza e seus elementos. Em cada episódio, vemos um *habitat* específico e somos apresentados às estratégias que os humanos utilizam para solucionar problemas quando enfrentam adversidades.

Exposição oral

Recursos hídricos: consumo e economia

Nesta seção, convidamos você a refletir sobre os **recursos hídricos do planeta** para, então, fazer uma exposição sobre consumo de água para os colegas da turma. Você e seu grupo poderão propor atitudes que colaborem para o consumo responsável desse recurso essencial à vida. Para isso, siga este roteiro.

▶ **Planejamento**

1. ▶ Sob a orientação do professor, reúnam-se em grupos para pesquisar e discutir o assunto. Para começar, leiam os textos a seguir.

    a) **Infográfico** sobre o consumo ideal de água.

Disponível em: <http://planetasustentavel.abril.com.br>. Acesso em: 20 jul. 2018. Fragmentos.

TEXTO DE DIVULGAÇÃO CIENTÍFICA **177**

b) **Texto verbal** sobre consumo da água no dia a dia.

Atividades e consumo de água

- **Escovar os dentes:**
  Torneira aberta continuamente: 18 litros de água
  Abrindo e fechando a torneira: 2 litros de água
- **Lavar louça:**
  Torneira aberta continuamente: 240 litros de água
  Abrindo e fechando a torneira: 70 litros de água
- **Tomar banho:**
  Banho de 20 minutos: 120 litros de água
  Banho de 5 minutos: 30 litros de água
- **Descarga:**
  Gasto de 7 a 10 litros
- **Torneira mal fechada:**
  Apenas gotejando: 46 litros de água por dia
  Fluindo em forma de filete: 180 a 750 litros por dia
- **Lavar calçadas com mangueira:**
  Gasto de 120 litros

Fonte: Caesb – Companhia de Saneamento Ambiental do Distrito Federal. Disponível em: <http://blogs.correiobraziliense.com.br/consumidor/1704-2/>. Acesso em: 16 out. 2018.

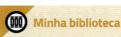

Minha biblioteca

Reciclagem. Jen Green. Coleção Nosso Ambiente. DCL.

Jen Green aborda questões que fazem, ou deveriam fazer, parte do nosso cotidiano. Explica o que é reciclagem, os tipos de materiais recicláveis, qual é o destino do lixo que produzimos e o que significa desperdício. Também apresenta os três Rs: reduzir (o consumo), reutilizar (produtos) e reciclar (materiais), e dá dicas de reutilização de roupas, objetos e embalagens.

2. Comparem as informações sobre o **consumo ideal de água** (apresentadas no infográfico) e sobre o **consumo real** (apresentadas no texto verbal).
   a) Avaliem cada um dos itens de consumo e pensem em ações que possam contribuir para a economia de água.
   b) Anotem as sugestões apresentadas pelo grupo.

3. Pesquisem mais o assunto em jornais e revistas e na internet para ampliar a lista de ações que serão propostas na exposição oral.

4. Verifiquem com o professor qual será o **tempo** de apresentação de cada grupo para vocês planejarem a exposição. Elaborem um roteiro indicando a ordem em que as informações serão apresentadas.

5. Preparem o material gráfico que vai orientar a exposição oral do seu grupo: tópicos de texto; gráficos; mapas; ilustrações, etc. Vocês podem produzir painéis ou *slides*, observando sempre a adequação do tamanho, tipos de letras e formatação do texto para garantir que toda a plateia seja capaz de visualizar as informações.

Ensaio

1. Organizem a exposição oral do grupo. Para isso, decidam:
   - quem falará cada parte da apresentação;
   - quem ficará encarregado pela exibição dos cartazes ou *slides*.

2. Durante o ensaio, observem:
   - a adequação da voz quanto ao volume, o ritmo e a entonação;
   - a postura corporal, sempre voltada para a plateia.

Apresentação

1. Façam a exposição oral de acordo com o que ensaiaram. No fim, agradeçam a atenção do público e perguntem se há comentários ou perguntas.

2. Assistam, com atenção e respeito, à apresentação dos outros grupos.

Atenção

Se optarem pela produção de *slides*, certifiquem-se de que a escola dispõe dos recursos necessários: programa de computador para edição e projeção das telas; ambiente com luminosidade e suporte apropriados para a projeção; espaço suficiente para acomodar todos os que vão assistir à projeção.

CONEXÕES ENTRE TEXTOS, ENTRE CONHECIMENTOS

Outras linguagens: Ilustração no texto de divulgação científica

Os textos de divulgação científica também podem apresentar ilustrações, mas elas devem ser muito precisas e respeitar proporções e medidas das informações que estão sendo transmitidas visualmente. As ilustrações também devem buscar o rigor científico, exibindo dados ou explicando conceitos com clareza e objetividade.

Observe algumas informações sobre aquíferos apresentadas em uma ilustração. Veja a localização do nível freático e a do aquífero confinado.

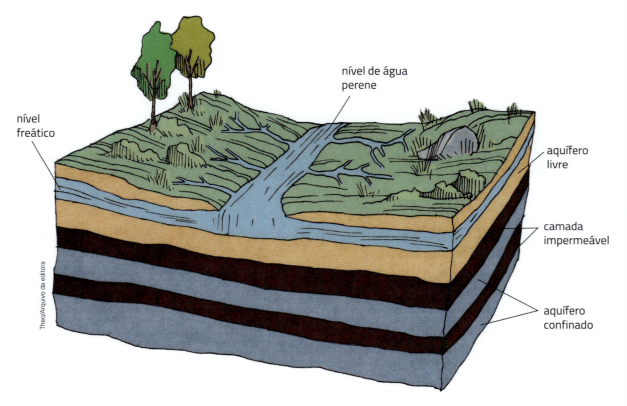

Fonte: <www.abas.org/educacao.php>. Acesso em: 20 jul. 2018. Adaptado.

▸ Compare a imagem acima, que apresenta o nível freático e o aquífero confinado, com as explicações a seguir.

> Lençol (nível) freático é a parte superior de um depósito subterrâneo de água.

> Aquíferos confinados são aquíferos isolados entre camadas impermeáveis, que não recebem recarga das águas da chuva diretamente.

a) Qual é o principal diferencial na apresentação dos conceitos por meio da ilustração?
b) O texto verbal apresenta uma informação adicional, que não consta na ilustração. Que informação é essa?

TEXTO DE DIVULGAÇÃO CIENTÍFICA 179

Pintura e letra de canção

A água, encontrada em rios, lagos, pântanos, mares, geleiras e reservas subterrâneas, é um tesouro. Note que ela está presente como tema em diferentes linguagens.

Observe como o pintor belga René Magritte (1898-1967) pinta as águas do mar e cria uma ilusão de que o barco é feito de água.

O sedutor, de René Magritte, 1953.

1 ▸ Converse com os colegas: Que relação é possível estabelecer entre a pintura e o título da obra?

Há várias letras de canção que têm como tema a água, dos rios, dos mares e, em sentido figurado, das lágrimas. Leia a letra da canção "Tenho sede", do compositor pernambucano Dominguinhos (1941-2013) sobre esse tema.

Tenho sede
Dominguinhos

Traga-me um copo d'água, tenho sede
E essa sede pode me matar
Minha garganta pede um pouco d'água
E os meus olhos pedem teu olhar,
A planta pede chuva quando quer brotar
O céu logo escurece quando vai chover
Meu coração só pede o teu amor
Se não me deres, posso até morrer
[...]

DOMINGUINHOS. Tenho sede. *Domingo, menino*. Phonogram, 1976.

Converse com os colegas sobre as questões a seguir.

2 ▸ Você já ouviu essa canção? Quando? Onde?

3 ▸ Na letra da canção de Dominguinhos, a necessidade de água é comparada à necessidade de amor.
   a) O que pode acontecer se essas necessidades não forem satisfeitas?
   b) Você concorda com essa afirmação feita na letra da canção? Por quê?

Notícia sobre estudos científicos

Leia a notícia sobre a descoberta de um rio subterrâneo localizado abaixo do rio Amazonas. Será uma nova reserva de água doce?

Cientistas anunciam rio subterrâneo de 6 mil km embaixo do rio Amazonas

Batizado de Hamza em homenagem a um dos pesquisadores que participaram do estudo, rio corre a 4 mil metros de profundidade em meio a sedimentos; descoberta foi possível graças a dados de 241 poços perfurados pela Petrobras nas décadas de 1970 e 1980

Pesquisadores do Observatório Nacional (ON) encontraram evidências de um rio subterrâneo de 6 mil quilômetros de extensão que corre embaixo do rio Amazonas a uma profundidade de 4 mil metros. Os dois cursos d'água têm o mesmo sentido de fluxo — de oeste para leste —, mas se comportam de forma diferente.

A descoberta foi possível graças aos dados de temperatura de 241 poços profundos perfurados pela Petrobras nas décadas de 1970 e 1980, na região amazônica. A estatal procurava petróleo. [...]

O geólogo Olivar Lima, da Universidade Federal da Bahia, assistiu à apresentação do trabalho e, na ocasião, mostrou aos autores mais dados, obtidos em outros poços perfurados pela Petrobras na foz do Amazonas, que confirmam as conclusões do estudo. Porém, acha um exagero classificar a descoberta como um rio.

> **geólogo:** estudioso da origem, formação e evolução da Terra.

"Os resultados são muito bons", afirma Lima. "Só não acho correto propor a existência de um rio subterrâneo." Ele argumenta que os dados permitem afirmar a existência de um imenso fluxo de água através das formações permeáveis da Bacia Amazônica. Mas a velocidade seria muito baixa para justificar a categoria de rio.

Contudo, se por um lado a velocidade não se compara à de um rio convencional, o volume de água assume ordens de grandeza que tornariam compreensível tal comparação, reconhece o pesquisador.

A descoberta, por enquanto, não mudará a vida das populações que habitam a Bacia Amazônica. Como o rio está a uma profundidade muito grande e há muita água doce na superfície, não seria economicamente razoável perfurar a terra para acessar o curso de água. O estudo pode ajudar, no entanto, a prospecção de petróleo. [...]

GONÇALVES, Alexandre. Disponível em: <https://www.estadao.com.br/noticias/geral,cientistas-anunciam-rio-subterraneo-de-6-mil-km-embaixo-do-rio-amazonas-imp-,763351>. Acesso em: 5 nov. 2018.

▸ Nessa notícia, as principais informações são dadas resumidamente no título e na linha fina (pequeno trecho que aparece logo após o título). Localize todos os elementos que respondem às questões que estruturam a notícia e que são detalhadas no corpo do texto:

a) Quem?
b) O quê?
c) Onde?
d) Como?

Rio Amazonas próximo a Belém, Pará.

Língua: usos e reflexão

Predicado verbal e a completude das orações

Na unidade anterior, você estudou que o predicado apresenta informações sobre o sujeito. Para reconhecer o tipo de predicado, é fundamental observar o sentido dessa parte na oração.

Existem construções em que a palavra central do predicado expressa uma qualidade ou um estado do sujeito. E há outras em que o foco do predicado é expresso pelo verbo. Leia as diferenças entre elas a seguir.

- **Predicado nominal**

Há orações em que a informação principal trazida pelo predicado **não** está no verbo. Observe:

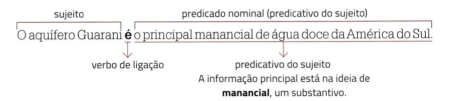

Nessa oração, a ideia fundamental sobre o sujeito está no predicativo do sujeito, que expressa uma qualidade do aquífero Guarani: o "principal manancial de água doce da América do Sul". O predicativo do sujeito é o núcleo, isto é, a parte essencial do predicado. Esse núcleo do predicado **não** é um verbo, por isso temos então um **predicado nominal**, e o verbo é chamado de verbo de ligação.

- **Predicado verbal**

Há orações em que a palavra fundamental do predicado é um **verbo**. É ele que organiza as informações principais sobre o sujeito. Veja o exemplo:

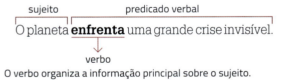

Nessa oração, o verbo é responsável por iniciar a ideia fundamental do sujeito: *enfrentar* algo. Como o verbo é o núcleo do predicado, trata-se de **predicado verbal**.

Nesta seção, vamos estudar com mais detalhes o predicado verbal.

182 UNIDADE 5 • A ciência e a informação

Uma oração tem predicado verbal nos casos em que a informação fundamental sobre o sujeito se concentra no verbo. O verbo, nesse caso, é o elemento significativo do predicado. No **predicado verbal**, o verbo pode produzir sentidos diferentes:

- Ações:

Os especialistas **alertam** sobre o esgotamento das águas subterrâneas.

O verbo indica uma ação (*alertar*) relacionada ao sujeito (*Os especialistas*).

- Processos de transformação:

Muitas reservas de água subterrânea **estão diminuindo** em todo o planeta.

A locução verbal indica um processo de transformação: *diminuir*.

- Processos ocorridos no próprio sujeito:

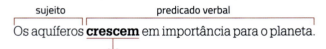

Os aquíferos **crescem** em importância para o planeta.

O verbo indica um processo pelo qual o sujeito passa: *crescer*.

Mesmo com sentidos diferentes, esses verbos são o núcleo dos predicados, pois neles se concentra a informação fundamental contida no predicado.

Mas há formas diferentes de os verbos atuarem no predicado verbal. Alguns necessitam de complemento para terem sentido, outros não. Assim, há verbos:

- **transitivos**: são os que necessitam de complemento;
- **intransitivos**: são os que não necessitam de complemento.

Verbo transitivo e seus complementos

No predicado verbal, muitos verbos necessitam de complemento para que a informação sobre o sujeito fique clara, para que haja **completude** de sentido nas orações e, consequentemente, nos textos.

Leia a oração a seguir:

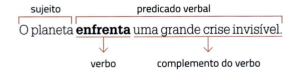

O planeta **enfrenta** uma grande crise invisível.

Observe:

- *enfrentar*: quem enfrenta, enfrenta alguma coisa ou alguém.

Se alguém disser apenas "O planeta enfrenta...", é natural o interlocutor perguntar: "Enfrenta o quê?", pois o verbo, por si só, não traz a informação completa. Afirma-se então que *enfrentar* é um verbo **transitivo**, pois necessita de um complemento para ter sua ideia completa.

O complemento objeto é o termo sobre o qual recai, ou para o qual transita, a ação expressa pelo verbo. Sem o objeto, o verbo ficaria com sua significação incompleta e a oração não teria completude de sentido.

Assim, no exemplo dado, a ação de *enfrentar* se estende para o **complemento do verbo** ou para o **objeto do verbo**: *uma crise invisível*.

> O **verbo transitivo** expressa uma ação que *transita*, isto é, que passa, estende seus efeitos para um **complemento objeto**. Esse tipo de verbo necessita de um complemento objeto para ter sua significação completa.

No caso dos verbos que necessitam de complemento, se esse complemento não existir, a oração não tem sentido completo. Principalmente ao produzir textos escritos, é preciso observar se não há verbos com sentido incompleto, ou seja, se não falta complemento para eles.

Os verbos transitivos podem ser classificados em:
- transitivo direto;
- transitivo indireto;
- transitivo direto e indireto.

Verbo transitivo direto

O verbo é classificado como **transitivo direto** nos casos em que o complemento objeto vem ligado a ele diretamente, sem preposição. Esse complemento recebe o nome de **objeto direto**. Por exemplo, observe o trecho do texto sobre a descoberta do rio subterrâneo embaixo do rio Amazonas:

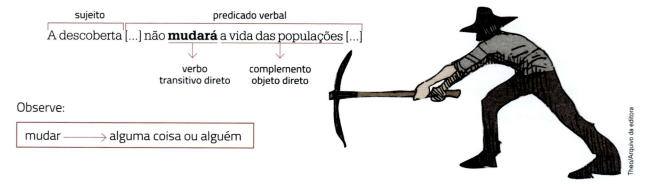

Observe:

mudar ⟶ alguma coisa ou alguém

Verbo transitivo indireto

O verbo é **transitivo indireto** nos casos em que seu complemento objeto se liga a ele indiretamente, ou seja, **por meio de preposição**. Esse complemento é chamado de **objeto indireto**. Por exemplo, releia esta frase do texto sobre o aquífero Guarani:

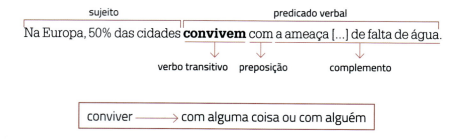

conviver ⟶ com alguma coisa ou com alguém

Verbo transitivo direto e indireto

O verbo é **transitivo direto e indireto** quando necessita de dois complementos de uma só vez: um sem preposição (**objeto direto**) e um com preposição (**objeto indireto**). Por exemplo:

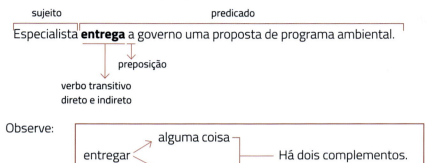

Observe:

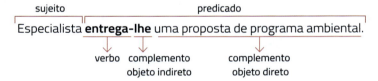

Nessa oração, o termo *a* é empregado como uma preposição que liga o complemento (*governo*) ao verbo (*entregar*). Leia a seguinte construção:

> Governo pede opinião de cientista a respeito da poluição das águas subterrâneas. Especialista entrega ao governo uma proposta de programa ambiental.

Para não repetir o termo *governo*, seria possível reescrever a segunda frase assim:

> sujeito — predicado
> Especialista **entrega-lhe** uma proposta de programa ambiental.
> verbo — complemento objeto indireto — complemento objeto direto

Note que nessa frase o termo *lhe* assume a função de complemento objeto indireto.

O **pronome pessoal oblíquo** *lhe*(s) é utilizado em textos como elemento de coesão, pois retoma um termo empregado anteriormente, substituindo-o de modo que funcione como objeto indireto. Por exemplo:

> - Entreguei o livro **a você/a ela/a Maria**.
> - Entreguei-**lhe** o livro.

Atividades: verbos e complementos

1 Leia a tira a seguir.

GONSALES, Fernando. Níquel Náusea. *Com mil demônios!!*. São Paulo: Devir, 2002. p. 36.

Que recurso de linguagem foi utilizado para produzir o efeito de humor na tira?

TEXTO DE DIVULGAÇÃO CIENTÍFICA 185

2. No segundo quadrinho da tira, os filhotes despertam imediatamente ao ouvir determinado verbo. Responda:

a) Que verbo é esse?

b) Na forma como foi empregado, esse verbo necessita de complemento? Como se classifica esse verbo?

c) Na frase "As crianças estão **brincando** de pega-pega", o verbo destacado poderia ser classificado da mesma forma que o verbo *brincar* na frase do segundo quadrinho? Explique.

d) Releia as frases a seguir. Observe como os verbos são empregados nestas construções.

> Finalmente as crianças **dormiram**!
> ... Depois a gente **cresce** [...]

As formas verbais *dormiram* e *cresce* estão acompanhados de complementos? Como são classificados esses verbos?

3. Leia os quadrinhos reproduzidos a seguir e responda às questões.

LAERTE. Suriá.
Folha de S.Paulo.
São Paulo, 27 mar. 2004.

a) A piada é um gênero textual que tem uma finalidade específica. Qual é essa finalidade?

b) Contradição é uma incoerência, ou uma atitude oposta ao que seria mais lógico em uma situação. Qual é a contradição que produz humor nessa tira?

c) O personagem troca, na placa, o verbo *contar* pelo verbo *rir*. Essa troca altera a estrutura da oração. Observe estas afirmações:

- quem **conta** conta alguma coisa
- quem **ri** ri de alguma coisa

Qual é a diferença entre as duas formas verbais quanto à transitividade?

4. Leia esta tira com Hagar e sua esposa, Helga. Depois, responda às questões a seguir.

BROWNE, Dik. *Hagar, o Horrível*. Porto Alegre: L&PM Pocket, 1997. p. 5.

UNIDADE 5 • A ciência e a informação

a) Qual destas emoções melhor corresponde à reação de Helga ao perceber que Hagar fez algo inesperado? Assinale a alternativa correta.

- Raiva.
- Ironia.
- Preocupação.
- Surpresa.

b) Que expressão complementa o verbo *chegar* com uma circunstância de tempo?

c) O humor da tira está na reação exagerada de Helga provocada pelo fato de Hagar chegar na hora. Por que isso a fez desmaiar?

5 Leia as frases a seguir. Em seu caderno, indique se os complementos destacados são:

- objeto direto;
- objeto indireto;
- complemento que indica uma circunstância (tempo, lugar, modo...).

Para fazer isso, analise os verbos aos quais os complementos se referem.

a) Os consumidores às vezes caem **em algumas das "armadilhas"** que os especialistas preparam **para eles**.

b) A epidemia de dengue cresce **no país**.

c) O Brasil tem **soberania** sobre 8,5 milhões de km² de oceano Atlântico.

d) "A planta pede **chuva** quando quer brotar."

e) Um bilhão e meio de habitantes de centros urbanos do mundo dependem totalmente **delas** [das águas subterrâneas] para sobreviver.

f) Os estudiosos planejam **mais pesquisas no rio Amazonas**.

6 Leia a piada a seguir.

> Ao chegar em casa, o homem diz para a esposa:
> — A pescaria não foi boa.
> — Eu sei — ela responde. — Você esqueceu a carteira em casa!
>
> Domínio público.

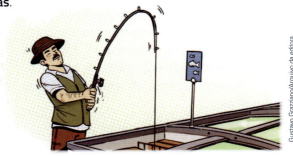

a) O que a fala da mulher revela sobre o marido?

b) A esposa diz "Eu sei". O verbo *saber* geralmente é empregado como transitivo direto, isto é, necessita de complemento, pois quem sabe, sabe alguma coisa. Pode-se afirmar que, nessa frase, o verbo foi empregado sem complemento? Explique.

Verbo intransitivo

Você viu que há orações cuja completude de sentido dos verbos depende de complementos objetos. Mas há orações cujos verbos têm sentido completo e não necessitam desses complementos. Trata-se dos **verbos intransitivos**. Por exemplo:

> **Chove**.
> A ponte **caiu**.
> Inúmeras andorinhas **voavam**.

Observe que os verbos dessas orações não exigem um complemento para ter seu sentido completo, porque a ação que eles expressam se encerra em si mesma, não transita para nenhum complemento.

Os verbos intransitivos não exigem complemento objeto, mas podem ser acompanhados por outro tipo de complemento.

Imagine que você, morando na região Centro-Oeste, voltou de viagem ao Norte e entra em casa animadamente, dizendo:

— **Voltei**!

Para sua família, o verbo, por si só, constitui um enunciado completo, pois todos sabem que você está de volta de uma viagem à região Norte. Entretanto, uma visita, desconhecendo o contexto, precisaria de um complemento para compreender melhor a situação. Poderia então haver o seguinte diálogo:

— Voltou **de onde**?

— Voltei **da região Norte**.

Observe que, embora o verbo tenha sentido completo, foi necessário complementar a informação com uma indicação de lugar. Releia a frase:

— Voltei da região Norte.
↓
complemento que indica lugar

Nesse caso, a expressão "da região Norte" complementa o verbo como indicação de circunstância de lugar, e não como objeto sobre o qual recai a ação. Trata-se de um **complemento circunstancial de lugar**.

O verbo *voltar* e outros verbos intransitivos, embora não exijam um complemento objeto, em algumas situações de comunicação, podem ter outro tipo de complemento para indicar circunstância (de lugar, de tempo, de modo, de causa...). Por exemplo:

Vou **a Porto de Galinhas**.
↓
complemento circunstancial expresso por locução adverbial de lugar

Os alpinistas morreram **de frio**.
↓
complemento circunstancial expresso por locução adverbial de causa

Jangadas utilizadas para passeios turísticos em Porto de Galinhas. Ipojuca, Pernambuco, agosto de 2015.

Observe que esse tipo de complemento geralmente é representado por advérbios, expressões adverbiais ou orações adverbiais. Por exemplo:

Uma árvore **caiu**.
↓
oração com verbo intransitivo

Uma árvore caiu **ontem à noite**.
↓
expressão adverbial que complementa o verbo com circunstância de tempo

Uma árvore caiu **enquanto eu estacionava o carro**.
↓
oração que complementa o verbo com circunstância de tempo

UNIDADE 5 • A ciência e a informação

Há casos em que o verbo expressa a informação principal sobre o sujeito: tem-se então um verbo significativo, que nem sempre indica uma ação. O verbo pode representar um processo, o que faz dele o elemento fundamental do predicado, pois é essencial para a informação a ser dada sobre o sujeito. Veja o exemplo a seguir:

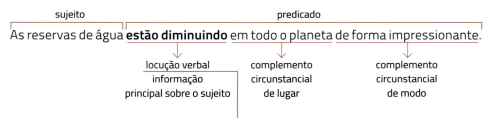

Observe:

- *estão diminuindo*: mesmo que não houvesse a informação "em todo o planeta de forma impressionante", o sentido da oração estaria completo, pois o verbo expressa a ideia essencial sobre o sujeito.

Na **locução verbal**, o verbo que expressa a ideia principal é sempre o último da locução, chamado de verbo principal. Por exemplo:
- *está caindo* — ideia principal: *cair*;
- *parece falar* — ideia principal: *falar*;
- *tem desenhado* — ideia principal: *desenhar*.

No exemplo dado, o verbo *diminuir* é um verbo **intransitivo**, ou seja, ele não necessita de complemento objeto. É acompanhado de um **complemento circunstancial** (advérbio ou locução adverbial).

A expressão "em todo o planeta" é uma locução adverbial que traz uma circunstância de **lugar**: indica **onde** as reservas estão diminuindo.

A expressão "de forma impressionante" é uma locução adverbial que indica o **modo** como ocorre a diminuição das reservas.

> O **verbo intransitivo** não necessita de complemento objeto para ter seu sentido completo.

Leia outros exemplos:

Atividades: verbos transitivos e verbos intransitivos

1▸ Leia a tira a seguir.

WATTERSON, Bill. O melhor de Calvin. *O Estado de S. Paulo*. São Paulo, 3 jun. 2005.

O personagem Calvin ficou decepcionado no último quadrinho. Responda:

a) Qual foi a causa da decepção de Calvin?

b) No segundo quadrinho, qual é a expressão que complementa o sentido do verbo *olhar*?

c) No último quadrinho, que expressão completa o verbo *esperar* e justifica a decepção de Calvin?

d) Como podem ser classificados os verbos *olhar* e *esperar* nessa tira: transitivos ou intransitivos? Explique.

2 ▸ Leia a charge a seguir.

ANGELI. *Folha de S.Paulo.* São Paulo, 11 jun. 2003.

a) Geralmente, por meio do humor, a charge critica comportamentos sociais. Assinale as alternativas que correspondem às críticas que podem ser interpretadas na leitura da charge.
- Critica a falta de conhecimento de pessoas que não sabem utilizar as novas tecnologias em ações básicas do dia a dia.
- Expressa a contradição de um tempo com tanto avanço técnico, mas que ainda não atende a necessidades básicas de muitas pessoas.
- Critica a preguiça das pessoas que não se mobilizam em busca da melhoria de vida.
- Revela a ingenuidade do personagem ao imaginar que o computador seria a solução para o problema de sua família.

b) Releia esta frase da charge:

> Se tivéssemos **um computador**.

O que a expressão destacada indica?
- Sujeito da frase.
- Verbo principal.
- Circunstância de lugar.
- Complemento do verbo.

3 ▸ Releia o trecho do texto "Águas subterrâneas também estão em risco" (página 166). Observe que foram retirados alguns complementos.

> A água preenche ou se infiltra. Em alguns casos, fica armazenada.

a) Agora reflita:
- A água preenche alguma coisa?
- A água se infiltra por onde?
- A água fica armazenada onde?

b) Reescreva o trecho empregando os complementos indicados no quadro a seguir de modo que o sentido fique adequado.

- em bolsões
- os espaços entre os sedimentos
- pelas rachaduras

c) Qual verbo é transitivo e necessitou de um complemento objeto?
d) Que tipo de complemento foi empregado com o verbo *infiltrar*?

Atividades: tipos de predicado e complementos verbais

1▸ Identifique o predicado das frases a seguir e classifique-o em **nominal** ou **verbal**.

a) Cientistas anunciam rio subterrâneo de 6 mil km embaixo do rio Amazonas.
b) Por esse cenário, crescem em importância os aquíferos.
c) Só cerca de 3% de toda a água do planeta é doce.
d) As águas de superfície estão poluídas.
e) As reservas de água doce precisam de atenção urgentemente.
f) A poluição dos aquíferos será fatal ao planeta.

2▸ Leia um trecho do poema "Ele é carioca", de Telma Guimarães Castro Andrade.

Ele é carioca

No escurinho do cinema,
mascando chiclete de canela,
ele puxou minha mão,
fez carinho nos meus dedos,
foi beijando um a um.
[...]

ANDRADE, Telma G. C. *Agenda poética*.
São Paulo: Scipione, 2001. p. 39.

a) Copie no caderno o quadro a seguir e preencha-o de acordo com o texto.

Verbos/locuções verbais	Complementos verbais/objetos

b) Como se classificam os complementos verbais do quadro?
c) Copie as expressões que indicam circunstância de lugar.

3▸ Leia a tira a seguir, com os personagens Sortudo e Hagar.

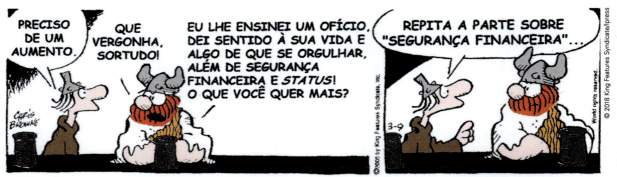

BROWNE, Chris. Hagar. *Folha de S.Paulo*. São Paulo, 8 abr. 2005.

a) Qual é a intenção de Sortudo ao pedir que Hagar repita uma parte do que disse?
b) Hagar enumera vários complementos para o verbo *dar*. Transcreva dois complementos empregados por ele.
c) Por que Hagar faz essa enumeração?

4▸ Releia esta frase da tirinha de Hagar:

Eu lhe ensinei um ofício.

O verbo *ensinar* nessa frase tem dois complementos. Complete o esquema a seguir, indicando os complementos do verbo *ensinar* na frase reproduzida acima.

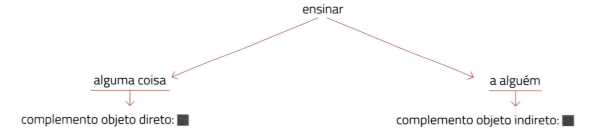

5▸ Releia esta outra frase da tira e indique os complementos do verbo empregado nesse predicado.

Dei sentido à sua vida [...]

Hora de organizar o que estudamos

▶ Leia o esquema a seguir.

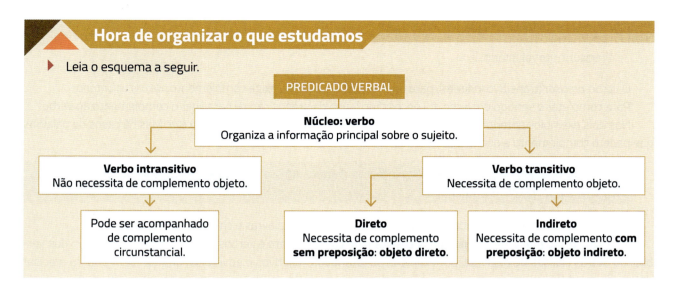

Desafios da língua
Regência verbal

Leia as tiras reproduzidas a seguir.

Tira 1

Disponível em: <http://www.omeninomaluquinho.com.br/PaginaTirinha/PaginaAnterior.asp?da=09072018>. Acesso em: 15 ago. 2018.

Observe esta fala do Menino Maluquinho no último quadrinho:

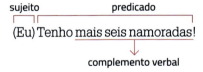

Note que, nessa frase, o complemento da forma verbal *tenho* — nesse caso, transitivo direto — não veio ligado ao verbo por meio de preposição.

Tira 2

BROWNE, Dik. Hagar. *Folha de S.Paulo*. São Paulo, 17 dez. 2011. p. E19.

Agora releia esta fala de Hagar no primeiro quadrinho:

Preciso de um voluntário...

O verbo *precisar* (transitivo indireto), para ter o sentido completo, exige complemento: *de um voluntário*.

Para completar o sentido do verbo, foi necessário o uso da preposição *de* para ligar o complemento ao verbo.

Nos dois exemplos anteriores, as palavras complementadas são verbos, *ter* e *precisar*. Mas há casos de palavras que pedem complemento e que não são verbos.

Os termos que necessitam de complemento denominam-se **regentes**. E os que se subordinam a eles são chamados de termos **regidos**.

A parte da gramática que estuda esse tipo de relação entre as palavras é chamada de **regência**.

Na língua portuguesa, há verbos que necessitam de complemento e verbos que não necessitam. Além dos verbos, há outras classes de palavras, por exemplo, substantivos, adjetivos e advérbios, que também podem precisar de complemento. Em muitos casos, a relação de dependência entre o termo regente e o termo regido se dá por meio da preposição.

A regência **verbal** trata da relação entre o verbo e seus complementos. A regência **nominal** trata da relação entre outras palavras (substantivo, adjetivo ou advérbio) e seus complementos.

Observe:

- a regência do verbo *necessitar*:

Para crescer, as plantas necessitam **de água e luz solar**.

- a regência do substantivo *necessidade*:

Para crescer, as plantas têm necessidade **de água e luz solar**.

Veja no quadro a seguir a regência de alguns verbos:

Principais casos de regência verbal	
Aborrecer-se com	Casar-se com
Abusar de	Dar a, em, com, por
Acreditar em	Gostar de
Admirar-se de, com, por	Insistir sobre, em
Agradecer a	Lembrar-se de
Apressar-se a, em, por, para	Livrar-se de
Aproveitar-se de	Namorar*
Arriscar-se a	Obedecer a
Assistir a (com o sentido de ver, presenciar)*	Pensar em
Concordar com, em	Referir-se a

Tabela baseada em: BECHARA, Evanildo. *Moderna gramática portuguesa*. Rio de Janeiro: Lucerna, 2000. p. 572-581.
* Ver comentários na página seguinte.

> ❗ **Atenção**
>
> Esse quadro não dispensa a consulta ao dicionário, no qual podem ser encontradas informações mais completas sobre as diferentes regências.

Atualmente, o verbo *assistir* tem sido empregado na linguagem do dia a dia sem a preposição. Exemplo: "Assisti o filme" em vez de "Assisti **a**o filme". Em situações mais formais, como na escrita, deve-se empregar esse verbo com preposição.

O verbo *namorar*, na linguagem coloquial, é empregado com a preposição *com*:

Bia namorou **com** Pedro.

De acordo com sua regência, porém, deveria ser assim empregado:

Bia namorou Pedro.

Segundo o gramático Evanildo Bechara, isso ocorre por influência do verbo *casar*, que é empregado com a preposição *com*:

Bia casou **com** Pedro.

1 Leia a tira a seguir.

THAVES, Bob. Frank & Ernest. *O Estado de S. Paulo*. São Paulo, 4 abr. 2011. p. D4.

Responda no caderno:

a) O que provoca o humor nessa tira?

b) Na expressão "não se lembram do passado", na frase do cartaz, há um caso de regência verbal. Qual é o termo regente e qual é o termo regido nesse caso?

2 Reescreva as frases a seguir substituindo o ■ pela preposição adequada à regência de cada verbo abaixo. Se necessário, combine a preposição com o artigo. Caso tenha dúvidas, consulte o quadro da página 194.

a) Não acredite ■ todas as propagandas que vê.

b) Ontem assistimos ■ um documentário muito bom sobre a crise da água no mundo.

c) Quando a professora chamou a atenção da turma para a importância da água, ela se referiu ■ ações que podemos tomar para economizar esse bem.

d) Não vale a pena aborrecer-se ■ as atitudes dos tolos. O melhor é ficar longe deles.

e) Eu agradeci muito ■ ela por ter devolvido a carteira que havia esquecido na sala de aula.

f) Desculpe-me por abusar ■ sua paciência, mas eu realmente gostaria de entender essa questão.

g) Ele se aproveita ■ fato de eu ser tão generosa e vive me pedindo favores.

h) Arrisco-me ■ dizer que eles nunca foram tão felizes na vida.

Outros textos do mesmo gênero

Você leu e interpretou um texto com informações científicas sobre águas subterrâneas e o aquífero Guarani.

Leia agora outros dois textos de divulgação científica: um sobre a crosta terrestre e outro sobre o produto usado para embalsamamento das múmias.

Texto 1

Crosta agitada

Em 1908, o geólogo americano Frank Bursley Taylor estava impressionado com a semelhança entre a costa oeste da África e o litoral leste da América do Sul. Será que um dia esses continentes estiveram ligados?

Montanhas em choque

Taylor elaborou a teoria de que os continentes deslizaram e, ao se movimentarem, colidiram. Foram essas fortes colisões que fizeram surgir as cadeias montanhosas. No entanto, por falta de provas que a fundamentassem, a teoria foi descartada como coisa de maluco! Hoje, na era da tectônica das placas, sabemos que ele havia chegado bem perto da verdade.

Continentes à deriva

Toda a crosta terrestre se movimenta, e, com ela, as placas tectônicas, que formam a superfície do planeta. Nessa camada superficial há entre oito e doze placas grandes e mais ou menos vinte placas menores. Algumas placas são extensas e relativamente inativas, outras são pequenas e muito ativas, mas todas se movem em direções diferentes e em velocidades diferentes. A agitação constante da crosta terrestre impede que as placas se unam numa única placa imóvel.

Rochas viajantes

As ligações entre as massas de terra atuais e as do passado são infinitamente mais complexas do que já se imaginou. O Cazaquistão, na Ásia central, já esteve ligado à Noruega e à Nova Inglaterra, nos Estados Unidos. Uma parte de Nova York, mas apenas uma parte, é europeia. Um cascalho de uma praia de Massachusetts tem seu parente mais próximo na África.

O tamanho e a forma das placas guardam pouca relação com as massas da terra que se encontram sobre elas. A placa norte-americana, por exemplo, é muito maior que o continente relacionado a ela. A Islândia se divide ao meio, o que a torna metade americana e metade europeia, em termos tectônicos. A Nova Zelândia faz parte da imensa placa do oceano Índico, embora esteja bem longe desse oceano.

Tudo muda!

Graças ao Sistema de Posicionamento Global (GPS), sabemos que a Europa e a América do Norte estão se afastando mais ou menos no ritmo de crescimento de uma unha humana — cerca de dois metros ao longo da vida. Grande parte da Califórnia vai se separar do continente e virar uma ilha do Pacífico. A África vem colidindo com a Europa há milhões de anos, empurrando os Alpes e os Pireneus. Ela vai espremer o Mediterrâneo

---

▶ **colidir:** chocar-se com alguma coisa, ir de encontro a algo.

▶ **tectônica:** ramo da Geologia que estuda a estrutura da crosta terrestre.

🖥 De olho na tela

Seremos história? (Before the flood). Direção: Fisher Stevens. 2016.

Neste documentário, o ator e ativista ambiental Leonardo DiCaprio se reúne a algumas personalidades para conversar sobre o aquecimento global e o futuro do planeta. Barack Obama, papa Francisco e Bill Clinton são alguns dos entrevistados. O ator viajou para países como Indonésia, Canadá, China e Índia para verificar o que está acontecendo nesses lugares como resultado das mudanças climáticas. O documentário, feito em parceria com a National Geographic, levou dois anos para ser concluído.

até eliminá-lo, vai criar uma cadeia montanhosa do tamanho do Himalaia entre Paris e Calcutá e vai provocar terremotos na Grécia e na Turquia. A Austrália será ligada com a Ásia. O oceano Atlântico se expandirá, tornando-se muito maior que o Pacífico.

Agora mesmo, enquanto estamos aqui sentados, os continentes estão à deriva, como folhas num lago.

O que você vê num globo é, na verdade, um instantâneo dos continentes no que corresponde a um décimo de 1% da história da Terra.

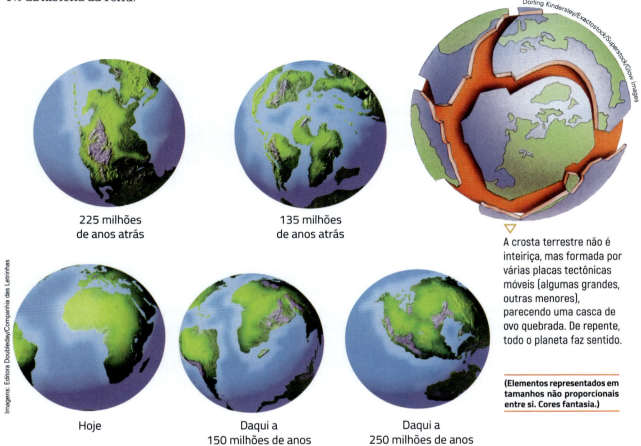

225 milhões de anos atrás

135 milhões de anos atrás

Hoje

Daqui a 150 milhões de anos

Daqui a 250 milhões de anos

A crosta terrestre não é inteiriça, mas formada por várias placas tectônicas móveis (algumas grandes, outras menores), parecendo uma casca de ovo quebrada. De repente, todo o planeta faz sentido.

(Elementos representados em tamanhos não proporcionais entre si. Cores fantasia.)

BRYSON, Bill. *Brevíssima história de quase tudo.* São Paulo: Companhia das Letrinhas, 2010. p. 84-85.

Você observou que as **imagens** revelam as mudanças espaciais provocadas no perfil dos continentes e ilustram uma representação das partições da crosta terrestre.

As informações do **texto verbal**, por sua vez, traçam as mudanças de conhecimento sobre as placas tectônicas ao longo do tempo.

Uma forma de organizar as informações de um texto pode ser reuni-las em tópicos.

Para exercitar esse tipo de organização, dividimos a abordagem do conteúdo do texto 1 em três grandes tópicos.

▸ Copie o quadro abaixo em seu caderno e preencha o espaço de cada tópico com as informações do texto.

Texto	"Crosta agitada", de Bill Bryson
Tópico 1: Passado	
Tópico 2: Presente	
Tópico 3: Futuro	
Conclusão	

TEXTO DE DIVULGAÇÃO CIENTÍFICA

Texto 2

As múmias fazem parte do imaginário e estão presentes em filmes, jogos, histórias, séries de televisão. Você sabe como se transformava um corpo em uma múmia? Leia o texto de divulgação científica a seguir e descubra.

Os cientistas conseguiram descobrir a receita original do produto com o qual se realizavam embalsamamentos no antigo Egito

Suas descobertas foram publicadas na revista *Journal of Archaeological Science*.

Testes forenses realizados em uma múmia de 3.700 a 3.500 antes de Cristo, conservada no Museu de Antiguidades Egípcias de Turim, na Itália, não apenas revelaram a receita do material usado para o embalsamamento, como também confirmaram que essa técnica foi aplicada muito mais cedo e foi usada mais amplamente do que se pensava inicialmente.

O bálsamo era composto de óleo vegetal, uma planta ou um extrato de raiz proveniente de juncos, uma substância à base de plantas, um açúcar natural que poderia ter sido extraído da acácia e resina aquecida de árvores coníferas. Junto com o óleo, a resina possuía propriedades antibacterianas, protegendo o corpo da decomposição.

Pesquisadores encontraram evidências da técnica de embalsamamento utilizada em múmias. Giza, Egito, março de 2014.

O embalsamamento era somente mais um passo no elaborado processo de preservação de um corpo. Os principais passos da mumificação consistiam na retirada do cérebro, extração dos órgãos internos e, em seguida, o corpo era colocado dentro de sal natural para secar. Depois o corpo era envernizado com o embalsamamento para matar as bactérias e envolvido em linho.

"Tendo identificado receitas de embalsamamento semelhantes em nossa pesquisa anterior sobre enterros pré-históricos, este último estudo fornece a primeira evidência de um uso geográfico mais amplo desses bálsamos e a primeira evidência científica do uso de embalsamamento em uma múmia egípcia intacta", disse Stephen Buckley, químico e arqueólogo da Universidade de York.

Disponível em: <https://br.sputniknews.com/ciencia_tecnologia/2018081811987390-mumia-egipcia-receita-embalsamento/>. Acesso em: 15 out. 2018.

▶ **junco:** planta herbácea de folhas lisas e flexíveis, que servem de material para fabricação de cestas, assentos, encostos de cadeiras, etc.

▶ **coníferas:** grupo de plantas classificadas como gimnospermas e que, em sua maioria, produzem frutos em forma de cone; seus exemplos mais comuns são as araucárias e os pinheiros.

▶ Copie no caderno o esquema a seguir e complete-o com as informações apresentadas no texto.

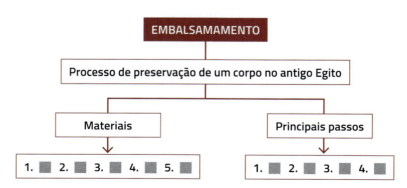

UNIDADE 5 • A ciência e a informação

PRODUÇÃO DE TEXTO

Esquemas ou tópicos de texto de divulgação científica

Na unidade anterior e nesta, você viu que produzir esquemas e dividir um texto em tópicos são maneiras eficientes de organizar as informações de um texto que expõe o conhecimento — científico ou não — sobre algum assunto.

Nesta seção, você e os colegas vão pesquisar textos de divulgação científica sobre o tema **vida saudável** e produzir esquemas ou tópicos para organizar as informações apresentadas nos textos. Depois, vocês vão expor em um painel o resultado da pesquisa com os esquemas ou tópicos produzidos.

▶ Planejamento

▸ Antes de dar início à produção de texto aqui proposta, relembre que o texto de divulgação científica apresenta os diferentes saberes de forma sistematizada, com a intenção de expor, explicar, apresentar uma informação ou um conhecimento. Quando o texto expositivo utiliza somente a linguagem verbal, sua estruturação deve atender aos seguintes critérios:

- expor e organizar as ideias-chave em parágrafos;
- apresentar três partes: introdução, desenvolvimento e fechamento;
- fazer uso de elementos de coesão para estabelecer relações entre os parágrafos e as partes;
- utilizar linguagem objetiva, mais formal e precisa.

▶ Pesquisa de textos

1▸ Converse com os colegas e com o professor sobre os fatores do dia a dia que podem contribuir para uma vida saudável: alimentação, horas de sono, prática de atividade física, lazer, descanso, entre outros. A turma pode convidar o professor de Ciências/Biologia para uma conversa.

2▸ Reúnam-se em grupos e escolham um desses assuntos para pesquisar.

3▸ Pesquisem o assunto em livros, didáticos ou não, revistas especializadas disponíveis na escola e em *sites* confiáveis.

4▸ O professor agendará uma data e um local para que os grupos façam a leitura do que foi pesquisado.

▶ Primeira versão

1▸ Decidam como expor os principais tópicos da pesquisa realizada de modo a divulgar as informações obtidas (esquema, gráfico, infográfico).

2▸ Conversem sobre a melhor maneira de contemplar todos os itens apresentados no esquema da página a seguir.

Minha biblioteca

Os alimentos transgênicos. Marcelo Leite. Publifolha.

Desde o início, a produção de alimentos transgênicos gerou muita polêmica, tanto na imprensa como nos tribunais e mesmo nos campos de cultivo. Neste livro, o autor explica como surgiram os transgênicos, o que eles são e quais os efeitos que já se sabe que produzem. As respostas ainda são parciais e, algumas vezes, conflitantes, no entanto podem ajudar a amenizar os temores e as incertezas em relação a esses alimentos.

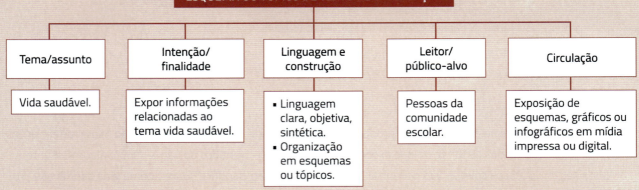

3▶ Anotem as informações de acordo com os itens presentes nesse esquema.

4▶ Lembrem-se de que a organização das informações deve deixar clara a relação entre elas, principalmente quanto às partes do texto informativo: introdução, desenvolvimento e fechamento.

❯❯ Revisão e reescrita

1▶ Releiam em voz alta o texto produzido e completem oralmente as relações indicadas pelas ligações visuais entre os tópicos.

2▶ Refaçam no esquema as ligações visuais que o grupo avaliou como de difícil compreensão ou com falhas.

3▶ Não se esqueçam de dar um título para o texto produzido. A expressão "vida saudável" deve estar presente nele.

❯❯ Divulgação

1▶ Combinem com o professor o dia e a hora em que cada grupo vai expor o resultado do trabalho para os colegas.

2▶ Apresentem o texto definitivo aos colegas e observem as soluções adotadas pelos diferentes grupos.

3▶ Depois da apresentação dos grupos, verifiquem coletivamente qual é a melhor forma de organizar um painel centrado no tema "vida saudável". Uma sugestão é montar um quadro com todos os esquemas, manuscritos ou digitados, gráficos ou infográficos ou produzir o conteúdo digitalizado, a fim de ser exibido em projeção a partir de telas do computador.

4▶ Verifiquem as orientações do professor sobre onde e quando realizar a exposição sobre o tema "vida saudável".

Autoavaliação

Chegou o momento de fazer um balanço de tudo o que foi estudado na Unidade 5. Leia o quadro de conteúdos para recordar o que estudou e, no caderno, avalie seu desempenho usando os tópicos propostos a seguir como orientação. Isso ajudará você na hora de organizar seus estudos.

Meu desempenho

- **Compreendi bem** (registre no caderno os itens que você compreendeu)
- **Avancei em** (registre no caderno os itens em que você melhorou)
- **Preciso rever** (registre no caderno os itens que você precisa estudar mais)
- **Outras observações e/ou outras atividades**

UNIDADE 5	
Gênero Texto de divulgação científica	**LEITURA E INTERPRETAÇÃO** • Leitura e interpretação do texto de divulgação científica "Águas subterrâneas também estão em risco", de Jurema Aprile • Localização e identificação da ideia-chave do texto de divulgação científica • Identificação de citação de autoridade e dos elementos coesivos em texto de divulgação científica • Localização das partes de um texto de divulgação científica • Interpretação de mapa, gráficos e infográfico **PRODUÇÃO** **Oral** • Exposição oral: Recursos hídricos: consumo e economia **Escrita** • Pesquisa em grupo de textos expositivos e elaboração de esquemas, gráficos ou infográficos para a produção coletiva de exposição sobre o tema "vida saudável"
Ampliação de leitura	**CONEXÕES** • Outras linguagens: Ilustração no texto de divulgação científica • Arte: pintura de René Magritte e letra de canção ("Tenho sede", Dominguinhos) • Notícia sobre estudos científicos: "Cientistas anunciam rio subterrâneo de 6 mil km embaixo do rio Amazonas", Alexandre Gonçalves **OUTROS TEXTOS DO MESMO GÊNERO** • "Crosta agitada", Bill Bryson • "Os cientistas conseguiram descobrir a receita original do produto com o qual se realizavam embalsamamentos no antigo Egito"
Língua: usos e reflexão	• Predicado verbal e completude das orações • Predicado verbal e predicado nominal • Verbo transitivo e verbo intransitivo • Verbo transitivo e seus complementos • Desafios da língua: Regência verbal
Participação em atividades	• Orais • Coletivas • Em grupo

UNIDADE 6

Ser ou ter? A propaganda tenta convencer

Você costuma comprar peças de vestuário de que não precisa só por estarem em liquidação? Você se lembra de alguma publicidade que levou você a adquirir um produto? Qual? E você se recorda de alguma propaganda que não tem a intenção de vender nada, apenas defender uma ideia? Qual?

Nesta unidade você vai:

- ler e interpretar anúncios publicitários;
- diferenciar as intenções de uma propaganda das intenções de uma publicidade;
- analisar os recursos de linguagem dos textos publicitários;
- identificar estratégias de convencimento;
- produzir propaganda de campanha para incentivar a leitura;
- produzir cartaz publicitário digital;
- identificar complemento nominal;
- estudar funções do adjunto adverbial;
- comparar diferentes regências nominais.

Correia: nattachai theawprasea/Shutterstock. Cinto: Ivosatik/Shutterstock. Liquidação: Dmitry Kostrov/Shutterstock. Planeta: Matic Stojs/Shutterstock. Plásticos: Fran Marin/Shutterstock.

PROPAGANDA

No mundo altamente competitivo em que vivemos, tentar influenciar a opinião do outro é uma prática frequente. A intenção de persuadir está presente em muitas e diferentes formas de discurso, mesmo que de maneira não explícita.

Desde a escolha das palavras até a organização do texto, são inúmeros os recursos que podem ser empregados na produção do discurso persuasivo.

O texto publicitário é bastante representativo desse discurso. Por meio das mais diferentes estratégias argumentativas, a publicidade, de modo geral, busca predispor o leitor ao consumo.

Nesta unidade você vai ler dois textos publicitários bem diferentes. No que será que eles diferem? Leia para saber.

Leitura

Texto 1

Propaganda da Campanha do Agasalho 2018. Governo do Rio Grande do Sul.

outfit: termo em inglês que significa: roupa, traje, vestuário.

Interpretação do texto

Compreensão inicial

1▶ A foto de um menino é a figura central da propaganda. Responda:
   a) Como ele está posicionado?
   b) O que essa posição parece indicar?
   c) Qual é a expressão do menino?

2▶ Qual foi a provável intenção de se colocar na propaganda uma criança com essa expressão?

3▶ Que palavra expressa o efeito produzido no leitor ao olhar para o menino? Justifique sua escolha.

alegria	tranquilidade	estranhamento	emoção	nervosismo

4▶ Na propaganda não há nenhum cenário, apenas um fundo branco. Assinale as alternativas que indicam o que a propaganda pretende destacar.
   a) Os preços zerados das roupas indicadas pelas setas.
   b) A cor vermelha das palavras e dos textos verbais.
   c) A figura central colorida do menino.
   d) Os nomes das pessoas que fazem parte da propaganda.

5▶ Na imagem, foram colocadas setas que indicam as peças de roupa do menino. Responda:
   a) Quais são os nomes próprios destacados em cada peça de roupa?
   b) Por que constam apenas os nomes, sem sobrenomes?
   c) Entre as doações, qual delas parece ter sido feita especialmente para o menino?
   d) O que você observou para dar sua resposta à pergunta anterior?
   e) Por que os preços estão zerados?

6▶ Em sua opinião, por que foi usada uma palavra em inglês — *outfit* — no título destacado pela cor vermelha?

7▶ A propaganda que você leu foi inspirada por vídeos que circularam nas redes sociais, em 2018, exibindo jovens que, interessados em estilo, costumam usar roupas e acessórios caríssimos. Esses vídeos ficaram conhecidos como "Quanto custa o *outfit*". Releia o título da propaganda:

> **Melhor** *outfit* do inverno

   a) A que valor social, também expresso na propaganda, a palavra *melhor* faz referência?
   b) O que parece diferenciar essa propaganda dos vídeos que circularam em 2018?

8▶ Essa propaganda não tenta vender nenhum produto, seu objetivo é convencer o leitor de uma ideia.
   a) Qual é essa ideia?
   b) Essa propaganda faz parte de uma campanha anual. Qual é ela? Justifique.
   c) A quem é dirigido o apelo?
   d) A propaganda está relacionada a um estado brasileiro onde o frio é muito intenso nessa estação do ano. Localize o estado na propaganda.

9▶ Leia estas definições de *ostentar* e *ostentação*:

> Ostentar: exibir-se ou exibir produtos de luxo. Ostentação: demonstração de riqueza.

   a) O que é proposto na propaganda e que foge ao sentido da palavra *ostentação*?
   b) Você considera esse apelo um bom argumento para uma campanha feita para quem precisa?

PROPAGANDA ❬ **205**

Leia um anúncio publicitário que usa diferentes recursos para convencer o leitor a consumir um produto.

Texto 2

Disponível em: <https://pedrozuccolini.com/following/all/pedrozuccolini.com/Havaianas-Sport>. Acesso em: 6 nov. 2018.

Interpretação do texto

Compreensão inicial

1▸ O que mais chamou sua atenção nessa publicidade? Por quê?

2▸ Qual é a sensação que os produtores dessa publicidade provavelmente pretendem despertar no leitor por meio dessa imagem? Assinale a alternativa mais adequada para responder a essa questão.

   a) Sensação de serenidade, meditação, paz.
   b) Sensação de alegria, movimento, disposição.
   c) Sensação de tranquilidade, calor, leveza.
   d) Sensação de tristeza, isolamento.

3▸ Observe que o cenário é uma arena circular.
   a) O que está no centro da arena?
   b) Não há atores no anúncio. Como os personagens são representados? Em geral, que papéis desempenham na propaganda? Que sensação essa escolha para o anúncio provoca em você? Explique.

UNIDADE 6 • Ser ou ter? A propaganda tenta convencer

4▸ A partir do centro da arena há vários níveis. Cada nível corresponde a um espaço de prática de esportes e nele há pessoas praticando diferentes atividades esportivas. Vamos percorrer juntos cada um dos níveis da arena. Observe, na imagem a seguir, as cores e os níveis indicados por números.
- É importante observar na imagem o círculo completo referente a cada um dos níveis.
- Escreva no caderno o nome de, pelo menos, um esporte que você tenha identificado em cada nível.

PROPAGANDA 207

5▸ Qual foi a provável intenção do produtor do anúncio ao escolher esse cenário para mostrar o produto?

6▸ As modalidades esportivas são apresentadas em espaços apropriados para sua prática: areia, água, grama, terra, concreto, etc. A intenção da publicidade é ressaltar algumas qualidades do produto identificadas com essa diversidade de pisos. Escreva duas qualidades que, em sua opinião, foram ressaltadas.

7▸ O cenário traz uma grande quantidade de personagens. Qual foi a estratégia empregada para destacar o produto em meio a todos eles?

8▸ Responda no caderno.

   a) Qual é o produto anunciado?

   b) Há uma palavra junto à <u>logomarca</u> que indica um tipo especial desse produto. Qual é ela?

   c) Em que outro lugar essa palavra aparece no cenário?

   d) A quem se destina essa publicidade?

> **logomarca:** representação visual que identifica uma empresa, um produto ou uma linha de produtos.

9▸ No canto direito do cenário está o texto verbal da publicidade. Leia:

> Recompensa para quem ganhou o jogo. Conforto para quem perdeu.

Você considera esse apelo um bom argumento para convencer o leitor a comprar o produto? Justifique sua resposta.

10▸ Os dois textos publicitários em estudo nesta unidade têm elementos em comum, mas também apresentam diferenças. No caderno, copie o quadro comparativo a seguir e complete-o com as informações do texto 2.

	Texto 1	Texto 2
O que é promovido	Doação e solidariedade.	
Público-alvo	Pessoas em geral.	
Recursos de apresentação	Um único personagem e uma cor de destaque: vermelho.	
Intenção	Convencer a participar de uma ação/campanha.	

Os textos publicitários buscam convencer o público-alvo a que se dirigem a respeito de algo. O anúncio que tem como principal objetivo persuadir o público a adquirir um **produto** ou um **serviço** é chamado de **publicidade** ou **propaganda publicitária**. Por sua vez, o anúncio que tem como finalidade persuadir o público a simpatizar com uma **ideia**, tomar certa atitude ou ter uma imagem positiva de uma empresa é chamado de **propaganda**.

11▸ Responda às questões a seguir em seu caderno.

   a) Qual dos dois anúncios lidos na unidade você classificaria como publicidade? Justifique.

   b) Qual pode ser classificado apenas como propaganda? Por quê?

Linguagem e construção dos textos 1 e 2

O texto argumentativo é também chamado de **texto persuasivo**, pois tem a intenção de persuadir o destinatário da mensagem, isto é, convencê-lo de alguma coisa: aceitar uma ideia, mudar uma atitude, concordar com um ponto de vista, comprar um produto.

> **Texto persuasivo** é o que tem a intenção de persuadir, ou seja, convencer alguém a aceitar algo ou a tomar uma atitude, ou então procura convencer alguém da necessidade de algo.

208   **UNIDADE 6** • Ser ou ter? A propaganda tenta convencer

Emprega-se particularmente o texto persuasivo na publicidade e na propaganda. Antes mesmo de convencer o público de algo, um anúncio precisa atrair a atenção das pessoas, que são expostas a inúmeros anúncios e nem sempre reparam em tudo o que veem ou ouvem. Para atingir suas intenções, os anúncios utilizam diferentes estratégias de convencimento: fazem uso de recursos de linguagem e de construção escolhidos para convencer. O texto publicitário tem por objetivo persuadir o público-alvo a respeito de um produto ou promover uma ideia ou a imagem de uma empresa.

Alguns elementos são comuns à construção da maioria dos textos publicitários. A **marca** (nome da empresa ou do produto) é apresentada por meio de:

- **símbolo** — imagem ou elemento gráfico que identifica a marca. Por meio de seus símbolos, muitos produtos, empresas ou instituições são rapidamente reconhecidos. A seguir, veja um exemplo:

Fotos: Reprodução/Banco do Brasil

- **logotipo** (do grego *logos* [estudo] + *typos* [letra]) — grupo de letras que forma a sigla ou palavra representativa da marca. Exemplo:

- *slogan* (do inglês, "grito"; essa palavra era usada para nomear o grito de guerra de antigos clãs escoceses) — frase curta, fácil de lembrar, sempre associada a um produto ou a uma empresa. É também chamado de bordão. Veja, como exemplo, este *slogan* do Banco do Brasil:

▶ **Em dupla.** Para identificar as marcas mais lembradas pelos brasileiros, o Datafolha, empresa especializada em pesquisa de opinião, uma vez por ano entrevista pessoas perguntando-lhes qual é a primeira marca que lhes vem à cabeça quando se trata de determinado produto (automóvel, sabão, refrigerante, etc.).

   a) Inspirados por essa pesquisa, respondam no caderno: Qual é a primeira marca que lhes vem à cabeça quando se trata de:
   - biscoito?
   - caneta?
   - computador?
   - tênis?

   b) Procurem recordar tudo sobre cada marca lembrada: símbolo, logotipo e *slogan*. Façam as anotações no caderno.

   c) Comparem suas respostas para, por meio das semelhanças entre os registros, identificar o que é mais forte em cada marca: o símbolo, o logotipo ou o *slogan*.

Estratégias de convencimento

Quem produz um texto de propaganda ou de publicidade utiliza os recursos da comunicação de forma estratégica para **persuadir**, para **convencer** alguém a proceder de determinado modo: faz escolhas de linguagem e estrutura o texto com o objetivo de chamar a atenção, despertar emoções, sensibilizar o público-alvo.

Os recursos de linguagem usados com o objetivo de persuadir o público-alvo são chamados de **estratégias de convencimento**. Confira algumas dessas estratégias no quadro da página a seguir.

Estratégias de convencimento

1. Apresentação de diversas "verdades"
Trata-se de discurso aparentemente mais aberto, isto é, que não apresenta uma verdade única sobre um assunto, além de se valer de argumentos subjetivos, que apelam para sentimentos e emoções. São exemplos desse tipo de discurso: letra de canção, poema, frases do senso comum (jargões, clichês).

2. Apresentação de argumentos baseados em dados que podem ser comprovados
É o caso de discurso que utiliza dados científicos para convencer a opinião pública sobre uma questão ligada ao mundo da ciência. Por exemplo, valer-se de dados científicos para argumentar a favor da clonagem de órgãos humanos.

3. Apresentação de discurso com verdades impositivas, ou seja, que têm caráter de imposição, obrigação
Trata-se do discurso que emprega sobretudo o modo imperativo (*faça, use*, etc.). Vale-se do domínio verbal, pela palavra. Por exemplo, em uma situação cotidiana, o pai determina o horário em que o filho deve voltar para casa após uma festa.

Os textos publicitários em estudo nesta unidade podem causar certa estranheza no leitor por não terem sido elaborados com os recursos mais usuais de convencimento. Esse estranhamento é provocado para atrair a atenção do público para os anúncios. Veja:

- No texto 1, há a intenção de convencer o leitor a participar de uma campanha do agasalho, mas não há nenhuma palavra solicitando doações, como *participe, doe*.
- No texto 2, que foi elaborado para convencer o leitor a consumir um produto, não se faz um apelo explícito para a aquisição de alguma coisa. Por exemplo, não há palavras ou expressões como *compre, tenha, seja dono de*, etc.

Nos anúncios lidos não foram empregados os recursos que mais costumam ser utilizados para chamar a atenção do leitor. Foram escolhidos outros recursos de linguagem e de construção como estratégias de convencimento, considerando o público a ser atingido.

1▸ No caderno, escreva a marca e o *slogan* do produto anunciado no texto 2.

2▸ Você estudou que *slogan* é uma frase curta, fácil de lembrar. Entretanto, o *slogan* da publicidade do texto 2 é composto de duas frases mais longas. De que modo esse *slogan* poderia ser escrito em uma frase curta e fácil de lembrar? Escreva seu *slogan* e compare com o dos colegas.

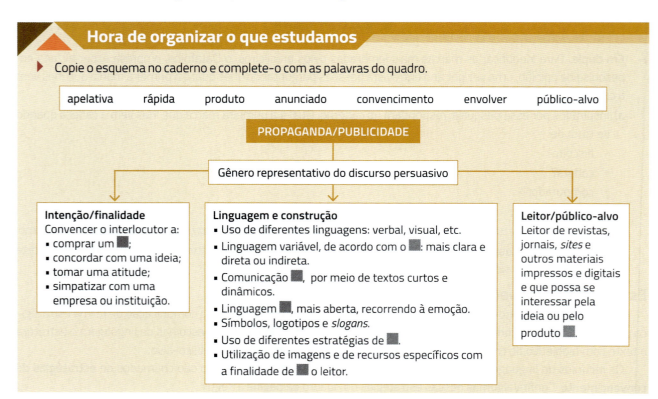

UNIDADE 6 • Ser ou ter? A propaganda tenta convencer

Atividades: estratégias de convencimento

1▸ Em grupo. Procurem, em revistas ou em jornais de grande circulação, exemplos de propaganda e de publicidade. Tragam esses anúncios para a sala de aula e verifiquem:

a) qual é o tipo de publicidade mais frequente;

b) qual é o *slogan* de cada anúncio;

c) o que se destaca na imagem desses anúncios;

d) como as publicidades procuram chamar a atenção do público a que se dirigem;

e) quais são as ideias que as propagandas selecionadas promovem;

f) se os anúncios coletados são menos ou são mais criativos que os estudados nesta unidade.

2▸ Em grupo. Leiam o quadro a seguir:

Mundo virtual

<www.conar.org.br>

O Conselho Nacional de Autorregulamentação Publicitária (Conar) é uma ONG encarregada de fazer valer o Código Brasileiro de Autorregulamentação Publicitária, criado no final dos anos 1970 pelos próprios agentes da publicidade brasileira. Segundo o *site*, a missão do Conar é "impedir que a publicidade enganosa ou abusiva cause constrangimento ao consumidor ou a empresas e defender a liberdade de expressão comercial". O Conar atende a denúncias de consumidores, de autoridades, de seus associados, ou ainda formuladas pela própria diretoria, sempre garantindo amplo direito de defesa ao acusado. Quando a denúncia é considerada procedente, recomenda-se aos veículos de comunicação a suspensão da exibição da peça ou sugerem-se correções à propaganda. (Acesso em: 16 out. 2018.)

Recursos de persuasão em anúncios publicitários	Exemplos
1. Apelo a sentimentos e emoções	• Uso de argumentos subjetivos e clichês (ditados e "sabedorias" pertencentes ao senso comum; imagens que apelam para a emoção ao mostrarem crianças, relacionamentos afetivos, locais paradisíacos, animais de estimação, casais felizes, etc.).
2. Determinação de ações do consumidor	• Uso dos verbos no modo imperativo (*compre, use, doe, faça...*).
3. Estranhamento	• Publicidade que apresenta algo fora do lugar em que costuma ser usado; por exemplo, um bode na sala de um apartamento. • Tratamento gráfico de foto ou de texto de modo diferenciado, que chama a atenção.
4. Estereótipo (fórmula consagrada)	• Família composta de casal tradicional e filhos, todos lindos, anunciando margarina. • Foto de pessoa com sobrepeso e da mesma pessoa mais magra, formando um "antes e depois", em anúncio de equipamento para emagrecer.
5. Criação de inimigos invisíveis personificados	• Cárie (para creme dental). • Mau cheiro (para desinfetante).
6. Argumento de autoridade	• Atleta anuncia suplemento de vitaminas. • O texto cita opinião favorável de um especialista no assunto.

a) Pesquisem anúncios publicitários em revistas e jornais que possam servir de exemplo para um desses recursos de persuasão. De acordo com a orientação do professor, cada grupo pode ficar encarregado de pesquisar sobre um desses recursos. Exemplo: **grupo 1** — procura anúncios que usam **estereótipos** como recurso de persuasão; **grupo 2** — procura anúncios que usam **argumento de autoridade**; etc.

b) Elaborem um cartaz com os anúncios pesquisados. Usem o recurso escolhido como título.

c) Depois que os cartazes de todos os grupos estiverem prontos, observem todos e avaliem, de acordo com o quadro acima, que recursos são:

- mais frequentes;
- mais criativos;
- mais eficientes;
- mais explícitos;
- mais implícitos;
- mais convincentes.

Reprodução/<http://www.conar.org.br>

PROPAGANDA 211

3 ▸ Observe este anúncio e responda no caderno às questões propostas a seguir.

a) Que sensação a imagem desse anúncio pretende provocar no leitor?

b) Qual é a intenção principal do anúncio?

c) O produto é apresentado de modo explícito ou implícito? Justifique.

d) Quanto à marca e ao produto anunciado, responda:
- Há um logotipo? Qual?
- Há um símbolo? Qual?

e) Observe a linguagem verbal que é vista no anúncio.
- O que é escrito em letras maiores: o nome do produto ou sua marca?
- Em sua opinião, por que foi dado esse destaque?

f) Qual é o *slogan* do anúncio? Copie-o no caderno.

g) Que tipo de discurso é empregado no *slogan* do anúncio? Assinale a resposta correta:
- O discurso é mais racional; são apresentados argumentos lógicos.
- O discurso é mais aberto; apela para sentimentos e emoções do leitor.

h) Quanto à linguagem, procura atingir um público-alvo diversificado ou determinado? Justifique sua escolha.

i) Quanto ao uso dos verbos, assinale a alternativa adequada:
- Verbo usado no imperativo, ditando um comportamento para o leitor.
- Verbo usado na primeira pessoa do plural, para criar cumplicidade com o leitor.
- Verbo usado no presente do indicativo, porque indica uma situação real.

j) O anúncio apresenta um argumento de autoridade.
- Copie a frase que comprova essa afirmativa.
- O que se procura sugerir ao leitor por meio desse argumento?

k) Trata-se de uma publicidade ou de uma propaganda? Justifique.

l) Sintetize os recursos de persuasão desse anúncio elaborando no caderno um quadro como o indicado abaixo:

Anúncio de gel para limpeza de pele	
Quanto à linguagem	Quanto à intenção

212 UNIDADE 6 • Ser ou ter? A propaganda tenta convencer

4 ▸ Analise esta publicidade:

Anúncio publicado na revista *Boa Forma*. São Paulo: Abril, n. 4, ano 20, abr. 2005, p. 36-37.

a) Monte no caderno um quadro como o indicado ao lado e preencha-o de acordo com os recursos de convencimento que esse anúncio utiliza.

Anúncio de bebida isotônica	
Quanto à linguagem	Quanto à intenção

b) O anúncio procura vender uma bebida isotônica, ou seja, formulada para ajudar atletas e praticantes de atividades físicas prolongadas a repor líquidos e sais minerais perdidos durante a prática de esportes. Bebidas como essa concentram sódio, carboidratos, potássio, vitaminas e minerais. Em sua opinião, no dia a dia, esse tipo de produto é consumido associado à prática de esportes?

5 ▸ Compare o quadro de análise que você produziu sobre o anúncio da atividade 3 (gel para limpeza de pele) com o produzido para o anúncio da atividade 4 (bebida isotônica). Em sua opinião, qual dos anúncios é mais persuasivo? Por quê?

Prática de oralidade
Conversa em jogo
Ostentação: sim ou não?

Para inspirar a conversa sobre ostentação, leia a tirinha a seguir.

Disponível em: <http://adao-tiras.blog.uol.com.br/mundo_monstro/>. Acesso em: 20 out. 2018.

PROPAGANDA 213

Nessa tirinha o comprador não se importa com as qualidades do produto que comprou, e sim com a oportunidade de "ficar **exibindo** por aí".

Nesta unidade, você observou que ostentar é exibir produtos de luxo e dar demonstração de riqueza. Converse com os colegas sobre as questões a seguir.

1▸ Você costuma se vestir sem se importar com o valor da peça que está usando?

2▸ Na sua opinião, ostentar peças caras pode fazer a pessoa ser mais feliz?

3▸ Em um mundo de desigualdades sociais, essa atitude é positiva?

Debate

A felicidade depende de ter muitas coisas?

Em geral as propagandas publicitárias vendem a ideia de que para ser feliz é preciso consumir e ter tudo o que se anuncia. A ideia de felicidade, entretanto, pode não ser essa. Esta seção convida-o a refletir e a expor aos colegas da turma o que você pensa a esse respeito.

▸ **Preparação**

1▸ Leia o que Mahatma Gandhi, uma das mais respeitadas personalidades da história da Índia, disse sobre a felicidade:

> Felicidade é quando o que você pensa, o que você diz e o que você faz estão em harmonia.
>
> ROHDEN, Hubert. *Mahatma Gandhi*. São Paulo: Martin Claret, 2012.

Mahatma Gandhi (1869-1948): coerente com o princípio da não violência, liderou o povo indiano em sua luta pacífica pela independência do país, que na época era colônia da Inglaterra. A Índia conquistou a independência em 1947.

2▸ Pense: Como você definiria a felicidade?

3▸ Registre seu pensamento, escrevendo em uma tira de papel uma frase que resuma sua ideia de felicidade. Explique sua opinião completando a frase com: "... porque... ".

▸ **Momento do debate**

1▸ Leia para a turma o seu **conceito de felicidade** e ouça o de seus colegas.

2▸ Observe as opiniões que se assemelham, as que se completam, as que diferem parcial ou totalmente das outras.

3▸ Na sua vez, defenda seu ponto de vista, justificando-o.

4▸ No final do debate, conversem:
   a) Para a maioria dos colegas, o que é felicidade?
   b) O conceito de felicidade da maioria está mais próximo do que propõem as propagandas publicitárias ou da frase de Gandhi?

De olho na tela

Voando alto. Direção de Dexter Fletcher. 2016 (105 min).

O filme narra a história de Eddie Edwards, que sonha em participar dos Jogos Olímpicos. Ele, porém, tem poucas chances e muitos problemas: não tem quem o financie e, principalmente, enfrenta alguns problemas físicos. O objetivo de Eddie não é ganhar uma medalha, mas simplesmente participar do evento. Em certo momento, ele percebe que pode ter uma chance na categoria de salto sobre esqui e se empenha para isso. Para conseguir uma vaga nos Jogos Olímpicos de 1988, ele conta então com a ajuda de um ex-esportista que enfrentou problemas de disciplina em sua época de atleta.

CONEXÕES ENTRE TEXTOS, ENTRE CONHECIMENTOS

Outras linguagens: Pintura e ilustração

Iniciado em meados do século XX, o movimento artístico conhecido como *pop art* trabalhava nas obras de arte elementos da vida cotidiana e da cultura do consumo, procurando chamar a atenção do público para essa realidade do mundo contemporâneo.

Alguns dos artistas desse movimento criaram obras inspiradas em produtos comuns do dia a dia e na própria ideia dos anúncios publicitários, valendo-se de imagens veiculadas em jornais, revistas e embalagens.

Observe a imagem reproduzida nesta página. Trata-se de uma antiga propaganda publicitária de um hotel que oferecia esportes e diversão aos hóspedes, procurando incentivar a vida saudável. Publicada em um jornal estadunidense, essa publicidade serviu de inspiração a um dos artistas da *pop art*, conforme você verá na página seguinte.

Pop art (ou arte *pop*): na década de 1960, vários artistas engajaram-se na produção de uma arte popular (*pop*), ou seja, capaz de se comunicar diretamente com o público por meio de símbolos da vida cotidiana, incorporando, assim, elementos das histórias em quadrinhos, da publicidade, das imagens da televisão e do cinema. A ideia era produzir uma arte que fosse barata, popular, consumível, jovem e chamativa. Nesse movimento, destacaram-se os artistas estadunidenses Andy Warhol (1928-1987) e Roy Lichtenstein (1923-1997), entre outros.

▷ Antigo anúncio publicitário publicado no jornal *New York Times*.

📖 Minha biblioteca

No tempo de Warhol.
Antony Mason. Callis.

Com uma linguagem mais informal, o livro apresenta a *pop art* e os artistas que contribuíram para seu desenvolvimento. Traz como destaque Andy Warhol. Comenta outros movimentos artísticos inovadores da segunda metade do século XX.

PROPAGANDA 215

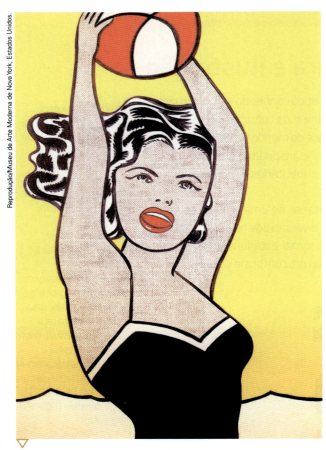

Moça com bola, de Roy Lichtenstein, 1961.

1 ▸ **Em grupo.** Inspirado pela propaganda publicitária vista na página anterior, o artista Roy Lichtenstein criou a obra ao lado. Conversem sobre ela e identifiquem:

a) os aspectos que mostram que o anúncio inspirou a pintura;

b) os efeitos produzidos pelo emprego das cores na pintura;

c) as ideias de vida saudável, de esporte e de diversão que podem ser percebidas na pintura, mesmo sem o texto do anúncio.

Roy Lichtenstein (1923-1997): nasceu na cidade de Nova York, nos Estados Unidos. Foi um artista representante da *pop art*. Parte de sua obra é caracterizada pelo uso da estética das histórias em quadrinhos.

2 ▸ A **ilustração** abaixo foi produzida para anunciar um eletrodoméstico. Observem:

Agência DM9DDB. Disponível em: <www.cutedrop.com.br/2011/10/kitchenaid-a-arte-e-a-criacao-na-publicidade/>. Acesso em: 15 ago. 2018.

216 ▸ UNIDADE 6 • Ser ou ter? A propaganda tenta convencer

Agora vejam a obra *O beijo*, do pintor austríaco Gustav Klimt:

O beijo, de Gustav Klimt, 1907-1908. Óleo e folha de ouro sobre tela, 180 cm × 180 cm.

Gustav Klimt (1862-1918): foi um pintor austríaco considerado extravagante e singular na sua época. Seu estilo se caracteriza por ser extremamente decorativo, repleto de detalhes e marcado pelo uso do dourado. A figura feminina é bastante presente em sua obra.

Conversem:

a) É possível dizer que essa obra de arte inspirou a propaganda?

b) Quais aspectos vocês observaram para responder ao item anterior?

c) O *slogan* da publicidade reproduzida na página anterior dá uma dica de que o anúncio foi inspirado em uma obra de arte. Justifiquem essa afirmativa.

d) Vocês se lembram de outros anúncios publicitários inspirados por obra de arte? Quais? Acham que algum produto poderia se tornar mais atrativo se sua propaganda fosse inspirada por alguma obra de arte em especial? Por quê?

 **De olho na tela**

A dama dourada. **Direção de Simon Curtis. 2015 (109 min).**

O filme conta a luta judicial de Maria, uma judia austríaca, sobrevivente da Segunda Guerra Mundial, que tenta reaver a obra de arte *A dama dourada*, retrato de sua tia pintado pelo artista Gustav Klimt. Roubada pelos nazistas durante a ocupação do país, a tela encontra-se em um museu austríaco. Contando com a ajuda de um advogado inexperiente, para reaver o retrato ela enfrenta a batalha judicial contra o governo da Áustria e os traumas do passado.

PROPAGANDA 217

Tirinhas, outra forma de convencer

Nesta unidade, você leu uma propaganda que, de modo indireto, criticou a atitude de ostentação e usou isso para convencer o leitor a simpatizar com uma proposta de doar roupas e ser solidário. É possível também convencer o público a simpatizar com uma ideia utilizando humor e crítica. Leia as tirinhas a seguir para comprovar isso.

Tirinha 1

Disponível em: <https://bsf.org.br/2009/03/27/mundo_monstro/>. Acesso em: 20 out. 2018.

Fiódor Dostoiévski (1821-1881): foi escritor, filósofo e jornalista russo. Entre seus romances mais renomados estão *O idiota*, *Crime e castigo* e *Os irmãos Karamazov*. É considerado um dos maiores escritores da literatura mundial.

1 ▸ O personagem da esquerda se exibe falando os nomes das marcas de cada item de sua vestimenta. No último balão, o personagem da direita responde citando Dostoiévski. Conversem: Qual é a crítica que se pode perceber na citação do escritor russo pelo personagem da tirinha apontando para a própria cabeça?

Tirinha 2

Disponível em: <htpps:www.facebook.com/aiturrusgarai/photos/>. Acesso em: 20 out. 2018.

2 ▸ Discutam: Qual é a crítica percebida nessa tirinha?

Tirinha 3

WATTERSON, Bill. O melhor de Calvin. *O Estado de S. Paulo*. São Paulo, 23 dez. 2004. Caderno 2.

Vivemos em uma época de bombardeio de propagandas publicitárias tentando nos convencer de que precisamos de determinados produtos, criando em nós necessidades de consumo e o desejo de ter. A arte muitas vezes colabora para que se percebam os problemas decorrentes dessa situação.

3 ▸ Conversem: Qual é a crítica que se percebe na tirinha?

4 ▸ Depois de ler as tirinhas, conversem sobre as semelhanças e diferenças entre elas em relação ao tema.

Língua: usos e reflexão

Complementos e completude de sentidos

Na unidade anterior você estudou complementos verbais: palavras ou expressões que complementam o sentido de verbos. Mas não são apenas verbos que necessitam de complementos. Veja a seguir.

Complemento nominal

Observe os dois cartazes a seguir:

1º princípio

"Todas as crianças [...] serão credoras destes direitos, sem distinção ou discriminação por motivo de raça, cor, sexo, língua, religião, opinião política ou de outra natureza, origem nacional ou social, riqueza, nascimento ou qualquer outra condição, quer sua ou de sua família."

4º princípio

"A criança [...] terá direito a crescer e criar-se com saúde [...]. A criança terá direito a alimentação, recreação e assistência médica adequadas."

Esses cartazes fazem referência a dois dos princípios da Declaração dos Direitos da Criança:

Toda criança tem **direito** à igualdade.

Toda criança tem **direito** à saúde e alimentação.

Se, em um diálogo, falássemos essas frases apenas até a palavra *direito*, nosso interlocutor provavelmente nos perguntaria: "Direito a quê?".

Poderíamos responder:

Direito —— à igualdade.
          à saúde e alimentação.

Poderíamos completar com outros direitos:

Direito —— ao amor.
          à liberdade.
          a passeios de domingo.

↓   ↓
substantivo complemento nominal

Todas essas expressões complementam o sentido da palavra *direito*, que é um substantivo.

> **Declaração dos Direitos da Criança:** a Assembleia das Nações Unidas aprovou a Declaração dos Direitos da Criança em 20 de novembro de 1959. Organizada em dez princípios, defende o direito da criança à liberdade, ao brincar e ao convívio social, entre outros. Foi inspirada pela Declaração Universal dos Direitos do Homem, aprovada em 1948.

PROPAGANDA 219

Assim como alguns verbos precisam de complementos para que a ideia expressa por eles seja completa, algumas palavras que não são verbos também precisam de complementos.

> As palavras ou expressões que complementam o sentido de substantivos, adjetivos ou advérbios são os **complementos nominais**.

Volte à página anterior e observe ainda que as expressões propostas para completar o sentido do substantivo *direito* foram sempre acompanhadas da **preposição** *a*.

Direito **a** alguma coisa.

Verifique o que ocorre com a presença da preposição *a* ligando o complemento nominal ao termo por ele complementado:

a (preposição) + **o** (artigo) ⟶ **ao**
a (preposição) + **a** (artigo) ⟶ **à**

▸ Leia o quadrinho humorístico reproduzido abaixo.

THAVES, Bob. Frank & Ernest. *O Estado de S. Paulo*. São Paulo, 8 set. 2011. Caderno 2, p. D4.

a) Converse com os colegas sobre o sentido do quadrinho. Depois assinale a resposta correta: a expressão "escada do sucesso" representa:

- um meio de subir na árvore.
- um meio de subir na vida.

Considerando que o personagem Ernie prefere ficar descansando a subir a "escada do sucesso", de que forma pode ser interpretada a alegação dele de que "tem medo de altura"?

b) Se o personagem tivesse dito apenas "O Ernie diz que tem medo", a ideia ficaria clara? O que, provavelmente, o interlocutor perguntaria?

Na fala do personagem do quadrinho, a expressão "de altura" é empregada como **complemento nominal**: ela complementa o sentido do substantivo *medo*.

Compare estas duas frases:

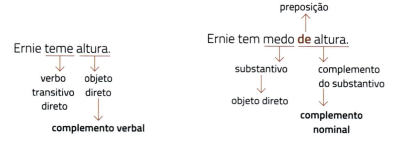

UNIDADE 6 • Ser ou ter? A propaganda tenta convencer

Geralmente, **nomes** — substantivos, adjetivos, advérbios — que necessitam de complemento nominal são derivados de verbos transitivos, isto é, de verbos que também necessitam de complementos. Por isso também são considerados palavras transitivas.

Observe:

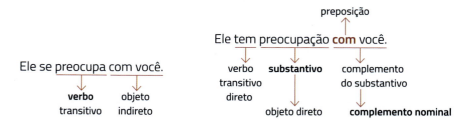

Nas frases a seguir, são empregados o adjetivo *preparado* e o advérbio *favoravelmente*, que derivam, respectivamente, dos verbos *preparar* e *favorecer*.

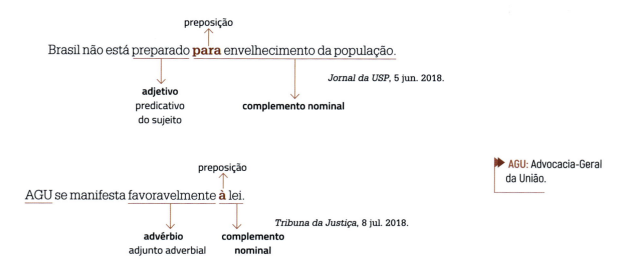

Jornal da USP, 5 jun. 2018.

▶ **AGU:** Advocacia-Geral da União.

Tribuna da Justiça, 8 jul. 2018.

Veja outros casos em que palavras derivadas de verbos transitivos também necessitam de complemento. Os termos sublinhados são os complementos nominais.

• Seu trabalho **agradou** ao diretor.	• Seu trabalho foi **agradável** <u>ao</u> diretor.
• O prêmio **foi entregue** ao cientista.	• Foi feita a **entrega** <u>do</u> prêmio ao cientista.
• O chefe **favoreceu** o estagiário.	• Houve **favorecimento** <u>do</u> estagiário.
• **Vendeu** a casa ontem.	• Fez a **venda** <u>da</u> casa ontem.

Observe as preposições destacadas acima:
- **a** (preposição) + o (artigo) ⟶ **ao**
- **de** (preposição) + o (artigo) ⟶ **do**
- **de** (preposição) + a (artigo) ⟶ **da**

Nesses casos ocorre a **combinação** de uma preposição com um artigo. As preposições podem se combinar com artigos, pronomes e advérbios. Por exemplo:
- **de** + o ⟶ **do**
- **em** + a ⟶ **na**
- **de** + isso ⟶ **disso**
- **em** + ele ⟶ **nele**
- **de** + aqui ⟶ **daqui**
- **em** + isso ⟶ **nisso**

PROPAGANDA

O **complemento nominal**:
- é um termo que vem sempre associado a um nome (substantivo, adjetivo ou advérbio);
- complementa nomes com significação transitiva, isto é, que para terem o sentido completo necessitam de um complemento sobre o qual recaia a ação contida no nome;
- sempre vem ligado ao nome a que se refere por meio de uma preposição.

No quadro a seguir estão listados substantivos, adjetivos e advérbios que têm significação transitiva acompanhados de complementos nominais (os termos destacados). Observe:

Substantivos	Adjetivos	Advérbios
obediência **às leis**	impróprio **para menores**	contrariamente **às instruções**
aliança **com o estrangeiro**	útil **à comunidade**	paralelamente **à praia**
fé **em Deus**	contente **com a vida**	coerentemente **com seus princípios**

Leia mais algumas expressões que são compostas de complementos nominais:
- defesa **de ideias**
- assistência **aos enfermos**
- apto **para o trabalho**
- amor **aos filhos**
- respeito **ao próximo**
- gosto **pela arte**
- precavido **contra a corrupção**
- luta **contra o mal**

Observe que, para ligar os nomes aos complementos, foi necessário o emprego de preposições. As preposições muitas vezes indicam que tipo de dependência há entre as palavras ligadas. Essa relação é chamada de regência.

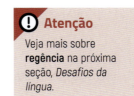

Atenção
Veja mais sobre **regência** na próxima seção, *Desafios da língua*.

Atividades: complemento nominal

1▸ Transcreva em seu caderno os complementos nominais presentes nas frases a seguir.
   a) Sempre teve receio de roubos e de assaltos.
   b) A ciência só terá valor se for em benefício do ser humano.
   c) Diminuiu a devolução de cheques em nossa cidade.
   d) Para ajudar a preservar a natureza, deve-se reduzir o consumo de água.
   e) Os deputados não podem votar contra o interesse da maioria.

2▸ Leia este título de notícia:

Botsuana busca solução para preservar animais em extinção

Zero Hora, 24 mar. 2015.

verbo transitivo direto — complemento verbal objeto direto

▸ **Botsuana**: país da região sul do continente africano.

Na reconstrução desse título proposta abaixo, observe a transformação do verbo em um substantivo que exige complemento acompanhado de preposição:

Botsuana busca solução para a **preservação de animais em extinção**

substantivo — complemento nominal

Silhueta de animais africanos ao pôr do sol.

Considerando o modelo de alteração de verbo visto nesta atividade, reescreva no caderno as frases a seguir transformando os verbos destacados em substantivos e faça as adequações necessárias.

a) Para que haja progresso, não é necessário **extinguir** os recursos naturais.

b) Todos os presentes **interessavam-se** pelas propostas ecológicas.

c) **Defender** a liberdade de expressão é responsabilidade de todos.

d) **Destruir** monumentos históricos prejudica a memória coletiva.

e) É fundamental **compreender** nossos direitos.

f) **Orientar** os turistas durante o passeio pela cidade é imprescindível.

g) É necessário aguardar a bilheteria abrir para **comprar** os ingressos.

h) Aguardamos Mariana **chegar**.

i) Para agradar o cliente, é necessário **entregar** o carro no prazo combinado.

3▸ Em seu caderno, reescreva as frases propostas a seguir completando o sentido dos **nomes** — substantivo, adjetivo, advérbio — com termos que ajudem a tornar o significado da frase mais preciso. Lembre-se de que, ao completar a frase com um complemento nominal, será necessário usar preposição.

a) Ninguém mais tem interesse ▪.

b) Não sabemos quem foi o responsável ▪.

c) O respeito ▪ é fundamental para um crescimento mais saudável.

d) A venda ▪ foi lucrativa para o país.

e) Independentemente ▪, iremos à manifestação pela paz.

f) Esperamos ser úteis ▪.

g) Depois dessas epidemias de gripe, perdemos a confiança ▪.

h) O presidente tem certeza ▪.

i) Não tenha receio ▪.

4▸ Em seu caderno, copie, de cada frase a seguir, as expressões empregadas para complementar o sentido dos substantivos ou dos adjetivos. Indique que termo é complementado.

a) Países ameaçam reter ajuda à Grécia.

b) Deputados cobram explicação sobre a doença do presidente.

c) Projeto quer proteção para a fauna de Fernando de Noronha.

d) Nenhuma pessoa ficou indiferente ao apelo de ajuda às vítimas.

e) A decisão do juiz foi favorável à mulher.

f) Você foi indicado para ser o responsável pelos brindes da festa.

g) A preservação do meio ambiente é um compromisso de todas as pessoas.

Praia de Fernando de Noronha, PE.

PROPAGANDA 223

Complementos circunstanciais e adjuntos adverbiais

Você estudou em unidades anteriores que alguns verbos intransitivos precisam de complementos especiais para indicar circunstância de tempo, lugar, modo, etc. Leia a tira a seguir para observar alguns casos desse tipo.

WATTERSON, Bill. O melhor de Calvin. *O Estado de S. Paulo*. São Paulo, 3 nov. 2011. Caderno 2.

▸ Nessa tira com o personagem Calvin, o que provoca o humor?

Compare estas três falas da tira:

> Posso ir **dentro do carrinho**? (A)

> Está bem. Entra **aí**. (B)

> Agora empurra [o carrinho] **no corredor** e solta! (C)

As expressões destacadas em cada fala (A, B e C) indicam circunstâncias de lugar.

Reflita: Quais das frases teriam o sentido incompleto se sua indicação de lugar fosse retirada, sem que soubéssemos o contexto em que são faladas?

Observe que, nas frases A e B, se as expressões indicativas de lugar fossem retiradas, provavelmente o interlocutor perguntaria: "Ir aonde? Entrar onde?". Portanto, essas frases ficariam com o sentido incompleto caso não houvesse a indicação de lugar.

Na frase C, a expressão não é imprescindível para a compreensão: é uma informação a mais, que pode ser eliminada sem comprometer o sentido da frase.

Leia:

As janelas devem ficar o dia inteiro abertas para o jardim.
                     ↓
                expressão de **tempo**

Perceba que a expressão sublinhada indica tempo e amplia a ideia de permanência expressa pelo verbo, modificando-a. A expressão indica o período em que essa ação deve ocorrer: "o dia inteiro".

Observe como a ideia do verbo *ficar* pode ser alterada ao mudarmos a circunstância relacionada a ele:

As janelas devem ficar sempre abertas para o jardim.
              ↓
          tempo

As janelas não devem ficar abertas para o jardim.
      ↓
  negação

UNIDADE 6 • Ser ou ter? A propaganda tenta convencer

As janelas devem ficar completamente abertas para o jardim.
→ modo

As janelas devem ficar abertas aqui.
→ lugar

As janelas certamente devem ficar abertas para o jardim.
→ afirmação

Os **advérbios** e as **locuções adverbiais** são expressões que indicam circunstâncias de tempo, de lugar, de modo ou que complementam a ideia de alguns termos com essas circunstâncias.

Muitas vezes a circunstância indicada tem a mesma importância de um complemento: se for retirada deixará a frase incompleta. Assim, alguns advérbios ou locuções adverbiais também podem atuar como complementos.

> Na oração, os advérbios ou locuções adverbiais exercem a função de **adjuntos adverbiais**: expressões que modificam a ideia de um verbo, de um adjetivo ou de outro advérbio, acrescentando-lhes uma circunstância.

Veja mais alguns exemplos:

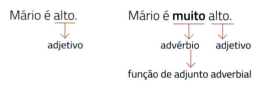

Nesse caso, o advérbio modificou um adjetivo: *alto*.

O advérbio também pode modificar outro advérbio. Veja:

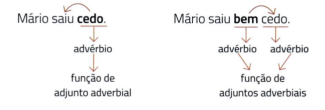

Leia este título de matéria jornalística:

Diário do Nordeste, 26 mar. 2015.

Nessa frase, há três situações que exemplificam o uso de adjunto adverbial (A, B e C). Em A e B, o advérbio modifica um adjetivo: "**pouco** calóricos" e "**muito** nutritivos". Em C, o advérbio modifica a locução verbal: "devem estar **sempre**". Observe que, em A e B, os advérbios ajudam a estabelecer o sentido do texto: peixes representam poucas calorias, peixes são nutritivos. Se não fossem empregados esses termos, a construção poderia ficar menos precisa.

PROPAGANDA 225

No quadro a seguir, veja tipos de circunstância expressos pelo adjunto adverbial, acompanhados de exemplos.

Circunstância	Exemplo de adjunto adverbial
tempo	Cheguei **cedo**./Mude de atitude **de vez em quando**.
lugar	**Na Bahia** há igrejas com detalhes de ouro./O banheiro fica **à esquerda**.
modo	Gostavam de passear **lado a lado**.
intensidade	Ele está cansado, fez exercícios físicos **em excesso**.
finalidade	Trabalhou muito **para a compra da casa**.
causa	Esqueceu os convites em casa **por distração**./Os galhos das árvores congelaram **com o frio**.
companhia	Saí **com meu namorado**.
dúvida	**Provavelmente** será aprovado o aumento de impostos.
afirmação	**Certamente** o auxílio aos flagelados seguirá hoje à noite.
negação	**Nunca** despreze a intuição de seus pais!
assunto	A aula foi **sobre alimentos transgênicos**.

Atividades: adjuntos adverbiais

1 ▸ Leia a tira a seguir, em que os personagens não aparecem, apenas são indicadas suas falas ou seu pensamento.

DAVIS, Jim. Garfield. *Folha de S.Paulo.* São Paulo, 15 jul. 2011. Ilustrada, p. E13.

   a) Mesmo sem aparecerem, é possível deduzir quem são os personagens envolvidos na cena? Em seu caderno, explique com elementos da própria tira.
   b) O que provoca humor na tirinha?
   c) No primeiro quadrinho, o personagem manifesta surpresa com relação à situação, dizendo: "Eu não acredito".
   • Que adjunto adverbial está presente nessa fala?
   • E que circunstância ele indica?
   d) Na segunda fala, o dono do gato indica onde ele se esconde e com quem. Releia: "Estou me escondendo de uma tempestade debaixo do sofá com meu gato". Transcreva no caderno os adjuntos adverbiais empregados nessa fala e classifique-os.

2 ▸ Leia as palavras do quadro a seguir:

talvez	certamente	de jeito nenhum	felizmente	de forma alguma
possivelmente	infelizmente	sem dúvida	realmente	com certeza

Reescreva no caderno as frases abaixo acrescentando-lhes ideias de forma coerente. Para isso, escolha advérbios ou expressões adverbiais do quadro da página anterior. Faça as adaptações necessárias.

a) O serviço meteorológico prevê que esfriará muito amanhã, mas fará bastante sol no fim de semana.
b) Não posso concordar com suas atitudes.
c) Embora ainda esteja se recuperando, pode ser que a professora venha amanhã.
d) A situação de nosso país pode melhorar, mas, para isso, as pessoas precisam participar mais das decisões de sua comunidade.
e) Há pessoas que ainda acreditam que deve haver leis contra a liberdade de expressão.

3▸ No quadrinho abaixo, os personagens Lucy, Linus e Charlie estão brincando na neve. Leia com atenção o que Lucy fala para Linus ao observar a brincadeira de Charlie.

SCHULZ, Charles M. *Minduim*. O Estado de S. Paulo. São Paulo, 19 nov. 2011. Caderno 2, p. D4.

a) O que provoca o efeito de humor no quadrinho? Explique.
b) A fala da personagem apresenta alguns termos ou expressões que revelam um uso mais informal da língua. Transcreva-os no caderno.
c) Dessa fala, copie também as expressões que indicam circunstância de:
- tempo;
- companhia.

Coesão textual e adjuntos adverbiais

Os advérbios e as locuções adverbiais são elementos de coesão textual, isto é, palavras e expressões que contribuem para estabelecer "ligação" entre as ideias. Nas orações, exercem a função de adjuntos adverbiais.

Observe, a seguir, o uso dos adjuntos adverbiais nas relações de coesão textual.

1▸ Leia os quadrinhos reproduzidos abaixo.

SCHULZ, Charles M. *Ser cachorro é um trabalho em tempo integral*. São Paulo: Conrad; Editora do Brasil, 2004. p. 12.

a) Por que os personagens Snoopy e Woodstock consultam Lucy?
b) Apenas Lucy tem balões de fala na tirinha. O que revela sua primeira fala?
c) Que advérbios indicam que Lucy apresenta um ponto de vista firme e direto?
d) O que acontece na história que pode significar uma mudança em relação aos conceitos e conselhos de Lucy, dados nos quadrinhos anteriores?

Leia a piada:

> Querido diário, estou **tão** feliz...
>
> **Hoje** eu dei o meu primeiro beijo! Tudo aconteceu quando eu estava de bobeira, andando na rua e quando olho **mais a frente, lá está ele,** o cara mais popular da escola. Fomos nos aproximando, e ele sorriu pra mim... Foi **nesse momento** que tudo aconteceu. **Francamente**, fiquei **tão** emocionada que esqueci de olhar pro chão, tropecei e... beijei o chão!
>
> Tradição popular.

Na fala da menina há palavras e expressões destacadas. São advérbios e locuções adverbiais. Releia:

- "**tão** feliz", "**tão** emocionada" – advérbio de intensidade
- "olho **mais a frente**", "**lá** está ele" – locução adverbial e advérbio de lugar
- "**hoje** eu dei", "foi **nesse momento**" – advérbio e locução adverbial de tempo

Os advérbios e locuções adverbiais acrescentam circunstâncias a cada um dos adjetivos e verbos sublinhados nos trechos acima.

Compare agora com este outro trecho:

Francamente, fiquei tão emocionada [...]

O advérbio *francamente* expressa a posição e a apreciação da menina que escreve em relação a toda a ideia da frase; não se refere apenas a uma palavra específica. Assim, esse advérbio se refere a toda a ideia contida em "fiquei tão emocionada que esqueci de olhar pro chão". Nesse caso, ele é usado para expressar uma atitude, um posicionamento, uma apreciação do falante sobre toda a ideia expressa.

2 ▸ Leia este outro quadrinho, que apresenta uma história com a personagem Mafalda, que detesta sopa.

QUINO, Joaquin L. *Toda Mafalda*. São Paulo: Martins Fontes, 2000.

Releia a fala do primeiro quadrinho.

a) A que a personagem se refere com a expressão *templo do saber*?

b) Há dois advérbios nessa fala: *certamente, aqui*. Que circunstância cada um deles expressa?

c) Qual dos advérbios da resposta ao item anterior expressa um posicionamento, referindo-se à fala de modo mais amplo, em vez de se referir a uma única palavra?

Os advérbios ou locuções adverbiais são elementos que colaboram para estabelecer relações de coesão entre as ideias de uma frase ou de um texto. Veja:

- Podem modificar um dos termos da frase. Por exemplo:

    Ontem cheguei tarde em casa.

    Nessa frase, o advérbio *ontem* modifica a ideia do verbo ao acrescentar-lhe uma circunstância de tempo.

- Podem modificar a ideia de toda a frase ou até do texto. Por exemplo:

    Provavelmente, se não houver diminuição dos poluentes, a temperatura da Terra tenderá a subir.

    O advérbio *provavelmente* acrescenta ideia de grande probabilidade a toda a frase, e não apenas a um termo específico.

Atividades: coesão textual e adjuntos adverbiais

1. Leia a seguir o trecho que corresponde ao início da crônica "Sapatos", do escritor Antonio Prata.

> Sexta a tia Clara ligou avisando: se eu quisesse procurar pelos sapatos do tio Estevão tinha que chegar cedo, no dia seguinte. À tardinha vinham os filhos, levariam os pertences que lhes interessassem e o resto seria doado ao Lar Escola São Francisco. Nove da manhã de sábado eu tocava a campainha, pronto para começar a minha busca.
> Poucos objetos estiveram mais ligados a uma pessoa do que aqueles sapatos ao meu tio Estevão. [...]
>
> Disponível em: <www1.folha.uol.com.br/fsp/cotidiano/55190-sapatos.shtml>. Acesso em: 15 jul. 2018.

a) Em seu caderno, transcreva do trecho palavras ou expressões que indicam etapas do desenvolvimento dos fatos na narrativa.

b) Que tipo de circunstância (espaço, tempo, lugar...) foi predominantemente marcada na sequência de fatos?

c) Dos elementos que servem de resposta ao item **a**, transcreva os que comprovam que o fato transcorreu precisamente em dois dias.

d) Em seu caderno, reescreva a frase a seguir, ampliando-a com uma circunstância de modo.

> **Nove da manhã de sábado** eu tocava a campainha, pronto para começar a minha busca.

2. Leia o quadrinho a seguir, que tem como personagens a Terra e a Lua, e responda no caderno às questões propostas.

THAVES, Bob. Frank & Ernest. *O Estado de S. Paulo*. São Paulo, 7 mar. 2004. Caderno 2.

a) A impressão expressa pela personagem Planeta Terra pode revelar uma impressão geral das pessoas sobre a Lua. Que impressão seria essa?

b) Qual adjunto adverbial expressa a frequência da ação que irrita o personagem Planeta Terra?

c) Que expressão adverbial poderia substituir "pra cá", mantendo a ideia de lugar?

d) Na frase: "Não confia em mim, é?", que adjunto adverbial é empregado? O que ele indica?

3. Leia a seguir um trecho de crônica do escritor Ferreira Gullar e responda no caderno às questões propostas.

> Éramos três crianças **naquela fazenda do Coroatá**. Três crianças, um curral cheio de bois, um açude com mandioca de molho, um forno de farinha, mangueiras, bacurizeiros, bananeiras — e, de tarde, a gente amassava banana num prato, com açúcar e leite. Havia **na sala** um retrato de Shirley Temple e **no peitoril da janela** um vidro cheio de pétalas de rosas para fazer perfume. [...]
>
> GULLAR, Ferreira. Três crianças. *Melhores crônicas de Ferreira Gullar*. São Paulo: Global, 2005. p. 92.

▶ **bacurizeiro**: espécie de árvore que produz um fruto grande e carnoso, de polpa amarela.

▶ **Shirley Temple**: atriz de cinema estadunidense que viveu entre 1928 e 2014. Começou a atuar em filmes nos anos 1930, quando ainda era criança. Aos 7 anos, já era muito conhecida.

a) É possível afirmar que uma das crianças era o narrador? Quais elementos comprovam isso?

b) Analise os adjuntos adverbiais destacados na citação. Essas circunstâncias revelam o que pode ter marcado a lembrança do narrador. Assinale a alternativa que expressa o que marcou suas lembranças:

- tempo
- modo
- espaço
- companhia

c) Releia a enumeração de elementos da infância do narrador.

> Três crianças, um curral cheio de bois, um açude com mandioca de molho, um forno de farinha, mangueiras, bacurizeiros, bananeiras [...].

- Essa sequência compõe um cenário rural ou urbano? Explique.
- Que tipo de efeito ou sensação o autor provavelmente quis provocar no leitor com essa enumeração?

d) Releia o parágrafo todo e indique, no caderno, duas formas usadas pelo autor para marcar o tempo.

e) Transcreva a **expressão adverbial/adjunto adverbial** que indica a finalidade do vidro cheio de pétalas de rosas.

f) Os adjuntos adverbiais e a enumeração de elementos permitem afirmar que no trecho predomina qual tipo de sequência na narrativa: descritiva ou argumentativa? Explique.

4. Leia os quadrinhos abaixo e responda no caderno às questões propostas.

ROBLES. Escola de animais. *Folha de S.Paulo*. São Paulo, 5 mar. 2005. Folhinha.

a) Reveja o segundo e o terceiro quadrinhos.
- Qual é o acontecimento da história nesse momento? Como é possível perceber isso?
- O que a onomatopeia *TIC* significa no quadrinho? A onomatopeia *TCHUC*, no final da história, tem sentido semelhante?
- Explique o efeito de humor causado pelas onomatopeias e pelo trecho de música em inglês.

b) Que advérbio ou expressão adverbial poderia substituir a palavra *mais* no último quadrinho?

c) Geralmente, a palavra *mais* é empregada como adjunto adverbial para indicar a intensidade de um adjetivo ou de outro advérbio. Na tira, é também essa a circunstância indicada no último quadrinho? Justifique.

Britney Spears (1981): cantora, compositora, dançarina e atriz estadunidense. Começou a fazer sucesso internacional com o álbum *Baby one more time*, lançado em 1999. No ano seguinte, lançou o álbum *Oops!... I did it again*, com a gravação da música de mesmo nome mencionada na história em quadrinhos.

Desafios da língua

Regência nominal

Leia a tirinha.

Disponível em: <www.omeninomaluquinho.com.br/PaginaTirinha/imprimir.asp?IdPagina=1679>. Acesso em: 16 jul. 2018.

▸ Por que o personagem Bocão pergunta ao Maluquinho se será uma campanha de doação de ideias?

Observe como foi formada a expressão *doação de ideias*:

Observe que o substantivo *doação* precisa de um complemento para ser compreendido na tirinha.

Você estudou que há alguns verbos que necessitam de complemento. Além dos verbos, há substantivos, adjetivos e advérbios que também precisam de complemento. Assim, temos:
- regência **verbal**: trata da relação entre o verbo e seus complementos;
- regência **nominal**: trata da relação entre palavras — não verbos (substantivo, adjetivo ou advérbio) — e seus complementos.

Observe:
- a regência do verbo *necessitar*:
- a regência do substantivo *necessidade*:

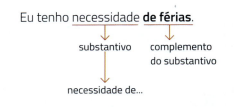

Atenção

Esta tabela não dispensa a consulta ao dicionário, no qual haverá informações mais completas sobre as diferentes regências.

Veja no quadro a seguir a relação de regências de alguns nomes:

Regência nominal			
Acessível a	Atento a, em	Desejoso de	Insensível a
Afável com, para com	Capaz de, para	Devoto de	Interesse em, por
Adequado a	Contemporâneo de	Disposto a	Infiel a
Agradável a	Cuidado com, em, de, por	Fiel a	Obediente a
Ansioso de, por	Desagradável a	Impróprio para	Oposto a

Tabela baseada em: BECHARA, Evanildo. *Moderna gramática portuguesa*. Rio de Janeiro: Lucerna, 2000. p. 572-581.

1▸ Leia este quadrinho:

THAVES, Bob. Frank & Ernest. *O Estado de S. Paulo*. São Paulo, 17 dez. 2011. p. D10.

a) Que palavras das falas dos personagens estabelecem o humor do quadrinho? Explique.

b) Em seu caderno, reescreva a fala do personagem de camiseta vermelha substituindo o complemento do adjetivo *preocupado* por outro e mantendo a regência correta.

2▸ Leia a tira a seguir. Observe que, no segundo quadrinho, a preposição exigida pelo substantivo *cuidado* foi apagada.

DAVIS, Jim. Garfield. *Folha de S.Paulo*. São Paulo, 26 set. 2011.

a) Em seu caderno, reescreva a frase da placa usando a preposição adequada.

b) Por que Garfield comenta que preferiria ser mordido pelo cão julgador?

3▸ Leia esta outra tira:

SCHULZ, Charles. Minduim. *O Estado de S. Paulo*. São Paulo, 4 jan. 2011. p. D4.

a) Ao dizer "descendo pela chaminé", a personagem Patty Pimentinha se refere a um personagem popular. Qual? Ele está relacionado a que época do ano?

b) A Semana Santa é um feriado de origem católica, em que muitas pessoas costumam comer bacalhau. De que modo a expressão "bacalhau descendo pela chaminé", criada por Patty, produz o humor do quadrinho?

c) Em seu caderno, reescreva a fala do primeiro quadrinho substituindo o trecho sublinhado pela expressão "fim do ano".

4. Reescreva as frases no caderno substituindo ■ pela preposição adequada à regência das palavras. Se preciso, combine a preposição com o artigo. Se for necessário, consulte o quadro da página 231.

   a) Este programa é impróprio ■ crianças.
   b) Seja mais afável ■ com seus irmãos.
   c) O escritor Carlos Drummond de Andrade é contemporâneo ■ escritora Clarice Lispector, pois ambos viveram no século XX.
   d) O cão é fiel ■ dono. Pelo menos é isso o que se costuma dizer.

5. Leia esta tirinha:

BECK, Alexandre. Disponível em: <https://tirasarmandinho.tumblr.com/tagged/e>. Acesso em: 24 out. 2018.

   a) Reescreva no caderno a frase da fala do primeiro balão substituindo o ■ pela preposição adequada à regência.
   b) Na tira, a garota se queixa de que as mulheres são valorizadas apenas pela aparência. De que modo, nos quadrinhos, ela prova que as mulheres são mais do que aparência?
   c) Para responder ao item anterior, você levou em consideração a linguagem verbal ou não verbal da tira? Explique.

6. Junte-se a um colega para fazer a atividade a seguir. O desafio é cada um de vocês copiar no caderno o esquema abaixo e completá-lo com estas preposições e combinações de preposição e artigo:

| com os | contra os | de | aos | a | entre os | por | dos | pelos |

É possível repetir as preposições quantas vezes forem necessárias, ou algumas podem nem ser usadas se não forem adequadas para ligar as palavras da coluna da esquerda à palavra-chave da direita.

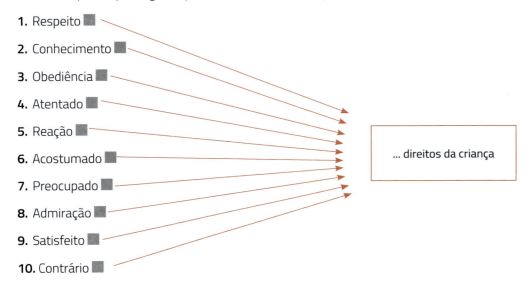

1. Respeito ■
2. Conhecimento ■
3. Obediência ■
4. Atentado ■
5. Reação ■
6. Acostumado ■
7. Preocupado ■
8. Admiração ■
9. Satisfeito ■
10. Contrário ■

... direitos da criança

Compare seu resultado com o do colega. Se houver diferenças, recorram a um dicionário para conferir.

PROPAGANDA 233

Outro texto do mesmo gênero

Leia o anúncio a seguir.

▷ Anúncio de propaganda.

▶ **Com a turma toda.** Conversem sobre ele, considerando estas questões:

a) No cenário do anúncio, o sol brilha e predominam os tons de marrom. Que ideia isso dá a respeito do lugar?

b) No primeiro plano há o bebedouro com o cartaz. Descrevam o lugar em que esse bebedouro está e a paisagem ao redor.

c) Que elementos na imagem podem dar a ideia de oposição, de uma contradição entre o bebedouro e o local onde ele se encontra?

d) Releiam esta expressão, em destaque colorido no anúncio: #águapedeágua
- O símbolo # no início de uma expressão indica que essa expressão é uma *hashtag*, ou seja, uma palavra-chave relacionada a uma discussão que ocorre nas redes sociais. Vocês já conheciam *hashtags*? Compartilhem o que sabem sobre isso com a turma toda.
- A expressão "pede água" pode ter dois sentidos: indicar o pedido do líquido água ou de uma expressão popular às vezes empregada com o sentido de *pedir ajuda*, ou de *estar definhando, desistindo de algo*. Em qual desses sentidos a expressão pode ser compreendida no cartaz?

e) O *slogan* da campanha é "Sem água somos todos miseráveis". Leiam alguns significados que a palavra *miserável* pode ter.
  I. Digno de compaixão; lastimável, deplorável.
  II. Malvado, perverso, mesquinho.
  III. Desprezível, indigno, infame.
  IV. Muito pobre; paupérrimo, desgraçado, mísero.

No cartaz, que pistas visuais ressaltam a ideia de "ser miserável"? E a qual significado de *miserável* elas mais correspondem?

f) O anúncio é uma propaganda. Que ideia ele pretende promover? Considerando essa proposta, que outro sentido pode ter a palavra *miserável* nesse contexto?

PRODUÇÃO DE TEXTO

Propaganda para campanha

Nesta seção o desafio será produzir um anúncio de propaganda que incentive a leitura literária — de poemas, contos, romances, etc. —, de modo a convencer as pessoas do valor da literatura. Vocês podem também dar dicas, no anúncio, do portador em que costumam encontrar as obras literárias de que gostam — revista, livro, jornal, internet, etc.

A proposta então é que, em trios, vocês produzam propagandas diferentes, mas que todas juntas formem uma só campanha para incentivar a leitura literária.

» **Planejamento**

1. **Em trio.** Sob a orientação do professor, escolham qual vai ser o enfoque da propaganda produzida por vocês: despertar o interesse das pessoas para a leitura de poemas, de contos ou de romances?

2. Lembrem-se dos elementos de construção de uma propaganda:
   - intenção de convencer;
   - uso de linguagem verbal e visual;
   - uso de *slogans* e de argumentos.

3. Pensem que é uma propaganda elaborada para divulgar uma ideia, e não para vender um produto.

4. Conversem sobre o objetivo principal da campanha: convencer pessoas da importância da leitura literária. Pensem também nas escolhas de vocês para a propaganda: Por que vocês gostam de ler romances, poemas ou contos? Em que portador costumam encontrar as obras de sua preferência?

5. Para facilitar o trabalho, consultem o esquema de orientação a seguir sempre que preciso.

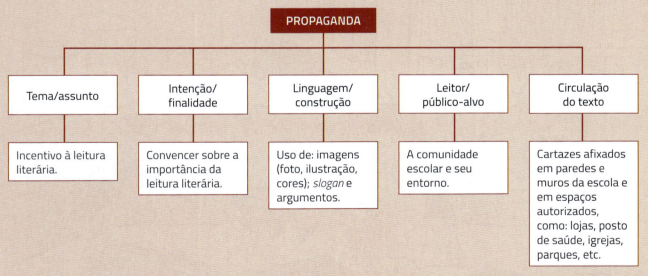

6. Considerem que, se o público-alvo vai ser a comunidade escolar e seu entorno, os leitores serão pessoas de todas as idades.

7. Providenciem:
   - pesquisa de imagens que possam ilustrar a propaganda (fotos, ilustrações, recorte e colagem).
   - levantamento do material necessário para desenvolver a propaganda.

PRODUÇÃO DE TEXTO 235

❱❱ Versão inicial

1. Criem uma frase curta, fácil de lembrar. Ela vai ser o *slogan* da propaganda de vocês. Esse *slogan* deverá levar o leitor do anúncio a se sentir incentivado a ler obras literárias. Portanto, ao criá-lo, levem em consideração o que sabem sobre o gosto do público-alvo, suas preferências e necessidades.
2. Escrevam argumentos, em frases curtas, que possam convencer as pessoas sobre a importância da leitura.
3. Em folha avulsa, façam um esboço do que será o cartaz da campanha, posicionando o *slogan*, distribuindo as imagens, registrando os argumentos que julgarem necessários, em frases curtas, usando a pontuação adequada.
4. Conversem sobre o tamanho das letras, o uso de cores, o posicionamento do texto verbal.

❱❱ Revisão e reescrita

1. Releiam a produção, observando se ela cumpre a função de convencer o leitor sobre a ideia que pretendem difundir.
2. Avaliem as alterações necessárias para deixar a propaganda mais atraente, de modo a chamar a atenção do público-alvo.
3. Façam as correções necessárias, observando se não há inadequações de grafia, de pontuação, de concordância, etc.
4. Planejem a organização do cartaz. Observem o espaço dele para definir como vão dispor os elementos: a imagem, o *slogan* e outros materiais selecionados por vocês.
5. Colem as imagens ou o material selecionado no cartaz.
6. Usem todos os recursos de linguagem: tipos e tamanhos das letras, cores (apenas uma, como o vermelho usado na campanha de doação, ou várias em combinação, como na publicidade das sandálias).

❱❱ Circulação

1. Exponham os cartazes da campanha em paredes e muros da escola e de outros espaços autorizados, de modo que o público-alvo tenha acesso facilitado às informações.
2. A propaganda também poderá ser digitalizada, se houver possibilidade, e publicada no *blog* da escola.

INTERATIVIDADE

Cartaz publicitário digital

Você e seus colegas produziram cartazes de propaganda para incentivar a leitura literária e afixaram essas produções em paredes e muros da escola e em outros espaços, a fim de conscientizar a comunidade escolar da importância da leitura literária.

Agora vocês serão convidados a transformar esses cartazes em peças publicitárias digitais. O objetivo é ampliar o alcance da campanha, possibilitando a divulgação das peças publicitárias no *blog* da escola. Essa ação pode ampliar os momentos de exposição do público-alvo aos anúncios ou mesmo garantir que as pessoas da comunidade escolar que não viram os cartazes físicos, mas que acessam o *blog* da escola, possam se sensibilizar com a proposta.

> Os **cartazes digitais** podem ser **estáticos** ou **animados**. Os **estáticos** trazem uma composição de texto e imagens sem movimento, o que possibilita, por exemplo, sua impressão em papel sem que haja perda de sentido. Os cartazes **animados** apresentam algum tipo de movimentação dos itens que os compõem, podendo também conter recursos audiovisuais. Há ainda cartazes **interativos**, em que o leitor pode clicar e interagir com as informações.

Para elaborar os cartazes digitais, vocês usarão um editor de cartazes *on-line*, disponível gratuitamente na internet. Sigam as etapas propostas a seguir e as orientações do professor. Boa produção!

▶ Preparação

1▶ **Com a turma toda**. Explorem o editor de cartazes, investigando os recursos disponíveis e já pensando quais deles combinam mais com o cartaz que vocês produziram com os colegas para a seção *Produção de texto*. O professor vai mostrar a ferramenta: se tiverem dúvidas, aproveitem para resolvê-las!

2▶ **Em trio**. Reúna-se novamente com os colegas que produziram o cartaz físico com você. Antes de usar o editor de cartazes, é recomendado que vocês tenham todos os textos e as imagens em formato digital. Para isso, distribuam as tarefas entre vocês, decidindo quem ficará responsável por digitar e editar os textos e quem vai pesquisar as novas imagens ou digitalizar as imagens já pesquisadas.

3▶ Anotem as fontes bibliográficas e os créditos dos textos e das imagens pesquisadas. Vocês precisarão dessas informações na etapa de *Produção*.

▶ **fonte bibliográfica:** conjunto de informações – como título, autor, editora, local de publicação – que permite a identificação de uma obra publicada.

▶ **crédito:** conjunto de informações que se referem, principalmente, à autoria de uma obra verbal ou não verbal.

Jovens em frente ao computador.

PROPAGANDA

4▸ Salvem, no local indicado pelo professor, todos os textos e as imagens que usarão na confecção do cartaz digital.

➔ Produção

1▸ No dia e horário combinados, reúnam-se na sala de informática ou em outro ambiente da escola que disponha de computadores com conexão à internet e acessem o editor de cartazes indicado pelo professor.

2▸ Em geral, as etapas a serem seguidas no editor de cartazes são estas:

- Escolher um dos modelos de cartaz oferecidos pela ferramenta.
- Selecionar os elementos que serão empregados na produção do cartaz, como molduras, ícones, etc.
- Fazer *upload* de arquivos de imagens e/ou textos a serem empregados no cartaz.
- Ajustar as imagens e os textos de acordo com o que se pretende fazer.
- Salvar a produção.

3▸ Insiram o *slogan* que criaram para o cartaz da campanha de incentivo à leitura literária, distribuam os textos anteriormente digitados nas caixas de texto do *layout* escolhido e façam o *upload* das imagens que vocês vão aproveitar, transferindo-as para o editor digital.

4▸ Façam os ajustes necessários para compor um cartaz que atraia o público-alvo. Para isso, procurem ter em mente o que pode chamar a atenção desse público e fazê-lo simpatizar com a ideia da campanha. Testem os vários elementos disponibilizados pelo editor, considerando:

- cores, formas e tamanhos das letras e das palavras;
- disposição dos elementos (verbais e não verbais) no espaço;
- moldura, cores ou padrão de fundo.

5▸ Incluam os créditos referentes aos textos e às imagens do cartaz. Indiquem as fontes pesquisadas.

6▸ Informem o nome de vocês como elaboradores.

➔ Revisão e finalização

1▸ Revisem e editem os textos, observando se tudo foi digitado corretamente e se não esqueceram de nenhum elemento do cartaz: título, *slogan*, argumentos, imagens, etc.

2▸ Verifiquem o tratamento dado aos textos e garantam que o *slogan* esteja em posição de destaque. Observem também se as imagens foram aplicadas de forma harmônica e se ajudam a transmitir a mensagem. Façam os ajustes necessários.

3▸ Salvem a versão finalizada do cartaz no local indicado pelo professor.

➔ Divulgação e circulação

▸ **Com a turma toda.** Decidam quando farão a publicação dos cartazes produzidos no *blog* da escola e combinem de que forma divulgarão a atualização da página entre a comunidade, para que mais pessoas possam acessar e até compartilhar as produções de vocês!

> **! Atenção**
>
> Prefiram utilizar bancos de imagens gratuitos ou as imagens que vocês mesmos tenham produzido, pois o cartaz será disponibilizado na internet e é preciso ter responsabilidade quanto à qualidade e à autoria do material compartilhado!

▸ *layout*: projeto gráfico de material a ser reproduzido em papel ou em meio digital; *design*.

▸ *upload*: envio ou carregamento de um arquivo eletrônico de um dispositivo digital para outro.

> **! Atenção**
>
> Atenção à escolha do *layout*: além da parte estética, visual, levem em conta a quantidade de textos e os elementos gráficos já coletados, para que possam selecionar o formato mais adequado ao cartaz de vocês!

238 UNIDADE 6 • Ser ou ter? A propaganda tenta convencer

Autoavaliação

Chegou o momento de fazer um balanço de tudo o que foi estudado na Unidade 6. Leia o quadro de conteúdos para recordar o que estudou e, no caderno, avalie seu desempenho usando os tópicos propostos a seguir como orientação. Isso ajudará você na hora de organizar seus estudos.

Meu desempenho

- **Compreendi bem** (registre no caderno os itens que você compreendeu)
- **Avancei em** (registre no caderno os itens em que você melhorou)
- **Preciso rever** (registre no caderno os itens que você precisa estudar mais)
- **Outras observações e/ou outras atividades**

UNIDADE 6	
Gênero Propaganda	**LEITURA E INTERPRETAÇÃO** · Leitura e interpretação de propaganda da Campanha do Agasalho e de publicidade de marca de chinelos · Identificação dos elementos e recursos da propaganda e da publicidade · Comparação das diferentes intenções dos textos publicitários · Identificação das partes da propaganda · Comparação entre diferentes estratégias de convencimento **PRODUÇÃO** **Oral** · Debate **Escrita** · Produção de propaganda para campanha de incentivo à leitura · Interatividade: produção de cartaz publicitário digital
Ampliação de leitura	**CONEXÕES** · Outras linguagens: Pintura e ilustração · Tirinhas, outra forma de convencer **OUTRO TEXTO DO MESMO GÊNERO** · Propaganda
Língua: usos e reflexão	· Complemento nominal · Complementos circunstanciais e adjuntos adverbiais · Coesão e adjuntos adverbiais · Desafios da língua: regência nominal
Participação em atividades	· Orais · Coletivas · Em grupo

UNIDADE 7

O desafio de dar e de aceitar opinião

Você defende sua opinião quando não concorda com a de um colega? Como? Acha que é fácil convencer o outro sobre seu ponto de vista ou costuma perder a paciência e desistir de convencer o outro? Ao trocar opinião com alguém, é mais fácil você convencer ou ser convencido?

Nesta unidade você vai:

- ler e interpretar artigo de opinião;
- identificar partes do texto argumentativo;
- identificar recursos de linguagem usados para convencer;
- participar de debate regrado;
- produzir artigo de opinião;
- identificar as vozes do verbo;
- empregar a voz passiva sintética e a voz passiva reflexiva;
- diferenciar o uso de *mal* e de *mau* na escrita.

ARTIGO DE OPINIÃO

A todo momento é preciso expor ideias e defender opiniões na tentativa de convencer os interlocutores a concordar com um ponto de vista ou fazê-los simpatizar com uma ideia. No dia a dia, frequentemente defendemos uma **opinião** com **argumentos** para tentar convencer quem nos ouve ou lê.

A atividade de opinar e de argumentar tem como base, principalmente, assuntos polêmicos.

A seguir, leia um **artigo de opinião** sobre jovens publicado em edição especial de uma revista de grande circulação. Se alguém lhe perguntasse sobre o que é ser adolescente ou jovem nos dias atuais, o que você responderia?

Leitura

Eu sou "normal"

Ser radical é coisa do passado.
Hoje, muda-se de tribo o tempo todo

Adélia Chagas

1   Se você perguntasse a um jovem dos anos 1980 a que tribo ele pertencia, as respostas seriam múltiplas. Ele poderia ser punk, metaleiro, dark, new wave, careca, rockabilly. Um punk tratava um rockabilly como um Montecchio a um Capuletto em *Romeu e Julieta*: com desdém, raiva e sopapos. Não é à toa que os psicólogos passaram anos teorizando sobre a turma como a "segunda família". Era em relação a ela que havia códigos de honra. Era por ela que se combatia e brigava.

2   A instituição da "turma" como substituta da "família" mereceu os primeiros estudos nos anos 1950. Naquela época, ficou popular o musical *West side story*, uma versão de *Romeu e Julieta* que, em vez de Montecchios e Capulettos, opunha as tribos dos "Jets" e dos "Sharks".

3   Esse quadro mudou na virada para o século XXI.

4   Pergunte a um adolescente dos dias de hoje a que tribo ele pertence. Há 99% de chance de que ele responda: "Eu sou normal". E o que significa ser normal? Não ter tribo? Nada disso. "Normal" é aquele que transita livremente por diferentes turmas. O que é surfista de

▶ **punk**: movimento não conformista surgido na Inglaterra ao final dos anos 1970.

▶ **metaleiro**: admirador de *rock* pesado.

▶ **dark**: grupo conhecido por se vestir sempre com roupas negras.

▶ **new wave**: movimento artístico do fim da década de 1970 que questiona os valores tradicionais nos campos da música, das artes e da política.

▶ **careca**: grupo que tosa rente os cabelos e manifesta comportamento preconceituoso.

▶ **rockabilly**: estilo de *rock* rápido criado por músicos do sul dos Estados Unidos na década de 1950.

▶ **Montecchio e Capuletto**: nome de família dos personagens Romeu e Julieta, respectivamente. Pertencentes a famílias rivais, o casal vive um amor proibido na peça escrita entre 1591 e 1595 por William Shakespeare e intitulada *Romeu e Julieta*.

▶ **"Jets" e "Sharks"**: no musical *West side story*, os "Jets" representam uma gangue de americanos brancos; e os "Sharks", de imigrantes porto-riquenhos.

dia e pagodeiro de noite, por exemplo. Ou a menina que é nerd no colégio, patricinha no *shopping*, mas namora um metaleiro — e frequenta festas de *rock* pesado com ele. Nos anos 1980, uma patricinha (na época elas eram chamadas "burguesinhas") sofreria gozações num reduto hardcore. Atualmente, a resistência é bem menor.

5   Vive-se hoje a "era do camaleão". Há várias explicações para o fenômeno. A primeira é que o significado das tribos se diluiu. No começo dos anos 1980, ser *punk* era admirar um movimento de jovens ingleses desempregados com plataforma definida. Hoje, dessa tendência, restaram apenas os cabelos com corte moicano e as braçadeiras de couro. Em vez de ideologia, há acessórios. E diversão. A maior parte das tribos, nos dias de hoje, se agrupa em torno de atividades de lazer. Que pode ser esportivo (surfistas e skatistas), cultural (pagodeiros, roqueiros, alternativos que gostam de MPB) ou relativo à vida noturna (*clubbers* e *darks*).

6   Por isso não faz sentido brigar. Por que combater alguém que apenas se diverte de forma diferente? Melhor é ficar amigo, para aproveitar diferentes tipos de programa. "Os adolescentes perceberam que não faz sentido se estapear por uma identidade transitória", defende o psicanalista e escritor italiano Contardo Calligaris. Entre os mais velhos, que viveram tempos mais radicais, há quem veja nessa mudança constante um lado negativo, um reflexo da superficialidade dos dias atuais. Na verdade, o exercício da tolerância é uma conquista da geração de hoje. [...]

CHAGAS, Adélia. Eu sou "normal". *Veja Jovens*. São Paulo: Abril, ano 34, n. 38, p. 38-39. Ed. especial.

- **pagodeiro**: que compõe, toca ou canta pagode (variedade de samba).
- **nerd**: termo empregado em geral de forma depreciativa para caracterizar pessoa voltada para os estudos, que geralmente não é hábil socialmente.
- **patricinha**: jovem preocupada com a elegância e que frequenta os lugares da moda.
- **hardcore**: termo em inglês que costuma ser usado para caracterizar um comportamento ou algo extremo, intransigente.
- **clubber**: pessoa que frequenta danceteria constantemente.
- **superficialidade**: que se refere às aparências; sem aprofundamento.

Adélia Chagas é jornalista e trabalhou em vários jornais de grande circulação, além de escrever artigos para revistas.

Interpretação do texto

Compreensão inicial

1. Em seu caderno, explique o que, para a autora do texto, é a "era do camaleão".

2. Agora, veja as páginas da revista em que o texto lido foi originalmente publicado. Observe todas as fotografias que ilustram o texto.

CHAGAS, Adélia. Eu sou "normal". *Veja Jovens*. São Paulo: Abril, ano 34, n. 38, p. 38-39. Ed. especial.

Responda em seu caderno.

a) O que essas fotografias mostram?

b) Que relação se pode estabelecer entre a imagem do camaleão e as diferentes imagens de jovens?

3. A autora do texto reproduz uma citação de um psicanalista, Contardo Calligaris:

> "Os adolescentes perceberam que não faz sentido se estapear por uma identidade transitória."

Com suas palavras, explique no caderno o que é ter uma "identidade transitória".

4. Você concorda com a opinião da autora do texto, segundo a qual o adolescente tem uma identidade transitória, vive na "era do camaleão"? No caderno, explique sua posição e exemplifique, se possível, contando em poucas palavras uma experiência pessoal.

244 UNIDADE 7 • O desafio de dar e de aceitar opinião

5▸ No texto é apresentada esta ideia sobre as transformações do comportamento jovem:

> Entre os mais velhos, que viveram tempos mais radicais, há quem veja nessa mudança constante um lado negativo, um reflexo da superficialidade dos dias atuais.

Você concorda com essa ideia sobre as transformações do comportamento jovem? No caderno, expresse sua opinião sobre esse ponto de vista.

O texto que você leu é um **artigo de opinião**.

> O **artigo de opinião** é um texto publicado em jornal, revista ou internet que, além de informar, apresenta a opinião, o posicionamento do autor em relação ao fato ou ao tema em discussão.

Linguagem e construção do texto

1▸ Adélia Chagas, autora do artigo de opinião lido, é uma jornalista, isto é, produz textos para veículos de comunicação de massa: jornais, revistas, rádio, televisão, internet, etc. Releia o título do texto:

> **Eu sou "normal"**

Observe o significado da palavra *normal* no trecho deste verbete de dicionário:

> normal *adj.* 2g. 1. de acordo com as normas. 2. que é habitual; comum [...].
>
> HOUAISS, Antônio. *Minidicionário Houaiss da Língua Portuguesa.* Rio de Janeiro: Objetiva, 2008. p.529.

a) Responda no caderno: O que significa ser normal, de acordo com o artigo de opinião?

b) Assinale a alternativa que melhor completa a frase abaixo.

A jornalista utilizou a 1ª pessoa no título porque:
- se considera uma pessoa normal.
- quer que o provável leitor da revista, o jovem, se identifique com o texto.
- quer chamar a atenção para o fato de ela ainda ser uma adolescente.

2. Releia este trecho do artigo:

> Ser radical é coisa do passado. Hoje, muda-se de tribo o tempo todo

Assinale a alternativa que melhor completa a frase a seguir.

Essa afirmação indica:
- o assunto do artigo, que é mostrar a mudança de comportamento das pessoas no decorrer do tempo.
- o assunto do artigo, que se refere às mudanças ocorridas no passado.
- o assunto comentado no artigo, que é mostrar que tudo muda nos dias de hoje.

3. Leia a frase com que a autora inicia o texto:

> Se você perguntasse a um jovem dos anos 1980 a que tribo ele pertencia, as respostas seriam múltiplas.

No caderno, copie dessa frase a palavra ou expressão que mostra a intenção da jornalista de aproximar-se do provável leitor do texto. Explique sua escolha.

Encontro de jovens de estilo *new wave*, em uma estação de metrô em Munique, na Alemanha.

4. Releia o título do artigo de opinião:

> Eu sou "normal"

Qual é o nome do sinal gráfico utilizado no início e no final da palavra *normal*?

5. Assinale a(s) alternativa(s) que explica(m) o uso desse sinal gráfico na palavra *normal*.
   a) Isolar citações.
   b) Destacar palavras ou expressões não características da linguagem de quem escreve o texto, como gírias ou expressões antigas, em desuso (arcaísmos), por exemplo.
   c) Realçar palavras ou expressões.
   d) Indicar um sentido novo para a palavra no texto.
   e) Indicar mudança de interlocutor nos diálogos.

6. Em seu caderno, copie do texto mais dois exemplos de uso desse sinal com a mesma função.

7. Das alternativas da atividade 5, copie no caderno a justificativa para o uso desse sinal em cada uma destas frases retiradas do texto lido.

   a) "Os adolescentes perceberam que não faz sentido se estapear por uma identidade transitória", defende o psicanalista e escritor italiano Contardo Calligaris.

   b) Há 99% de chance de que ele responda: "Eu sou normal".

   c) A instituição da "turma" como substituta da "família" mereceu os primeiros estudos nos anos 1950.

8. Além de sinalizar o uso especial de palavras e expressões, o texto apresenta termos e expressões em inglês. Confira alguns deles: *punk, dark, new wave, rockabilly, West side story, Jets, Sharks, nerd.*

Bailarinos em cena de montagem do musical *West side story*, apresentada em teatro de Madri, em outubro de 2018.

246 UNIDADE 7 • O desafio de dar e de aceitar opinião

Levando em conta o que você analisou da linguagem empregada pela produtora do artigo, o que ela parece supor sobre o provável leitor? Assinale a alternativa que melhor responde a essa pergunta.

a) É um leitor interessado nas mudanças do perfil dos jovens ao longo do tempo.

b) É um leitor que viveu a adolescência nos anos 1980 e que se mostra informado sobre o que aconteceu em sua juventude.

c) É um leitor que viveu a adolescência nos anos 1950 e se interessa por filmes e músicas.

d) É um leitor do século XXI interessado em compreender os anos 1950.

Estrutura do texto argumentativo

Um artigo de opinião tem caráter predominantemente **argumentativo**, pois as declarações são acompanhadas de justificativas que fundamentam os pontos de vista apresentados por quem assina o texto.

Em um texto argumentativo, em geral, podem ser identificadas três partes:

Introdução: parte em que o autor costuma apresentar a ideia principal, também chamada de tese, isto é, a posição a ser defendida ou a ideia sobre a qual construirá seus argumentos. Nessa parte o autor pode também situar o leitor em relação ao assunto. É feita uma espécie de ancoragem para que o leitor possa compreender o que será desenvolvido.

> ▶ **ancoragem:** "informação que serve de base e ponto de partida para o desenvolvimento do texto. A ancoragem tem a função de situar adequadamente o leitor em relação ao assunto do texto e possibilitar que esse assunto seja abordado com coerência." (SAYEG-SIQUEIRA, João Hilton. *Organização do texto dissertativo*. São Paulo: Selinunte, 1995. p. 14.)

Argumentos: nesta parte, o autor desenvolve a defesa de sua tese. Para tornar seus argumentos mais consistentes, antes de escrever ele pesquisa e seleciona informações e opiniões que fundamentem a ideia defendida por ele, podendo recorrer a fatos, dados numéricos, opiniões ou citações de especialistas, exemplos ou enumerações, justificativas ou causas, comparações, análises, etc., com o objetivo de fazer o leitor simpatizar com suas ideias.

Conclusão: é o encerramento do texto, geralmente reafirmando a tese apresentada na introdução.

Com base nessas três partes, poderíamos esquematizar o texto "Eu sou 'normal'" do seguinte modo:

- **Introdução**: primeiro, segundo e terceiro parágrafos.
- **Argumentos**: quarto (tese) e quinto parágrafos.
- **Conclusão**: último parágrafo.

Nem todos os artigos de opinião são organizados da mesma maneira nem empregam os mesmos tipos de argumento. As atividades a seguir procuram ajudar a perceber de que modo a autora do artigo "Eu sou 'normal'" organizou o texto e que tipos de argumento considerou mais convincentes para seu provável leitor.

1▶ Nos dois primeiros parágrafos a autora apresenta uma visão histórica dos grupos de adolescentes. Assinale a afirmação que melhor indica a finalidade desses parágrafos.

a) Apresentam a tese a ser defendida pela autora.

b) Situam o leitor em relação ao assunto a ser tratado, ajudando-o a compreender o texto.

c) Apresentam parte dos argumentos do texto, antecipando o que o leitor deve concluir ao fim da leitura.

2▶ O quarto parágrafo apresenta a ideia central defendida pela autora. No caderno, copie uma frase desse parágrafo que expresse a tese defendida no artigo de opinião.

3▶ Em seu caderno, copie do texto uma frase que represente um argumento empregado para defender ou sustentar esta declaração da autora: "[...] não faz sentido brigar".

4▶ Releia a frase que constitui o terceiro parágrafo, o último da ancoragem ou introdução:

> Esse quadro mudou na virada para o século XXI.

Considerando a organização do texto argumentativo lido em diferentes parágrafos, escreva no caderno qual seria a função dessa frase no texto.

ARTIGO DE OPINIÃO ⟨ 247

5. Para sustentar a tese defendida, o produtor de um artigo de opinião formula **argumentos**, que podem ser de diversos tipos e formas — fatos, dados numéricos, citações de especialistas, exemplos ou enumerações, justificativas ou causas, comparações e outros recursos —, para tornar o leitor cúmplice de suas ideias.

No quadro a seguir, há alguns tipos de argumento. Releia os argumentos do artigo de opinião lido transcritos abaixo. Depois, indique o(s) tipo(s) de argumento que cada um deles representa.

| citação de especialista | fato | exemplo | enumeração | comparação |

a) "Há várias explicações para o fenômeno. A primeira é que o significado das tribos se diluiu. No começo dos anos 1980, ser *punk* era admirar um movimento de jovens ingleses desempregados com plataforma definida. Hoje, dessa tendência, restaram apenas os cabelos com corte moicano e as braçadeiras de couro. Em vez de ideologia, há acessórios."

b) "Que pode ser esportivo (surfistas e skatistas), cultural (pagodeiros, roqueiros, alternativos que gostam de MPB) ou relativo à vida noturna (*clubbers* e *darks*)."

c) "'Os adolescentes perceberam que não faz sentido se estapear por uma identidade transitória', defende o psicanalista e escritor italiano Contardo Calligaris."

Surfistas caminhando com as pranchas, em uma praia do Atlântico.

Outro elemento também característico em artigos de opinião é a presença de **contra-argumentos**.

> **Contra-argumento** é um argumento que se opõe a outro já apresentado. Às vezes, o próprio autor apresenta uma ideia contrária àquela que está defendendo para dar mais credibilidade às suas posições, pois assim mostra ao leitor que pesquisou e analisou o tema por diversos ângulos.

6. Em seu caderno, copie o contra-argumento apresentado, no texto de Adélia Chagas, à perspectiva positiva sobre o trânsito livre dos jovens entre grupos de várias tendências.

7. A conclusão encerra o texto de opinião, geralmente reafirmando a ideia apresentada como tese. Qual é a ideia principal do parágrafo de conclusão que reafirma a ideia apresentada como tese na ancoragem ou introdução? Assinale a alternativa que responde melhor à questão.

a) "Por isso não faz sentido brigar."
b) "Na verdade, o exercício da tolerância é uma conquista da geração de hoje."
c) "Os adolescentes perceberam que não faz sentido se estapear por uma identidade transitória."

8. Considerando o artigo de opinião lido, converse com os colegas sobre esta questão: Você concorda com a tese apresentada nesse texto sobre o que é ser adolescente nos dias atuais? Por quê?

Hora de organizar o que estudamos

> Em seu caderno, copie o esquema e preencha os espaços com as palavras ou expressões do quadro.

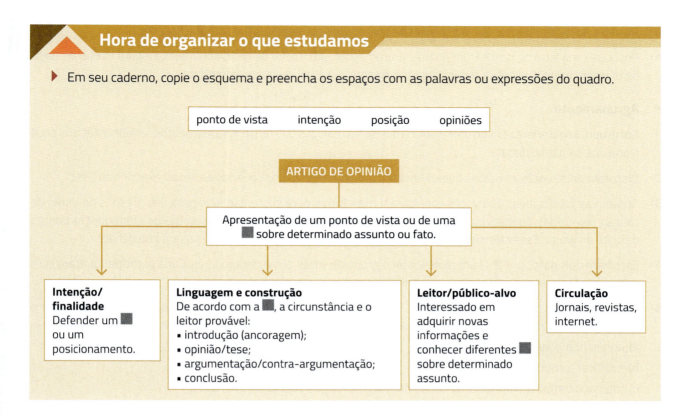

Prática de oralidade

Conversa em jogo

Eu sou "normal"?

Chegou a sua vez de opinar sobre o tema do artigo lido, conforme é indicado no título, "Eu sou 'normal'". Releia a tese defendida no texto:

> "Normal" é aquele que transita livremente por diferentes turmas.

> Você se considera um adolescente com essa característica? Explique seu ponto de vista e ouça o dos colegas.

Debate regrado

Como exercitar a tolerância?

Nesta unidade, você leu um artigo de opinião sobre o que é ser adolescente na atualidade, e a tolerância foi citada como uma das marcas do adolescente de hoje.

Esta seção propõe um debate a respeito desse assunto: tolerância.

Agora é a sua oportunidade de expor oralmente suas ideias sobre o assunto. Para isso, siga as orientações propostas.

> **Planejamento**

1. Releia, na página 243, a conclusão do artigo de opinião: "Na verdade, o exercício da tolerância é uma conquista da geração de hoje.".

2. Pense e dê a sua opinião a esse respeito: Você concorda com ela, concorda apenas em parte ou discorda dela?

3. Registre no caderno a sua opinião seguida de dois argumentos que deem sustentação a ela.

4. Pesquise uma letra de canção, um poema, uma imagem, um trecho de notícia ou mesmo algum trecho de texto de outra natureza que possa servir de ilustração para sua opinião e seus argumentos.

Agrupamento

1. Em grupo. Sob a orientação do professor, reúna-se aos colegas que têm posicionamentos semelhantes aos seus e prepare-se para o debate.

2. Discutam entre vocês as razões que os levaram a assumir essas posições: ideias, fatos, experiências, etc.

3. Anotem as justificativas que vocês consideram mais fortes para sustentar suas posições. Trechos de letras de canção, de notícias, poemas ou imagens escolhidos devem ser selecionados para ajudá-los a defender os pontos de vista do grupo. Esses elementos farão parte da lista de argumentos que vocês usarão no debate.

4. Escolham dois participantes para representar o grupo de vocês como debatedores. Cada participante ficará com parte da lista de argumentos a ser apresentada.

5. O debate regrado precisa de um **mediador**. De acordo com o combinado com o professor, um aluno deverá ser o mediador do debate. Ele terá as seguintes atribuições:

a) apresentar o assunto a ser debatido;

b) justificar a importância do tema;

c) marcar o tempo da fala de cada debatedor (sugere-se que seja de três minutos);

d) interromper, com gentileza, a fala do debatedor, caso ultrapasse o tempo previsto;

e) dirigir os debatedores para que façam perguntas um ao outro sobre as posições apresentadas;

f) organizar a participação dos observadores após o debate, isto é, dar a palavra, de forma organizada, com tempo estabelecido, a quem quiser questionar os debatedores.

O debate

O debate será realizado em dia e aula determinados pelo professor. Para que ele ocorra com sucesso, vejam as dicas abaixo.

1. Sigam as instruções do mediador do debate. Se não forem os debatedores, aguardem o momento adequado para expor seus argumentos de modo educado.

2. Ouçam com atenção, sem desrespeitar os colegas que apresentem posições contrárias. Esperar a vez de falar e não interromper quem fala são atitudes que devem ser mantidas durante o debate.

Avaliação do debate

1. Terminado o debate, copie o quadro abaixo em seu caderno e preencha-o de acordo com a experiência vivenciada por você.

Item avaliado	Qualidade dos argumentos	Atuação dos debatedores	Participação dos observadores	Desempenho do mediador
Comentários				

2. Converse com os colegas e o professor sobre o desempenho dos grupos no debate.

CONEXÕES ENTRE TEXTOS, ENTRE CONHECIMENTOS

Outras linguagens: Publicidade — uma forma de persuadir

Na Unidade 6, você estudou os argumentos que são empregados na publicidade para convencer o leitor. Observe a imagem do anúncio publicitário a seguir.

Imagem (linguagem não verbal).

As marcas de produtos, empresas ou instituições que aparecem neste livro são exemplos de linguagem publicitária ou de uso da língua. Por esse motivo, é um material de trabalho que não deve ser considerado propaganda ou divulgação de produtos ou marcas. Sempre considere a necessidade de posicionar-se criticamente perante toda forma de propaganda.

Argumentos (linguagem verbal): meios de convencer a comprar o produto.

Revista *Época*. São Paulo: Globo, 10 out. 2011. p. 32.

Converse com os colegas e o professor sobre as questões a seguir.

1 ▸ O que chamou mais sua atenção nesse anúncio publicitário?

ARTIGO DE OPINIÃO **251**

2. Escolha a(s) alternativa(s) que indica(m) as ideias que foram destacadas no anúncio pelo uso da imagem de flores de papel.

   a) As flores de papel são uma obra de arte, assim como o produto.

   b) O desodorante não tem perfume, assim como as flores de papel.

   c) Quem usa o produto recebe flores, mesmo que de papel.

   d) As flores de papel duram mais, da mesma maneira que a proteção proporcionada pelo produto.

3. Qual é o provável público-alvo desse anúncio, ou seja, a quem ele se destina? Justifique sua opinião com elementos encontrados no anúncio.

4. Nas imagens do anúncio, a cor branca predomina.

   a) Qual é a provável razão do destaque dado a essa cor?

   b) Que estratégia foi usada para destacar a embalagem do produto, que também é branca?

   c) Por que, provavelmente, foi escolhida a cor lilás para os textos?

5. Nesse anúncio, os recursos visuais servem de **argumentos** para convencer o leitor sobre as qualidades do produto e provocar nele o desejo de compra. Na linguagem verbal, não foram empregados verbos no imperativo, como *compre*, *use*, *leve*. O destaque é dado às características do produto. Quais são elas?

6. Em sua opinião, as imagens e os argumentos desse anúncio são capazes de chamar a atenção do leitor e de convencê-lo sobre as qualidades do produto? Justifique.

Tirinha e argumentação

▶ Leia a tirinha e converse com os colegas sobre ela com base nas questões a seguir.

WATTERSON, Bill. Calvin e Haroldo. Disponível em: <https://cultura.estadao.com.br/galerias/geral,20-tiras-de-calvin-e-haroldo-para-refletir-sobre-a-vida-e-sobre-o-mundo,28507>. Acesso em: 6 nov. 2018.

a) Nos quadrinhos 2 e 3, Calvin usa estes argumentos:

> Uma boa camisa transforma o usuário em uma propaganda ambulante.

> [...] eu pago ao fabricante para anunciar seus produtos!

Você concorda com os argumentos de Calvin sobre o uso de camisas com logotipo ou imagem de produtos? Por quê?

b) Qual é a contradição nas argumentações de Calvin que está expressa no último quadrinho?

História da adolescência em quadrinhos

No início desta unidade você leu um artigo de opinião sobre mudança de comportamento dos adolescentes ao longo de gerações.

A seguir, leia alguns quadrinhos, publicados na mesma revista que o artigo. Eles procuram apresentar algumas curiosidades sobre a adolescência através dos tempos.

VEJA Jovens. São Paulo: Abril, ano 34, n. 38. p. 18-19.

Após a leitura das legendas dos quadrinhos, converse com os colegas e o professor sobre as perguntas propostas a seguir.

1. Se você pudesse escolher, em que tempo da História gostaria de viver? Por quê?
2. De todos as descrições sobre a vida de jovens no decorrer do tempo, qual você achou mais indesejada? Por quê?

Letra de canção

Leia uma letra de canção, escrita por Arnaldo Antunes. Ela expressa conflitos e mudanças na adolescência que acabam exigindo adaptações. Se souber a melodia, cante-a.

Não vou me adaptar
Arnaldo Antunes

Eu não caibo mais nas roupas que eu cabia
Eu não encho mais a casa de alegria
Os anos se passaram enquanto eu dormia
E quem eu queria bem me esquecia

Será que eu falei o que ninguém ouvia?
Será que eu escutei o que ninguém dizia?
Eu não vou me adaptar, me adaptar

Não vou me adaptar.
Não vou!

Eu não tenho mais a cara que eu tinha
No espelho essa cara já não é minha
Mas é que quando eu me toquei achei tão estranho
A minha barba estava deste tamanho

Será que eu falei o que ninguém ouvia?
Será que eu escutei o que ninguém dizia?
Eu não vou me adaptar, me adaptar
Não vou!
Não vou me adaptar! Eu não vou me adaptar!
Não vou! Me adaptar!

TITÃS. *Volume dois.* [s.l.]: Warner, 1998.

Converse com os colegas e o professor:

1▶ Qual(quais) dos conflitos expressos nessa letra de canção também já foi(foram) vivido(s) por você?

2▶ Qual deles você nunca vivenciou?

Mundo virtual

http://www.arnaldoantunes.com.br/new/
No *site* do compositor, poeta e artista visual Arnaldo Antunes, você pode ler canções, poemas e outros textos do artista, além de saber mais sobre sua vida e sua obra.

Língua: usos e reflexão

Vozes do verbo

Voz ativa e voz passiva

Agora, você vai estudar formas de relacionar o verbo com o sujeito expresso na oração.

1► Leia esta tirinha produzida por Ziraldo. Converse com os colegas e o professor sobre o que provoca o humor nela.

Disponível em: <www.omeninomaluquinho.com.br/PaginaTirinha/PaginaAnterior.asp?da=21022018>. Acesso em: 17 ago. 2018.

Leia novamente o que a mãe do Menino Maluquinho diz ao possível comprador do apartamento da família:

Meu filho transformou o apartamento todo em área de lazer!

Veja como essa frase também poderia ser dita pela mãe do Menino Maluquinho:

O apartamento todo foi transformado em área de lazer pelo meu filho!

Observe que as duas frases expressam a mesma ideia, muda apenas o modo de construção: na primeira, o sujeito é "meu filho"; na segunda, o sujeito é "o apartamento todo". Veja:

Meu filho ⟶ transformou o apartamento todo em área de lazer!

sujeito que pratica a ação

O apartamento todo ⟶ foi transformado em área de lazer pelo meu filho!

sujeito que sofre o efeito da ação

Leia e compare estes outros exemplos:

I. O *marketing* **define** os grupos de adolescentes.

II. Os grupos de adolescentes **são definidos** pelo *marketing*.

Essas frases expressam praticamente a mesma ideia, dando destaque a elementos diferentes da construção. Acompanhe, a seguir, comentários sobre o que foi alterado com a transformação da frase I para a frase II. Observe sobretudo a transformação do sujeito da frase I para a frase II.

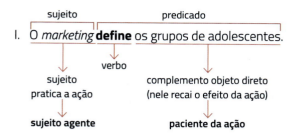

Skatista.

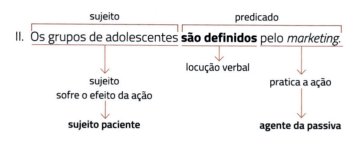

Surfista.

Considerando o sujeito de cada construção, observa-se que as frases foram organizadas de duas maneiras:

- A organização da frase I foi feita com o verbo na **voz ativa**. O **sujeito** é o **agente da ação** ou do acontecimento expresso pelo verbo. O destaque é dado para o **sujeito que pratica a ação**.

- A organização da frase II foi feita com o verbo na **voz passiva**. O **sujeito** é o **objeto** dessa ação, isto é, o que **sofre o efeito da ação** expressa pelo verbo. O agente da ação na voz passiva recebe o nome de **agente da passiva**. O destaque é dado para a **ação**.

2▸ Leia e compare estes dois títulos de notícias:

Sem-teto ocupam prédio da Secretaria de Habitação de SP.

Disponível em: <https://noticias.uol.com.br/album/2017/12/06/sem-teto-ocupam-predio-da-secretaria-de-habitacao-de-sp.htm>. Acesso em: 20 set. 2018.

Prédio no centro de BH é ocupado por sem-teto.

Disponível em: <www.hojeemdia.com.br/horizontes/pr%C3%A9dio-no-centro-de-bh-%C3%A9-ocupado-por-sem-teto-1.589140>. Acesso em: 20 set. 2018.

Responda no caderno:

a) Qual é o sujeito da oração do título 1?

b) Nessa frase, o sujeito pratica ou sofre a ação expressa pelo verbo?

c) Qual é o sujeito da oração do título 2?

d) No título 2, o sujeito pratica ou sofre a ação expressa pelo verbo?

e) Releia as frases I e II desta seção. Compare-as com os títulos de notícia desta atividade e indique qual título está na voz ativa e qual está na voz passiva.

f) No título 2 é possível identificar o agente da ação. Qual é esse agente?

g) Converse com os colegas e o professor sobre o que cada título de notícia destaca: o agente da ação ou aquele sobre o qual recai a ação? Que efeito isso causa no leitor? Depois, registre uma conclusão no caderno.

Leia o quadro a seguir, que resume o que vimos sobre a voz do verbo até este ponto:

Voz ativa	Voz passiva
• O sujeito pratica/desencadeia a ação expressa pelo verbo: sujeito agente. • O objeto direto sofre o efeito da ação expressa pelo verbo: paciente da ação do verbo.	• O sujeito sofre a ação expressa pelo verbo: sujeito paciente. • Há um complemento do verbo que pratica a ação: o agente da passiva.

A voz verbal, portanto, é uma forma de organização da frase que determina se o sujeito é o responsável pela ação (**agente**) ou se sofre a ação (**paciente**).

Uma oração só pode transitar da voz ativa para a voz passiva se, na voz ativa, ela tiver um complemento **objeto direto** que sofra a ação. Assim, não é possível passar para a voz passiva uma oração construída com verbo intransitivo ou com verbo transitivo indireto.

No exemplo a seguir, observe a transformação de uma oração construída na voz ativa em uma oração composta na voz passiva.

O **agente da passiva** é um complemento do verbo na voz passiva.

3▸ Leia o título de uma notícia publicada em um jornal *on-line* e observe a forma de construção dele na voz ativa e na voz passiva.

a) Construção na **voz ativa**:

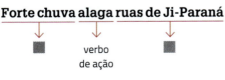

Disponível em: <www.diariodaamazonia.com.br/forte-chuva-alaga-ruas-de-ji-parana/>. Acesso em: 17 ago. 2018.

b) Construção na **voz passiva**:

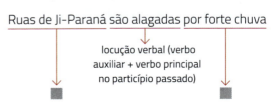

Copie as frases dos itens **a** e **b** em seu caderno e analise-as. Você deverá substituir os ■ pelas expressões a serem usadas na análise. No quadro da página seguinte há essas expressões. Copie-as adequadamente.

258 UNIDADE 7 • O desafio de dar e de aceitar opinião

- O sujeito pratica a ação expressa pelo verbo.
- O agente da passiva pratica a ação indicada pelo verbo.
- O complemento objeto direto sofre a ação do verbo.
- O sujeito sofre a ação expressa pelo verbo.
- sujeito paciente
- complemento objeto direto
- agente da passiva
- sujeito agente

Na construção determinada pela voz passiva, o agente da ação nem sempre está explícito. Observe outro título de notícia:

Projeto é retirado de pauta na extraordinária da Câmara

sujeito paciente — locução verbal

Diário do Nordeste, 31 ago. 2018.

4▸ Leia as frases do quadro e observe a diferença entre as vozes ativa e passiva nas duas primeiras construções usadas como exemplos.

Voz ativa	Voz passiva
O canal de esportes **transmitirá** os jogos.	Os jogos **serão transmitidos** pelo canal de esportes.
O chefe o **convidou** para a festa.	■ para a festa pelo chefe.
■ a comunidade.	A comunidade **será visitada** pelo presidente.

Copie o quadro em seu caderno e complete as frases com o que se pede.

5▸ Copie as frases a seguir em seu caderno e indique se estão na voz ativa ou na voz passiva.

a) Os adolescentes expressam suas emoções livremente.

b) Os adolescentes são considerados crianças por seus pais.

c) Os jovens foram encarados com desconfiança.

d) "Bandas fazem sucesso com mistura improvável de pagode e sertanejo"
(*Veja São Paulo*, 24 set. 2011.)

e) Defesa civil prevê período de enchentes.

f) "Polícia pedirá bloqueio de celulares roubados"
(*O Estado de S. Paulo*, 31 jan. 2015.)

g) Vários bairros são infestados por mosquitos da dengue.

h) A Amazônia e a Mata Atlântica sofrem as consequências do aquecimento global.

i) "Obra de monotrilho em cemitério é barrada"
(*O Estado de S. Paulo*, 31 jan. 2015.)

j) "Petrobras é rebaixada"
(*Folha de S.Paulo*, 31 jan. 2015.)

k) "Filme de pernambucano abre o Cine PE"
(*Jornal do Commercio*, 1 maio 2015.)

Voz passiva: analítica e sintética

Há duas formas de construir orações na voz passiva. Observe as frases I e II e compare-as.

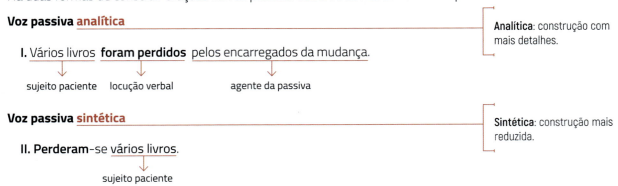

Analítica: construção com mais detalhes.

Sintética: construção mais reduzida.

Na frase II, o agente da passiva não está presente. Trata-se de uma forma de organização mais reduzida, por isso afirma-se que a oração está na voz passiva **sintética**. Nesse exemplo, note que a forma verbal *perderam* (verbo transitivo direto) concorda com o sujeito paciente "vários livros".

Observe o esquema da construção da frase na voz passiva sintética:

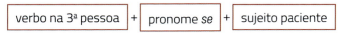

Compare as construções da voz passiva sintética e da voz passiva analítica a seguir. Observe que, nas duas linhas do quadro, as frases foram estruturadas na voz passiva. A diferença está no tipo de voz passiva: sintética ou analítica.

Voz passiva sintética	**Vendem-se** carros.	**Alugam-se** casas.	**Compram-se** livros usados.
Voz passiva analítica	Carros **são vendidos**.	Casas **são alugadas**.	Livros usados **são comprados**.

Nesses exemplos do quadro, os termos *carros*, *casas* e *livros usados* são os **sujeitos pacientes** das orações na voz passiva. Nas construções de voz passiva sintética, a gramática normativa orienta a **fazer a concordância do verbo com o sujeito paciente**.

⟨ No dia a dia ⟩

Voz passiva sintética

Na linguagem do dia a dia, mais coloquial e menos monitorada, a tendência é construir a voz passiva sintética com o verbo no singular. Veja estes exemplos:

Disponível em: <https://gazetanortemineira.com.br/anuncios/lista>. Acesso em: 17 ago. 2018.

Disponível em: <http://negociol.com/p203505-vende-aluga.html>. Acesso em: 17 ago. 2018.

Disponível em: <http://negociol.com/p199935-procura-empreendedores.html>. Acesso em: 17 ago. 2018.

Linguagem mais coloquial	Linguagem mais formal
Vende-se ou **aluga**-se apartamentos [...]	**Vendem**-se ou **alugam**-se apartamentos [...]
Vende-se e **aluga**-se casas, lotes, chácaras, fazendas	**Vendem**-se e **alugam**-se casas, lotes, chácaras, fazendas
Procura-se pessoas empreendedoras	**Procuram**-se pessoas empreendedoras

Essas ocorrências da linguagem coloquial estão presentes na fala mesmo de pessoas com alto grau de escolaridade e de profissionais da imprensa.

No quadro acima, observe que os verbos dos exemplos (*vender*, *alugar*, *procurar*) são transitivos diretos.

A tradição gramatical orienta que as expressões coloridas do quadro são sujeitos dessas orações e que essa é a razão de os verbos concordarem em número (singular ou plural) com elas.

No entanto, essa lógica não é seguida por aqueles que mantêm o verbo no singular. O usuário da língua que, na construção da voz passiva sintética, não faz a concordância de número entre o sujeito e o verbo age como se houvesse sujeito indeterminado nas orações.

Em textos mais formais — falados ou escritos — a orientação da variedade indicada pela gramática normativa, em que se faz a concordância, em número, do verbo com o sujeito, ainda é a construção mais valorizada.

> **! Atenção**
> É importante saber que, com o uso, a língua desenvolve tendências, formas de utilização que, muitas vezes, no decorrer do tempo, são incorporadas pelos usuários.

> **! Atenção**
> Segundo a tradição gramatical do português, uma oração somente está na voz passiva sintética se o verbo é **transitivo direto** (ou transitivo direto e indireto). Essa lembrança nos ajudará a conferir nossas frases, principalmente quando precisarmos escrever textos em linguagem mais formal.

Há construções que se assemelham às orações na voz passiva sintética, mas têm outra estrutura. Em alguns casos, embora esteja ligado a uma partícula *se*, o verbo não é transitivo direto; ele é **intransitivo** ou **transitivo indireto**. Tais orações não estão na voz passiva sintética. Veja:

Precisa-**se** de cozinheiros.
— verbo transitivo indireto
— complemento objeto indireto

Observe que o verbo *precisar* é usado como transitivo indireto, complementado pelo termo "de cozinheiros". Note ainda que não há sujeito que se possa identificar, não há concordância em número entre o verbo e o outro termo da frase. Trata-se de uma construção na **voz ativa** em que o **sujeito é indeterminado**.

Observe outro exemplo:

Vive-**se** sem segurança nas grandes cidades.
— verbo intransitivo
— complemento circunstancial de modo
— complemento circunstancial de lugar

Nesse segundo exemplo, observe que o verbo *viver* é empregado como intransitivo e não é possível identificar, no contexto, o responsável pela ação indicada por ele. Essa oração também está construída na **voz ativa** com **sujeito indeterminado**.

Nos casos de sujeito indeterminado indicado por verbo acompanhado do termo *se*, esse verbo deve ser transitivo indireto ou intransitivo e ser usado apenas na terceira pessoa do singular.

▶ Em seu caderno, reescreva as frases passando-as para a voz passiva sintética.

a) Foram encontrados muitos fósseis no norte do Brasil.

b) Geralmente, os jovens são considerados imaturos para a vida.

c) Várias hipóteses foram levantadas para esse fato.

d) O motoqueiro foi socorrido rapidamente.

Voz reflexiva

Releia frases do artigo de opinião estudado nesta unidade:

A maior parte das tribos, nos dias de hoje, **se agrupa** em torno de atividades de lazer.
　　　└─ sujeito (1)

"Os adolescentes perceberam que não faz sentido **se estapear** por uma identidade" [...].
　└─ sujeito (2)

Note que os verbos em destaque também são acompanhados do termo *se*, nesse caso, um pronome. Observe a que sujeitos os verbos se relacionam: *agrupar* refere-se ao sujeito agente 1 ("a maior parte das tribos") e *estapear* refere-se ao sujeito agente 2 ("os adolescentes").

Note também que a ação desses verbos recai sobre o respectivo sujeito: a maior parte das tribos agrupa a si mesma, os adolescentes percebem que não faz sentido estapearem-se a si mesmos.

> Quando o sujeito é ao mesmo tempo agente e paciente da ação do verbo, pois ele pratica uma ação que provoca efeitos sobre si mesmo, considera-se que a oração está na **voz reflexiva**. O verbo na voz reflexiva é **pronominal**, isto é, empregado com os pronomes oblíquos *me, te, se, nos, vos*.

Para comprovar se o sentido é reflexivo, pode-se substituir os pronomes empregados na construção por *a mim mesmo, a ti mesmo, a si mesmo*, etc. Exemplos:

> Eu me penteio. (= Eu penteio **a mim mesmo**.)

> Ele se penteia. (= Ele penteia **a si mesmo**.)

> Nós nos penteamos. (= Nós penteamos **a nós mesmos**.)

1▶ Em seu caderno, copie as orações a seguir e classifique-as em voz passiva sintética ou voz reflexiva.

a) As meninas se abraçaram de tanta felicidade.

b) Devem-se entregar todos os livros na seção adequada.

c) Interceptou-se um enorme contrabando de produtos eletrônicos no porto de Santos.

d) O rapaz se feriu na queda.

2▶ De que forma você descobriu se as orações da atividade anterior estão na voz passiva sintética ou na voz reflexiva?

Hora de organizar o que estudamos

▶ Leia o esquema a seguir.

Atividades: vozes do verbo

1▶ Reescreva as frases no caderno, passando-as da voz ativa para a voz passiva analítica.

a) Cientistas australianos descobriram células com poder regenerativo.

b) O aumento da temperatura global pode provocar o desaparecimento de áreas alagáveis, como o Pantanal.

c) As guerras e a intolerância aumentam as injustiças no planeta.

d) Novas tecnologias facilitam a comunicação entre as pessoas.

e) Ladrões roubaram os rádios de vários carros estacionados na porta da escola.

f) O pai não a reconheceu com aquelas roupas malucas.

g) Polícia prende em Brasília acusado de falsificações.

2▶ Reescreva as frases no caderno, passando-as da voz passiva para a voz ativa.

a) O comportamento nas redes sociais é analisado por psicólogos.

b) No Palácio do Planalto, protestos foram realizados por indígenas.

c) Pesquisas sobre a atmosfera serão financiadas por um grande número de países.

d) Os objetivos para o século XXI foram determinados pela necessidade de melhorar o planeta.

e) Foram presos vários falsários no aeroporto.

f) Caso de gripe aviária é confirmado por laboratório.

3▸ De cada par de frases, transcreva em seu caderno apenas a frase que estiver adequada.

a) No relatório, foi omitido pelo gerente as informações comprometedoras.

No relatório, foram omitidas pelo gerente as informações comprometedoras.

b) Resgataram-se poucas pessoas após a passagem do maremoto.

Resgatou-se poucas pessoas após a passagem do maremoto.

c) Em todos os países, prestou-se homenagens emocionadas ao cantor.

Em todos os países, prestaram-se homenagens emocionadas ao cantor.

d) Nós se confundimos e trouxemos o livro errado.

Nós nos confundimos e trouxemos o livro errado.

4▸ Leia este trecho de notícia:

Aulas em Massapê do Piauí são suspensas por uma semana devido às fortes chuvas

As aulas em todo o município de Massapê do Piauí, a 367 km de Teresina, estão suspensas por uma semana devido às fortes e frequentes chuvas que caem na região do semiárido neste período. Em alguns bairros da cidade, como o Espinheiro, as famílias estão ilhadas, há vários pontos intrafegáveis e crateras na estrada. Em apenas dois dias foram registrados 200 milímetros de água da chuva em toda a área geográfica da região.

[...]

Disponível em: <https://cidadeverde.com/noticias/188848/aulas-em-massape-do-piaui-sao-suspensas-por-uma-semana-devido-as-fortes-chuvas>. Acesso em: 19 jul. 2018.

a) O título da notícia está na voz passiva. Reescreva-o, passando-a para a voz ativa. Faça as adequações necessárias.

b) Que efeito de sentido é produzido ao se construir essa frase sem a indicação do agente da passiva?

c) Sabe-se que a escolha da ordem dos termos em um título pode ser decorrente de uma intenção para produzir um efeito de sentido. Qual foi a intenção do redator ao iniciar a frase com o sujeito "Aulas em Massapê do Piauí"?

d) Explique a diferença que haveria se o título tivesse sido escrito da seguinte maneira:

> Fortes chuvas provocam suspensão das aulas em Massapê

e) Releia estas frases da notícia. Analise as locuções verbais destacadas e indique: o verbo principal é transitivo direto, transitivo indireto ou intransitivo? Identifique então o sujeito das orações. Indique que voz verbal é empregada em cada frase.

> Em alguns bairros da cidade, como o Espinheiro, as famílias **estão ilhadas** [...].

> Em apenas dois dias **foram registrados** 200 milímetros de água da chuva em toda a área geográfica da região.

5▸ Leia outro título e trecho de notícia.

Dia Mundial do Graffiti é festejado com evento em Salvador

Atividades culturais serão realizadas na sexta-feira (27), no bairro do Garcia. Evento gratuito é promovido pelo graffiteiro Corexplosion.

[...]

Disponível em: <http://g1.globo.com/bahia/noticia/2015/03/dia-mundial-do-graffiti-e-festejado-com-evento-em-salvador.html>. Acesso em: 19 jul. 2018.

264 **UNIDADE 7** • O desafio de dar e de aceitar opinião

a) Esse título está na voz passiva. Responda em seu caderno: Qual é o sujeito da sua locução verbal?

b) Imagine que você é um jornalista e que, ao ler esse título, considera que seria preferível destacar o sujeito que pratica a ação de festejar o Dia Mundial do Graffiti. Em seu caderno, reescreva a frase na voz ativa propondo um possível sujeito agente para seu título.

c) Releia esta frase da notícia:

> Evento gratuito é promovido pelo graffiteiro Corexplosion.

Em seu caderno, reescreva a frase dando destaque ao sujeito agente, responsável pela ação expressa pelo verbo.

d) Para destacar o sujeito como agente, que voz verbal foi empregada?

6. Imagine que você é um jornalista encarregado de escrever sobre este fato: entre vários jogadores amadores de basquete, alguns foram escolhidos para participar da Seleção Brasileira de Basquete. Trata-se da preparação para um campeonato mundial. Entre esses convidados, há dois jovens jogadores de sua cidade.

a) Escreva diferentes títulos para esse fato, dando destaque a diferentes aspectos:
- aos novos jogadores que participarão da Seleção;
- à preparação para enfrentar o campeonato mundial;
- à Seleção Brasileira de Basquete;
- à renovação do time.

b) Em sua opinião, qual dos títulos que você escreveu chamaria mais a atenção do leitor? Explique.

O jogador brasileiro Anderson Varejão durante jogo de basquete entre as seleções do Brasil e da Venezuela nas eliminatórias para o Mundial de Basquete, no Rio de Janeiro, em novembro de 2017.

Desafios da língua

Mal ou *mau*: qual das grafias usar?

É muito comum pararmos para pensar em como se escreve uma palavra quando há outra com grafia muito parecida. Como saber a grafia correta?

1. **Desafio!** Em seu caderno, copie as frases substituindo os ■ por *mal* ou *mau*.
   a) Eu andei ■ de saúde.
   b) O atleta obteve ■ resultado no teste de classificação.
   c) O Brasil teve ■ desempenho na avaliação internacional de leitura.
   d) Até que você não se saiu tão ■ nos testes!
   e) ■ chegou, saiu novamente para atender uma emergência.
   f) Você está muito ■-humorado hoje.
   g) ■ amigos, há sempre muitos.
   h) Você anda ■-educado ultimamente!

2. Reveja suas respostas à questão anterior. Como você descobriu qual seria a palavra adequada? Registre por escrito sua explicação e guarde-a para comparar com o que descobrir depois de terminar este estudo.

3 ▸ O desafio desta atividade é perceber a diferença de uso entre *mal* e *mau*. Para isso, leia a tira reproduzida a seguir e responda no caderno às questões propostas.

BROWNE, Chris. Hagar. *Folha de S.Paulo*. São Paulo, 19 abr. 2005.

  a) Pensando na história da tira, imagine que os negócios de voo não estivessem indo *mal*. Qual seria a resposta do personagem para Hagar?

  b) De que outra maneira o personagem poderia formular a resposta à pergunta "Como vão os negócios?"?

  c) *Mal* refere-se ao verbo *ir* (*vão*), acrescentando-lhe a ideia de modo. Que função sintática a palavra *mal* exerce nessa oração?

4 ▸ Com base no que você pôde observar sobre o uso da palavra *mal*, reescreva em seu caderno a frase a seguir completando as lacunas adequadamente.

> A palavra *mal* é utilizada como antônimo de ▮ e exerce a função sintática de ▮.

5 ▸ Volte ao desafio proposto na atividade 1 e, no caderno, transcreva as frases em que a palavra *mal* tem as características apontadas na frase-resumo que você completou na atividade 4.

6 ▸ Leia a tira e responda em seu caderno às questões propostas na sequência.

BROWNE, Chris. Hagar. *Folha de S.Paulo*. São Paulo, 28 abr. 2005.

  a) O que provoca o humor dessa tira?

  b) Que palavra ou expressão poderia substituir a palavra *mal*?

  c) A que classe gramatical pertencem as palavras ou expressões que você apontou como resposta para o item anterior?

7 ▸ Em seu caderno, reescreva a frase a seguir, substituindo a palavra *mal* por uma expressão equivalente. Depois, classifique-a.

> As chuvas recomeçaram, *mal* Lídia entrou em casa.

266 UNIDADE 7 • O desafio de dar e de aceitar opinião

8. No caderno, elabore uma lista das classes de palavras a que a palavra *mal* pode pertencer, com base nas frases reproduzidas a seguir.
   a) O bem e o mal andam juntos.
   b) Carlos está passando mal.
   c) Mal acabou a prova, o sinal bateu.
   d) Eles mal tocaram na comida.

9. Qual é o sentido da palavra *mal* nestas frases? Identifique-o e escreva no caderno.
   a) Ele não percebia o mal que praticava.
   b) O mal está sempre por perto.
   c) Como podemos ajudar para remediar o mal que as chuvas causaram?
   d) Agravou-se o mal de que sofre o jogador, por isso ele será operado hoje.
   e) A noite mal começa a baixar, e os ventos uivam ameaçadoramente.
   f) Mal virou as costas, as crianças recomeçaram a briga.

10. Das frases da atividade anterior, transcreva em seu caderno somente aquelas em que a palavra *mal* não pode ser substituída pela palavra *bem*, com as adequações de sentido para contextualizá-la.

O termo *mal* é empregado também em palavras compostas como: *mal-educado, mal-entendido, mal-estar, mal--encarado, malcuidado, malcriado, mal-agradecido, mal-humorado*.

Veja um exemplo de uso de palavra composta com *mal* na tira a seguir.

THAVES, Bob. Frank G. Ernest. *O Estado de S. Paulo*, 16 out. 2015.

11. Compare estas frases:

> Carlos passou **mal** durante a aula.

> O céu indicava **mau** tempo para as próximas horas.

   a) Em seu caderno, reescreva as duas frases utilizando o antônimo dos termos destacados.
   b) Que semelhança pode ser apontada entre as palavras *mal* e *mau*?
   c) Quais as diferenças entre elas?

12. Transcreva em seu caderno as frases do desafio (atividade 1, da página 265) em que a palavra escolhida tem função de adjetivo.

13. Reescreva no caderno as frases a seguir, substituindo os ■ por *mal* ou *mau*.
   a) Estou desanimado: depois de tantos meses de treino eu ■ consigo digitar um texto.
   b) Os ■ resultados nas provas devem-se à falta de atenção.
   c) Não queira ■ a seus primos; eles gostam de você.
   d) Não fiz por ■: quis apenas ajudar.
   e) Quase todas as empresas tiveram ■ desempenho neste semestre.
   f) O ■ humor de Paula deixou todos os presentes ■-humorados.

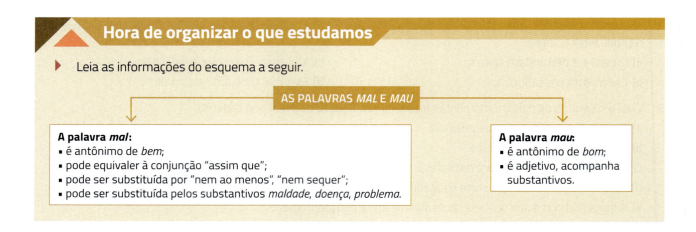

Outro texto do mesmo gênero

Será que é possível rotular uma pessoa só de olhar para ela? Por que será que alguns fazem isso?

Leia o artigo de opinião reproduzido a seguir, que defende um ponto de vista sobre o tema. Qual será esse ponto de vista?

Por que insistimos em definir a personalidade de uma pessoa só de olhar para ela?
Emiliano Urbim

1   Afinal, por que rotulamos?

2   Existem 6,62 bilhões de motivos (o número de pessoas no planeta). É justamente por ter tanta gente espalhada por aí — e tanta gente diferente — que precisamos encaixá-las em formas. Parece contraditório, mas é isso mesmo. Marcos Emanoel Pereira, um psicólogo da UFBA [Universidade Federal da Bahia] que escreveu um livro cabeçudo sobre o assunto, *Psicologia social dos estereótipos*, explica que não há neurônio que aguente analisar tudo nos mínimos detalhes o tempo inteiro. Para evitar que o cérebro dê pau, criamos rotinas mentais, regras para agir sem precisar pensar muito. Rótulos são exatamente isso. Resumimos uma pessoa a uma palavra e seguimos nossa vida.

3   É por isso também que somos mais rotuladores do que os jovens do tempo da sua avó. Pense em quantos grupinhos existem no seu colégio: *emos*, patricinhas, *boys*, góticos, *nerds*, *hippies*, galera do metal, do *skate*, do surfe, do *hip-hop*. No tempo em que sua avó estava no colégio, só rolavam duas opções: ou você era quadradão ou era prafrentex. Mas é claro!, dizem os especialistas. Hoje, você conhece muito mais gente do que sua avó conhecia na sua idade. [...] Se você tem mais conhecidos, tem menos tempo para conhecer cada um deles. O cérebro, que não quer pifar, adverte: rótulo neles.

4   Mas organizar o mundo não é o único motivo pelo qual a gente distribui estereótipos por aí. Rotular também é uma estratégia importante de construção de nossa identidade.

5   Primeiro, queremos deixar claro a quais grupos não pertencemos. É por isso que, se você [...] não gosta de usar só preto, vai olhar para alguém que curta a ideologia gótica e rotulá-lo de bizarro. A ideia é encontrar as diferenças e, por isso, você vai apontar para as características que o incomodam.

De acordo com estudo da Organização das Nações Unidas (ONU), a população mundial em 2018 era de 7,6 bilhões de pessoas.

▶ **rotular:** em sentido figurado, classificar ou definir de modo simplista ou impróprio.

▶ **neurônio:** célula essencial do tecido nervoso, constitui a unidade funcional do sistema nervoso.

▶ **dar pau:** sofrer uma pane abrupta, parar de funcionar.

▶ **quadrado:** gíria para indivíduo preso a conceitos antiquados ou convencionais; careta.

▶ **prafrentex:** gíria para indivíduo moderno, avançado, aberto a novos costumes.

▶ **estereótipo:** padrão formado com base em uma convicção alimentada mais por conceitos fixos e preconcebidos do que pela própria realidade.

▶ **bizarro:** esquisito, estranho, excêntrico.

6   O segundo caminho é encontrar pessoas que se pareçam com você. E, para mostrar ao resto do mundo a que turma você pertence, a tendência é usar códigos visuais (roupas, sapatos, acessórios, cortes de cabelo) que o identifiquem imediatamente. Ou seja, no fundo, o que você quer é ajudar os outros a rotular você, mas usando um rótulo com o qual você se sinta confortável. O lado ruim é que, para quem vê de fora, você pode parecer só "mais um" na turma. O que era para ser sua identidade própria se transforma justamente no contrário.

URBIM, Emiliano. *Capricho*. São Paulo: Abril, n. 994, p. 107-108, jun. 2006.

Converse com os colegas e o professor sobre o artigo de opinião que você leu, respondendo às perguntas a seguir e ouvindo as respostas dos colegas.

1▸ Você concorda com o que o autor do artigo pensa sobre por que rotulamos pessoas: rotular pessoas é fazer um resumo delas para não pensarmos muito? Por quê?

2▸ Você concorda com a afirmação de que fazemos escolhas para nos rotularmos, isto é, para ajudar as outras pessoas a nos rotularem? Explique.

3▸ Releia algumas expressões usadas no texto:
- "livro cabeçudo"
- "evitar que o cérebro dê pau"
- "só rolavam duas opções"
- "você era quadradão ou era prafrentex"
- "o cérebro, que não quer pifar"

Ao fazer essas escolhas de linguagem, que efeito o articulista provoca? Indique palavras ou expressões do texto que comprovem sua resposta.

4▸ O primeiro parágrafo apresenta uma pergunta: "Afinal, por que rotulamos?". Em qual dos parágrafos se encontra a resposta a essa pergunta?

Grupo de *punks*, isto é, membros de um movimento não conformista formado na Inglaterra dos anos 1970.

Nerd. Esse termo costuma ser empregado para definir, de modo às vezes preconceituoso, pessoas que se dedicam aos estudos.

Emo. Criada nos anos 1980 com base no termo *emotional*, da língua inglesa, essa palavra caracteriza bandas de música (e, por extensão, seus seguidores) que, na época, compunham letras que falavam de desilusões.

Grupo de *cosplayers*, ou seja, pessoas que se fantasiam para representar determinado personagem, em geral do universo dos *animes*, dos *mangás* ou *videogames*. Essa prática surgiu nos anos 1970, nos Estados Unidos.

PRODUÇÃO DE TEXTO

Artigo de opinião

Nesta unidade, você teve a oportunidade de ler artigos de opinião e observar algumas características desse gênero textual. Agora chegou o momento de você produzir um artigo de opinião para expressar seu ponto de vista. Ele fará parte de uma antologia organizada pela turma.

O artigo de opinião apresenta um ponto de vista ou uma posição do autor sobre determinado assunto ou fato. É caracterizado por:

- ter a intenção de defender um ponto de vista ou um posicionamento;
- ser estruturado em quatro blocos principais: introdução, opinião, argumentação e conclusão.

➡ **Proposta de trabalho**

1▸ Antes de iniciar a produção, você vai ler o trecho de um texto do livro *A adolescência*, do psicanalista Contardo Calligaris.

> Se a adolescência encena um ideal cultural básico, é compreensível que ela se transforme num estilo que é *cool* para todos. Na idealização comercial e para maior proveito dos empresários da adolescência, praticamente todos os estilos adolescentes (seus produtos, seus apetrechos) são oferecidos e vendidos aos adultos, magnificando um mercado já interessante em si.
>
> Desde os anos 1980, surge uma verdadeira especialidade do *marketing* da adolescência. Sua relevância está nas proporções do mercado dos adolescentes: eles são numerosos e dispõem de cada vez mais dinheiro. Mas interessam ao mercado também pela influência que exercem sobre a decisão e a consolidação de modas, que transformam os modelos de consumo de muitos adultos.
>
> **A adolescência, por ser um ideal dos adultos, se torna um fantástico argumento promocional.**
>
> CALLIGARIS, Contardo. *A adolescência*. São Paulo: Publifolha, 2000, p. 24. [Destaque nosso.]

▸ **cool:** do inglês, "legal", "bacana", "descolado".

▸ **magnificar:** tornar maior, engrandecer.

O trecho lido trata do tema "consumo". Na Unidade 6, você comparou uma propaganda e uma publicidade e observou que a propaganda sobre a doação solidária usava argumentos com o objetivo de convencer o leitor a adotar essa prática; já a publicidade da sandália utilizava argumentos para convencer o leitor a comprar o produto. Agora que você já sabe como a propaganda e a publicidade tentam convencer as pessoas, reflita sobre a frase em destaque nesse trecho do livro do psicanalista e formule uma opinião a respeito do assunto, pois é disso que tratará o artigo de opinião que você vai elaborar. Para isso, sugere-se que você leve em consideração algumas questões:

- Os profissionais do *marketing* observam os hábitos dos adolescentes?
- Os adolescentes formam, para o *marketing*, um importante mercado?
- Os hábitos dos adolescentes influenciam os hábitos de compra dos adultos?

2▸ Escolha um ponto de vista em relação ao tema:

a) Concordo.

b) Não concordo.

c) Concordo em parte.

3▸ Você pode pesquisar sobre o assunto/tema do artigo para estruturar melhor a sua opinião. Para isso, consulte:

- pessoas que tenham opinião formada sobre o assunto;
- *sites* sobre o assunto;
- artigos de opinião ou entrevistas com especialistas em *marketing* e em vendas — publicados em jornais e revistas impressos ou eletrônicos.

270 〉 **PRODUÇÃO DE TEXTO**

4. Busque exemplos reais no seu dia a dia: É comum a imagem de jovens em textos publicitários? Qual publicidade está chamando a atenção de todos nas diferentes mídias: TV, rádio, internet, cartazes, revistas impressas ou eletrônicas? O que costuma chamar sua atenção em textos publicitários? Quais os produtos mais frequentemente associados ao público juvenil?

Planejamento: estrutura do texto

1. Planeje a estrutura do seu texto de opinião. Lembre-se:
- **Introdução** ou **ancoragem** — Apresentar ideias que situem o leitor no tema.
- **Opinião** ou **tese** — Apresentar claramente a sua posição.
- **Argumentação** — Apresentar fatos, exemplos da realidade, opinião de especialista (citação de autoridade) para defender seu ponto de vista. Se considerar necessário, apresentar também argumentos contrários (contra-argumentos) aos seus.
- **Conclusão** — Retomar a ideia defendida inicialmente para concluir o texto.

2. Ao planejar o seu texto de opinião, leve em conta o esquema a seguir.

ARTIGO DE OPINIÃO

Tema/assunto	Intenção/finalidade	Linguagem e construção	Leitor/público-alvo	Circulação
Adolescência: argumento promocional?	Produção de artigo de opinião a partir de um dos três pontos de vista: a favor; contra; a favor, em parte.	Linguagem: • clara; • objetiva; • mais formal, mais próxima da norma-padrão. Estrutura: 1. Introdução ou ancoragem. 2. Opinião ou tese. 3. Argumentação/contra-argumentação. 4. Conclusão.	Pessoas da comunidade escolar e do entorno ou que tenham acesso a *blogs* ou redes sociais da escola.	Antologia impressa ou digital dos artigos de opinião reunidos de acordo com o ponto de vista defendido.

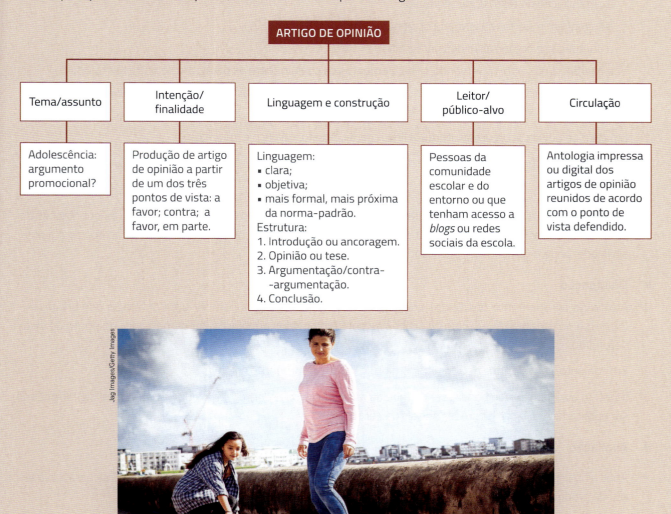

Mãe e filha praticando *skate*, em cidade da Grã-Bretanha, no verão.

➡ Rascunho

1▸ No caderno, elabore as principais partes do seu artigo de opinião.

2▸ Retome a frase/tema do texto lido e escreva a introdução do seu artigo.

3▸ Exponha com clareza a sua opinião, apresentando a tese, o seu ponto de vista sobre o tema/assunto.

4▸ Apresente a sequência de argumentos em defesa desse ponto de vista. Você pode utilizar dados de pesquisa, fatos, exemplos do cotidiano, citações de especialistas. Pode também utilizar argumento e contra-argumento, isto é, um argumento que se opõe a outro para reforçar a tese.

5▸ Escreva a conclusão, que deve retomar o ponto de vista defendido por você.

➡ Revisão

1▸ Releia a sua produção observando se ela está adequada ao que foi proposto. Considere estes itens:

- o gênero textual proposto;
- a organização do texto argumentativo;
- a linguagem mais formal, própria do gênero;
- a pontuação e organização dos parágrafos;
- a coerência do texto, observando se há elementos de coesão entre os parágrafos e entre as frases;
- a grafia de palavras, principalmente daquelas pouco utilizadas por você (se ficar em dúvida, consulte um dicionário).

2▸ Em caso de dúvida sobre a estrutura e a linguagem do texto, reveja o esquema.

3▸ Dê um título ao seu artigo de opinião e não se esqueça de assiná-lo.

➡ Edição

▸ Depois de todas as mudanças, reescritas e correções, passe a limpo o texto, de acordo com as orientações do professor. Se possível, digitalize-o para que ele possa ser impresso e compor a antologia. De acordo com a possibilidade, poderá também ser publicado em rede social da escola.

➡ Divulgação

1▸ Auxilie no agrupamento dos textos com opiniões semelhantes para compor uma antologia dos artigos — impressa ou digitalizada —, com os artigos de opinião reunidos em blocos por semelhança do ponto de vista defendido.

2▸ Em conjunto, conversem e decidam por um título para essa produção coletiva.

3▸ Montem a antologia, que poderá ser distribuída aos colegas da escola ou, se produzida na versão digital, poderá ser publicada no *blog* ou nas redes sociais da escola.

➡ Avaliação

▸ Após a finalização da atividade, combinem com o professor e reservem um momento de conversa para a avaliação da produção. Essa conversa pode se guiar por estas questões:

- Os textos produzidos estavam adequados à proposta?
- Ler a opinião dos colegas sobre o tema enriqueceu seu modo de refletir sobre esse assunto?
- A participação dos colegas contribuiu para o resultado das produções?
- O meio de divulgação escolhido foi adequado?
- Que mudanças seriam necessárias para a produção de uma antologia de artigos de opinião?

Autoavaliação

Chegou o momento de fazer um balanço de tudo o que foi estudado na Unidade 7. Leia o quadro de conteúdos para recordar o que estudou e, no caderno, avalie seu desempenho usando os tópicos propostos a seguir como orientação. Isso ajudará você na hora de organizar seus estudos.

Meu desempenho

- **Compreendi bem** (registre no caderno os itens que você compreendeu)
- **Avancei em** (registre no caderno os itens em que você melhorou)
- **Preciso rever** (registre no caderno os itens que você precisa estudar mais)
- **Outras observações e/ou outras atividades**

UNIDADE 7	
Gênero Artigo de opinião	**LEITURA E INTERPRETAÇÃO** · Leitura e interpretação do artigo de opinião "Eu sou 'normal'", de Adélia Chagas · Localização e identificação das partes de artigo de opinião: introdução (ancoragem), opinião (tese), argumentos, conclusão · Identificação dos recursos de produção de argumento e contra-argumento **PRODUÇÃO** **Oral** · Debate regrado: Como exercitar a tolerância? **Escrita** · Artigo de opinião
Ampliação de leitura	**CONEXÕES** · Outras linguagens: Publicidade — uma forma de persuadir · Tirinha e argumentação · História da adolescência em quadrinhos · Letra de canção: "Não vou me adaptar", de Arnaldo Antunes **OUTRO TEXTO DO MESMO GÊNERO** · "Por que insistimos em definir a personalidade de uma pessoa só de olhar para ela?", de Emiliano Urbin
Língua: usos e reflexão	· Vozes do verbo · Desafios da língua: *Mal* ou *mau*: qual das grafias usar?
Participação em atividades	· Orais · Coletivas · Em grupo

Theo Szczepanski/Arquivo da editora

UNIDADE 8

Jornalismo: informação e opinião

O que as pessoas da imagem estão fazendo?

Na sua opinião, é importante manter-se informado sobre acontecimentos da atualidade, avanços científicos, fatos que ocorrem na sua região e no mundo? Por quê?

O que você pode fazer para se informar sobre o que acha importante?

Que meios você utiliza para isso?

Nesta unidade você vai:

- ler e interpretar reportagem;
- localizar informações com precisão;
- identificar partes da reportagem e características da linguagem jornalística;
- reconhecer discurso direto e indireto no texto jornalístico;
- identificar palavras e expressões que contribuem para a organização do texto;
- diferenciar fato e opinião em reportagem;
- ler e interpretar infográfico e gráfico;
- aprender a selecionar fontes confiáveis de pesquisa: curadoria da informação;
- produzir uma reportagem;
- estudar casos mais comuns de colocação pronominal;
- estudar usos do hífen.

REPORTAGEM

Reportagem é um texto jornalístico que apresenta informações sobre um fato ou tema relevante para o público a que se destina. Pode circular em diferentes meios de comunicação, como jornais e revistas impressos ou eletrônicos, televisão e *sites* da internet. Você sabia que há lixo circulando na órbita da Terra? Que consequências esse tipo de lixo poderá trazer para os seres humanos? Juntos, observem as páginas de um jornal impresso em que foi publicada uma reportagem sobre esse tema.

Leitura

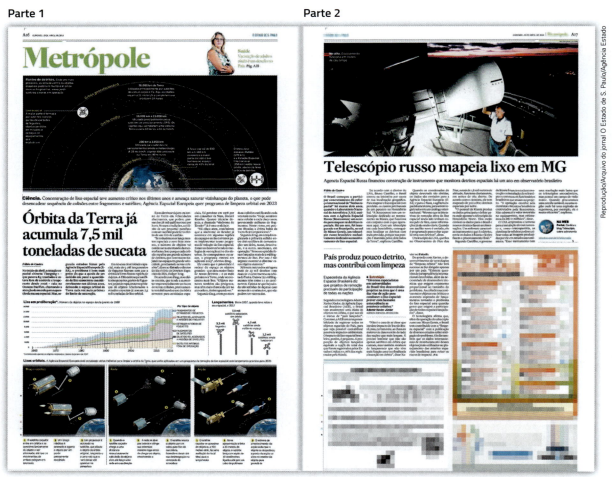

Parte 1 — Parte 2

O Estado de S. Paulo, 29 abr. 2018. Seção Metrópole, p. A16 e A17.

1. O que mais chamou sua atenção: as imagens ou os títulos e os assuntos?
2. Para qual parte da reportagem seu olhar se dirigiu inicialmente?
3. O que parece predominar nas páginas da reportagem: linguagem verbal ou linguagem não verbal?

Parte 1

Escolham um leitor para ler em voz alta o **texto principal** da primeira parte da reportagem. Acompanhem a leitura.

Órbita da Terra já acumula 7,5 mil toneladas de sucata

Ciência. *Concentração de lixo espacial teve aumento crítico nos últimos anos e ameaça saturar vizinhanças do planeta, o que pode desencadear sequência de colisões entre fragmentos e satélites; Agência Espacial Europeia quer programa de limpeza orbital em 2023*

Fábio de Castro

No início de abril, a estação espacial chinesa Tiangong-1 — que pesava 8,5 toneladas e estava fora de controle e inoperante desde 2006 — caiu no Oceano Pacífico, chamando a atenção do mundo para a questão da sucata espacial. Mas, segundo estudos feitos pela Agência Espacial Europeia (ESA), o problema é bem mais grave do que a queda de um módulo em pane: a quantidade de lixo aumentou consideravelmente nos últimos anos, deixando o espaço orbital da Terra cada vez mais próximo do limite de saturação.

Em 60 anos de atividade espacial, mais de 5 mil lançamentos de foguetes fizeram com que a órbita da Terra ficasse repleta de dejetos. A ESA estima que satélites inoperantes, partes de foguetes, peças de espaçonaves e pedaços de objetos relacionados a missões espaciais já somam 7,5 mil toneladas de lixo orbital.

Esses detritos viajam em torno da Terra em velocidades alucinantes, que podem passar dos 28 mil quilômetros por hora. Nessas condições, a colisão de um pequeno parafuso com um satélite pode ter o efeito de um tiro de canhão.

"Se reduzirmos os lançamentos espaciais a zero hoje mesmo, o número de objetos vai continuar aumentando da mesma forma. Isso porque cada colisão espalha um grande número de detritos, que continuam viajando no espaço em grande velocidade, produzindo novas colisões", disse ao *Estado* o diretor do Escritório de Detritos Espaciais da ESA, Holger Krag.

De acordo com Krag, esse efeito cascata, que tende a aumentar exponencialmente os riscos de novas colisões, praticamente inviabilizando o uso da órbita terrestre para atividades espaciais, foi previsto em 1978 por um consultor da Nasa, Donald Kessler. Quatro décadas depois, a chamada "síndrome de Kessler" já é uma realidade.

"Há cinco anos, concluímos que a síndrome de Kessler já acontece em algumas regiões do espaço e então corremos para implementar nosso programa de redução do lixo espacial. Estamos desenvolvendo tecnologias de remoção ativa dos detritos. Se conseguirmos recursos, o programa entrará em ação em 2023", afirmou Krag.

Ele conta que a prioridade é retirar do espaço os objetos grandes — que são a maior fonte de novos detritos — e os mais próximos à Terra, onde se concentra mais lixo. "Objetos menores também são perigosos, mas têm mais chance de cair na atmosfera, desintegrando-se."

Segundo Krag, o tempo entre duas colisões está ficando cada vez mais curto. "Hoje, acontece uma colisão a cada cinco anos, provocando milhares de fragmentos. Nesse ritmo, em poucas décadas a órbita baixa da Terra ficará impraticável."

Segundo Krag, em 2009 foi registrada a primeira colisão entre dois satélites de comunicação: um deles, russo, desativado, e o outro, americano, em operação. "Só nesse episódio foram lançados mais de 2 mil fragmentos de lixo. Por isso é tão urgente rastrear e eliminar esses objetos maiores."

Já foram rastreados até agora mais de 23 mil detritos com mais de 10 centímetros na órbita da Terra. Outros 750 mil fragmentos têm entre 1 e 10 centímetros. Estima-se que haja ainda 166 milhões de dejetos com menos de 1 centímetro, que não podem ser rastreados.

- **módulo:** unidade destacável de um veículo espacial, destinada a uma missão específica.
- **pane:** falha no funcionamento de um mecanismo, que pode provocar uma parada.
- **efeito cascata:** cadeia de eventos em que o efeito de um evento é a causa de outro, de modo que todos os eventos estão interligados por uma relação de causa e efeito.
- **exponencialmente:** em grande medida; de forma crescente.
- **inviabilizar:** tornar inviável, irrealizável.
- **consultor:** aquele que dá pareceres, opiniões acerca de assuntos de sua especialidade.
- **síndrome:** conjunto de características ou de sinais associados a uma condição crítica.
- **rastrear:** identificar a localização de algo.

CASTRO, Fábio de. Órbita da Terra já acumula 7,5 mil toneladas de sucata. *O Estado de S. Paulo*, São Paulo, 29 abr. 2018. Metrópole, p. A16.

Interpretação do texto

Compreensão inicial

1▸ Quem é o autor da reportagem?

2▸ As reportagens devem apresentar alguns dados que são fundamentais para a compreensão da informação dada. O primeiro parágrafo da reportagem, assim como nas notícias, é chamado de *lide* e traz as informações principais sobre o assunto. Copie o quadro a seguir no caderno e complete-o com as informações correspondentes a cada item.

a) **O que** aconteceu?	
b) **Onde** aconteceu o fato?	
c) **Quando** aconteceu o fato?	
d) **Por que** aconteceu?	
e) **Quem** participa da reportagem?	

3▸ Releia o título da reportagem:

> **Órbita da Terra já acumula 7,5 mil toneladas de sucata**

Vamos trabalhar um pouco com a matemática:

a) No caderno, escreva por extenso como deve ser lido o número: **7,5 mil toneladas**

b) A quantos quilos corresponde 1 tonelada?

c) Faça o cálculo e responda: quantos quilos de sucata, isto é, lixo espacial, circulam na órbita da Terra? Escreva com numerais e em seguida por extenso o resultado do cálculo.

d) Observe a representação da quantidade:

- na reportagem: 7,5 mil toneladas
- em outros formatos: 7 500 toneladas; 7 mil e quinhentas toneladas; sete mil e quinhentas toneladas

Conversem: qual será o motivo de, no texto da reportagem, ter sido escolhida a representação "7,5 mil toneladas"?

4▸ Releia o texto que está abaixo do título:

> **Ciência.** *Concentração de lixo espacial teve aumento <u>crítico</u> nos últimos anos e ameaça <u>saturar</u> vizinhanças do planeta, o que pode <u>desencadear</u> sequência de <u>colisões</u> entre fragmentos e satélites; Agência Espacial Europeia quer programa de limpeza orbital em 2023*

No caderno, reescreva a frase, substituindo os termos sublinhados por sinônimos adequados a esse contexto. Se precisar, recorra ao dicionário.

5▸ Que sentidos podem ser atribuídos à palavra destacada na frase a seguir?

> Esses detritos viajam em torno da Terra em velocidades **alucinantes**, que podem passar dos 28 mil quilômetros por hora.

a) Primeiro, dê um significado que considere adequado. Compare-o com os significados dados por seus colegas.

b) Em seguida, busquem o significado da palavra destacada no dicionário.

c) Conversem: A que conclusão se pode chegar ao comparar o que vocês deduziram e os significados apresentados no dicionário? Registrem uma resposta coletiva.

6 Responda no caderno:
   a) O que causou o acúmulo de lixo na órbita da Terra?
   b) Quais tipos de detritos podem ser encontrados na órbita?
   c) O que significa a sigla ESA?
   d) Quais são os efeitos desse acúmulo de lixo espacial?
   e) De acordo com Holger Krag, diretor do Escritório de Detritos Espaciais da ESA, que ação deve ser realizada para reduzir o lixo espacial?

Leitura dos infográficos e do gráfico

Infográfico: palavra formada por dois elementos: *info* (informação) e *gráfico* (esquema, imagem, representação visual).

Você vai ler a seguir os outros textos que compõem a primeira parte da reportagem.

1 Leiam o infográfico observando seus detalhes e conversem sobre os dados que ele apresenta.

Rastro de detritos
Cada vez mais prováveis, as colisões entre os objetos espaciais poderiam multiplicar ainda mais os fragmentos, ameaçando satélites e naves em operação

Órbita geoestacionária
36 000 km da Terra
Utilizada principalmente por satélites de comunicação e TV. Aqui os objetos viajam a 11 mil km/h e completam sua órbita em 24 horas

Órbita média
19 000 km a 23 000 km
Utilizada principalmente pelos satélites de posicionamento (GPS). Os objetos aqui completam uma volta na Terra a cada 12 horas, a 14 mil km/h

Lixo espacial
A maior parte é formada por satélites inativos, partes descartadas de foguetes, objetos perdidos em missões e pedaços de equipamentos que explodiram

200 km a 2 000 km
Utilizada para satélites de sensoriamento remoto e meteorologia.
A 28 mil km/h, objetos dão uma volta na Terra em 90 minutos

Órbita baixa
A faixa que vai de 800 km a 1 400 km concentra a maior parte de todo o lixo humano no espaço: cerca de 40% do total

O telescópio espacial Hubble (570 km) e a **Estação Espacial Internacional** (350 km) estão nessa órbita, abaixo da faixa crítica de detritos

Agora, responda às questões a seguir no caderno:
  a) Quantas **órbitas** — trajetórias em torno da Terra — estão representadas?
  b) Em cada órbita os satélites têm uma função. Faça uma lista dessas funções em cada órbita:
   - Órbita mais próxima da Terra
   - Órbita intermediária
   - Órbita mais distante da Terra
  c) Em qual das órbitas se concentra a maior parte do lixo espacial?

2. Para compreender melhor alguns termos que aparecem no infográfico, leia as informações a seguir.

> **Satélites naturais**: são corpos celestes que orbitam, isto é, giram em torno de um planeta ou de outro corpo maior. A Lua é o satélite natural da Terra.
>
> **Satélites artificiais**: são equipamentos construídos pelo ser humano para orbitar em torno da Terra, com diferentes funções. Geralmente têm a finalidade de receber e retransmitir dados de comunicação (para televisão, celular, rádio, internet) e de localização por mapas (GPS), dados meteorológicos, entre outros. São levados para a órbita da Terra por meio de foguetes.
>
> **Telescópio espacial Hubble**: é um satélite que orbita a Terra, constituído por um grande telescópio que tem como principais finalidades investigar corpos celestes, sua composição e características, observar a estrutura de estrelas e galáxias para conhecer sua formação e evolução, contribuindo para o estudo do Universo. Para isso envia dados, principalmente por imagens, para instituições na Terra.
>
> **GPS**: é a sigla para *Global Positioning System*, que em português significa **Sistema de Posicionamento Global**. É a tecnologia usada para diferentes formas de localização na Terra, por meio de dados enviados por satélite. É o que permite, por exemplo, a utilização de dispositivos móveis (celulares, *tablets*, computadores, etc.) para orientação sobre mapas, caminhos, localização de endereços.

Converse com os colegas: Qual é a importância dos satélites artificiais no mundo de hoje? Registre sua conclusão no caderno.

3. Leia a seguir um **gráfico** e outro **infográfico** da reportagem, que aparecem logo após o texto na primeira página do jornal.

▶ **proliferação**: multiplicação, crescimento.

▶ **estágio**: parte de um veículo espacial com motor próprio.

a) O gráfico abaixo apresenta dados quantitativos sobre o lixo. Observe a faixa que mais aumentou e responda no caderno: A que tipo de lixo ela se refere?

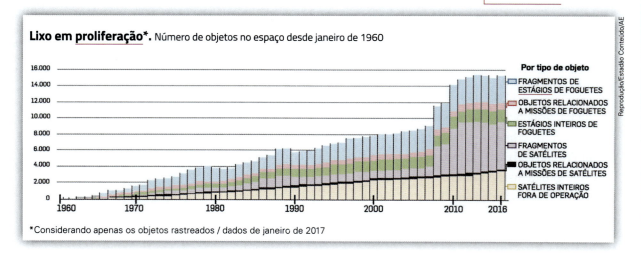

280 › **UNIDADE 8** • Jornalismo: informação e opinião

b) Observe agora o infográfico abaixo (que está ao lado do gráfico na página do jornal). Qual é a principal informação apresentada nele?

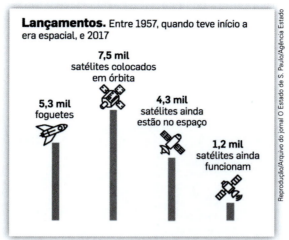

4▸ Observe o último infográfico reproduzido na parte inferior da página do jornal:

Ⓐ Braço robótico
1 O satélite caçador entra em órbita e se aproxima lentamente do objeto a ser eliminado, até que os movimentos de ambos estejam em sincronia.
2 Um braço robótico é acionado e agarra o objeto por um ponto previamente escolhido.
3 Um propulsor é acionado no satélite, que afasta o objeto da órbita original, lançando-o a uma rota que o fará decair até queimar na atmosfera.

Ⓑ Rede
1 Quando o satélite caçador chega a uma distância minuciosamente calculada do objeto-alvo, ele lança uma rede em sua direção.
2 A rede se abre por inércia e atinge sua extensão máxima logo antes de chegar ao objeto, envolvendo-o.
3 O satélite arrasta o objeto por um cabo, para fora de sua órbita, fazendo-o decair até sua desintegração na reentrada da atmosfera.

Ⓒ Arpão
1 O satélite caçador se aproxima do objeto e, a 100 metros dele, faz uma avaliação do local ideal para o lançamento.
2 Nova aproximação é feita até 20 metros do objeto, o satélite lança um arpão de 30 centímetros ligado a ele por um cabo de polímero.
3 O sistema de amortecimento do arpão evita que o objeto se despedace; a ponta do arpão se abre no interior do objeto para prendê-lo.

Qual é o assunto principal desse infográfico?

5▸ Converse com os colegas: Qual a finalidade dos infográficos e do gráfico nessa reportagem? Depois, registre sua conclusão no caderno.

REPORTAGEM 281

Linguagem e construção do texto

Juntos, leiam e observem a forma como a primeira parte da reportagem foi construída:

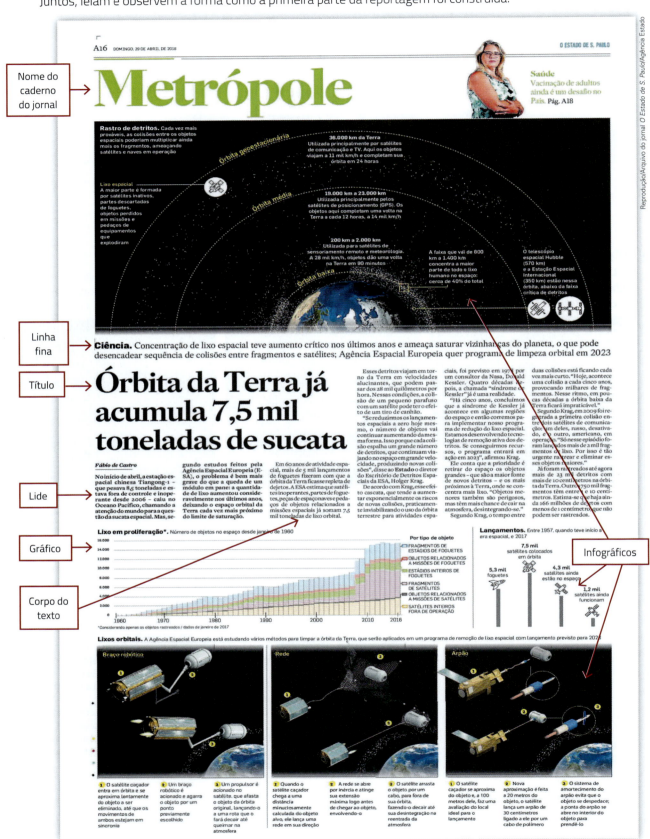

Agora leiam sobre a função de cada parte da reportagem:

Título: destaca a informação principal sobre o fato relatado.

Linha fina: frase, geralmente abaixo do título, que traz um breve resumo da notícia. Nessa reportagem, a linha fina foi colocada antes do título do texto principal.

Lide: primeiro parágrafo do texto. Apresenta as informações básicas do fato relatado: *o que aconteceu?, quando ocorreu?, onde?, como aconteceu?, por quê?, quem participou do fato?*

Corpo do texto: texto principal, em linguagem verbal, com o detalhamento das informações.

Infográfico: gênero que combina texto verbal e imagens (fotos, ilustrações, esquemas) para apresentar dados e informações.

Gráfico: apresenta dados com organização visual (formatos e cores), não apresenta imagens.

▶ Responda no caderno:

a) Se o leitor quiser uma informação rápida sobre o assunto da reportagem, o que deve ler primeiro?

b) Que parte da reportagem o leitor deve ler se quiser saber as informações básicas da reportagem: **fato** ou **o que** motivou a reportagem, **quando** ocorreu o fato, **onde** aconteceu, **como** ocorreu, etc.

Tipos de discurso na reportagem

Quando você leu histórias, deve ter estudado sobre formas de apresentar as falas dos personagens, isto é, os tipos de discurso que podem ser empregados para isso.

Em textos jornalísticos esses tipos de discurso também podem ocorrer. Para dar credibilidade às informações, e também convencer o leitor sobre a importância do assunto tratado, o jornalista ou o repórter faz entrevistas com um especialista sobre o assunto e inclui seus depoimentos, suas falas no texto. Dependendo do tema, também podem ser entrevistadas pessoas envolvidas no fato relatado ou que vivenciam a situação apresentada na reportagem.

1▶ De quem são os depoimentos na reportagem lida?

Em notícias e reportagens, há duas formas de citar as falas e depoimentos de pessoas entrevistadas.

- **Discurso direto**: é a transcrição da fala do entrevistado. Leia o trecho a seguir:

> "Se reduzirmos os lançamentos espaciais a zero hoje mesmo, o número de objetos vai continuar aumentando da mesma forma [...]", **disse** ao *Estado* o diretor do Escritório de Detritos Espaciais da ESA, Holger Krag.

Observe o verbo empregado logo após a fala para indicar o final do depoimento e dar início ao texto do repórter.

- **Discurso indireto**: o repórter conta o que o entrevistado disse. Leia o trecho a seguir:

> **De acordo com** Krag, esse efeito cascata, que tende a aumentar exponencialmente os riscos de novas colisões, praticamente inviabilizando o uso da órbita terrestre para atividades espaciais, foi previsto em 1978 por um consultor da Nasa, Donald Kessler.

Observe a expressão empregada pelo repórter para indicar que as ideias expressas no texto são de outra pessoa.

2▶ Localize no texto e responda:

a) Quantos trechos em **discurso direto** há no texto?

b) Que sinal foi usado para marcar o **discurso direto**?

c) Quantos trechos em **discurso indireto** há no texto?

d) Copie as expressões que marcam o início do **discurso indireto**.

e) Qual dos depoimentos de Holger Krag você considera mais convincente para alertar sobre a urgência de medidas para eliminar o lixo espacial? Justifique sua escolha.

REPORTAGEM **283**

Parte 2

Leiam, juntos, a segunda parte da reportagem, apresentada na outra página do jornal. Escolham um aluno para ser o leitor e os demais deverão acompanhar a leitura para depois participar da compreensão do que foi lido.

Texto A

Telescópio russo mapeia lixo em MG

Agência Espacial Russa financiou construção de instrumento que monitora detritos há um ano em observatório brasileiro

Fábio de Castro

O Brasil começou a participar concretamente do esforço internacional de "faxina espacial" há exatos dois anos, quando o Laboratório Nacional de Astrofísica (LNA) assinou com a Agência Espacial Russa (Roscosmos) um acordo para mapear os detritos espaciais. Há um ano, foi inaugurado em Brazópolis, no sul de Minas Gerais, um telescópio russo-brasileiro exclusivamente dedicado ao monitoramento de lixo espacial.

De acordo com o diretor do LNA, Bruno Castilho, o Brasil entrou na iniciativa por causa de sua localização geográfica. Para mapear o lixo espacial com precisão, os russos precisavam de um parceiro no Hemisfério Sul. "A Roscosmos tem um telescópio dedicado ao rastreamento na Rússia, que funciona em conjunto com o que operamos aqui. Com um telescópio em cada hemisfério, conseguimos localizar os detritos com mais precisão, porque sua posição é marcada pelos dois lados da Terra", explicou Castilho.

Quando as coordenadas do objeto detectado são obtidas, os dados são enviados para a Agência Espacial Europeia (ESA) e para a Nasa, a agência espacial americana, para serem registrados em um catálogo internacional. "Mesmo que as iniciativas de remoção ativa do lixo espacial ainda não tenham começado de fato, essas informações já são muito úteis. Quando um satélite novo é enviado, ele é programado para evitar aquela rota com detritos", disse.

O telescópio do LNA, que fica no Observatório do Pico dos Dias, a mais de 1,8 mil metros de altitude, funciona diariamente, em noites de céu aberto.

▶ **observatório:** instituição ou serviço de observações astronômicas ou meteorológicas.
▶ **coordenada:** referência que permite a localização exata.

De acordo com o cientista, ele tem mapeado de 500 a 800 detritos espaciais por noite.

"O pessoal da Rússia produz os dados principais e define para onde apontar o telescópio do Hemisfério Norte. Eles então enviam os dados para o Brasil e nossos técnicos fazem as observações. Um *software* caracteriza exatamente o que é o detrito, envia os dados à Rússia e lá eles fazem o processamento final."

Segundo Castilho, o governo da Rússia financiou toda a construção e a instalação do telescópio e contratou os funcionários brasileiros que atuam no projeto. "A operação envolve seis cientistas e técnicos brasileiros contratados pela Roscosmos. Não sabemos o valor investido no equipamento, mas estimamos em R$ 10 milhões", disse.

O LNA emprestou o terreno para a instalação do instrumento e, como contrapartida, os cientistas brasileiros podem utilizar todas as imagens produzidas por ele em estudos astronômicos. "Esse instrumento tem uma resolução mais baixa que os telescópios astronômicos, mas possui um campo de visão maior. Quando procuramos uma estrela variável, ou uma região onde há uma explosão de supernova, por exemplo, ele é muito eficiente", explicou.

> ◆ *software:* programa ou conjunto de programas de computador.
> ◆ **contrapartida:** compensação.
> ◆ **resolução:** qualidade da imagem.
> ◆ **estrela variável:** estrela cujo brilho varia com o tempo.
> ◆ **supernova:** objeto celeste que tem sua origem na explosão de uma estrela de tamanho muito grande.

CASTRO, Fábio de. Telescópio russo mapeia lixo em MG. *O Estado de S. Paulo*, São Paulo, 29 abr. 2018. Metrópole. p. A17.

Texto B

País produz pouco detrito, mas contribui com limpeza

Especialista da Agência Espacial Brasileira diz que projetos de remoção precisam de participação de todas as nações

Fábio de Castro

Segundo o tecnologista Ademir Xavier Júnior, da Agência Espacial Brasileira (AEB), o Brasil tem atualmente uma dúzia de objetos em órbita, o que nos dá o *status* de "país lançador". Com isso, a AEB tem a responsabilidade de registrar todos os objetos espaciais do País, para que seja possível contabilizar possíveis impactos ambientais. O impacto do lixo espacial brasileiro, porém, é pequeno. A proporção de objetos lançados equivale a 0,95% do total dos que foram registrados pelos Estados Unidos e 0,76% dos registrados pela Rússia.

● Estratégia

"Diversos especialistas em universidades do Brasil têm desenvolvido projetos na área que é uma das vias de ação para combater o lixo espacial: prever com bastante antecedência as possíveis colisões."

Ademir Xavier Júnior
AGÊNCIA ESPACIAL BRASILEIRA

"Não é o caso de se dizer que inexiste impacto do lixo do Brasil, mas, certamente, as chances maiores de danos estão do lado das nações que mais lançam. É preciso lembrar que não são apenas satélites em órbita que contam, mas também resíduos de lançamento que não têm mais função uma vez finalizada a inserção em órbita", disse Xavier ao *Estado*.

De acordo com Xavier, o desenvolvimento de tecnologias de "limpeza orbital" não terá sucesso se for dirigido apenas por um país. "Existem questões de jurisprudência internacional envolvidas, além da necessidade de desenvolver técnicas que exigem orçamento proporcional ao tamanho do problema. As colisões sucessivas entre objetos em órbita e o aumento esperado de lançamentos tornarão o problema do lixo espacial uma questão grave que exigirá a participação de todos os países lançadores", disse.

O tecnologista afirma que, além da operação do telescópio russo em Minas Gerais, o Brasil tem contribuído com a "limpeza espacial" com a publicação de diversos estudos sobre mitigação do problema. Ele diz também que os dados internacionais de monitoramento desses objetos já são utilizados no planejamento das missões espaciais brasileiras para evitar os riscos de impacto.

> ◆ **tecnologista:** indivíduo perito em tecnologia; tecnólogo.
> ◆ **jurisprudência:** conjunto das decisões e interpretações das leis feitas pelos tribunais superiores.
> ◆ **mitigação:** diminuição, abrandamento, atenuação.

CASTRO, Fábio de. País produz pouco detrito, mas contribui com limpeza. *O Estado de S. Paulo*, São Paulo, 29 abr. 2018. Metrópole, p. A17.

Interpretação dos textos A e B

Compreensão inicial

Texto A

▶ Localize no texto e transcreva no caderno:
  a) o título;
  b) a linha fina;
  c) informações do lide:
  - Qual é o fato relatado?
  - Quando se deu o fato?
  - Onde?
  - Como?
  - Quem participou do acontecimento?

Texto B

1▶ Localize no texto e transcreva no caderno:
  a) o título;
  b) a linha fina.

Observatório do Laboratório Nacional de Astrofísica, em Brazópolis, MG, 2018.

2▶ No meio do texto foi destacado um trecho. Esse recurso é chamado de **olho**. Qual é a finalidade do uso desse recurso no texto?

3▶ Há vários momentos em que a fala de Ademir Xavier Júnior é apresentada na forma de discurso indireto, isto é, não é reprodução de sua fala, mas sim a citação do que ele disse feita pelo repórter. Transcreva as palavras ou expressões que introduzem esse tipo de discurso no texto.

4▶ Releia esta fala citada na reportagem.

> Não é o caso de se dizer que inexiste impacto do lixo do Brasil, mas, **certamente**, as chances maiores estão do lado das nações que mais lançam.

Assinale as alternativas que considerar corretas:

a) O termo destacado na fala do especialista produz o efeito de sentido de:
- dúvida.
- convicção.
- possibilidade.
- questionamento.

b) Quais das expressões a seguir podem substituir a palavra destacada no trecho acima?
- possivelmente
- sem dúvida
- realmente
- provavelmente

Linguagem e construção dos textos A e B

1▶ **Em duplas.** Nessa reportagem é possível perceber que são apresentados não apenas fatos ou constatações. Há também passagens que expressam opiniões. Copiem no caderno as frases a seguir e indiquem com a letra **F** a frase que apresenta um **fato**, e com a letra **O** a frase que expressa uma **opinião**.

Importante: Notem que um dos casos apresenta as duas formas: o fato e a opinião.

a) Em 60 anos de atividade espacial, mais de 5 mil lançamentos de foguetes fizeram com que a órbita da Terra ficasse repleta de dejetos.

b) "Se reduzirmos os lançamentos espaciais a zero hoje mesmo, o número de objetos vai continuar aumentando da mesma forma." (Holger Krag)

c) De acordo com Krag, esse efeito cascata tende a aumentar exponencialmente os riscos de novas colisões.

d) "Hoje, acontece uma colisão a cada cinco anos, provocando milhares de fragmentos. Nesse ritmo, em poucas décadas a órbita baixa da Terra ficará impraticável." (Holger Krag)

e) Segundo o tecnologista Ademir Xavier Júnior, da Agência Espacial Brasileira (AEB), o Brasil tem atualmente uma dúzia de objetos em órbita, o que nos dá *status* de "país lançador".

f) "Não é o caso de se dizer que inexiste impacto do lixo do Brasil, mas, certamente, as chances maiores de danos estão do lado das nações que mais lançam." (Ademir Xavier Júnior)

2▸ Observe o nome do caderno em que a reportagem foi inserida: **Metrópole**, que significa "cidade grande, cidade principal de um estado ou país".

a) Por que o assunto da reportagem pode chamar a atenção de um habitante de uma grande cidade?

b) A reportagem foi publicada em um jornal de grande circulação. Na sua opinião, qual é o provável público-alvo, ou prováveis leitores, dessa reportagem?

3▸ Converse com os colegas sobre a leitura dessa reportagem. Expresse sua opinião, mas lembre-se de que é importante ouvir, com atenção e respeito, a opinião de seus colegas. Considere os seguintes aspectos:
- tema/assunto da reportagem;
- forma de apresentar o texto jornalístico;
- informações que julgaram importantes.

a) As informações apresentadas na reportagem contribuem para que as pessoas reflitam sobre os problemas que o lixo espacial pode trazer para a vida delas?

b) A reportagem despertou seu interesse sobre o assunto? Por quê?

c) Você gostou, não gostou ou gostou parcialmente de ler essa reportagem? Justifique suas posições.

Hora de organizar o que estudamos

▶ Copie o esquema no caderno e complete-o com as palavras do quadro:

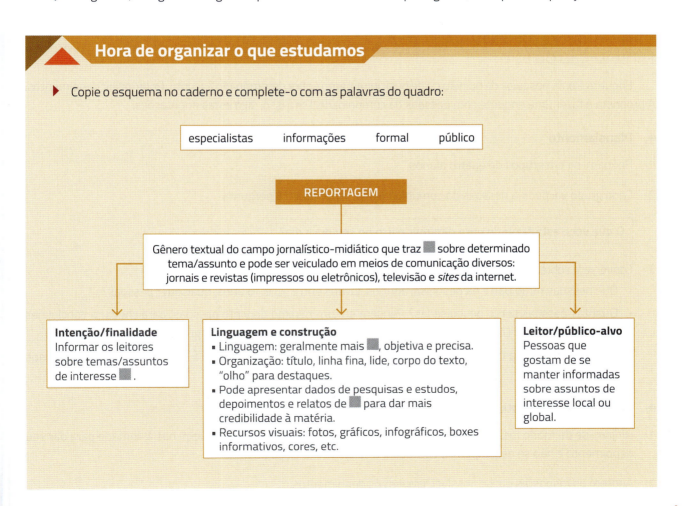

REPORTAGEM

Prática de oralidade

Conversa em jogo

O que fazer com tanto lixo?

O excesso de lixo pode comprometer o futuro da vida na Terra. Pense sobre as questões a seguir e converse com os colegas. Aguarde a sua vez de falar e escute os outros com atenção e respeito, mesmo que as ideias deles sejam diferentes das suas.

Exponha suas opiniões apresentando argumentos para defendê-las. Sentir-se convencido pelas opiniões dos outros é um modo de aprender e de amadurecer nossa forma de pensar. Por isso, mude de opinião quando julgar necessário e considerar que uma ideia pode ser melhor do que a sua. Essa postura também é muito importante para conviver em sociedade.

1▸ Que tipos de lixo você conhece?

2▸ Quais podem ser as consequências para o planeta e para o lugar onde você vive se não houver o descarte consciente do lixo?

3▸ O que você pode fazer para ajudar a evitar um colapso, isto é, uma crise em que o lixo provoque danos e prejuízos irreversíveis para o planeta? Como você pode atuar para convencer outras pessoas sobre suas ideias?

Enquete

Diminuição do lixo

Enquete é uma pesquisa de opinião ou de posicionamento sobre determinado assunto. Pode incluir depoimentos. A proposta é fazer uma enquete com pessoas da comunidade. Para isso, siga estas orientações.

➤ Planejamento

1▸ Reúnam-se em grupos de quatro alunos.

2▸ Cada grupo vai pedir a pessoas da comunidade que respondam à pergunta:

> **O que você está fazendo para diminuir o lixo no seu dia a dia?**

3▸ Conversem sobre estas questões:

- Que pessoas farão parte da pesquisa: adultos, jovens entre 13 e 15 anos, quaisquer pessoas?
- Quantas pessoas serão pesquisadas? Pensem em um mínimo de vinte pessoas, para chegar a conclusões mais significativas. Dividam a quantidade de pessoas entre os membros do grupo.
- Qual o público para o qual serão apresentados os resultados da enquete: a própria turma, outros alunos da escola?

➤ Realização da enquete

1▸ Dirijam-se de modo respeitoso às pessoas que vão participar da enquete, deixem-nas à vontade para dar seu depoimento e não se esqueçam de agradecer a colaboração delas no final.

2▸ Anotem as respostas ou, se possível, gravem os depoimentos.

288 **UNIDADE 8 ·** Jornalismo: informação e opinião

3 Organizem as respostas por semelhança de posicionamento das pessoas.

4 Façam um resumo das respostas dadas para não ser preciso ler todas, pois isso cansaria os ouvintes.

5 Combinem com o professor o dia em que todos os grupos devem apresentar o resultado da enquete.

▸ Apresentação dos resultados da enquete

1 Cada grupo deve escolher o aluno que apresentará o resumo dos resultados da enquete.

2 Ouçam com atenção os resultados de todos os grupos.

3 Na lousa, façam um quadro para registrar as informações:

a) Quantas pessoas foram pesquisadas.

b) Quais os posicionamentos apresentados, agrupados por semelhanças.

c) Quantas pessoas houve em cada posicionamento.

4 Alguns alunos podem ficar encarregados de distribuir as respostas nos agrupamentos identificados pelas semelhanças de atitudes que as pessoas pesquisadas apresentaram.

5 Poderá haver respostas que não se encaixem em nenhum dos grupos. No momento da apresentação, essas respostas devem ser lidas uma a uma para que se tenha ideia real sobre o posicionamento das pessoas.

▸ Avaliação

1 Conversem sobre os resultados da enquete: O que vocês concluíram sobre a atitude das pessoas para diminuir a quantidade de lixo no dia a dia?

2 Coletivamente, façam um registro com as conclusões sobre o resultado da enquete.

3 Pensem em ações que vocês podem realizar para conscientizar as pessoas da necessidade de reduzir a produção de lixo, dando dicas de atitudes simples que podem ser tomadas.

CONEXÕES ENTRE TEXTOS, ENTRE CONHECIMENTOS

Outras linguagens: Arte e defesa do meio ambiente

A preocupação com o lixo espacial é uma forma de nos prevenirmos contra consequências ruins para o mundo, para o ser humano. A preservação do meio ambiente deve ser também foco de nossas preocupações para garantir melhores condições de vida para todos.

Essas preocupações podem ser expressas por meio da arte. A arte pode ser um canal para nos manifestarmos contra o que consideramos injusto.

Foi o que fez o artista plástico Frans Krajcberg, que, indignado com a devastação, principalmente das florestas do Brasil, dedicou a maior parte de sua vida a coletar restos de árvores, de coisas da natureza atingidas por ações destrutivas, para fazer suas obras de arte.

Krajcberg viajava constantemente para a Amazônia e para o Mato Grosso e registrava por meio de fotografias os desmatamentos e as queimadas, revelando imagens dramáticas. Retornava dessas viagens com raízes e troncos queimados que utilizava em suas esculturas. Grande parte de suas esculturas são feitas com esses materiais. Foi sua forma de lutar contra a devastação das florestas e atuar em defesa do meio ambiente.

Justificou sua solitária jornada com a seguinte frase: "Não pertenço a movimentos. Os únicos movimentos são os dos astros, marés e ventos. A Natureza é a minha arte".

Frans Krajcberg (1921-2017) foi um pintor, escultor, gravador, fotógrafo e artista plástico nascido na Polônia e naturalizado brasileiro. Nasceu na cidade polonesa de Kozienice e faleceu na cidade do Rio de Janeiro.

Frans Krajcberg em seu estúdio em Paris, França, 2002.

Fotos de queimadas na Amazônia, de Frans Krajcberg, reproduzidas no livro *L'art révolté — Frans Krajcberg, un artiste pour sauver la forêt*, de Pascale Lismonde (2005).

Veja a seguir mais algumas de suas obras.

Escultura de Frans Krajcberg, reproduzida no livro *Grito! Ano mundial da árvore* (Palacete das Artes Rodin Bahia, 2011).

Escultura de Frans Krajcberg, reproduzida no livro *Grito! Ano mundial da árvore* (Palacete das Artes Rodin Bahia, 2011).

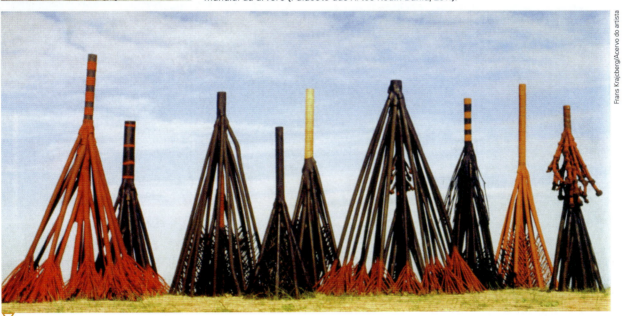

Escultura de Frans Krajcberg, reproduzida no livro *Grito! Ano mundial da árvore* (Palacete das Artes Rodin Bahia, 2011).

1▸ Em suas obras, Frans Krajcberg utilizou materiais da própria natureza para mostrar o que estava sendo destruído. Os restos com que fazia suas esculturas, por exemplo, traziam as marcas da devastação. Observe as obras reproduzidas nesta seção e converse com os colegas:

a) Você já tinha visto obras semelhantes a essas?

b) Do que elas fazem você se lembrar?

2▸ O que vocês acharam dessa forma de fazer arte? Conversem e expressem suas opiniões, sempre respeitando as posições diferentes das suas.

Texto informativo sobre satélites

A reportagem que você leu no início da unidade também trata de satélites. Lá eles foram abordados de um ponto de vista específico: o problema que representam quando perdem sua utilidade, tornam-se inoperantes e viram lixo no espaço.

Leia o texto a seguir sobre a utilidade e a importância dos satélites artificiais para a vida na Terra.

Satélites artificiais

Satélites artificiais são equipamentos de funcionalidade diversa lançados no espaço e que permanecem em órbita ao redor da Terra.

Por Joab Silas, graduado em Física

Os satélites artificiais são colocados em órbita ao redor da Terra.

Os satélites artificiais são equipamentos construídos pelo homem que, após serem lançados no espaço, permanecem em órbita ao redor da Terra. Esses equipamentos tornaram-se fundamentais para uso de tecnologias na Terra, comunicação e estudos sobre o planeta.

Tipos de satélites

- Satélites de comunicação (os mais numerosos)
- Satélites de televisão
- Satélites científicos
- Satélites meteorológicos
- Satélites de sensoriamento remoto de recursos terrestres
- Satélites de uso militar

O sensoriamento remoto realiza o levantamento de informações e imagens para um maior conhecimento da superfície terrestre. Com os satélites de sensoriamento remoto tornou-se possível o registro de imagens amplas, favorecendo a produção de diferentes mapas de localização e temáticos (como a distribuição de áreas florestais, o avanço do desmatamento, etc.).

Isaac Newton e os satélites artificiais

O físico inglês do século XVII Isaac Newton foi quem idealizou a possibilidade do lançamento de objetos que pudessem permanecer em órbita ao redor da Terra. Ele imaginou que, da mesma forma que a Lua orbita a Terra, também seria possível fazer com que objetos quaisquer pudessem orbitar nosso planeta.

Se um objeto é lançado horizontalmente do alto de uma montanha, ele descreve uma trajetória curva até tocar o solo. Aumentando-se a velocidade de lançamento, a distância horizontal percorrida pelo objeto também aumenta. Newton pensou que, se o objeto fosse lançado em uma determinada velocidade, ele descreveria uma trajetória circular ao redor de todo o globo terrestre e voltaria ao ponto do lançamento sem tocar no solo.

[...]

Processo de lançamento de um satélite artificial

Os satélites artificiais são levados até a altura desejada a bordo de um ônibus espacial ou acoplados a um foguete. Ao atingir a altura desejada, o satélite é acelerado até que atinja a velocidade necessária para manter-se em órbita. Os satélites ocupam posições ao redor da Terra onde não existe atrito com o ar, o que garante que não haja perda de energia cinética. Com isso, o satélite mantém o movimento por inércia.

Quando foi lançado o primeiro satélite?

O primeiro satélite foi posto em órbita pela União Soviética em 1957. O Sputnik I tinha massa de aproximadamente 83 kg e não possuía uma função específica, apenas transmitia um sinal que podia ser percebido como um "beep" por meio de um rádio.

> A União Soviética ou União das Repúblicas Socialistas Soviéticas (URSS) foi fundada em 1922 e dissolvida em 1991. Era formada por 15 repúblicas localizadas na Europa e na Ásia. No período da chamada Guerra Fria (1945-1991), o bloco soviético chegou à condição de superpotência mundial, disputando com os Estados Unidos a hegemonia do cenário político internacional.

▷ O Sputnik foi o primeiro satélite colocado em órbita.

O primeiro satélite brasileiro foi projetado pelo Instituto Nacional de Pesquisas Espaciais e lançado em 1993. O SCD-1 fornece dados meteorológicos e, em 2011, completou 94.994 voltas ao redor da Terra.

SILAS, Joab. Satélites artificiais. *Brasil Escola*. Disponível em: <https://brasilescola.uol.com.br/fisica/satelites-artificiais.htm>. Acesso em: 24 ago. 2018.

Mundo virtual

<http://www.inpe.br/acessoainformacao/node/405>

No portal de acesso à informação do Instituto Nacional de Pesquisas Espaciais (INPE), você poderá saber mais dos diferentes tipos de satélite. Acesso em: 25 out. 2018.

▶ Converse com os colegas sobre as questões a seguir:
   a) Mesmo sendo um satélite pequeno, muito simples, com poucas funções, o que representou para a vida na Terra o lançamento do Sputnik I?
   b) Qual é a importância dos satélites artificiais para o dia a dia das pessoas?

Língua: usos e reflexão

Colocação pronominal

Releia um trecho do texto que faz parte da reportagem que você leu nesta unidade:

Segundo o tecnologista Ademir Xavier Júnior, da Agência Espacial Brasileira (AEB), o Brasil tem atualmente uma dúzia de objetos em órbita, o que **nos dá** o *status* de "país lançador".

pronome pessoal — verbo

Observe que o pronome pessoal *nos* está colocado **antes** do verbo. Essa colocação do pronome antes do verbo é a mais empregada pelos usuários da língua portuguesa no Brasil, tanto na fala como na escrita.

No dia a dia empregamos os pronomes sem atentar para a posição que têm em relação ao verbo.

Na linguagem mais formal, especialmente na escrita, empregada em trabalhos acadêmicos e em textos científicos e jurídicos, por exemplo, algumas regras da norma-padrão ainda são seguidas.

Vamos conhecer um pouco da colocação do pronome pessoal oblíquo em relação ao verbo. Antes, relembre quais são os pronomes pessoais oblíquos — empregados para complementar a ideia de verbos transitivos — lendo junto com os colegas o quadro a seguir:

Pronomes pessoais do caso reto	Pronomes pessoais do caso oblíquo
Eu	me – mim – comigo
Tu	te – ti – contigo
Ele/Ela/Você	lhe – o – a – se – si – consigo
Nós	nos – conosco
Vós	vos – convosco
Eles/Elas/Vocês	lhes – os – as – se – si – consigo

Os pronomes oblíquos podem estar em três posições em relação ao verbo. Observe:

- **antes do verbo:**

Os projetos espaciais **nos trouxeram** avanços nas comunicações.

pronome — verbo

A colocação do pronome **antes** do verbo é chamada de **próclise**.

- **depois do verbo:**

Os projetos espaciais **trouxeram-nos** avanços nas comunicações.

verbo — pronome

A colocação do pronome **depois** do verbo é chamada de **ênclise**.

294 UNIDADE 8 • Jornalismo: informação e opinião

- **no "meio" do verbo** (apenas no futuro):

Os projetos espaciais **trar-nos-ão** avanços nas comunicações.

verbo   pronome   verbo

O verbo foi dividido para o pronome ser colocado entre as duas partes: **trar | ão**.

Essa forma de colocação pronominal é pouco empregada atualmente. Trata-se de um uso bastante formal.

> A colocação do pronome "no **meio**" do verbo é chamada de **mesóclise**.

1ᐅ Ouça com atenção a leitura a ser feita pelo professor das frases a seguir:

- Quem deu-me o dinheiro?
- Quem me deu o dinheiro?
- Quero lhe devolver o livro o mais rápido possível.
- Quero devolver-lhe o livro o mais rápido possível.
- Paulo o levou até o parque e o deixou brincando livremente.
- Paulo levou-o até o parque e deixou-o brincando livremente.

Observe a posição do pronome e anote no caderno as frases em que a sonoridade lhe agrada mais ao falar ou ouvir a frase.

2ᐅ Leia a tirinha a seguir:

WATERSON, Bill. Calvin. *O Estado de S. Paulo*. São Paulo, 25 mar. 2011. p. D4.

a) A mãe de Calvin parece não estar confiando muito nas atitudes do filho. Que frase revela isso?

b) Pela reação da mãe, o comportamento de Calvin naquele momento parece não ser o usual. O que se pode deduzir que seja o comportamento habitual de Calvin?

Releia estas falas da tirinha:

Você já **se** vestiu? Mas eu nem fui **te** acordar!

[...] e **me** preparar melhor para as aulas.

Não **se** levante.

Nessas falas ocorreu a **próclise**, isto é, os pronomes pessoais oblíquos estão colocados **antes do verbo**.

REPORTAGEM

Próclise

A próclise é recomendada pela norma-padrão em algumas situações. Veja a seguir.

- **Palavras de valor negativo, advérbios ou expressões adverbiais sem pausa antes do verbo**

A presença de palavras com valor negativo, advérbios ou expressões adverbiais sem pausa antes do verbo favorecem a próclise. Leia estas frases:

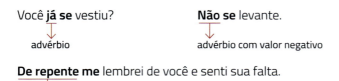

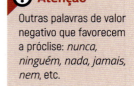

> **Atenção**
> Outras palavras de valor negativo que favorecem a próclise: *nunca, ninguém, nada, jamais, nem*, etc.

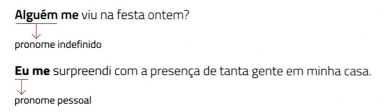

- **Pronomes: pessoais, indefinidos e demonstrativos**

Pronomes indefinidos (*alguém, ninguém, tudo,* etc.), pessoais (*eu, ela, nós,* etc.) e demonstrativos (*isso, aquele, este,* etc.), antes do verbo, favorecem a próclise. Leia estas frases:

Alguém me viu na festa ontem?
↓
pronome indefinido

Eu me surpreendi com a presença de tanta gente em minha casa.
↓
pronome pessoal

- **Orações optativas**

Nas orações optativas, ou seja, aquelas que expressam desejo ou conselho, usa-se a próclise. Leia alguns exemplos:

Espero que os pais **o compreendam**!

Que Deus **a abençoe**!

‹ No dia a dia ›

O uso da próclise

A colocação do pronome antes do verbo, no dia a dia, segue, de forma geral, o critério da eufonia: o que agrada mais ao ouvido quando se pronuncia a frase.

▸ Observe a fala de pessoas no dia a dia e em textos que ler: você percebe que há uma preferência pela próclise na língua portuguesa do Brasil?
Dê alguns exemplos.

▸ **eufonia**: som agradável ao ouvido; sucessão harmoniosa de vogais e consoantes que confere suavidade à pronúncia.

Ênclise

Em Portugal, o uso do pronome depois do verbo é o mais comum. Leia os versos do poeta português Fernando Pessoa (1888-1935). O texto transcrito é uma das quadrinhas reunidas em sua obra *Quadras ao gosto popular*:

> Disseste-**me** quase rindo:
> "Conheço-**te** muito bem!"
> Dito por quem me não quer,
> Tem muita graça, não tem?
>
> PESSOA, Fernando. *Obra poética*. Rio de Janeiro: Nova Aguilar, 1985. p. 664.

No Brasil, o emprego do pronome depois do verbo é recomendado pela gramática normativa em alguns casos.

- **Com verbos no imperativo afirmativo**

    Em frases com verbo no imperativo afirmativo, é recomendado o uso da ênclise. Exemplos:

    > Queridos, **sintam-se** em casa.
    >
    > **Conte-me** tudo o que aconteceu

- **No início de frases**

    Exemplos:

    > **Fez-se** passar por proprietário do carro, entrou no estacionamento, deu partida e saiu tranquilamente com o que não lhe pertencia.
    >
    > **Lembro-me** de tudo o que você disse naquela noite.

No dia a dia

O uso da ênclise

▶ Leia a tira a seguir:

SCHULZ, Charles M. *Peanuts completo*. Porto Alegre: L&PM, 2013. p. 2.

a) Como Linus reage por não saber onde está o cobertor de que tanto gosta?

b) Releia as falas dos dois últimos quadrinhos. Nessas falas é repetida que frase?

c) Linus se expressa de forma planejada ou espontânea?

Iniciar frases com pronome oblíquo — como fez Linus — é o mais comum na linguagem do dia a dia da língua portuguesa falada no Brasil. Veja outros exemplos:

> **Me dá** um cafezinho, por favor?
>
> **Nos encontre** na entrada do *shopping* às 10 horas.

Segundo as regras da gramática normativa, em situações mais formais, as frases não devem ser iniciadas com pronome oblíquo; este deve ser empregado depois do verbo. Assim, as frases acima ficariam:

> **Dê-me um** cafezinho, por favor?
>
> **Encontre-nos** na entrada do *shopping* às 10 horas.

Alguns gramáticos consideram que as frases iniciadas com pronomes oblíquos já estão incorporadas ao modo de falar dos brasileiros e registram esse uso da colocação pronominal.

Mesóclise

Conforme já mencionado, a mesóclise tende a cair em desuso ou ser empregada apenas em situações muito formais. Observe o uso da colocação do pronome nesta quadrinha do já citado poeta português Fernando Pessoa.

> Não sei se a alma no Além vive...
> Morreste! E eu quero morrer!
> Se vive, **ver-te-ei**; se não,
> Só assim te posso esquecer.
>
> PESSOA, Fernando. *Obra poética*. Rio de Janeiro: Nova Aguilar, 1985. p. 649.

Segundo a gramática normativa, a **mesóclise** só ocorre na língua portuguesa quando o verbo estiver no futuro do presente ou do pretérito e não houver elemento que justifique o uso de próclise.

Observa-se o uso da mesóclise em circunstâncias bem específicas: em textos de autores clássicos ou em situações bastante formais, como na linguagem jurídica. Veja outro exemplo:

> **Conceder-se-á** *habeas corpus* sempre que alguém sofrer ou se achar ameaçado de sofrer violência ou coação em sua liberdade de locomoção, por ilegalidade ou abuso de poder.
>
> (Constituição Federal, artigo 5º, inciso LXVIII.)

A mesóclise é uma ocorrência cada vez menos presente na língua portuguesa falada no Brasil, não apenas em situações mais informais como também em circunstâncias mais formais, mais monitoradas.

Atividades: colocação pronominal

1. Leia os quadrinhos e observe a colocação dos pronomes oblíquos. Em seu caderno, indique se ocorre próclise, mesóclise ou ênclise:

a)

THAVES, Bob. Frank & Ernest. *O Estado de S. Paulo*. São Paulo, 12 abr. 2011. p. D4.

b)

SOUSA, Mauricio de. Turma da Mônica. *O Estado de S. Paulo*. São Paulo, 16 mar. 2011. p. D4.

2. Leia a tirinha a seguir:

QUINO. *Toda Mafalda*. São Paulo: Martins Fontes, 2008. p. 349.

a) A quem o personagem Miguelito parece estar se dirigindo?

b) O que ele quer dizer com "falta de espírito esportivo"?

c) Justifique a posição do pronome nestas frases, de acordo com as orientações da gramática normativa.
- "Comporte-se bem!".
- É muito cômodo querer ter um filho que nunca se comporte mal.

3. Justifique a posição do pronome em relação ao verbo nestas frases:

a) Lembre-**se** de colocar areia nos pratos de vasos para evitar larvas de mosquito.

b) Não **me** peça para levantar cedo porque é domingo!

c) Alguém **me** ligou e não deixou recado.

4. **Em dupla.** Leiam a seguir o trecho de uma crônica e depois respondam às questões propostas.

Papos
Luis Fernando Verissimo

— Me disseram...
— Disseram-me.
— Hein?
— O correto é "disseram-me". Não "me disseram".
— Eu falo como quero. E te digo mais... Ou é "digo-te"?
— O quê?
— Digo-te que você...
— O "te" e o "você" não combinam.
— Lhe digo?
— Também não. O que você ia me dizer?
— Que você está sendo grosseiro, pedante e chato. E que vou te partir a cara. Lhe partir a cara. Partir a sua cara. Como é que se diz?
— Partir-te a cara.
— Parti-la hei de, se você não parar de me corrigir. Ou corrigir-me.
— É para seu bem.
[...]

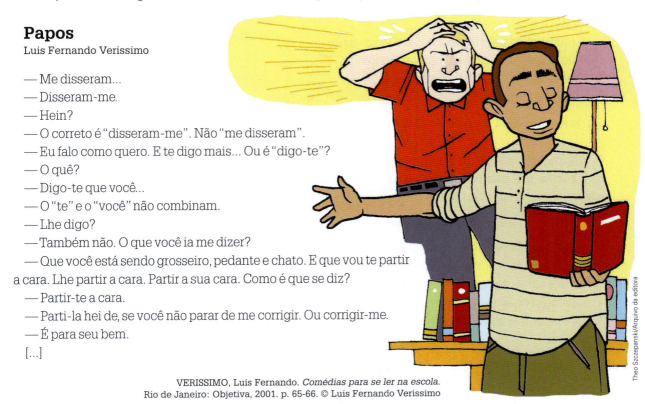

VERISSIMO, Luis Fernando. *Comédias para se ler na escola*.
Rio de Janeiro: Objetiva, 2001. p. 65-66. © Luis Fernando Verissimo

a) O que causou o conflito entre os personagens?

b) Na sua opinião qual dos dois personagens tem razão?

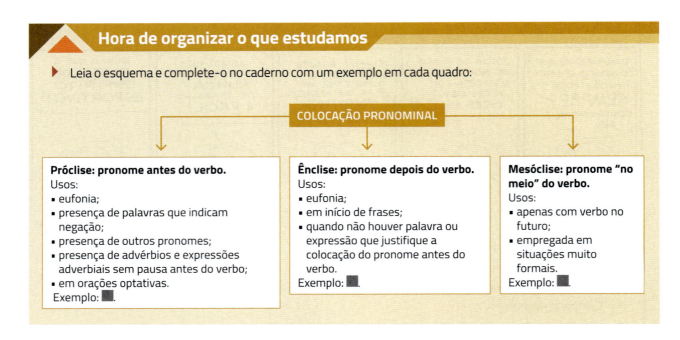

Desafios da língua

O uso do hífen

O hífen é bastante empregado para separar o verbo do pronome que o acompanha. Observe nestes trechos em versos e em prosa:

> A minha alma **partiu-se** como um vaso vazio.
> Caiu pela escada excessivamente abaixo.
> Caiu das mãos da criada descuidada.
> Caiu, **fez-se** em mais pedaços do que havia loiça no vaso.
>
> PESSOA, Fernando. *Obra poética*. Rio de Janeiro: Nova Aguilar, 1985. p. 378.

▶ loiça: louça, produto de cerâmica usado na fabricação de objetos domésticos.

> Não pude comer, nem dormir, durante muitos dias. Entretanto, a minha adorável vizinha **falava-me** sempre, **sorria-me**, **atirava-me** flores, recitava os meus versos e **conversava-me** sobre o nosso amor. Eu estava cada vez mais apaixonado.
>
> ÂNGELO, Ivan. Menina. *Para gostar de ler*. São Paulo: Ática, 1997. vol. 10.

Emprega-se também o hífen para separar sílabas de palavras no final da linha. Com recursos de edição de texto esse procedimento tem diminuído, pois na edição o espaçamento dado evita que palavras sejam interrompidas de uma linha para outra. Permanece o procedimento entretanto, especialmente nos textos escritos à mão.

Na separação de sílabas, no caso das palavras que já são grafadas com hífen, se a partição coincidir com o final de um dos elementos, aconselha-se que o hífen seja repetido no início da linha seguinte. Exemplo:

> Passei por baixo do viaduto, onde costumam nascer filhos do vento, e reinava uma paz de latas enferrujadas e grama sem problemas. Ninguém nascera ali depois da **meia-
> -noite**.
>
> ANDRADE, Carlos Drummond de. Brasileiro cem-milhões. *De notícias & não notícias faz-se a crônica*. São Paulo: Companhia das Letras, 2013.
> © Graña Drummond. <www.carlosdrummond.com.br>

300 UNIDADE 8 • Jornalismo: informação e opinião

Outra utilização do hífen é nas palavras compostas. Veja a seguir.

O hífen nas palavras compostas e derivadas

Emprega-se o hífen nos casos explicados a seguir.

Compostos de palavras com significação e acento próprios

Certas palavras compostas são formadas por termos que têm significação e acento próprios. Essas palavras são registradas com hífen. Exemplos: *ano-luz, arco-íris, decreto-lei, segunda--feira, afro-brasileiro, azul-escuro, cor-de-rosa, latino-americano, mato-grossense.*

Compostos que designam espécies botânicas e zoológicas

Os termos compostos que designam espécies botânicas e zoológicas são registrados com hífen. Exemplos: *cana-de-açúcar, couve-flor, erva-de-cheiro, erva-doce, andorinha-do-mar, bem-te-vi, cobra-d'água, gato-do-mato, sabiá-laranjeira, tubarão-martelo.*

Arco-íris em queda-d'água em Skógafoss, na Islândia.

Palavras formadas com prefixo + outro elemento

Palavras formadas por prefixos + outro elemento recebem hífen em alguns casos. Veja a seguir.

Prefixos	Exemplos
além-	além-mar, além-fronteira
aquém-	aquém-mar, aquém-fronteira
ex-	ex-aluno, ex-governador
pós-	pós-guerra, pós-operatório
pré-	pré-histórico, pré-escola
pró-	pró-americano, pró-análise
recém-	recém-nascido, recém-formado
sem-	sem-terra, sem-teto
vice-	vice-prefeito, vice-diretor

Outros prefixos, como *aero-, ante-, anti-, auto-, bio-, circum-, contra-, eletro-, entre-, extra-, geo-, hidro-, hiper-, in-, infra-, inter-, intra-, macro-, micro-, mini-, neo-, pan-, semi-, sobre-, sub-, super-, tele-, ultra-,* etc., ligam-se por hífen ao segundo elemento apenas nos seguintes casos:

- Quando o segundo elemento começa por **h**: *anti-higiênico, extra-humano, geo-história, micro-habitat, sobre-humano, sub-humano, super-herói,* etc.
- Quando o prefixo termina com a mesma vogal que inicia o segundo elemento: *anti-inflamatório, contra-atacar, micro-ondas, semi-interno,* etc.

Os prefixos terminados por vogal diferente da que inicia o segundo elemento **não** se separam por hífen desse elemento: *aeroespacial, agroindústria, autoescola, bioativo, contraindicado, extraescolar, infraestrutura, hidroavião, microambiente, semiárido,* etc.

> **Atenção**
>
> Nos casos em que o prefixo terminar em vogal e o segundo elemento começar por **r** ou **s**, essas letras duplicam-se: *antirreligioso, contrarregra, extrarregulamento, minissaia, microssistema, ultrassom,* etc.

Outros casos em que o prefixo se liga ao segundo elemento por hífen:

- Nas formações com os prefixos *circum-* e *pan-* quando estes forem seguidos de palavras iniciadas por vogal, **m** ou **n**: *circum-escolar, circum-meridiano, circum-navegação, pan-americano, pan-mágico, pan-negritude*, etc.
- Nas formações com os prefixos *hiper-, inter-* e *super-* quando estes forem seguidos de palavras iniciadas por **r**: *hiper-realista, inter-relação, super-reação*, etc.

Prefixos que **não** se ligam por hífen ao segundo elemento:

- *des-, in-*: *desentendimento, desumano, inábil*, etc.
- *co-*, mesmo quando o segundo elemento começa por **o**: *coocupante, coordenar, cooperação*, etc.

1▸ Utilize os prefixos *anti-, auto-, ex-, semi-, sub-, super-* para formar palavras que correspondam às expressões destacadas nas frases a seguir. Escreva-as no caderno.

   a) Ela saiu e deixou a porta **meio aberta**.

   b) Rembrandt, o grande pintor holandês, que viveu no século XVII, fez vários **retratos de si mesmo**.

   c) O médico recomendou ao paciente uma **alimentação bem acima de sua necessidade.**

   d) O governo tomou medidas **contra a inflação**.

   e) Ricardo, **que foi noivo** de Fátima, casou-se com Julieta.

   f) O grupo de trabalhadores encontrado pela polícia trabalhava em condições **inferiores ao nível considerado humano**.

2▸ Reescreva, no caderno, as frases a seguir, substituindo o ▇ por palavras formadas pelos termos entre parênteses. Use o hífen se necessário.

   a) O jogo foi emocionante. Nosso time fez dois gols de ▇. (contra + ataque)

   b) Marília escreveu um livro com a irmã. Ela é ▇ de um livro de literatura infantil. (co + autora)

   c) As crianças estavam ▇ depois da separação dos pais. (ultra + sensível)

   d) O mecânico procurou uma corda ▇ para puxar o carro. (hiper + resistente)

   e) A falta de preparo ▇ o funcionário para o cargo. (des + habilita)

   f) O professor de Matemática pediu aos alunos que desenhassem uma ▇ e um ▇ (semi + reta; semi + círculo)

3▸ Em seu caderno, escreva palavras com prefixo para substituir as expressões em destaque nas frases a seguir. Use o hífen se necessário.

   a) "Postura **não correta** pode colocar em risco resultado da ginástica"(Revista *Boa Forma*)

   b) Estratégia inovadora fortalece boas práticas para bebês que **acabaram de nascer**.

   c) No próximo fim de semana será realizado o primeiro jogo do campeonato **entre clubes**.

   d) "**Pequenos ônibus** circulam em Salvador durante paralisação" (*A Tarde on-line*)

   e) "Filme argentino terá apresentação **antes da estreia** na Flip — Festa Literária Internacional de Paraty" (*Folha de S.Paulo*)

   f) Os investimentos na área da construção civil foram **extremamente elevados**.

Autorretrato como o apóstolo Paulo, de Rembrandt, 1661. Óleo sobre tela, 91 cm × 77 cm.

UNIDADE 8 • Jornalismo: informação e opinião

Outro texto do mesmo gênero

Cientistas sugerem meios para reciclar matérias-primas de lixo eletrônico

Cientistas da Europa mapeiam materiais valiosos descartados dentro de celulares, computadores e outras máquinas cotidianas. Ouro, cobalto e lítio estão entre os despejos que poderiam ser utilizados pelos mais diversos tipos de indústria

Paloma Oliveto

Um verdadeiro tesouro é lançado ao lixo todos os anos. Escondidos nas carcaças de computadores, telefones celulares, aparelhos domésticos, veículos e todo tipo de parafernália da vida moderna estão materiais caros, muitos deles raros, que, paradoxalmente, acabam sendo comprados pela indústria a preço de ouro — ou de prata, cobre, alumínio, cobalto, lítio, entre outros minerais utilizados na manufatura de diversos produtos. Pela primeira vez, um painel de especialistas da União Europeia mapeou o quanto dessa matéria-prima valiosa vai parar no lixo. O argumento dos pesquisadores é que, se reciclada, essa montanha de descarte eletrônico poderia voltar às linhas de produção, resolvendo um problema econômico e, principalmente, ambiental.

As 17 instituições que participaram do projeto ProSUM (sigla em inglês de Prospectando Material Bruto nas Minas Urbanas e nas Minas de Lixo, em tradução livre) fizeram esse trabalho inédito considerando apenas o continente europeu. Ainda assim, os números impressionam. Em 2015, por exemplo, os países da União Europeia jogaram fora 2,7 milhões de toneladas de pilhas, gerando 2 milhões de toneladas de lixo. Dessa forma, 2,7 mil toneladas de cobalto foram descartadas, assim como 720 toneladas de lítio e 32 mil toneladas de manganês. Para se ter uma ideia, o cobalto é um importante componente para o refino de petróleo e na fabricação de solventes, entre outras aplicações. Já o lítio é fundamental para a construção de carros elétricos, enquanto o manganês é um dos mais importantes produtos da indústria siderúrgica.

O primeiro banco de dados de materiais valorosos jogados no lixo pelos europeus foi elaborado com base nos registros de resíduos sólidos da União Europeia, da Noruega e da Suécia, que têm um bom controle desse aspecto. O relatório lançado ontem revela, por exemplo, que, por ano, a quantidade de peças de carros, pilhas, computadores, telefones, gadgets e outros produtos tecnológicos chega a 18 milhões de toneladas. Isso equivale ao peso de três milhões de elefantes africanos. Embora descartado, é um material que está longe de ter alcançado o fim da vida útil. As peças podem não servir mais para a função original, mas as matérias-primas que as compõem têm potencial de reaproveitamento na indústria.

Até ouro vai parar no lixo. Foram 56 toneladas do elemento que pararam na pilha de descarte dentro de celulares e computadores — muitas pessoas não sabem, mas as placas desses equipamentos levam o metal precioso na composição. De platina, os pesquisadores calcularam 26 toneladas; e de alumínio, 1,2 milhão de toneladas. O ferro, material com aplicação em praticamente qualquer processo industrial, rendeu 10,4 milhões de toneladas de lixo em 2014. Nas contas dos pesquisadores, também entraram os descartes de plástico (2,4 milhões de toneladas), neodímio (1 mil toneladas), índio (30 toneladas), prata (170 toneladas) e paládio (47 toneladas).

Segundo os pesquisadores, em 2016, a Noruega, a Suécia e a União Europeia geraram 10,5 milhões de toneladas de lixo eletroeletrônico, cerca de 23% da produção mundial. Além disso, 2 milhões de toneladas de pilhas e cerca de 8 milhões de toneladas de veículos são descartados anualmente nesses locais. Esse trabalho se junta a um relatório mundial divulgado em dezembro pela Universidade das Nações Unidas, segundo o qual a quantidade de e-lixo vem aumentando — em 2016, o volume foi 8% maior que em 2014. O relatório apontou que, se todo o lixo eletrônico fosse colocado em um único lugar, se formaria uma montanha com o peso de nove pirâmides de Giza e de 4,5 mil torres Eiffel. Os produtos poderiam encher 1,23 milhão de caminhões de 18 rodas, com capacidade de 40 toneladas cada um, que, se enfileirados, fariam o trajeto Nova York-Bangcoc — ida e volta.

> **despejo:** que não tem mais utilidade e se joga fora.
>
> **parafernália:** equipamento necessário a uma certa atividade.
>
> **paradoxalmente:** contraditoriamente à lógica.
>
> **manufatura:** manufaturação, fabricação, preparação de algo; elaboração, produção.
>
> **solvente:** líquido em que se dissolve uma substância.
>
> **gadget:** do inglês, equipamento eletrônico ou mecânico pouco durável.
>
> **e-lixo:** lixo tecnológico ou eletrônico.

Impacto ambiental

As Nações Unidas também alertaram que, somando os cerca de 60 componentes valiosos e recuperáveis retirados do e-lixo produzido em todo o planeta em 2016, seriam gerados US$ 55 bilhões, que é mais do que o Produto Interno Bruto (PIB) da maioria dos países. Não se trata, porém, de uma questão meramente econômica. Ao contrário, a principal preocupação de especialistas em resíduos sólidos eletrônicos é o problema ambiental que eles geram. No ano retrasado, apenas 20% desse tipo de despojo foram recolhidos e reciclados. Cerca de 4% foram parar em lixões, e 76% (ou 34,1 milhões de toneladas) acabaram incinerados, aterrados, reciclados informalmente (e, portanto, de maneira insegura) ou continuaram armazenados nos lares.

> ▶ **Produto Interno Bruto (PIB):** conjunto das riquezas geradas em um país.
>
> ▶ **despojo:** ou *despojos*, tudo aquilo que sobra; restos, fragmentos.
>
> ▶ **incinerado:** queimado.
>
> ▶ **agregar:** reunir.
>
> ▶ **manejo:** administração, gerência, controle.

Fruto de três anos de trabalho, o relatório lançado ontem pelo projeto ProSUM acaba por demonstrar, ainda que indiretamente, o excesso de consumo de produtos eletroeletrônicos. Se os equipamentos que foram deixados de lado em depósitos residenciais, de empresas e espaços públicos fossem distribuídos entre os habitantes da União Europeia, da Noruega e da Suécia, cada uma dessas pessoas teria quase 44 aparelhos e 12 lâmpadas econômicas. Em termos de volume, "cada habitante da Europa teria 250 kg de eletrônicos, o que é três vezes o peso de um adulto, além de 17 kg de pilhas e quase 600 kg de veículos", destaca Pascal Leroy, secretário-geral do WEEE Fórum, uma organização não governamental belga que participou do projeto.

"Até agora, dados sobre esses materiais críticos foram produzidos por uma variedade de instituições, incluindo agências governamentais, universidades, ONGs e indústria, mas não havia uma padronização dos dados, o que dificultava fazer comparações ou agregar os cálculos. Assim, não tínhamos um retrato fiel sobre a matéria-prima reutilizável no lixo eletroeletrônico", afirma Jaco Huisman, pesquisador da Universidade das Nações Unidas e um dos coordenadores do ProSUM. "Na medida em que conseguimos identificar os maiores estoques de materiais específicos descartados que poderiam ser reutilizados, o ProSUM ajuda a remediar esse problema", observa. "Saber mais sobre as quantidades e o conteúdo de matéria-prima (no lixo) é fundamental tanto para a pesquisa no campo da reciclagem quanto para convencer companhias de reciclagem a investir nesse tipo de produto. Além disso, os legisladores precisam dessas informações para desenvolver políticas públicas mais eficientes", concorda Christer Forsgren, da Universidade Técnica de Chalmers, na Suécia, também integrante do projeto.

Brasil lidera produção

De acordo com o *Global E-waste Monitor 2017*, lançado em dezembro, o Brasil é o maior produtor de lixo eletrônico da América Latina, com mais de 2 milhões de toneladas em 2016. Em relação ao relatório de 2014, o crescimento foi de quase 10%. Segundo a ONU, o país não tem estatísticas padronizadas nem políticas de abrangência nacional para o manejo desse tipo de descarte. Também não há legislação específica sobre o descarte e a reciclagem de lixo eletroeletrônico.

> OLIVETO, Paloma. Cientistas sugerem meios para reciclar matérias-primas de lixo eletrônico. *Correio Braziliense*, 18 jan. 2018. Disponível em: <https://www.correiobraziliense.com.br/app/noticia/ciencia-e-saude/2018/01/18/interna_ciencia_saude,653985/cientistas-sugerem-meios-para-reciclar-lixo-eletronico.shtml>. Acesso em: 24 jul. 2018.

1 ▶ Converse com os colegas:

a) Vocês imaginavam que nos aparelhos eletrônicos muito usados nos dias de hoje houvesse tanto material importante para ser reaproveitado?

b) Vocês conhecem, em sua cidade, locais apropriados para o descarte de lixo eletrônico?

c) Vocês sabiam que já existem leis que obrigam as empresas produtoras de material eletrônico a recolher as sucatas, como pilhas, celulares, etc., para dar destinação adequada a elas? Vocês concordam que haja essas leis? Por quê?

d) Juntos, pesquisem e leiam sobre o assunto na internet, como, por exemplo, a Lei nº 13.576, de 6 de julho de 2009, que trata do lixo tecnológico.

2 ▶ Você viu nesta unidade que há diferentes formas de apresentar a fala de especialistas em reportagens. Localize no texto e transcreva no caderno um exemplo de citação em discurso direto.

INTERATIVIDADE

Curadoria da informação em meios digitais

Na seção *Produção de texto* das páginas seguintes, você e seus colegas se reunirão em grupos para fazer uma reportagem sobre algo importante para a comunidade em que vivem. Depois da escolha do tema/assunto a ser abordado na reportagem, vocês passarão à fase de pesquisa e precisarão fazer a curadoria da informação. Mas você sabe o que é isso?

> A **curadoria da informação** está diretamente ligada ao ato de pesquisar. Ao buscar, selecionar, conferir, tratar e organizar informações obtidas em uma pesquisa, seguindo um determinado critério, estamos fazendo a curadoria da informação.
>
> Com o surgimento das novas tecnologias –, as pesquisas passaram a ser principalmente realizadas em meios digitais; e a seleção daquilo que é compartilhado na internet foi ficando cada vez mais difícil para se chegar a fontes, dados e informações confiáveis e de qualidade.

Nesta seção, vocês terão a oportunidade de exercitar a curadoria da informação e desenvolverão habilidades importantes, que poderão ser utilizadas em qualquer pesquisa futura. Siga as orientações do professor e as etapas a seguir e seja um bom curador!

➡ Planejamento

1▸ Para definir o tema da reportagem que vocês vão produzir, leiam as orientações da etapa de **Planejamento** da seção *Produção de texto*, nas páginas a seguir.

2▸ Com o tema definido, vocês vão dar início à pesquisa sobre o assunto que abordarão na reportagem, buscando informações sobre o assunto em meios digitais.

➡ Pesquisa

1▸ **Em grupos.** No dia e horário combinados, usando um computador com acesso à internet, iniciem a pesquisa em um *site* de busca.

- Digitem frases ou palavras-chave que se aproximem do tema ou assunto que estão procurando. Façam testes digitando diferentes combinações, comparem os resultados e prossigam aprimorando as buscas.

- Cliquem em diferentes *links* e comparem as informações apresentadas, confrontando-as em fontes diversas.

- Procurem não se basear somente nos primeiros resultados da busca: lembrem-se de que muitos fatores (como quantidade de visualização, promoção via propaganda, entre outros) podem impulsionar qualquer publicação, inclusive as falsas ou não tão confiáveis.

- Privilegiem as informações publicadas em *sites* acadêmicos, centros de pesquisa, revistas e jornais reconhecidos ou ONGs e outras instituições dedicadas direta ou indiretamente ao tema pesquisado.

- Explorem as variadas formas de apresentação do conteúdo, levando em conta as características do objeto de pesquisa. Para diversos temas, é possível encontrar textos verbais, vídeos, *podcasts*, imagens, infográficos, gráficos, entre outros.

> **⚠ Atenção**
>
> Para obter resultados mais precisos, é possível:
>
> - colocar as palavras ou expressões de busca entre aspas;
> - selecionar ferramentas de pesquisa que refinarão a busca, como as que agrupam os resultados por data, idioma ou país de origem da publicação;
> - escolher o tipo de conteúdo que desejam encontrar: imagem, notícia, vídeo, etc.

REPORTAGEM 305

2▸ Quando encontrarem um conteúdo que chame a atenção de vocês, investiguem se ele é confiável.
- Observem se consta o nome do produtor.
- Avaliem se a linguagem é clara e se não há erros ortográficos e gramaticais.
- Em relação às imagens, busquem preferencialmente materiais produzidos por profissionais especializados, vejam se não há indícios de montagens ou se as sequências de imagens não foram construídas de forma a manipular ou destacar apenas um ponto de vista.
- Desconfiem dos exageros e das informações apresentadas como verdades únicas.

3▸ Copiem à mão ou digitem no computador as informações selecionadas ou mesmo os *links* que levam a elas, organizando todas em um só documento.

4▸ Após a seleção e organização das informações, consultem, se necessário, *sites* e serviços checadores de fatos e notícias para realizar uma última verificação, de modo a eliminar qualquer incorreção, imprecisão ou manipulação de informação.

▸▸ Compartilhamento

1▸ Finalizada a pesquisa e a curadoria, é hora de trocar as informações que coletaram com os demais grupos. Façam uma apresentação oral para mostrar aos colegas os resultados da busca e ampliar a discussão sobre os temas pesquisados.

2▸ Aproveitem também para compartilhar procedimentos ou estratégias que tenham descoberto durante a curadoria, informando meios de checar a confiabilidade de fontes e informações.

3▸ Conversem com o professor para decidir como vão ampliar esse compartilhamento. Vocês podem fazer cartazes, *flyers*, infográficos ou *banners*, impressos ou digitais, para informar a comunidade escolar sobre as estratégias utilizadas no processo de curadoria da informação.

▸ *flyer*: folheto.
▸ *banner*: painel de publicidade.

Alunos do Instituto Federal de Educação, Ciência e Tecnologia do Mato Grosso (IFMT), em aula de informática. Sorriso, MT, 2018.

306 ▸ UNIDADE 8 • Jornalismo: informação e opinião

PRODUÇÃO DE TEXTO

Reportagem

Agora é a vez de vocês, em grupos, prepararem uma reportagem sobre um tema relevante para a comunidade.

Vocês leram reportagens sobre lixo espacial e lixo eletrônico — dois tipos de lixo ligados à evolução das tecnologias no planeta — e viram como eles podem comprometer a qualidade de vida das pessoas. Mas há inúmeros problemas que também podem comprometer a qualidade de vida da população. Esses problemas podem estar relacionados a providências que as autoridades têm de tomar, mas também podem estar ligados a transformações das atitudes das pessoas no dia a dia.

É sobre o que pretendem tratar na reportagem do grupo que vocês deverão refletir antes de iniciar os trabalhos, isto é, decidir qual será o **tema** ou **assunto** principal da reportagem do grupo de vocês.

Observem as orientações a seguir.

➡ **Planejamento**

1▸ Formem os grupos, orientados pelo professor.

2▸ Conversem, dentro do grupo, sobre aspectos que vocês observam na cidade ou região onde moram: o que vocês mais percebem como algo que poderia ser feito para tornar melhor a vida das pessoas no cotidiano? Para isso, conversem também com familiares e pessoas da comunidade. Dessas conversas podem surgir muitas ideias.

3▸ Nesta unidade vocês tiveram a experiência de realizar uma enquete. Se acharem necessário, façam uma **enquete** rápida com pessoas que conhecem para levantar quais os problemas que elas consideram mais importantes de serem enfrentados para melhorar as condições de vida na região ou cidade em que moram.

4▸ Anotem o que considerarem importante, façam uma lista dos assuntos que mais chamaram a atenção de vocês e tragam-na para ser discutida no grupo.

5▸ Selecionem um assunto que será o foco da reportagem que vocês irão produzir. Muitos assuntos importantes podem surgir. O desafio de cada grupo será o de **selecionar apenas um assunto**, pois se selecionarem vários, a reportagem ficará muito extensa e corre o risco de se tornar confusa.

6▸ Pesquisem sobre o assunto. Essa pesquisa pode ser feita por:
- entrevistas com pessoas especializadas no assunto ou com pessoas da comunidade que vivam o problema a ser focado na reportagem. Se puderem, gravem as entrevistas, pois assim poderão utilizá-las como depoimentos para enriquecer o texto de vocês. Se precisarem, retomem os depoimentos que foram incluídos nas reportagens abordadas nesta unidade.
- busca em *sites* especializados no assunto. Lembrem-se de verificar se são fontes confiáveis. Não se esqueçam dos cuidados que vocês analisaram nas atividades de **curadoria da informação** da seção *Interatividade*. Analisem sempre as fontes que vocês acessam para busca de informações e os conteúdos pesquisados.
- *site* e portais da cidade ou da região. Eles poderão trazer indicações sobre onde procurar mais informações sobre o assunto que vocês escolheram.

PRODUÇÃO DE TEXTO ❬ **307**

7. Antes de começarem o rascunho do texto, leiam o esquema a seguir, que sintetiza as características principais do gênero de forma geral e das produções de vocês de forma particular. Essas características ajudarão vocês a cuidar de detalhes que não podem faltar na reportagem que irão produzir.

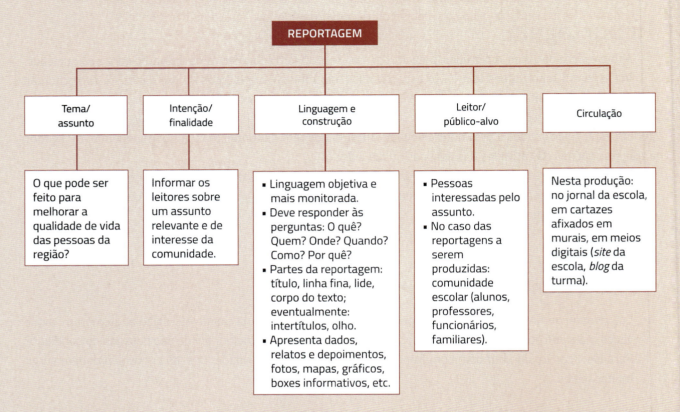

» **Rascunho**

1. Antes de fazerem uma primeira versão da reportagem, lembrem-se dos itens que não podem faltar:
- dados importantes que respondam às perguntas: o quê?, onde?, quando?, como?, por quê?
- depoimentos que considerem importantes incluir no texto;
- imagens selecionadas com respectivas legendas explicativas.

2. Selecionem um fato que possa introduzir o problema, pois isso dará mais credibilidade à reportagem.

3. Com celulares ou máquinas fotográficas, registrem por meio de imagens aspectos importantes para a reportagem. Se fotografarem pessoas, vocês devem pedir autorização, por escrito, dessas pessoas para publicar a foto delas.

4. Organizem o "esqueleto" da reportagem:
- título;
- linha fina com a síntese do assunto;
- intertítulos na ordem que acharem mais conveniente para o desenvolvimento do assunto;
- olhos, isto é, boxes para reproduzir ideias ou falas importantes ao longo do texto;
- gráficos ou infográficos que tenham encontrado e que ilustrem melhor as informações;
- depoimentos que serão inseridos no texto (não se esqueçam de que se trata de discurso direto e de que os depoimentos devem, portanto, ser marcados por aspas).

5. Façam um rascunho com todos os elementos coletados.

6. Lembrem-se: a reportagem deve ter linguagem objetiva. Assim, deve ser evitado o uso da 1ª pessoa (*eu*). As frases devem ser construídas de forma impessoal, com o emprego de formas verbais e pronomes da 3ª pessoa ("foi constatado...", "informaram...", "aconteceu um fato...", "soube-se...").

7. Planejem como distribuirão, nas páginas, o texto com as imagens e os boxes informativos.

❥ Revisão e reescrita

1. Depois de terem produzido uma primeira versão da reportagem, releiam, revisem o texto e rescrevam o que for necessário para aperfeiçoar a clareza e a unidade do texto. É muito importante verificar se não se desviaram do assunto.

2. Planejem a escrita final: digitada ou manuscrita, impressa ou publicada apenas em meios eletrônicos.

3. Observem, nas reportagens, em que parte deverão ser registrados os nomes dos repórteres, isto é, dos alunos que participaram da produção da reportagem.

❥ Circulação

1. Combinem com o professor como deverão ser apresentadas as reportagens depois de prontas.

2. Sugere-se que os resultados dos trabalhos sejam divulgados tanto na escola como na comunidade, pois os conteúdos são do interesse de todos.

3. Definam como as reportagens circularão na escola e na comunidade: uma apresentação com data marcada na escola, envio das reportagens para jornais locais, divulgação no *site* da escola, exposição em dia de evento importante da escola, etc.

Ao final, a turma toda deve se reunir para uma conversa com intenção construtiva. Não basta apontar os problemas, não é mesmo? É preciso que nós também tenhamos atitudes no nosso dia a dia para ajudar a solucionar ou minimizar os problemas apontados. É importante que cada um participe dessa conversa final coletiva, dando a sua contribuição na forma de proposta para atender a esta questão: **O que podemos fazer?**

Autoavaliação

Chegou o momento de fazer um balanço de tudo o que foi estudado na Unidade 8.

Leia o quadro de conteúdos para recordar o que estudou e, no caderno, avalie seu desempenho usando os tópicos propostos a seguir como orientação. Isso ajudará você na hora de organizar seus estudos.

Meu desempenho

- **Compreendi bem** (registre no caderno os itens que você compreendeu).
- **Avancei em** (registre no caderno os itens em que você melhorou).
- **Preciso rever** (registre no caderno os itens que você precisa estudar mais).
- **Outras observações e/ou outras atividades.**

UNIDADE 8	
Gênero Reportagem	**LEITURA E INTERPRETAÇÃO DE REPORTAGEM** · Leitura e interpretação da reportagem "Órbita da Terra já acumula 7,5 mil toneladas de sucata", de Fábio de Castro · Localização das informações em reportagem · Identificação da construção (partes da reportagem) e da linguagem do texto jornalístico · Discurso direto e indireto no texto jornalístico · Diferenciação entre fato e opinião · Leitura e interpretação de infográfico e de gráfico **PRODUÇÃO** **Oral** · Enquete e apresentação de resultados **Escrita** · Interatividade: Curadoria da informação · Reportagem sobre tema relevante para a comunidade
Ampliação de leitura	**CONEXÕES** · Outras linguagens: Arte e defesa do meio ambiente · Texto informativo **OUTRO TEXTO DO MESMO GÊNERO** · "Cientistas sugerem meios para reciclar matérias-primas de lixo eletrônico", Paloma Oliveto
Língua: usos e reflexão	· Colocação pronominal · Desafios da língua: O uso do hífen
Participação em atividades	· Orais · Coletivas · Em grupo

Projeto de Leitura

Caro leitor,

A coletânea *Marcas do tempo* reúne sobretudo textos do campo das práticas de estudo e pesquisa: **textos que expõem conhecimentos de forma organizada**, como artigos e reportagens de divulgação científica, esquemas, cartografia, gráficos e infográficos.

Você vai notar que os textos escritos com a intenção de expor conhecimento são organizados de modo semelhante aos dos livros didáticos de História, Geografia ou Ciência, bem como na imprensa, em seções ou veículos especializados na divulgação de informações do mundo da ciência e da cultura em geral. O que motivou a organização desta coletânea foi o fato de que, cada vez mais, os jornais, a TV e a internet fornecem informações sobre conhecimento científico e tecnologia, e a compreensão de informações dessa natureza exige o desenvolvimento de habilidades específicas, como a identificação de palavras-chave, a percepção de informações principais, etc.

Nesta coletânea, você também encontra letras de canções, poema, pintura, cartum e tirinha, que, a seu modo, se referem ao conhecimento científico com sensibilidade crítica. Além de ter acesso a esses textos, você poderá participar de um projeto de leitura que, por meio de atividades interativas e prazerosas, vai ajudar a desenvolver as habilidades de ler, organizar e expor o conhecimento científico.

Prepare-se para iniciar uma viagem pelas *Marcas do tempo*. Basta seguir as orientações do professor, tomar o seu lugar na equipe e... partir!

As autoras

Marcas do tempo
Coletânea

Sumário

Parte I 314

Texto 1 – "Homem primata", Marcelo Fromer, Ciro Pessoa, Nando Reis, Sérgio Britto 314

Texto 2 – "O novo homem", Carlos Drummond de Andrade 315

Texto 3 – "Criança geopolítica assistindo ao nascimento do novo Homem", Salvador Dalí 317

Texto 4 – "A evolução do Homem", Adão 318

Texto 5 – Cartum, Quino 319

Parte II 320

Tema 1 – Pangeia 320

"Em movimento", *O mundo em infográficos*

Tema 2 – Terra: vestígios e evolução da vida 322

"Evolução", *O mundo em infográficos*

Tema 3 – Fósseis e dinossauros no Brasil 322

"O lugar e o tempo de cada um", revista *Superinteressante*

Tema 4 – O ser humano: ancestrais nas Américas 325

"Árvore genealógica da humanidade", revista *Time*

Parte III 326

Tema 1 – Pangeia 327

Texto 1 – "A dança dos continentes", Demétrio Magnoli 327

Texto 2 – "O misterioso supercontinente", Nélio Bizzo 331

Texto 3 – "Terremoto no Chile causa tremores no país", *Folha de S.Paulo* 332

Tema 2 – Terra: vestígios e evolução da vida 333

Texto 1 – "Origem da vida na Terra", Maria Sílvia Abrão 333

Texto 2 – "O mar de fósseis de Sergipe", *Globo Ciência* 337

Tema 3 – Fósseis e dinossauros no Brasil 340

Texto 1 – "Contagem regressiva animal", *O mundo em infográficos*, Conceição Cabrini 340

Texto 2 – "Fósseis", *site* Sobiologia 342

Texto 3 – "Conheça os 21 dinossauros descobertos no Brasil", *site* GaúchaZH 345

Texto 4 – "Fósseis de dinossauros são encontrados no Maranhão", *G1* 347

Tema 4 – O ser humano: ancestrais nas Américas 349

Texto 1 – "O Brasil de Luzia", Vinicius Romanini... 349

Texto 2 – "A ciência em si", Gilberto Gil, Arnaldo Antunes 355

Apoios **356**

Parte I

Texto 1

Homem primata
Marcelo Fromer, Ciro Pessoa, Nando Reis, Sérgio Britto

Desde os primórdios
Até hoje em dia
O homem ainda faz
O que o macaco fazia
Eu não trabalhava, eu não sabia
Que o homem criava e também destruía

Homem primata
Capitalismo selvagem
ôôô

Eu aprendi
A vida é um jogo
Cada um por si
E Deus contra todos
Você vai morrer e não vai pro céu
É bom aprender, a vida é cruel

Homem primata
Capitalismo selvagem
ôôô

Eu me perdi na selva de pedra
Eu me perdi, eu me perdi
I'm a cave man
A young man
I fight with my hands
With my hands
I am a jungle man, a monkey man
Concrete jungle!
Concrete jungle!

FROMER, Marcelo et al. In: TITÃS. *Cabeça dinossauro*. WEA, 1986.

Os **Titãs** são uma banda de rock formada na década de 1980, em São Paulo. Durante essas décadas de atividade, a banda tem se valido de diversos estilos musicais, que misturam com o rock, que é a sua essência. Alguns integrantes continuam até hoje no grupo; por exemplo, Tony Bellotto e Branco Mello.

Texto 2

O novo homem
Carlos Drummond de Andrade

O homem será feito
em laboratório.
Será tão perfeito
como no antigório.
Rirá como gente,
beberá cerveja
Deliciadamente.
Caçará narceja
e bicho do mato.
Jogará no bicho,
tirará retrato
com o maior capricho.
Usará bermuda
e gola *roulée*.
Queimará arruda
indo ao canjerê,
e do não objeto
fará escultura.
Será neoconcreto
se houver censura.
Ganhará dinheiro
e muitos diplomas,
fino cavalheiro
em noventa idiomas.
Chegará a Marte
em seu cavalinho
de ir a toda parte
mesmo sem caminho.
O homem será feito
em laboratório,
muito mais perfeito
do que no antigório.
Dispensa-se amor,
ternura ou desejo.
Seja como for
(até num bocejo)
salta da retorta
um senhor garoto.

PROJETO DE LEITURA 315

Vai abrindo a porta
com riso maroto:
"Nove meses, eu?
Nem nove minutos".
Quem já concebeu
melhores produtos?
A dor não preside
sua gestação.
Seu nascer elide
o sonho e a aflição.
Nascerá bonito?
Corpo bem talhado?
Claro: não é mito,
é planificado.
Nele, tudo exato,
medido, bem posto:
o justo formato,
standard do rosto.
Duzentos modelos,
todos atraentes.
(Escolher, ao vê-los,
nossos descendentes.)
Quer um sábio? Peça.
Ministro? Encomende.
Uma ficha impressa
a todos atende.
Perdão: acabou-se
a época dos pais.
Quem comia doce
já não come mais.
Não chame de filho
este ser diverso
que pisa o ladrilho
de outro universo.
Sua independência
é total: sem marca
de família, vence
a lei do patriarca.
Liberto da herança
de sangue ou de afeto,
desconhece a aliança
de avô com seu neto.
Pai: macromolécula;
mãe: tubo de ensaio,
e, *per omniasecula*,
livre, papagaio,
sem memória e sexo,
feliz, por que não?
pois rompeu o nexo
da velha Criação,
eis que o homem feito
em laboratório
sem qualquer defeito
como no antigório,
acabou com o Homem.
Bem feito.

7/12/1967

ANDRADE, Carlos Drummond de. *Poesia completa e prosa*. Rio de Janeiro: Nova Aguillar, 1973. p. 534-535. © Graña Drummond. <www.carlosdrummond.com.br>.

▶ *per omniasecula*: expressão em latim que pode ser traduzida como "por todos os tempos".

Carlos Drummond de Andrade nasceu em Itabira (MG), em 1902. Foi funcionário público, poeta, cronista, contista, ensaísta e tradutor. Casou com Dolores Dutra de Moraes, em 1925, com quem teve dois filhos. Sua estreia na literatura ocorreu em 1930, com a publicação do livro *Alguma poesia*, em edição patrocinada pelo autor. Em 1942, a publicação da sua obra *Poesias*, pela Livraria Editora José Olympio, chamou atenção do público e da crítica especializada. O livro *Confissões de Minas*, lançado em 1944, foi sua primeira reunião de crônicas. Mais tarde, entre os anos de 1969 e 1984, Drummond manteve uma coluna semanal de crônicas no *Jornal do Brasil*. Sua primeira obra dedicada aos contos foi lançada em 1951, sob o título *Contos do aprendiz*. O escritor faleceu no Rio de Janeiro, onde morava desde 1934, doze dias após a morte de sua filha, Maria Julieta, em 1987.

Texto 3

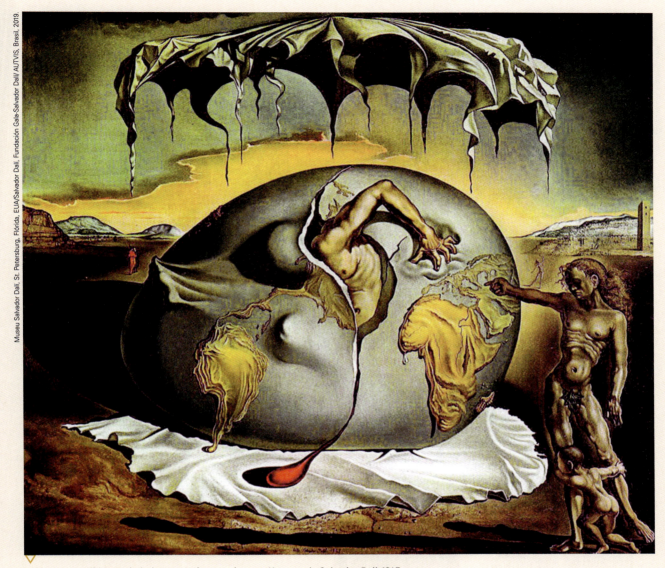

Criança geopolítica assistindo ao nascimento do novo Homem, de Salvador Dalí, 1943.

Salvador Dalí nasceu na Catalunha, Espanha, em 1904. Foi pintor e escultor. Destacou-se nas artes visuais por produzir obras que provocavam estranhamento no observador, trabalhando elementos que parecem disformes ou pertencentes ao mundo imaginário. Ao mesmo tempo que trabalhava temas ou imagens provocadores, dominava técnicas de pintura acadêmica. Dalí também se aventurou pelo universo do teatro, da moda, da fotografia, do cinema, entre outros. Faleceu na Catalunha em 1989.

Texto 4

ADÃO. *Folha de S.Paulo*. São Paulo, 14 jun. 2003. Folhinha.

Adão Iturrusgarai nasceu em Cachoeira do Sul (RS), em 1965. É cartunista. Seu primeiro desenho foi publicado no *Jornal do Povo*, de sua cidade natal, quando ele tinha 17 anos.

No ano seguinte, mudou-se para Porto Alegre, onde estudou publicidade. Também iniciou um curso de artes plásticas, mas não o concluiu. Em 1991, editou a revista *Dundum* e logo depois viajou para Paris, onde morou por cerca de dois anos. Retornou ao Brasil em 1993 e instalou-se em São Paulo. Adão publica suas tiras em diversos jornais brasileiros, e vários de seus personagens caíram no gosto do público; por exemplo: Chiclete com Banana e Aline. Atualmente, mora no Rio de Janeiro.

Texto 5

QUINO. *Superinteressante*. São Paulo: Abril, n. 196, jan. 2004. p. 32.

Joaquín Salvador Lavado Tejón, conhecido como **Quino**, nasceu na Argentina em 1932. Sua personagem mundialmente conhecida é Mafalda, uma menina inteligente e contestadora.

Parte II

Tema 1 – Pangeia

Jon Richards e Ed Simkins; O Mundo em Infográficos/Editora Sextante

EM MOVIMENTO

A crosta terrestre é formada por placas tectônicas. Conforme a rocha derretida do manto se move por baixo, a crosta puxa e empurra as placas.

LIMITE TRANSFORMANTE

ponto em que duas placas entram em contato horizontalmente

LIMITE DIVERGENTE

ponto em que duas placas se afastam em direções opostas

Limite entre placas

O local em que duas placas se encontram é chamado limite. As placas se friccionam, se afastam ou se chocam. Esse movimento da crosta terrestre pode provocar atividade vulcânica e terremotos.

DORSAL ÁRTICA

PLACA NORTE-AMERICANA

PLACA JUAN DE FUCA

PLACA DO CARIBE

PLACA AFRICANA

PLACA DO PACÍFICO

DORSAL SUDESTE-PACÍFICA

PLACA DE COCOS

PLACA DE NAZCA

PLACA SUL-AMERICANA

PLACA DE SCOTIA

PLACA ANTÁRTICA

14

RICHARDS, Jon; SIMKINS, Ed. *O mundo em infográficos*. Rio de Janeiro: Sextante, 2013. p. 14-15.

Tema 2 – Terra: vestígios e evolução da vida

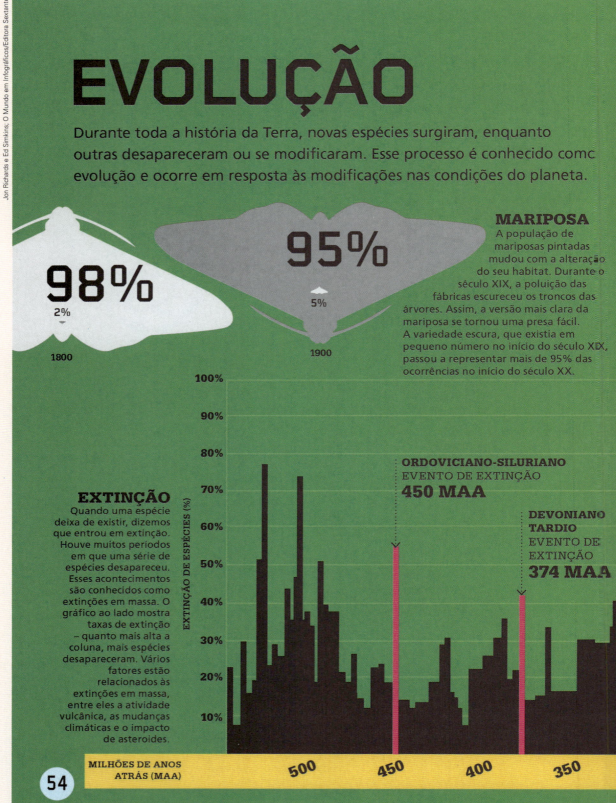

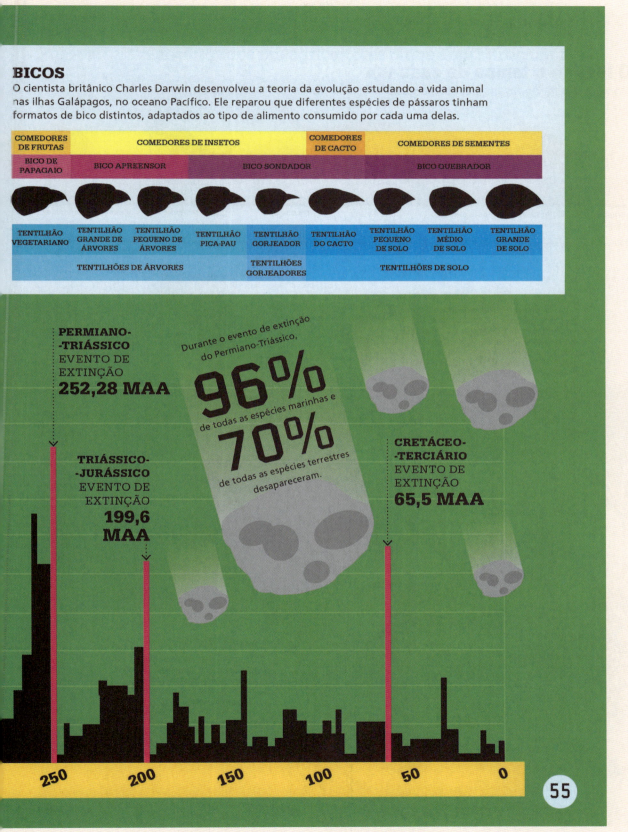

RICHARDS, Jon; SIMKINS, Ed. *O mundo em infográficos*. Rio de Janeiro: Sextante, 2013. p. 54-55.

Tema 3 – Fósseis e dinossauros no Brasil

O lugar e o tempo de cada um
Compare o giganotossauro com alguns de seus pares em várias épocas

Onde morava
A cidade de Neuquén fica a cerca de 1 000 quilômetros de Buenos Aires, não muito longe da Cordilheira dos Andes e dos balneários de Bariloche, um pouco mais ao sul. A formação geológica em que se desenterraram os restos margeia o Rio Limay, a 15 quilômetros de Neuquén.

Reserva de caça
Ele pegava as presas numa paisagem que lembrava a atual savana africana ou o cerrado brasileiro. Era uma planície pontilhada de lagoas e vegetação rasteira. Também tinha coníferas (como os pinheiros do Paraná), das quais se acharam pedaços petrificados junto aos ossos do caçador.

Superinteressante. São Paulo: Abril, fev. 1996, p. 49

PROJETO DE LEITURA

Tema 4 – O ser humano: ancestrais nas Américas

Conforme você pôde observar nesta coletânea, tudo se transforma: os continentes, o oceano, as espécies...

Vamos refletir agora sobre o que aconteceu com o ser humano ao longo do tempo.

Os seres humanos pertencem à ordem dos primatas. A partir de um ramo dessa ordem originaram-se os grandes macacos, como os orangotangos e os gorilas, e também os *Australopithecus*. Algumas das várias espécies de *Australopithecus* viveram na mesma época, como mostra a árvore genealógica da humanidade. Uma delas, provavelmente a do grupo *Australopithecus africanus*, é antecessora do gênero *Homo*, ao qual pertencemos.

No gráfico a seguir, é possível ter uma ideia dessas transformações nos últimos milhões de anos.

Representação do *Homo sapiens neanderthalensis*.

Árvore genealógica da humanidade

Período em que vivia o ancestral comum dos hominídeos e dos grandes macacos. Eles devem ter começado a se diferenciar entre 6 e 4 milhões de anos atrás.

Revista *Time*, 23 ago. 1999, com atualização da *Time*, 8 nov. 2004. Todas as datas são aproximadas.

Parte III

Muitas dúvidas? Inúmeras hipóteses?

Nem sempre ficamos seguros buscando respostas no conhecimento do senso comum.

Sentimos necessidade de respostas mais precisas, aquelas que são comprovadas pela pesquisa de campo ou pelo relato em documentos especializados.

Os textos a seguir apresentam informações que fornecem possíveis respostas a algumas dúvidas. São textos que pertencem ao campo das práticas de estudo e de pesquisa.

Ler e apropriar-se de informações é uma forma de ampliar o conhecimento. A proposta é que você e alguns colegas, conforme a orientação do professor, formem um grupo e se encarreguem da leitura de alguns dos textos transcritos nesta parte para depois compartilhar o conhecimento adquirido nessa prática com os demais colegas da turma, por meio da produção de um seminário, em que cada grupo fará a exposição oral de tudo o que pesquisaram e aprenderam.

Ao ler os textos que couberam a seu grupo, observe que:

- os temas tratados na Parte III são os mesmos das Partes I e II, só que agora há mais de um texto desenvolvendo o mesmo tema;
- a diversidade de textos sobre um mesmo tema enriquece as informações, além de favorecer o estabelecimento de relações entre eles e os textos que você leu em suas aulas de Ciência, História ou Geografia.

Com base na leitura que farão em grupos, vocês vão se preparar para participar de um seminário sobre um dos quatro temas apresentados. Uma possibilidade de divisão de leitura em grupos é a sugerida no quadro a seguir.

Grupo	Tema	Textos da Parte III
1	1. Pangeia	"A dança dos continentes" (Texto 1) "O misterioso supercontinente" (Texto 2) "Terremoto no Chile causa tremores no país" (Texto 3)
2	2. Terra: vestígios e evolução da vida	"Origem da vida na Terra" (Texto 1) "O mar de fósseis de Sergipe" (Texto 2)
3	3. Fósseis e dinossauros no Brasil	"Contagem regressiva animal" (Texto 1) "Fósseis" (Texto 2) "Conheça os 21 dinossauros descobertos no Brasil" (Texto 3) "Fósseis de dinossauros são encontrados no Maranhão" (Texto 4)
4	4. O ser humano: ancestrais nas Américas	"O Brasil de Luzia" (Texto 1) "A ciência em si" (Texto 2)

Do mesmo modo que os cientistas e pesquisadores, a pesquisa e a produção do seminário poderão ajudar você a fazer descobertas surpreendentes.

Um seminário é uma apresentação oral, organizada com base em pesquisa, sobre determinado assunto. Alguns farão papel de ouvinte, devendo prestar atenção à apresentação e tomar notas sobre o que gostariam de comentar ou perguntar. Os que ficarem encarregados de expor os conhecimentos adquiridos por meio de leituras e pesquisas prévias devem se preparar para esse momento, pesquisando, lendo e organizando as informações por meio de resumos e esquemas que vão servir de apoio visual no momento da exposição ao mesmo tempo em que fornecerão um roteiro para dar segurança a quem estiver se apresentando.

Participe do projeto proposto pelo professor!

Tema 1 – Pangeia

Texto 1

A dança dos continentes
Demétrio Magnoli

Segundo as teorias atuais, a Terra surgiu ao mesmo tempo que os outros planetas "terrestres", há cerca de 4,6 bilhões de anos, por agregação de planetesimais.

A energia liberada pelas colisões de planetesimais gerou calor e aqueceu os materiais terrestres. Nesse planeta embrionário, as rochas começaram a se diferenciar. As mais densas migraram para o interior, enquanto as menos densas subiram à superfície, constituindo a crosta.

A condensação e a precipitação do vapor de água atmosférico formaram os mares primitivos. As rochas mais antigas, provenientes dos primeiros continentes, têm idade de cerca de 4 bilhões de anos. Esses continentes cresceram, ao longo da Era Proterozoica, pela adição de material rochoso às suas bordas.

Os núcleos dos continentes originais, chamados escudos cristalinos, compreendiam rochas magmáticas e metamórficas. Essas áreas sofriam processos de erosão pelas chuvas e pelos ventos. O material transportado depositava-se nas áreas mais baixas e nas depressões inundadas, formando bacias sedimentares (fig. 1).

> **planetesimal:** corpo sólido hipotético de pequenas dimensões que teria surgido quando a nebulosa protossolar se fragmentou.

Figura 1. Formação das bacias sedimentares

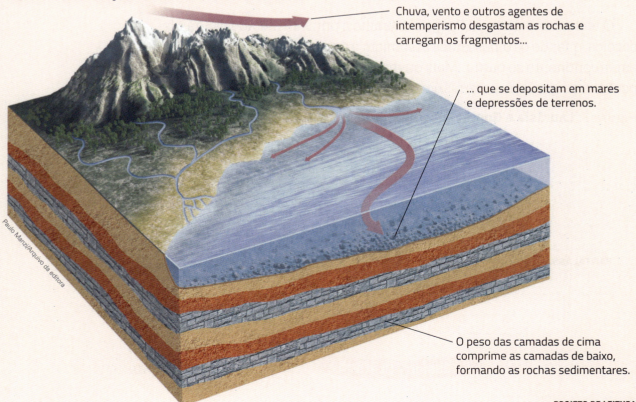

Chuva, vento e outros agentes de intemperismo desgastam as rochas e carregam os fragmentos...

... que se depositam em mares e depressões de terrenos.

O peso das camadas de cima comprime as camadas de baixo, formando as rochas sedimentares.

Durante a Era Paleozoica, a dinâmica das placas tectônicas provocou o lento deslizamento dos continentes originais, que se aproximaram e se uniram. As colisões entre as massas continentais originaram dobramentos nas suas bordas, constituindo cordilheiras montanhosas. As cordilheiras formadas por orogênese antiga foram submetidas à erosão, durante centenas de milhões de anos, transformando-se em cadeias de altitudes modestas.

Há cerca de 300 milhões de anos, quando uma vegetação densa se difundia pelas áreas pantanosas e úmidas e os répteis se multiplicavam, todas as terras emersas estavam reunidas num único supercontinente — Pangeia. Um imenso mar primitivo — o Pantalassa, ancestral do oceano Pacífico — rodeava a massa continental (fig. 2).

> **orogênese:** formação de cadeias montanhosas a partir dos movimentos horizontais das placas tectônicas.

Figura 2. Pangeia, o supercontinente (200-300 milhões de anos)

O tectonismo destruiu Pangeia. Durante a primeira metade da Era Mesozoica, quando os dinossauros assumiam o domínio das terras emersas, o supercontinente se partiu. Mais ou menos na linha do Equador, as águas oceânicas separaram as terras emersas em dois grandes continentes (fig. 3).

Figura 3. Laurásia e Gondwana (130 milhões de anos)

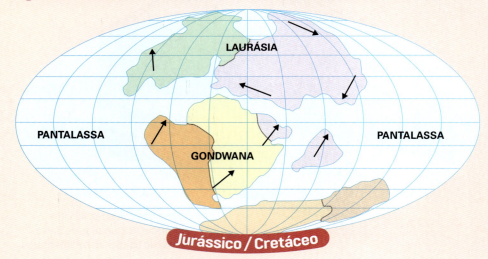

No norte, apareceu Laurásia, englobando as atuais América do Norte e Eurásia. No sul, apareceu Gondwana, englobando as atuais América do Sul, África, Antártida e Austrália. A Índia, que hoje faz parte da Ásia, estava ligada à África e, através dela, unida ao continente de Gondwana.

No final da Era Mesozoica, quando desapareciam os dinossauros, os dois grandes continentes estavam se desintegrando. A América do Norte desligou-se da Eurásia. A América do Sul separou-se da África e, entre elas, começou a se alargar o oceano Atlântico. A teoria da deriva continental nasceu da observação de que a borda costeira sul-americana se encaixa quase exatamente na africana (fig. 4).

Figura 4. Formação dos continentes atuais (65 milhões de anos)

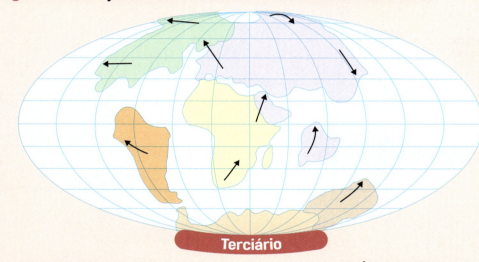

Terciário

A Antártida e a Austrália também se separaram da África, originando o oceano Índico. A Índia foi a última porção do antigo Gondwana a se desligar.

A placa tectônica que a sustenta deslizou para o norte, na direção da Eurásia.

Durante o período terciário da Era Cenozoica, enquanto os mamíferos evoluíam e se espalhavam, os continentes foram assumindo as posições atuais. Na segunda metade do Ternário, entre 10 e 30 milhões de anos atrás, ocorreu intensa atividade tectônica.

Esses processos de orogênese recente formaram todas as altas cadeias montanhosas atuais.

Representação artística do meritério, ancestral dos elefantes, em um pântano há 36 milhões de anos em um território onde hoje é o norte da África.

> **Eurásia:** denominação da massa continental que abrange a Europa e a Ásia, continentes que não estão separados por oceanos ou mares.

> **quando desapareceram os dinossauros:** a teoria mais aceita relaciona a extinção dos dinossauros ao impacto de um asteroide ou cometa, ocorrido há cerca de 65 milhões de anos. A cratera do impacto, muito alterada pela erosão, foi descoberta na península de Yucatán, no México. O corpo espacial tinha aproximadamente 10 quilômetros de diâmetro. Com esse tamanho enorme, colidiu com a Terra com potência 10 mil vezes maior que a de todas as armas nucleares hoje existentes. A poeira levantada por essa catástrofe provocou mudanças climáticas que levaram à extinção dos dinossauros em menos de meio milhão de anos.

> **teoria da deriva continental:** o geólogo alemão Alfred Wegener apresentou, em 1912, as ideias da existência da Pangeia, da sua fragmentação e do deslocamento, ou deriva, dos continentes. Só depois da sua morte formulou-se a teoria das placas tectônicas.

O choque entre a Placa Sul-Americana e a de Nazca formou os dobramentos da cordilheira dos Andes. A Placa da Índia chocou-se com a da Eurásia, gerando o Himalaia, que é o maior sistema montanhoso do planeta.

Quando os primeiros seres humanos surgiram na Terra, a configuração dos continentes e dos oceanos já era muito semelhante à que conhecemos hoje (fig. 5).

▶ **Himalaia:** as montanhas imponentes do Himalaia são o registro do entrechoque das placas tectônicas da Índia e da Eurásia. No Himalaia estão os picos mais elevados do mundo, com altitudes próximas a 10 mil metros.

Figura 5. Posição atual dos continentes e oceanos

MAGNOLI, Demétrio. *Geia* — Fundamentos da Geografia. São Paulo: Moderna, 2002. p. 45-48.

Vista aérea da cordilheira dos Andes próximo ao aeroporto da cidade de Ushuaia, na Argentina.

Texto 2

O misterioso supercontinente
Nélio Bizzo

A observação do desenho das linhas do litoral dos continentes sempre intrigou os geógrafos. Não há desenho mais sugestivo do que os contornos da costa brasileira e da costa ocidental africana lembrando duas peças de um quebra-cabeça que se encaixam. Simples coincidência?

Em 1910, o cientista alemão Alfred Wegener passou a estudar cuidadosamente a questão e sugeriu que o que era visto como simples coincidência poderia ser, na verdade, uma indicação da existência de um supercontinente no passado: Pangeia ("terra global").

Mas as suposições de Wegener ficaram desacreditadas até a década de 1960, quando foi proposta a teoria da "deriva continental": o interior do nosso planeta começou então a ser desvendado e as ideias do cientista alemão passaram a ser encaradas com seriedade.

Segundo essa teoria, a crosta terrestre seria apenas uma fina camada sólida depositada sobre uma outra, de consistência pastosa, expelida durante as erupções dos vulcões. Os continentes poderiam então ser comparados a balsas de rocha sólida deslizando sobre um mar pastoso de lava quente.

Os pontos de menor resistência estariam sujeitos a rupturas e os vários blocos continentais ficariam navegando lentamente pela superfície do nosso planeta.

Blocos que estivessem se afastando estariam separados por falhas geológicas gigantescas com intensa atividade vulcânica. Os blocos que estivessem se aproximando se chocariam, criando um enrugamento da crosta terrestre, resultando no aparecimento de cadeias de montanhas.

A cadeia das Montanhas Rochosas, na América do Norte, por exemplo, apresenta uma incrível semelhança com a cordilheira dos Andes, na América do Sul. Isso poderia ser explicado pelo choque de uma placa continental com outra, fazendo com que a costa oeste do continente americano se elevasse.

A deriva continental teria deslocado a Índia de perto do litoral oriental africano, fazendo com que ela colidisse com o continente asiático. Com o choque, outro enrugamento teria levantado a crosta, originando a cordilheira do Himalaia.

A meio caminho entre a América do Sul e a África existe uma gigantesca falha geológica, no fundo do oceano Atlântico, com intensa atividade vulcânica. Com o uso de satélites e poderosos instrumentos de medição, sabe-se hoje que os dois continentes estão se afastando lentamente, cerca de dois centímetros por ano.

A ideia de que os atuais continentes estavam ligados é reforçada ainda por outras evidências: existem, por exemplo, estranhas coincidências entre faunas e floras de continentes vizinhos.

Na época em que Cristóvão Colombo chegou ao continente americano, ele não encontrou nem cavalos nem elefantes aqui, conhecidos que eram apenas na África e Ásia. No entanto, existem muitos fósseis de cavalos e de mastodontes nas Américas.

Cientista alemão Alfred Lothar Wegener, fotografado enquanto cruzava uma geleira durante sua última expedição na Groenlândia, em novembro de 1930.

Os cientistas acreditam que o cavalo tenha se originado na América do Norte, tendo depois migrado para a Ásia e África pelo norte, atravessando o estreito de Bering, numa época em que o clima era bem ameno. Além disso, o cavalo teria também habitado a América do Sul.

Não se sabe exatamente por que, mas uma onda de extinções ocorridas há apenas algumas dezenas de milhares de anos teria acabado com uma série de mamíferos americanos. O cavalo teria assim desaparecido de seu berço natal e sido trazido de volta pelos colonizadores europeus.

Os camelídeos, da mesma forma, também se originaram na América do Norte. Mais tarde, migraram para o norte, passando pelo estreito de Bering, até chegar ao continente asiático. Mas outro grupo migrou para o sul, originando a vicunha, o guanaco, a lhama e a alpaca. Alguns cientistas acreditam que os índios dos Andes foram selecionando descendentes que lhes interessavam até produzirem a lhama e a alpaca.

BIZZO, Nélio. *Evolução*. 9. ed. São Paulo: Ática, 2004, p. 33. (Coleção De Olho na Ciência).

Texto 3

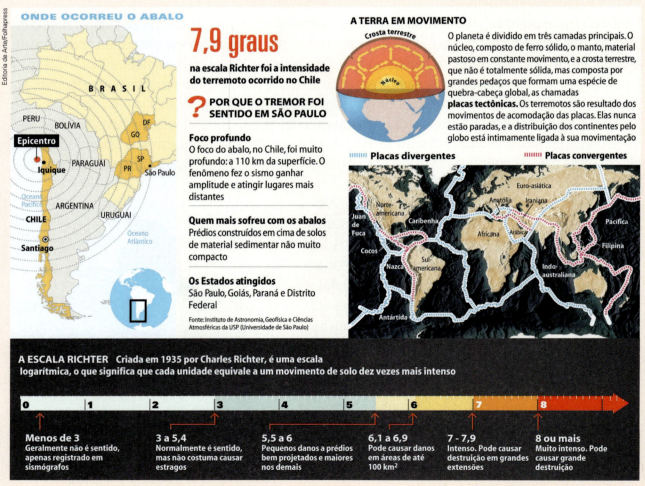

Folha de S.Paulo. São Paulo, 14 jun. 2005. p. C3.

Tema 2 – Terra: vestígios e evolução da vida

Texto 1

Origem da vida na Terra

De moléculas orgânicas simples a indivíduos pluricelulares
Maria Sílvia Abrão 15/03/2006

Todos os seres vivos possuem um código genético. Ao tomar como verdadeira essa afirmação, a maioria dos biólogos também acredita que toda a vida existente na Terra descende de um único ancestral, um ancestral representativo de todos os seres vivos e que pode ser chamado de o último antepassado comum universal.

Para confirmar essa tese, podemos recorrer à anatomia comparada para observar características comuns entre os organismos vivos, e entre esses organismos e os fósseis. Ou seja, ao estudar a forma e a estrutura dos seres vivos, percebemos que existem estruturas aparentemente diferentes, que desempenham funções distintas, mas com estruturas internas similares. Essas ocorrências são conhecidas como estruturas homólogas, e os membros dos vertebrados são um bom exemplo disso.

Padrão básico

Podemos comparar os membros superiores do ser humano com as nadadeiras anteriores de uma baleia, as patas anteriores do cavalo e as asas de um morcego. Ao observar a estrutura óssea desses membros, percebemos que todos possuem um padrão básico, apesar de desempenharem diferentes funções: segurar as coisas, nadar, correr e voar. Os órgãos diferentes desses organismos que compartilham de uma estrutura básica indicam que há um ancestral comum a todos eles.

Existem também estruturas superficialmente semelhantes que desenvolvem uma mesma função (as asas de uma borboleta e as asas de uma águia são bons exemplos); essas estruturas são conhecidas como análogas, o que indica que existem "vários caminhos" para resolver um mesmo problema.

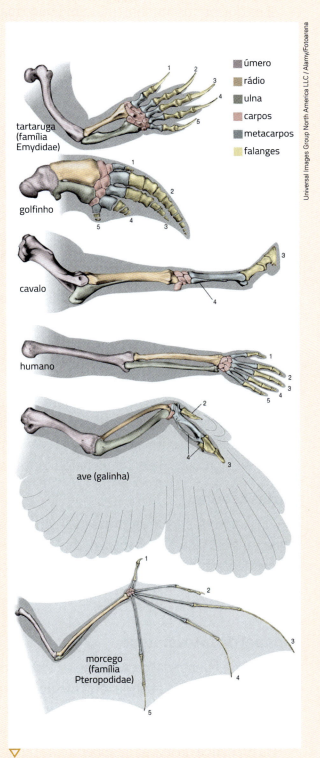

Homologias dos membros anteriores de seis vertebrados, de acordo com evidências da evolução. Apesar de adaptados a um animal específico, os ossos correspondem.

Parentesco evolutivo

Ao observar o desenvolvimento embrionário dos vertebrados podemos constatar que todos têm um padrão básico de desenvolvimento, o que é mais um indício do parentesco evolutivo existente entre eles.

E se quisermos fundamentar um pouco mais essa linha de raciocínio, basta lembrar que as modernas pesquisas na área da genética tornaram possível observar a semelhança molecular entre os seres vivos, traçar histórias evolutivas das espécies e estabelecer relações de parentescos entre as espécies de seres vivos.

A vida na Terra

Nosso planeta teve origem há cerca de 4,6 bilhões de anos e a existência da Terra está dividida em eras geológicas. O período desde a formação do planeta até 570 milhões de anos atrás é conhecido como era Pré-cambriana e foi no início desse período que surgiram moléculas com capacidade de autoduplicação, responsáveis por anunciar a origem da vida.

A atmosfera terrestre possuía uma composição diferente da atual. [...] As fortes descargas de relâmpagos e os raios ultravioleta irradiados pelo sol teriam promovido uma grande variedade de reações químicas na atmosfera, levando ao aparecimento, entre outras, de moléculas orgânicas simples, como alcoóis, aminoácidos e açúcares.

Tais moléculas teriam sido arrastadas pelas chuvas da atmosfera até os mares. Nesse novo ambiente, teriam se reunido e formado moléculas orgânicas mais complexas, as chamadas proteínas. Estas, por sua vez, convivendo em meio ácido formaram aglomerados hoje conhecidos como coacervados ou, estimuladas pela variação da temperatura, reuniram- se, formando pequenas gotas conhecidas como microsferas.

Tanto os coacervados como as microsferas são detentores de proteínas enzimáticas associadas a um tipo de molécula originada nas atmosferas primitivas, o ácido nucleico. Esses aglomerados podem ser considerados o primeiro exemplo de ser vivo, pois se acredita que teriam capacidade de se metabolizar, se reproduzir e transmitir hereditariedade, desenvolvendo com isso a aptidão para evoluir.

Várias teorias

[...] Acredita-se que as arqueanas seriam os seres que mais se assemelham aos primeiros seres vivos, embora sejam bem mais complexos que estes. Esses seres primevos cresciam e partiam-se em pedaços capazes de manter as características originais, perpetuando assim sua linhagem e conseguindo se reproduzir.

[...]

O papel da fotossíntese

O aparecimento da fotossíntese, a produção de alimento a partir de substâncias inorgânicas simples utilizando-se da energia radiante (luminosa), foi um passo importante e decisivo na história da vida na Terra. Acredita-se que inicialmente a fotossíntese tinha como reagentes o gás carbônico e o sulfeto de hidrogênio, como ocorre nas sulfobactérias atualmente.

Na presença da luz, as sulfobactérias primitivas eram capazes de transformar o gás carbônico e o sulfeto de hidrogênio em glicose, enxofre e água. Posteriormente, surgiram seres capazes de aproveitar a água nesse processo, eles seriam os ancestrais das cianobactérias.

Quando isso ocorria, a fotossíntese se processava tal como na maioria dos casos hoje, ou seja, na presença da luz esses seres eram capazes de transformar gás carbônico e água em glicose e gás oxigênio. Como a Terra possuía uma grande disponibilidade de água, esses ancestrais das cianobactérias puderam se espalhar pelo planeta.

Essa proliferação foi tão grande que a atmosfera terrestre foi modificada em razão do acúmulo do gás oxigênio produzido nessa reação. Outras condições do ambiente terrestre também foram modificadas. O oxigênio reagiu com os gases da atmosfera, que oxidou os metais, os quais passaram a se depositar no fundo dos mares e rios, e reagiu também com os compostos orgânicos degradando-os, causando um grande impacto ambiental.

Oxigênio e oxidação

Apesar do efeito destruidor do oxigênio, determinadas formas de vida foram capazes de sobreviver. Algumas espécies haviam desenvolvido a capacidade de se proteger contra a oxidação promovida pelo oxigênio. Alguns seres adaptaram-se às novas condições e passaram a utilizar a oxidação como uma forma de desmontar, de quebrar as moléculas orgânicas de alimento.

O controle da oxidação da matéria orgânica garantia a obtenção de energia e assim surgiu a respiração celular. A respiração celular é uma reação química, inversa à reação de fotossíntese, que ocorre na grande maioria dos seres vivos atuais.

O gás oxigênio presente na atmosfera também sofreu transformação formando o gás ozônio, que deu origem à formação da camada de ozônio, responsável pela redução da passagem de raios ultravioleta, nocivos aos seres vivos.

Procariontes e eucariontes

Os primeiros seres vivos eram provavelmente muito simples e assemelhavam-se aos procariontes atuais (seres unicelulares de estrutura mais simples, com material genético livre no citoplasma, sem um núcleo individualizado). Depois, com o passar do tempo, surgiram os seres eucariontes (indivíduos que possuem estruturas celulares mais complexas, com material genético separado do citoplasma por uma membrana nuclear, formando um núcleo verdadeiro).

Ilustração gráfica de seres que habitavam a Terra há cerca de 540 milhões de anos.

Acredita-se que esse tipo de célula surgiu a partir das células procariontes por intermédio de determinados processos, enquanto outras, chamadas de organelas celulares, como a mitocôndria e o cloroplasto, surgiram a partir da invasão e consequente permanência de bactérias no interior das células primitivas.

Por sua vez, as células eucariontes podem ter passado a viver reunidas em colônias, formando os primeiros indivíduos formados por múltiplas células, os chamados pluricelulares. Os seres que viviam nessas colônias começaram a dividir "o trabalho" de realização das funções vitais e, dessa forma, aparecem as diferenciações dos tecidos celulares.

História geológica e seleção natural

Do que foi dito até agora, podemos observar que as moléculas orgânicas se organizaram dando origem às células, que em conjunto formaram os tecidos, responsáveis pela constituição dos órgãos, que, por sua vez, se reúnem para desempenhar uma função.

Já os diferentes conjuntos de órgãos desempenham as várias funções vitais necessárias à sobrevivência de um organismo, de um indivíduo de uma determinada espécie, enquanto a junção de vários organismos de uma mesma espécie forma uma população.

Na mesma sequência, o conjunto formado pela parte inanimada do ambiente (solo, água, atmosfera) e pelos seres vivos das diferentes populações que ali habitam recebe o nome de ecossistema. Por seu turno, o conjunto de todos os ecossistemas é conhecido como biosfera, a parte do planeta ocupada pelos seres vivos.

De tudo isso, podemos afirmar que a história da vida na Terra está intimamente ligada à sua própria história geológica, pois ocorreram diversas alterações ambientais que favoreceram alguns seres em detrimento de outros, processo que se convencionou chamar de seleção natural.

Disponível em: <https://educacao.uol.com.br/disciplinas/ciencias/origem-da-vida-na-terra-de-moleculas-organicas-simples-a-individuos-pluricelulares.htm>.
Acesso em: 13 fev. 2019.

Tartaruga-verde próxima a um recife de corais com peixes, no arquipélago de Nova Caledônia, na parte sul do oceano Pacífico.

Texto 2

O mar de fósseis de Sergipe

A descoberta de ossos de um lagarto marinho gigante ajuda os cientistas a entender como se formou o oceano Atlântico

Para quem não é sergipano, certamente é pequena a probabilidade de que conheça o município de Nossa Senhora do Socorro, localizado a 10 km de Aracaju. A não ser, obviamente, que sua profissão seja a paleontologia. Para estes cientistas que estudam animais e vegetais fósseis, Nossa Senhora do Socorro acaba de ser assinalado com destaque no mapa-múndi das grandes descobertas científicas.

Um grupo de pesquisadores da Petrobras e da Universidade Federal de Sergipe encontrou nesse município ossos de um lagarto marinho de 70 milhões de anos. Chamado de mosassauro, era um animal que habitava as águas rasas dos mares brasileiros até ser extinto junto com os dinossauros, há cerca de 65 milhões de anos. Ele chegava a medir até 10 metros de comprimento, embora o animal encontrado tivesse em torno de 3 metros. Carnívoro, o mosassauro disputava alimento com os tubarões. Por isso, restos fósseis de tubarões pré-históricos, principalmente dentes, também são comuns na região e foram localizados próximo às ossadas do lagarto, na mesma área de escavações pesquisadas pelos cientistas.

A descoberta desse réptil fossilizado ajuda a esclarecer um dos mais intrigantes capítulos da história geológica do nosso planeta: a separação dos continentes e a formação do oceano Atlântico. Há 200 milhões de anos, o litoral brasileiro era ligado à África numa única e imensa terra seca. Faziam parte da Pangeia, o supercontinente que abrangia o mundo inteiro, circundado por água. Então, em decorrência de movimentos ocorridos no subsolo do planeta, o enorme bloco de terra começou a se fragmentar, num processo que durou milhões de anos até chegar à atual configuração de continentes e oceanos. "A região que hoje corresponde a Sergipe foi uma das últimas partes da América a se desprender do bloco africano", explica o pesquisador Wagner Souza Lima, geólogo da Petrobras.

Representação gráfica do mosassauro.

D. Pedro II entre os fósseis de Laranjeiras

Devido à deposição de sedimentos pelo oceano primitivo, Sergipe é um dos estados brasileiros mais ricos em fósseis. Ou seja, é um local privilegiado para estudos de paleontologia.

A abundância de restos pré-históricos é tão grande, que chegou a atrair a curiosidade científica de dom Pedro II. O imperador, de fato, coletou fósseis no município de Laranjeiras, próximo a Nossa Senhora do Socorro, em 1865.

Fósseis de mosassauros já foram achados em quase todos os continentes, inclusive na Antártida. No Brasil, restos desse animal pré-histórico já tinham sido detectados anteriormente em Pernambuco. "No entanto, os vestígios do réptil recém-descobertos em Sergipe são os mais antigos do país", explica o geólogo.

O mosassauro encontrado em Sergipe viveu no oceano Atlântico na fase imediatamente posterior ao seu surgimento, mais ou menos 30 milhões de anos após a separação dos blocos continentais — o que é pouco tempo, falando em termos geológicos. Assim, o achado ajuda a compreender a colonização desse novo oceano por seres marinhos, contando a história de um conturbado período da evolução do planeta, o Cretáceo, que vai de 146 a 65 milhões de anos atrás. "É a partir do minucioso estudo de rochas e fósseis que se pode descrever as condições de vida, o clima, as correntes marinhas, a temperatura e até a salinidade do oceano Atlântico antigo", conta a bióloga Maria Helena Zucon, da Universidade Federal de Sergipe. Depois, explica ela, é possível comparar informações passadas com as atuais para quantificar as bruscas alterações provocadas pelo homem sobre o meio ambiente.

Hoje já se sabe, por exemplo, que as águas do oceano Atlântico logo após sua formação eram muito mais quentes e salgadas do que são hoje. Além dos mosassauros e tubarões, nadavam nessas águas gigantescos plesiossauros, répteis de pescoço exageradamente comprido, e peixes de várias espécies ósseas, parentes dos atuais celacantos. No fundo do mar, repousavam caracóis descomunais, chamados de amonoides. Esses amonoides, que serviam de alimento para os tubarões e mosassauros, eram moluscos que chegavam a ter mais de um metro de diâmetro. Habitavam os mares entre 400 e 65 milhões de anos atrás e hoje estão presentes em grande quantidade, na forma de fósseis, em rochas marinhas da época exata em que as placas continentais se separaram. Por isso, eles também estão na mira dos pesquisadores.

Encravado na rocha, o fóssil do molusco amonoide, que pode ser encontrado em grande quantidade no interior de Sergipe.

Vários exemplares já foram descobertos e estudados pela equipe da bióloga Maria Helena Zucon, em conjunto com o cientista Peter Bengtson, da Universidade de Heidelberg, Alemanha. Segundo a bióloga, eles têm uma característica especial: "Esses organismos existiram em grande quantidade, com ampla distribuição no planeta, e por isso são excelentes para a datação das camadas geológicas, sendo chamados de fósseis-guia", explica Maria Helena Zucon. Através de fósseis vegetais e animais, esses estudos, chamados de bioestratigrafia, permitem comparar ambientes de diferentes regiões, como América do Sul e África, e são indispensáveis aos trabalhos destinados à descoberta de jazidas minerais no mar, como o petróleo.

Mas não são apenas os cientistas sergipanos que estão interessados no rico tesouro fóssil que se esconde sob o solo brasileiro. Outro pesquisador brasileiro, o paleontólogo Ismar de Souza Carvalho, da Universidade Federal do Rio de Janeiro, persegue as pegadas dos dinossauros que habitaram o território nacional. Seu objetivo é descobrir como o surgimento do Atlântico teria provocado a extinção dos dinossauros que viviam no Brasil. Ele estudou pólens fossilizados existentes nas rochas onde foram encontradas pegadas de dinossauros e, através da análise da vegetação existente na época, descobriu que o clima então era quente e seco, ou seja, mais favorável aos répteis. "No entanto, com o oceano, o clima tornou-se mais úmido", afirma Carvalho. Segundo o paleontólogo, essa alteração da temperatura teria exterminado boa parte da fauna do Nordeste brasileiro. O trabalho desses pesquisadores acrescenta uma peça importante ao quebra-cabeça que está sendo montado por cientistas de todo o mundo para entender como se formou e evoluiu o oceano Atlântico.

O projeto, denominado International Geological Correlation Program (IGCP), ou Programa Internacional de Correlação Geológica, é promovido pela Unesco e reúne mais de 400 pesquisadores de 40 países em todos os continentes. Um dos coordenadores do IGPC no Brasil, o geólogo Mitsuru Arai, do Centro de Pesquisas da Petrobras (Cenpes), no Rio de Janeiro, explica que "conhecer a evolução do Atlântico é importante para compreender o processo de separação dos continentes, um fenômeno que continua acontecendo até os dias de hoje". A América do Sul, por exemplo, continua se afastando da África numa velocidade de 4 centímetros por ano. Pesquisando o passado, os cientistas esperam descobrir como acabará a história dessa vez.

GLOBO Ciência. São Paulo: Globo, fev. 1998, n. 79, p. 35-39.

▽ Além do mosassauro descoberto no Sergipe em 1998, o solo nordestino é pródigo em fósseis de animais. Na foto, osso de preguiça pré-histórica gigante comparado a um osso de preguiça dos dias de hoje.

Tema 3 – Fósseis e dinossauros no Brasil

Texto 1

CONTAGEM REGRESSIVA ANIMAL

4 BILHÕES DE ANOS ATRÁS

FORMAÇÃO DA TERRA
4,5 BILHÕES DE ANOS ATRÁS

Por bilhões de anos, a vida na Terra evoluiu a partir de organismos unicelulares simples, chegando a uma grande variedade de criaturas mais complexas. No caminho, novas formas apareceram enquanto outras desapareceram.

1,5 BILHÃO DE ANOS ATRÁS

A explosão do Cambriano, cerca de **540 MAA**, é um período de intensa diversificação das formas de vida, em que se deu o aparecimento dos **cordados** (animais com notocorda).

CÉLULAS COMPLEXAS
2 BILHÕES DE ANOS ATRÁS

Os fósseis mais antigos

Os fósseis mais antigos já encontrados datam de 3,4 bilhões de anos. Eles são o que restou de células antigas que viveram numa época em que a Terra era coberta por vulcões ativos e o clima era muito mais quente que nos dias de hoje.

VIDA MULTICELULAR
1 BILHÃO DE ANOS ATRÁS

62

Jon Richards e Ed Simkins; O Mundo em Infográficos/Editora Sextante

RICHARDS, Jon; SIMKINS, Ed. *O mundo em infográficos.* Rio de Janeiro: Sextante, 2013. p. 62-63

Texto 2

Fósseis

O que são fósseis?

Fósseis são restos ou vestígios preservados de animais, plantas ou outros seres vivos em rochas, como moldes do corpo ou partes deste, rastros e pegadas. A totalidade dos fósseis e sua colocação nas formações rochosas e camadas sedimentares é conhecido como registro fóssil. A palavra fóssil deriva do termo latino *fossilis* que significa "ser desenterrado". A ciência que estuda os fósseis é a Paleontologia. A fossilização raramente ocorre porque a matéria orgânica dos seres vivos tende a ser rapidamente decomposta.

Logo, para que um organismo seja fossilizado, os restos devem ser cobertos por sedimentos o mais rápido possível. Existem diferentes tipos de fósseis e diferentes processos de fossilização. Quando é que se começaram a estudar os fósseis? Desde sempre o Homem observa e tenta interpretar a natureza.

Desde muito cedo ele encontrou rochas com impressões em forma de conchas, ossos de animais e folhas de plantas, ou seja, fósseis. Ao longo de muitos séculos estas impressões estimularam a imaginação do ser humano, tendo originado inúmeras explicações. Algumas destas explicações foram consideradas criações de espíritos maus ou bons, sendo designadas de "cobras de pedra", "pedras mágicas", "pedras de trovão" e "pedras de sapo". Noutras interpretações, as impressões foram vistas como o resultado da ação das radiações do sol ou das estrelas. Houve, ainda, quem preferisse olhá-las como brincadeiras do reino mineral, que imitava formas de plantas e animais existentes na natureza.

[...]

Embora muitas teorias tenham surgido ao longo dos tempos para interpretar o significado dos fósseis, o seu estudo científico só começou há cerca de 300 anos. A sua verdadeira origem e natureza só foi estabelecida no século XVII por alguns naturalistas, que conseguiram estabelecer a

Vestígios fósseis de um peixe impressos em uma rocha encontrada em Araraquara (interior de SP).

relação entre os dentes de tubarão e outros semelhantes, mas fossilizados. Um século antes tinha surgido a designação de "fóssil". Ela derivou da palavra latina *fossilis*, que significa "desenterrado", e foi inicialmente usada para designar toda a espécie de minerais e metais extraídos da crosta terrestre.

Retirada de fóssil de bicho-preguiça na Toca do Barrigudo (PI), 2002.

Como se chamam as pessoas que estudam os fósseis?

Os cientistas que fazem o papel de detetives de fósseis são chamados de *paleontólogos*, pois o ramo das Ciências da Terra e da Vida que se dedica ao estudo dos fósseis chama-se *Paleontologia*.

Os paleontólogos têm encontrado fósseis em todo o mundo, a uma velocidade espetacular — de sete em sete semanas um novo fóssil é encontrado. Mas não é fácil achar um fóssil. Por isso, encontrar restos fossilizados de um animal ou planta é uma experiência emocionante. Os penhascos marinhos, as pedreiras e outras rochas expostas são locais de grande interesse para a descoberta de fósseis. Também as grutas, como antigos abrigos de homens e animais, podem proporcionar valiosas descobertas paleontológicas.

Onde se podem encontrar os fósseis?

Na maior parte das vezes, por mais que se conheçam as características geológicas de um local, não é possível dizer com certeza se aí existirão fósseis ou não. No entanto, determinados fatores podem ser indicadores da sua presença e são estes fatores que os paleontólogos seguem nas suas pesquisas. Estas hipóteses referem-se, principalmente, ao tipo de rochas mais relacionadas com a preservação de fósseis, ou seja, as sedimentares, e à idade da rocha, que é determinada através de análises químicas da sua composição. Também existe uma outra forma de atuar — ir escavando cegamente até ter a sorte de encontrar algo. Alguns fósseis são encontrados ao acaso, em obras ou áreas de exploração mineira, por exemplo.

Apesar da dificuldade em achar fósseis, os paleontólogos já encontraram fósseis microscópicos de algas azuis, cuja idade foi calculada em quase 2 000 milhões de anos. Recentemente foram descobertos fósseis de bactérias que teriam cerca de 3 000 milhões de anos.

Como se estudam fósseis?

Quando o cientista atinge uma área provável de formações fósseis, começa por procurar indícios nos pontos em que a erosão retirou o solo de cima das rochas, investigando, depois, os estratos sedimentares. Caso aí encontre vestígios, como esqueletos ou fragmentos de ossos fossilizados, o cientista retira a rocha que se encontra por cima deles, para conseguir fotografá-los e, posteriormente, retirá-los, sem os danificar. Só muito raramente é encontrada uma ossada totalmente preservada. Na maior parte dos casos, os esqueletos estão bastante fragmentados, podendo faltar muitos pedaços. Há que identificar os ossos com números, para ser mais fácil a posterior reconstituição do animal. Depois é tentar montar um verdadeiro quebra-cabeças. O resultado destes trabalhos pode ser visto nos museus de história natural, onde normalmente são expostos.

Mas mesmo sem termos fósseis de ossos que permitam a reconstituição dos seres vivos, outros tipos de vestígios podem fornecer informações bastante interessantes. Para cada tipo existem técnicas de estudo apropriadas, que permitem retirar diferentes conclusões. Por exemplo, num conjunto de pegadas, os cientistas medem a distância entre elas para verem o comprimento e a velocidade do animal, e a sua profundidade para determinarem o seu peso. Já através dos excrementos (coprólitos), o tipo de conclusões retiradas é diferente. Eles são amassados até se tornarem um pó fininho que, depois de analisado, pode dar informações relativas, por exemplo, ao tipo de alimentação do animal.

Qual a importância da paleontologia?

A paleontologia é a ciência que estuda os organismos que povoaram a terra ao longo do tempo e cujos restos e marcas de atividade se encontram preservados nos sedimentos. O estudo dos organismos é de grande importância para a compreensão e estudo da história da Terra. Assim, a paleontologia interessa à biologia, pois permite estudar a evolução dos seres vivos.

Para o estudo dos animais que outrora habitaram o planeta não são só os seus fósseis que são importantes, mas também as marcas deixadas da sua atividade, ou seja, os rastros, as pegadas e as pistas.

[...]

Disponível em: <www.sobiologia.com.br/conteudos/Seresvivos/Ciencias/fosseis.php>. Acesso em: 13 fev. 2019.

Caderneta com anotações de campo, instrumento fundamental para que o arqueólogo avance no trabalho de pesquisa.

Texto 3

Conheça os 21 dinossauros descobertos no Brasil
15/09/2014 | 05h02

O Brasil tem 21 espécies de dinossauros confirmadas e batizadas. Há casos tidos como duvidosos (o *Antarctosaurus brasiliensis*: não se sabe dizer se era diferente ou igual a outras espécies) ou indeterminados, e já houve um "rebaixamento" — o *Sacisaurus agudoensis* (assim chamado porque, entre os ossos encontrados em rochas na cidade gaúcha de Agudo, havia 19 fêmures direitos, mas nenhum esquerdo), anunciado em 2006, foi reclassificado como pertencente a um grupo de répteis distinto.

[...]

Os dinos brasileiros

A Terra teve origem há aproximadamente 4,6 bilhões de anos.

Os dinossauros estrearam há 230 milhões de anos, no Triássico, multiplicaram-se no Jurássico e foram extintos há 65 milhões de anos, no fim do Cretáceo, o último dos períodos da Era Mesozoica.

Só há 200 mil anos apareceria o Homo sapiens, 64,8 milhões de anos após o fim dos dinos.

Representação do *Pycnonemosaurus nevesi* (de 6 m a 7 m de comprimento), um dos dinossauros encontrados no território brasileiro, especificamente em Mato Grosso, em comparação com um homem de 1 m 70 cm de altura. A reconstrução do esqueleto do dinossauro ressalta os ossos que realmente foram encontrados (em branco). Infografia publicada pelo jornal *Zero Hora*.

Fonte das informações: <https://gauchazh.clicrbs.com.br/educacao-e-emprego/noticia/2014/09/Conheca-os-21-dinossauros-descobertos-no-Brasil-4598038.html>. Acesso em: 13 fev. 2019.

Dinossauros no território brasileiro

Adaptado de: IBGE. *Atlas geográfico escolar*. 6. ed. Rio de Janeiro, 2012.

Maranhão
- *Amazonsaurus maranhensis*, 10 metros de comprimento, herbívoro. Encontrado em Itapecuru-Mirim, 1991. Cretáceo.
- *Oxalaia quilombensis*, de 12 a 14 metros de comprimento, herbívoro. Encontrado na Ilha do Cajual, em 2004. Cretáceo.

Ceará
- *Santanaraptor placidus*, de 1,5 metro a 2,5 metros de comprimento, carnívoro. Encontrado em Santana do Cariri, 1991. Cretáceo.
- *Angaturama limai*, 8 metros de comprimento, carnívoro. Encontrado na Chapada do Araripe, descrito em 1996. Cretáceo.
- *Irritator challengeri*, 8 metros de comprimento, carnívoro. Encontrado na Chapada do Araripe, 1996. Cretáceo.

Rio de Janeiro
- *Baurutitan britoi*, 12 metros de comprimento, herbívoro. Encontrado no distrito de Peirópolis, 1957. Cretáceo.

Minas Gerais
- *Trigonosaurus pricei*, de 9,50 a 10 metros de comprimento, herbívoro. Encontrado no distrito de Peirópolis, em Uberaba, entre 1947 e 1949. Cretáceo.
- *Tapuiasaurus macedoi*, 13 metros de comprimento, herbívoro. Encontrado em Coração de Jesus, 2005. Cretáceo.
- *Uberabatitan ribeiroi*, 17 metros de comprimento, herbívoro. Encontrado na Serra da Galga, em Uberlândia, data desconhecida. Cretáceo.
- *Maxakalisaurus topai*, 13 metros de comprimento, herbívoro. Encontrado em Prata, 1995. Cretáceo.

Mato Grosso
- *Pycnonemosaurus nevesi*, de 6 a 7 metros de comprimento, carnívoro. Encontrado na Fazenda Roncador, nos anos 1950. Cretáceo.

Pernambuco
- *Mirischia asymmetrica*, de 1,80 metro de comprimento, carnívoro. Encontrado em Araripina, data desconhecida. Cretáceo.

São Paulo
- *Brasilotitan nemophagus*, de 9 a 10 metros de comprimento, herbívoro. Encontrado em Presidente Prudente, em 2000. Cretáceo.
- *Adamantisaurus mezzalirai*, de 12 a 15 metros de comprimento, herbívoro. Encontrado em Flórida Paulista, em 1958. Cretáceo.
- *Gondwanatitan faustoi*, de 10 a 13 metros de comprimento, herbívoro. Encontrado em Álvares Machado, 1983. Cretáceo.
- *Aeolosaurus maximus*, 15 metros de comprimento, herbívoro. Encontrado no oeste do Estado de São Paulo, data desconhecida. Cretáceo.

Rio Grande do Sul
- *Staurikosaurus pricei*, de 2,25 metros de comprimento, carnívoro. Encontrado nos arredores de Santa Maria, em 1936 (descrito em 1970). Triássico.
- *Unaysaurus tolentinoi*, de 2,5 metros de comprimento, herbívoro. Encontrado em Água Negra, São Martinho da Serra, em 1998. Triássico.
- *Pampadromeus barberenai*, de 1,20 metro de comprimento, onívoro. Encontrado nas proximidades de Agudo, em 2004. Triássico.
- *Saturnalia tupiniquim*, 1,50 a 2 metros de comprimento, onívoro. Encontrado nos arredores de Santa Maria, 1998. Triássico.
- *Guaibasaurus candelariensis*, de 1,80 metro de comprimento, carnívoro. Encontrado nos arredores de Candelária, em 1990. Triássico.

Fonte das informações: <https://gauchazh.clicrbs.com.br/educacao-e-emprego/noticia/2014/09/Conheca-os-21-dinossauros-descobertos-no-Brasil-4598038.html>. Acesso em: 13 fev. 2019.

Texto 4

Fósseis de dinossauros são encontrados no Maranhão

Fósseis foram encontrados por agricultores numa área particular no Povoado Santo Exídio, na zona rural do município de Coroatá.

Por G1 MA — São Luís
29/07/2018 09h55 Atualizado há 6 meses

Foi divulgado na semana passada o achado de fósseis de dinossauros que foram encontrados no município de Coroatá, 260 km de São Luís.

Os fósseis foram encontrados por agricultores numa área particular no Povoado Santo Exídio, na zona rural do município de Coroatá. São ossos, vértebras e dentes de carcaradontossauros e também de outras espécies.

Entre os achados fósseis destaque para um herbívoro que tem como característica a cauda e o pescoço alongados. Pesquisadores locais acreditam que eles habitaram o território maranhense no período cretáceo, entre 120 e 90 milhões anos.

De acordo com o paleontólogo da Universidade Federal do Maranhão (Ufma), Rafael Lindoso, a descoberta pode ajudar nas pesquisas sobre a presença desses animais que viveram há pelo menos 95 milhões de anos no Maranhão.

"Não ajudam a só contar a história local, mas nacional e internacional porque esses animais estavam distribuídos amplamente ao longo do globo nesse período. Ajudam a formar recursos humanos, pois os maranhenses têm a possibilidade de fazer cursos de pós-graduação não só no Brasil mas fora do Brasil porque a possibilidade de estudo, a receptividade fora do país é muito maior e muito mais bem aceita do que até mesmo dentro do Brasil", explicou.

O também paleontólogo Manuel Medeiros diz que os donos da propriedade estão dificultando o acesso ao material encontrado. Ele acrescenta que uma parte dos fósseis já estaria com pesquisadores do Rio de Janeiro. A preocupação é que este material arqueológico todo saia do Maranhão e existe uma lei federal para ser usada nessas situações.

Fósseis foram encontrados por agricultores numa área particular no Povoado Santo Exídio, na zona rural do município de Coroatá, MA.

"São fósseis raros e esses fósseis não vem sendo guardados de uma forma adequada. Existe a lei de proteção do patrimônio fossilífero que diz que tanto o Município quanto o Estado quanto a União tem responsabilidade na guarda do material que é patrimônio da União", finalizou o paleontólogo Manuel Medeiros.

Disponível em: <https://g1.globo.com/ma/maranhao/noticia/2018/07/29/fosseis-de-dinossauros-sao-encontrados-no-maranhao.ghtml>. Acesso em: 4 fev. 2019.

Brasil: político — Coroatá (MA)

Adaptado de: IBGE. *Atlas geográfico escolar*. 6. ed. Rio de Janeiro, 2012.

Tema 4 – O ser humano: ancestrais nas Américas

Texto 1

O Brasil de Luzia

Como a arqueologia está construindo um retrato cada vez mais fiel da Pré-História brasileira

Vinicius Romanini

Tente imaginar o exato lugar onde você está agora, não importa onde você viva no Brasil, mas recuando 13 mil anos no passado. Como lhe parece a paisagem? Faz frio? Você vê bichos? Olhe com atenção para aquela planície ao longe. Vê aquele pequeno grupo, umas 15 ou 20 pessoas, andando praticamente nuas? Não é incrível como são pequenas e delicadas diante da paisagem? Quem são elas? De onde vieram? Quando chegaram aqui? Como vivem? Se esse pequeno exercício de imaginação lhe pareceu esquisito, saiba que é exatamente isso que os estudiosos da Pré-História brasileira fazem todos os dias enquanto escavam sítios arqueológicos ou analisam os achados. Desde que a datação dos ossos de uma jovem mulher, batizada Luzia, provou, em 1988, que os primeiros humanos já haviam chegado ao Brasil há pelo menos 13 mil anos, arqueólogos, biólogos e paleontólogos tentam descobrir como era a paisagem, a vegetação e os animais pré-históricos que Luzia e seus contemporâneos conheceram.

Vale a pena acompanhar aquele grupo de pessoas por mais algum tempo. Afinal, podemos estar assistindo à chegada dos primeiros humanos em terras que, 130 séculos mais tarde, receberiam o nome de Brasil. Os homens carregam lanças compridas, mais longas do que seus próprios corpos, usadas provavelmente para caçar animais silvestres e para se defender contra o ataque das feras. Enquanto avançam lentamente, as mulheres, tendo as crianças sempre ao seu lado, coletam do chão frutas, coquinhos e raízes, que guardam em rústicas cestas feitas de tiras de couro trançado. A paisagem e a vegetação não parecem muito diferentes da que encontramos hoje na maior parte do Brasil Central: paredões de pedra desgastados cobertos por plantas e flores típicas do Cerrado ou, nas regiões mais úmidas, florestas densas que não diferem em exuberância de nossas atuais matas Atlântica e Amazônica.

Ossos que ensinam. Esqueletos com mais de 10 mil anos de idade ajudam a entender a nossa Pré-História.

E quanto aos animais? O que nos revelaria uma excursão para avistar a fauna desse tempo pré-histórico que, na divisão das eras geológicas, corresponde ao finalzinho do chamado Pleistoceno — um período muito dilatado que termina com o derretimento da calota de gelo que cobria boa parte dos continentes? Haveria muitas surpresas, sem dúvida. Junto com a maioria das espécies comuns nas matas brasileiras nos dias de hoje, havia também um grupo de animais de grande estatura que teria desaparecido, coincidentemente ou não, durante essa mesma época em que o homem iniciava suas atividades na natureza do Brasil pré-histórico: mastodontes com 3 metros de altura, tigres-dentes-de-sabre com o dobro do tamanho de uma onça-pintada e pesando 250 quilos, bichos-preguiças maiores do que vacas atuais e tatus do tamanho de fuscas.

Você acaba de espiar pela janela do tempo para ver o cenário onde viveram os primeiros homens a pisar no Brasil, os chamados paleoíndios. Na divisão das fases da Pré-História, que leva em conta o desenvolvimento cultural do homem, esse período recebe o nome de "Paleolítico Superior" ou, mais popularmente, de "Era da Pedra Lascada". A partir dos indícios que deixaram e do conhecimento que temos de comunidades semelhantes de coletores e caçadores que sobrevivem ainda hoje, é possível inferir que esses primitivos "brasileiros" tinham uma linguagem e uma vida social adaptada para seu modo de vida nômade. Viviam em bandos reunidos em torno de um líder. Dominavam o fogo e tinham técnicas rudimentares de construção de utensílios de pedra lascada, como pontas de lanças e lâminas de quartzo capazes de cortar couro e carne. É possível que fabricassem cestas trançando fibras ou tiras de couro.

Ao contrário do que normalmente se imagina, os paleoíndios não moravam em cavernas, e sim em locais abertos onde havia água corrente disponível, como no alto das chapadas, onde ficam as nascentes, no meio dos vales por onde cruzam riachos e na desembocadura dos boqueirões. Nesses locais, a vegetação farta e a presença de animais silvestres garantia uma alimentação balanceada entre vegetais e carne de caça. As cavernas eram usadas como abrigos pelos caçadores e, provavelmente, para a realização de rituais religiosos e fúnebres. Embora fossem nômades, cada grupo movia-se dentro de um território próprio, que conheciam detalhadamente — o que facilitava a busca de alimentos. Em situações especiais, os grupos de uma mesma região se reuniam para caçadas conjuntas, para a celebração de cerimônias religiosas e para fazer acordos de acasalamento.

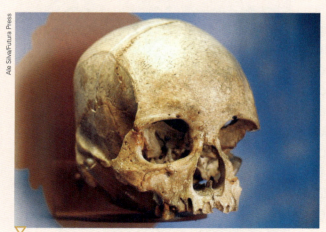

O homem de Lagoa Santa. Medições no crânio de Luzia e em outras 70 ossadas escavadas em Lagoa Santa provaram que os paleolíticos brasileiros não são os avós dos nossos atuais povos indígenas.

A arqueologia também nos mostrou, mais recentemente, que os homens do Brasil paleolítico tinham respeito por seus mortos, depositando-os em abrigos de pedra — o que garantiu sua conservação ao longo dos milênios. Sabe-se, também, que alguns grupos realizavam rituais fúnebres secundários, ou seja, recuperavam ossos de seus antepassados depois que a carne já havia se decomposto, para pintá-los, fabricar amuletos e enterrá-los uma segunda vez, mas agora arranjando as ossadas de forma a criar símbolos. De fato, quanto mais vestígios se acumulam sobre esses primeiros brasileiros, mais fica evidente que não eram brutamontes estúpidos, mas, ao contrário, viviam em harmonia com o meio ambiente e com seus semelhantes. Até aqui, nosso conhecimento sobre os paleoíndios encaixa-se bem no conhecimento acumulado em várias disciplinas, como a Pré-História, a arqueologia, a paleontologia e a evolução humana. Nossa imaginação viajou guiada por um mapa razoavelmente bem aceito. Porém, se você quiser indagar sobre quando e como os paleoíndios chegaram até aqui, de onde partiram, e como era a cor de sua pele, vai descobrir que penetrou num terreno pantanoso. É um solo encharcado por hipóteses ricas em criatividade, mas nem sempre de comprovação empírica. O personalismo das teorias (que normalmente levam o nome de seus proponentes) e a pressa em divulgar resultados na imprensa (o que ajuda a garantir a continuidade das verbas) muitas vezes transformam cientistas em teimosos defensores de seu modelo, mesmo contra toda evidência em contrário. Isso acontece em qualquer ramo da ciência, e a arqueologia não está imune.

Peças que não se encaixam

Para entender a polêmica sobre a origem e chegada dos primeiros "brasileiros", é preciso colocar a questão no quadro mais geral, que é o da ocupação do continente americano como um todo. Ou seja: os achados arqueológicos encontrados em sítios escavados tanto no Alasca, no México, no Brasil como na Patagônia têm que contar, juntos, uma mesma história.

Os sítios arqueológicos deveriam fornecer o material para a construção dessa narrativa coerente. O problema é que, como diz o velho ditado, "na prática, a teoria é outra": quanto mais se encontram vestígios, como ossadas humanas, pedras lascadas e restos de fogueiras datadas com mais de 10 mil anos de idade espalhados pelas três Américas, mais difícil parece colocar todos esses achados dentro de um modelo simples coerente (veja a seguir quadro sobre os diversos modelos).

Pesquisadores buscam por vestígios na serra da Capivara, no sertão do Piauí.

Atualmente, o modelo que mais se aproxima de atingir todos os requisitos acima é o proposto pelo antropólogo brasileiro Walter Neves, da Universidade de São Paulo (USP), junto com seu colega argentino Héctor Pucciarelli. Foi Neves que apresentou ao mundo, em 1998, o crânio de Luzia, cujas características nada tinham de semelhante com os atuais índios que vivem no continente americano, sejam eles guaranis brasileiros, apaches americanos, sejam quéchuas bolivianos. […]

Mulher indígena da etnia guarani com a filha no colo. Salto do Jacuí, Rio Grande do Sul, Brasil, 2018.

A dança dos modelos

As hipóteses sobre a origem dos primeiros americanos ganham ou perdem força à medida que surgem novos achados e métodos de análise. Veja, abaixo, alguns dos principais modelos desde que o dinamarquês Peter Lund pesquisou o problema no Brasil, entre 1835 e 1880, e como anda sua aceitação pela comunidade científica internacional atualmente.

Modelo "Lund"

Hipótese: O dinamarquês que desenterrou os primeiros esqueletos em Minas Gerais reconheceu seus traços negroides e sua ancestralidade. Como não dispunha da teoria da evolução de Darwin, para explicar seu achado Lund criou a hipótese de que as populações asiáticas é que descendiam dos povos originados no continente americano, e não o contrário (como se sabe hoje).

Onde e quando surgiu: No Brasil, na metade do século 19, a partir das escavações de Peter Lund.

Situação: descartado.

Retrato de Peter W. Lund, de Honorio Esteves, 1903.

Modelo "Clovis"

Hipótese: Os primeiros paleoíndios seriam mongoloides e ascendentes diretos dos índios atuais. Teriam chegado ao continente americano pelo Estreito de Bering por volta de 12 mil anos atrás e migrado para o sul por uma passagem natural nas geleiras. Eram caçadores de mamutes que depois diversificaram seu cardápio e cultura enquanto se expandiam em direção ao sul.

Onde e quando surgiu: Nos EUA, na década de 1930, a partir de pesquisas realizadas em diversas universidades americanas.

Situação: em baixa.

Modelo "Guidon"

Hipótese: O homem teria chegado há mais de 50 mil anos, durante a última Era do Gelo, vindo por múltiplas rotas, inclusive viajando através dos oceanos Pacífico e Atlântico. Eles teriam aproveitado o fato de que o nível do mar estava mais baixo e havia inúmeras ilhas emersas servindo de apoio para as travessias marítimas.

Onde e quando surgiu: No Brasil, na década de 1980, a partir dos trabalhos de Nière Guidon, do Museu do Homem Americano, no Piauí.

Situação: sob ataque.

Arqueóloga brasileira Nière Guidon em 2016.

Modelo "Greenberg"

Hipótese: Houve três migrações em direção ao continente americano, todas de mongoloides vindos da Ásia pelo Estreito de Bering e não mais do que 12 mil anos atrás. As diferenças morfológicas observadas nos ossos pré-históricos seriam decorrência de mutações genéticas ocorridas já em solo americano.

Onde e quando surgiu: Nos EUA, na década de 1980, a partir de dados dentais e linguísticos analisados nas universidades de Stanford e Pittsburgh.

Situação: em baixa.

Modelo "Neves"

Hipótese: Houve duas migrações separadas: a dos paleoíndios e a dos mongoloides, ambas vindas da Ásia. A primeira, ocorrida há cerca de 13 mil anos, seria de uma população com feições semelhantes às dos aborígines australianos que atravessou a Ásia e entrou no continente americano pelo Alasca, provavelmente viajando em canoas pela costa.

Onde e quando surgiu: No Brasil, na década de 1990, a partir das pesquisas de Walter Neves, da Universidade de São Paulo.

Situação: em alta.

Grafites da Pré-História

Se a arqueologia já é uma ciência naturalmente polêmica, ninguém dentro da arqueologia consegue ser mais polêmica do que a brasileira Nière Guidon. Há 30 anos ela escava na região de São Raimundo Nonato, no meio do sertão do Piauí, onde garante ter encontrado vestígios da presença humana na região, que remonta 50 mil anos no passado. Nesse período, Nière e sua equipe foram os responsáveis pela criação, em 1979, do Parque Nacional da Serra da Capivara, o mais bem estruturado parque nacional do país é considerado Patrimônio Cultural da Humanidade pela Unesco em 1991. O parque é um triunfo da arqueologia brasileira que só saiu do papel graças à teimosia e dedicação de Nière, que o administra com a energia de uma coronel de saias. Em suas cavernas e lapas, preserva o maior conjunto de pinturas rupestres do mundo, algumas datadas com até 8 mil anos de idade. Elas representam danças rituais, orgias, cenas de caça e diversos tipos de animais, inclusive alguns extintos, como um parente da lhama andina e a preguiça-gigante, e são um verdadeiro livro, impresso nas paredes das cavernas, sobre a cultura dos primeiros brasileiros.

ROMANINI, Vinicius. *Os caminhos da Terra*, ano 12, n. 151, nov. 2004, p. 45-57.

Em setembro de 2018, foi incendiado o Museu Nacional, no Rio de Janeiro, onde estava guardado o fóssil humano conhecido como Luzia. Na matéria jornalística a seguir, informa-se que há possibilidade de reconstrução do objeto.

Após incêndio no Museu Nacional, Luzia pode 'renascer' em 2020

Mais antigo fóssil humano das Américas, fragmentado durante a tragédia na instituição, começará a ser reconstruído

Renan Rodrigues

23/12/2018 - 07:45 / Atualizado em 23/12/2018 - 08:00

RIO — Pesquisadores do Museu Nacional, que pegou fogo no dia 2 de setembro, estimam que o trabalho de reconstrução de Luzia, o fóssil humano mais antigo das Américas, pode "renascer" já em 2020. A reconstituição de um dos itens mais preciosos da instituição bicentenária começará no segundo semestre de 2019. Não será uma tarefa simples: dividido em três etapas (diagnóstico, uma reconstituição virtual e, enfim, a remontagem física), o procedimento deverá levar cerca de um ano.

Novo laboratório

Para o trabalho de reconstrução do fóssil daquela que é chamada de "a primeira brasileira", será montado um laboratório. O investimento poderá chegar a R$ 3 milhões.

— Teremos uma sala próxima ao local onde é coordenado o trabalho de resgate do acervo. Está sendo preparada com o dinheiro doado pelo governo alemão e com recursos que estamos adquirindo lentamente. O laboratório deverá receber equipamentos especiais, como um grande microscópio. Mas precisamos de outros itens, como um software de reconstrução virtual. Ainda não temos verba para todo o material necessário — diz a arqueóloga Cláudia Carvalho, que, ao lado de outros três pesquisadores do Museu Nacional, cuida da recuperação de Luzia.

Nos dias seguintes ao incêndio que destruiu a maior parte dos 20 milhões de itens do acervo do Museu Nacional, cientistas consideravam praticamente nula a chance de o fóssil humano de 11.500 anos ter resistido ao fogo. Contudo, no dia 19 de outubro, arqueólogos do mundo inteiro vibraram quando uma equipe de resgate das peças encontrou, dentro de um armário semidestruído, uma caixa de ferro parcialmente derretida. O crânio de Luzia estava ali, fragmentado.

[...]

Disponível em: <https://oglobo.globo.com/rio/apos-incendio-no-museu-nacional-luzia-pode-renascer-em-2020-23324307>. Acesso em: 4 fev. 2019.

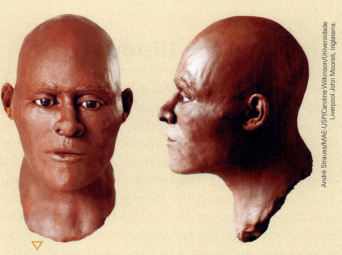

Reconstrução facial do povo de Luzia feita por André Strauss e Caroline Wilkinson, da Liverpool John Moores University, na Inglaterra.

Texto 2

A ciência em si
Gilberto Gil, Arnaldo Antunes

Se toda coincidência
Tende a que se entenda
E toda lenda
Quer chegar aqui
A ciência não se aprende
A ciência apreende
A ciência em si

Se toda estrela cadente
Cai pra fazer sentido
E todo mito
Quer ter carne aqui
A ciência não se ensina
A ciência insemina
A ciência em si

Se o que se pode ver, ouvir, pegar, medir, pesar
Do avião a jato ao jabuti
Desperta o que ainda não, não se pôde pensar
Do sono eterno ao eterno devir
Como a órbita da terra abraça o vácuo devagar
Para alcançar o que já estava aqui
Se a crença quer se materializar
Tanto quanto a experiência quer se abstrair
A ciência não avança
A ciência alcança
A ciência em si

ANTUNES, Arnaldo; GIL, Gilberto. A ciência em si. In: GIL, Gilberto. *Quanta*. Warner Music, 1997.
© Gegê Edições Musicais Ltda. (Brasil e América do Sul)/Preta Music (Resto do mundo/Rosa Celeste)
(BMG Music Publishing Brasil Ltda.)

Apoios

Material 1

Questão R040Q06: O lago Chade
Para responder a essa questão você precisa combinar informações da Figura 1 e da Figura 2.

Figura 1

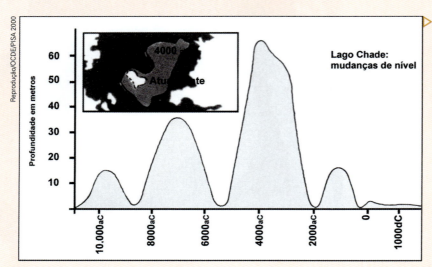

A Figura 1 mostra as mudanças de nível do lago Chade, na região do Saara, no norte da África. O lago Chade desapareceu completamente por volta de 20000 a.C., durante o último Período Glacial. Por volta de 11000 a.C., o lago reapareceu. Hoje, seu nível é quase o mesmo que era em 1000 d.C.

Figura 2

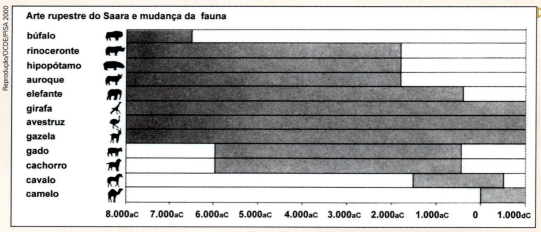

A Figura 2 mostra a pintura rupestre encontrada no Saara (desenhos e pinturas pré-históricos encontrados nas paredes das cavernas) e a evolução da fauna.

Fonte: Mundos antigos: atlas Times de arqueologia. *Times*, 1988.

O desaparecimento dos rinocerontes, hipopótamos e auroques das pinturas rupestres do Saara ocorreu:

a) no começo da Época Glacial mais recente.
b) no meio do período em que o lago Chade estava no seu nível mais alto.
c) depois que o nível do lago Chade tinha baixado progressivamente por mais de mil anos.
d) no começo de um período de seca ininterrupto.

Material 2

Orientações para organização de um seminário

O seminário caracteriza-se por ser um gênero oral de apresentação de conhecimentos fundamentados em estudo sobre determinado tema.

A chave do seminário é o planejamento. O apresentador deve ter claro que seu público espera que ele, "no mínimo", domine o tema em questão. Por isso, a pesquisa, a seleção de recursos que acompanharão o seminário — como ilustrações, vídeos, fotos, infográficos, etc. — são essenciais.

Depois da pesquisa feita, é preciso organizar um esquema com os dados fundamentais sobre o assunto, pois esse esquema vai nortear a apresentação. Não deve ser lido, e sim servir de apoio, para que o apresentador não se perca.

O outro lado do seminário: todos os participantes do grupo devem estar preparados para responder às questões da plateia. Muitas vezes, o grupo distribui as partes do seminário entre seus componentes e cada um só se preocupa em saber sua parte, mas é essencial que todos tenham um conhecimento geral sobre o tema. E a plateia deve se preparar minimamente para acompanhar o seminário e poder perguntar, interagir a respeito do assunto.

A linguagem usada deve ser mais formal, evitando hesitações. A postura física também deve ser alvo de cuidados: postura ereta, voz em tom alto o suficiente para ser ouvido.

Organização básica de um seminário

1. Abertura: em data e hora definidas, o professor fará a abertura do seminário esclarecendo:
   - A importância do tema em discussão.
   - O objetivo do seminário: apresentação dos conhecimentos sobre tal tema.
   - O tempo destinado a cada apresentação.
   - A sequência das apresentações dos grupos.

2 Os participantes:

Expositores
- Cada grupo fará sua apresentação de acordo com o que foi decidido e ensaiado.
- Lembrar dos cuidados necessários para essa circunstância comunicativa: a fala em público:
  - Volume da voz de acordo com o tamanho do espaço e da plateia.
  - Articulação clara das palavras e entonação expressiva das frases.
  - Postura voltada para o público, mesmo nos momentos de consulta a esquemas e dados.
  - Atenção à reação do público: acolhimento das falas e das participações da plateia.
  - Escolhas de linguagem de acordo com a formalidade da ocasião: mais cuidada, mais objetiva (objetividade na apresentação de dados e fatos).

Plateia
- É fundamental ser um ouvinte atento e participativo que:
  - peça a palavra;
  - anote as palavras que poderão nortear seus questionamentos ou sugestões;
  - seja objetivo e claro em suas falas, retomando a parte da exposição referente à sua participação como plateia.

3 Conclusão do seminário: conversa coletiva final para:
- síntese do que foi apresentado pelos grupos;
- sugestões de ações para reforçar o que foi encontrado de positivo e para melhorar o que foi apontado como problema no tema em discussão.

Bibliografia

1. Livros

ABREU, Antônio Suárez. *Gramática mínima:* para o domínio da língua padrão. Cotia: Ateliê, 2003.

BAGNO, Marcos. *Gramática de bolso do português brasileiro.* São Paulo: Parábola, 2013.

_____. *Gramática pedagógica do português brasileiro.* São Paulo: Parábola, 2011.

_____. *Não é errado falar assim!:* em defesa do português brasileiro. São Paulo: Parábola, 2009.

_____. *Preconceito linguístico.* 54. ed. São Paulo: Loyola, 2011.

_____. *Sete erros aos quatro ventos:* a variação linguística no ensino de português. São Paulo: Parábola, 2013.

BAKHTIN, Mikhail. *Estética da criação verbal.* Tradução de Maria Ermantina G. G. Pereira. 2. ed. São Paulo: Martins Fontes, 1997.

_____. *Marxismo e filosofia da linguagem.* 16. ed. São Paulo: Hucitec, 2009.

BECHARA, Evanildo. *Moderna gramática portuguesa.* 38. ed. rev. e ampl. Rio de Janeiro: Nova Fronteira, 2015.

BORBA, Francisco da Silva. *Dicionário de usos do português do Brasil.* São Paulo: Ática, 2002.

BRANDÃO, Helena Nagamine (Coord.). *Gêneros do discurso na escola:* mito, conto, cordel, discurso político, divulgação científica. 5. ed. São Paulo: Cortez, 2012. (Aprender e Ensinar com Textos, v. 5).

BRASIL. Ministério da Educação. *Base Nacional Comum Curricular.* Educação é a base. Brasília, 2017.

_____. Ministério da Educação. Secretaria de Educação Fundamental. *Parâmetros Curriculares Nacionais:* terceiro e quarto ciclos do Ensino Fundamental — Língua Portuguesa. Brasília, 1998.

_____. Ministério da Educação. Secretaria de Educação Básica. *Plano de Desenvolvimento da Educação:* Prova Brasil — Ensino Fundamental: matrizes de referência, tópicos e descritores. Brasília, 2008.

CAMPS, Anna et al. *Propostas didáticas para aprender a escrever.* Tradução de Valério Campos. Porto Alegre: Artmed, 2006.

CARVALHO, Nelly. *O texto publicitário na sala de aula.* São Paulo: Contexto, 2014.

CASCUDO, Luís da Câmara. *Contos tradicionais do Brasil.* 11. ed. Rio de Janeiro: Ediouro, 1998.

CASTILHO, Ataliba T. de (Org.). *Gramática do português falado.* Campinas: Ed. da Unicamp, 2002. v. 3.

CASTILHO, Ataliba T. de. *Nova gramática do português brasileiro.* São Paulo: Contexto, 2012.

_____; ELIAS, Vanda Maria. *Pequena gramática do português brasileiro.* São Paulo: Contexto, 2012.

CITELLI, Adilson. *Linguagem e persuasão.* 16. ed. rev. e atual. São Paulo: Ática, 2004.

_____. *O texto argumentativo.* São Paulo: Scipione, 1994. (Ponto de Apoio).

COELHO, Nelly N. *Literatura infantil.* São Paulo: Ática, 1997.

COLL, César et al. *Os conteúdos na reforma:* ensino e aprendizagem de conceitos, procedimentos e atitudes. Tradução de Beatriz Affonso Neves. Porto Alegre: Artmed, 1998.

COLOMER, Teresa. *Andar entre livros:* a leitura literária na escola. São Paulo: Global, 2007.

COSTA, Sérgio Roberto. *Dicionário de gêneros textuais.* Belo Horizonte: Autêntica, 2008.

CUNHA, Celso; CINTRA, Luís F. Lindley. *Nova gramática do português contemporâneo.* 6. ed. Rio de Janeiro: Lexikon, 2013.

DIONÍSIO, Ângela P.; MACHADO, Anna R.; BEZERRA, Maria A. (Org.). *Gêneros textuais e ensino.* São Paulo: Parábola, 2010. (Estratégias de Ensino).

ELIAS, Vanda Maria (Org.). *Ensino de língua portuguesa:* oralidade, escrita e leitura. São Paulo: Contexto, 2014.

FÁVERO, Leonor Lopes. *Coesão e coerência textuais.* 9. ed. São Paulo: Ática, 2002.

_____; ANDRADE, Maria Lúcia C. V. O.; AQUINO, Zilda G. O. *Oralidade e escrita:* perspectivas para o ensino da língua materna. 8. ed. São Paulo: Cortez, 2012.

FAZENDA, Ivani C. A. *Dicionário em construção:* interdisciplinaridade. 2. ed. São Paulo: Cortez, 2002.

HERNÁNDEZ, Fernando. *Transgressão e mudança na educação:* os projetos de trabalho. Porto Alegre: Artmed, 1998.

HOFFMANN, Jussara. *Avaliação:* mito & desafio — uma perspectiva construtivista. Porto Alegre: Mediação, 2008. p. 57.

_____; JANSSEN, Felipe da Silva; ESTEBAN, Maria Teresa (Org.). *Práticas avaliativas e aprendizagens significativas em diferentes áreas do currículo.* 6. ed. Porto Alegre: Mediação, 2008.

ILARI, Rodolfo (Org.). *Gramática do português falado.* Campinas: Ed. da Unicamp, 1992.

ILARI, Rodolfo. *Introdução à semântica:* brincando com a gramática. São Paulo: Contexto, 2001.

_____. *Introdução ao estudo do léxico:* brincando com as palavras. São Paulo: Contexto, 2002.

_____; BASSO, Renato. *O português da gente:* a língua que estudamos, a língua que falamos. 2. ed. São Paulo: Contexto, 2012.

KLEIMAN, Angela. *Leitura:* ensino e pesquisa. 2. ed. Campinas: Pontes, 1996.

_____. *Oficina de leitura:* teoria e prática. 14. ed. Campinas: Pontes, 2012.

_____. *Os significados do letramento:* uma nova perspectiva sobre a prática social da escrita. Campinas: Mercado de Letras, 1995.

_____. *Texto e leitor:* aspectos cognitivos da leitura. 9. ed. Campinas: Pontes, 2005.

KLEIMAN, Angela; MORAES, Silvia. *Leitura e interdisciplinaridade*: tecendo redes nos projetos da escola. Campinas: Mercado de Letras, 1999.

_____; SEPÚLVEDA, Cida. *Oficina de gramática*: metalinguagem para principiantes. Campinas: Pontes, 2012.

KOCH, Ingedore Villaça. *A coesão textual*. 17. ed. São Paulo: Contexto, 2002.

_____. *As tramas do texto*. 2. ed. São Paulo: Contexto, 2014.

_____. *Desvendando os segredos do texto*. São Paulo: Cortez, 2002.

_____. *O texto e a construção dos sentidos*. 9. ed. São Paulo: Contexto, 2007.

_____. *Texto e coerência*. 13. ed. São Paulo: Cortez, 2011.

_____; ELIAS, Vanda Maria. *Escrever e argumentar*. São Paulo: Contexto, 2016.

_____; ELIAS, Vanda Maria. *Ler e compreender os sentidos do texto*. São Paulo: Contexto, 2006.

_____; ELIAS, Vanda Maria. *Ler e escrever*: estratégias de produção textual. 2. ed. São Paulo: Contexto, 2011.

_____; TRAVAGLIA, Luiz C. *A coerência textual*. 16. ed. São Paulo: Contexto, 1990.

_____; VILELA, Mário. *Gramática da língua portuguesa*: gramática da palavra, gramática da frase, gramática do texto/discurso. Porto: Almedina, 2001.

KOUDELA, I. D. *Ciências humanas em revista*. São Luís, v. 3, n. 2, dez. 2005.

LAGE, Nilson. *Estrutura da notícia*. 5. ed. São Paulo: Ática, 2002. (Série Princípios).

LERNER, Délia. *Ler e escrever na escola*: o real, o possível e o necessário. Porto Alegre: Artmed, 2002.

MACHADO, Irene A. *Literatura e redação*: os gêneros literários e a tradição oral. São Paulo: Scipione, 1994.

MARCUSCHI, Luiz Antônio. *Análise da conversação*. 6. ed. São Paulo: Ática, 2007. (Série Princípios).

_____. *Da fala para a escrita*: atividades de retextualização. 8. ed. São Paulo: Cortez, 2007.

_____. *Produção textual, análise de gêneros e compreensão*. São Paulo: Parábola, 2008.

_____; XAVIER, Antônio Carlos (Org.). *Hipertexto e gêneros digitais*: novas formas de construção de sentido. 3. ed. São Paulo: Cortez, 2010.

MARQUESI, Sueli Cristina; PAULIUKONIS, Aparecida Lino; ELIAS, Vanda Maria. *Linguística textual e ensino*. São Paulo: Contexto, 2017.

MORAIS, Artur Gomes de. *Ortografia*: ensinar e aprender. São Paulo: Ática, 2000.

MORAIS, José de. *A arte de ler*. São Paulo: Ed. da Unesp, 1996.

NEVES, Maria Helena de Moura. *Gramática de usos do português*. 2. ed. São Paulo: Ed. da Unesp, 2000.

_____. *Que gramática estudar na escola?*: norma e uso na língua portuguesa. 3. ed. São Paulo: Contexto, 2008.

NOVAK, J. D.; GOWIN, D. B. *Aprendiendo a aprender*. Barcelona: Martínez Roca, 1988.

OTHERO, Gabriel de Ávila. *Mitos de linguagem*. São Paulo: Parábola, 2015.

PALO, Maria José; OLIVEIRA, Maria Rosa. *Literatura infantil*: voz de criança. 3. ed. São Paulo: Ática, 2003.

PEÑA, Antonio Ontoria. *Mapas conceituais*. São Paulo: Loyola, 2006.

_____ et al. *Aprender com mapas mentais*. 3. ed. São Paulo: Madras, 2008.

PRETI, Dino. *A gíria e outros temas*. São Paulo: Edusp, 1984.

RANGEL, Egon de Oliveira; ROJO, Roxane (Coord.). *Língua Portuguesa*: Ensino Fundamental. Brasília: Ministério da Educação/Secretaria da Educação Básica, 2007. (Explorando o Ensino, v. 19).

ROJO, Roxane (Org.). *A prática da linguagem em sala de aula*: praticando os PCN. São Paulo: Educ; Campinas: Mercado de Letras, 2001.

_____; MOURA, Eduardo (Org.). *Multiletramentos na escola*. São Paulo: Parábola, 2012.

SANTAELLA, Lucia. *Por que as comunicações e as artes estão convergindo?*. São Paulo: Paulus, 2005.

SANT'ANNA, Afonso Romano de. *Paródia, paráfrase & cia*. 5. ed. São Paulo: Ática, 1995.

SCHNEUWLY, Bernard; DOLZ, Joaquim. Os gêneros escolares: das práticas de linguagem aos objetos de ensino. In: ROJO, Roxane; CORDEIRO, Glaís Sales (Org.). *Gêneros orais e escritos na escola*. Tradução de Roxane Rojo e Glaís Sales Cordeiro. Campinas: Mercado de Letras, 2004.

SOARES, Magda. *Alfabetização e letramento*. São Paulo: Contexto, 2003.

SOLÉ, Isabel. *Estratégias de leitura*. Tradução de Cláudia Schilling. 6. ed. Porto Alegre: Artmed, 1998.

TRAVAGLIA, Luiz Carlos. *Gramática e interação*: uma proposta para o ensino de gramática no 1º e 2º graus. 2. ed. São Paulo: Cortez, 2005.

_____. *Gramática*: ensino plural. 5. ed. São Paulo: Cortez, 2011.

VYGOTSKY, L. S. *Pensamento e linguagem*. 4. ed. São Paulo: Martins Fontes, 2008.

2. *Sites*

Base Nacional Comum Curricular (BNCC): <http://basenacionalcomum.mec.gov.br/>.

Centro de Referência em Educação Mário Covas: <www.crmariocovas.sp.gov.br>.

Ministério da Educação (Secretaria de Educação Básica): <http://portal.mec.gov.br/seb/arquivos/pdf/Ensfund/noveanorienger>.

Portal do Professor: <http://portaldoprofessor.mec.gov.br/index.html>.

Revista *Nova Escola*: <https://novaescola.org.br>.

Todos pela Educação: <www.todospelaeducacao.org.br>.

(Acessos em: 25 set. 2018.)

Ana Maria Trinconi Borgatto
Mestra em Letras pela Universidade de São Paulo (USP)
Pós-graduada em Estudos Comparados de Literaturas de Língua Portuguesa pela USP
Licenciada em Letras pela USP
Pedagoga graduada pela USP
Professora universitária
Professora de Língua Portuguesa do Ensino Fundamental e Médio
Atuação em processos de formação de professores

Terezinha Costa Hashimoto Bertin
Mestra em Ciências da Comunicação pela Universidade de São Paulo (USP)
Pós-graduada em Comunicação e Semiótica pela Pontifícia Universidade Católica de São Paulo (PUC-SP)
Licenciada em Letras pela USP
Atuou como professora universitária e professora de Língua Portuguesa do Ensino Fundamental e Médio
Atuação em processos de formação de professores

Vera Lúcia de Carvalho Marchezi
Mestra em Letras pela Universidade de São Paulo (USP)
Pós-graduada em Estudos Comparados de Literaturas de Língua Portuguesa pela USP
Licenciada em Letras pela Universidade Estadual Paulista "Júlio de Mesquita Filho" (Unesp – Araraquara, SP)
Professora universitária
Professora de Língua Portuguesa do Ensino Fundamental e Médio
Atuação em processos de formação de professores

O nome *Teláris* se inspira na forma latina *telarium*, que significa "tecelão", para evocar o entrelaçamento dos saberes na construção do conhecimento.

TELÁRIS
PORTUGUÊS
CADERNO DE ATIVIDADES

8

Editora ática

Direção Presidência: Mario Ghio Júnior
Direção de Conteúdo e Operações: Wilson Troque
Direção editorial: Luiz Tonolli e Lidiane Vivaldini Olo
Gestão de projeto editorial: Mirian Senra
Gestão de área: Alice Ribeiro Silvestre
Coordenação: Rosângela Rago
Edição: Lígia Gurgel do Nascimento e Valéria Franco Jacintho (editoras) e Débora Teodoro (assist.)
Planejamento e controle de produção: Patrícia Eiras e Adjane Queiroz
Revisão: Hélia de Jesus Gonsaga (ger.), Kátia Scaff Marques (coord.), Rosângela Muricy (coord.), Aline Cristina Vieira, Ana Curci, Ana Maria Herrera, Ana Paula C. Malfa, Brenda T. M. Morais, Daniela Lima, Diego Carbone, Gabriela M. Andrade, Hires Heglan, Lilian M. Kumai, Luciana B. Azevedo, Marília Lima, Maura Loria, Patricia Cordeiro, Paula Rubia Baltazar, Paula T. de Jesus, Raquel A. Taveira, Ricardo Miyake, Vanessa P. Santos; Amanda T. Silva e Bárbara de M. de Genereze (estagiárias)
Arte: Daniela Amaral (ger.), Erika Tiemi Yamauchi (coord.), Katia Kimie Kunimura (edição de arte)
Diagramação: Daniel Aoki e Typegraphic
Iconografia e tratamento de imagens: Sílvio Kligin (ger.), Claudia Bertolazzi (coord.), Mariana Valeiro e Jad Silva (pesquisa iconográfica); Cesar Wolf e Fernanda Crevin (tratamento)
Licenciamento de conteúdos de terceiros: Thiago Fontana (coord.), Liliane Rodrigues (licenciamento de textos), Erika Ramires, Luciana Pedrosa Bierbauer, Luciana Cardoso e Claudia Rodrigues (analistas adm.)
Ilustrações: Jean Galvão
Design: Gláucia Correa Koller (ger.), Adilson Casarotti (proj. gráfico e capa), Erik Taketa (pós-produção); Gustavo Vanini e Tatiane Porusselli (assist. arte)
Foto de capa: Hero Images/Getty Images

Todos os direitos reservados por Editora Ática S.A.
Avenida das Nações Unidas, 7221, 3º andar, Setor A
Pinheiros — São Paulo — SP — CEP 05425-902
Tel.: 4003-3061
www.atica.com.br / editora@atica.com.br

Dados Internacionais de Catalogação na Publicação (CIP)

```
Trinconi, Ana
   Teláris língua portuguesa 8º ano / Ana Trinconi,
Terezinha Bertin, Vera Marchezi. - 3. ed. - São Paulo :
Ática, 2019.

   Suplementado pelo manual do professor.
   Bibliografia.
   ISBN: 978-85-08-19338-7 (aluno)
   ISBN: 978-85-08-19339-4 (professor)

   1.   Língua Portuguesa (Ensino fundamental). I.
Bertin, Terezinha. II. Marchezi, Vera. III. Título.

2019-0171                               CDD: 372.6
```

Julia do Nascimento – Bibliotecária – CRB-8/010142

2019
Código da obra CL 742179
CAE 654370 (AL) / 654371 (PR)
3ª edição
2ª impressão

De acordo com a BNCC.

Impressão e acabamento: HRosa Gráfica e Editora

Uma publicação

Apresentação

Colaborar no aprimoramento de suas habilidades de ler, compreender, interpretar e produzir textos é o objetivo fundamental dos estudos propostos nas aulas de Língua Portuguesa.

O uso da língua no dia a dia, os diversos recursos linguísticos em diferentes situações comunicativas, assim como as regras e convenções do português, são trabalhados para ampliar seu domínio sobre formas de expressão.

O **Caderno de Atividades** foi pensado para que você possa rever os conteúdos estudados em cada um de seus livros do *Projeto Teláris Português*. Aqui você encontrará:

- esquemas de revisão dos assuntos tratados no livro;
- atividades que vão ajudá-lo a refletir sobre usos da língua portuguesa;
- desafios da língua.

Neste **Caderno de Atividades** há ainda uma seção para você avaliar suas habilidades de leitura: *Conhecimento em teste*.

Lembre-se: exercitar é uma forma de estudar.

Ana, Terezinha e Vera

SUMÁRIO

Unidade 1

Música e poesia..........5

Recursos estilísticos..........5

Desafios da língua..........10

Meio: advérbio, numeral ou substantivo..........10

Unidade 2

Narrativas que atravessaram o tempo..........11

Coesão e coerência nos textos (I)..........11

Desafios da língua..........14

Adequação de linguagem..........14

Conhecimento em teste..........16

Unidade 3

Realidade e imaginação na criação de narrativas..........20

Coesão e coerência nos textos (II)..........20

Frase, oração, período..........23

Termos da oração: sujeito e predicado..........24

Desafios da língua..........26

Pontuação..........26

Unidade 4

Expor e organizar conhecimentos..........27

Tipos de predicado..........27

Desafios da língua..........31

Pontuação: uso da vírgula..........31

Conhecimento em teste..........34

Unidade 5

A ciência e a informação..........36

Predicado verbal e a completude das orações..........36

Desafios da língua..........39

Regência verbal..........39

Unidade 6

Ser ou ter? A propaganda tenta convencer..........41

Complementos e completude de sentidos..........41

Complemento nominal..........41

Adjuntos adverbiais..........43

Desafios da língua..........44

Regência nominal..........44

Conhecimento em teste..........46

Unidade 7

O desafio de dar e de aceitar opinião..........49

Vozes do verbo..........49

Desafios da língua..........54

Mal ou *mau*?..........54

Unidade 8

Jornalismo: informação e opinião..........56

Pronomes e colocação pronominal..........56

Desafios da língua..........59

Acentuação — revisão..........59

Uso do hífen..........61

Conhecimento em teste..........62

UNIDADE 1

Música e poesia

Recursos estilísticos

Para relembrar:

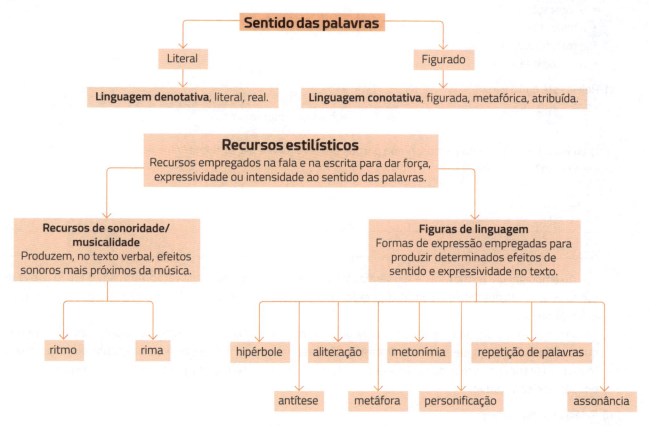

Para conseguir efeitos expressivos, temos vários recursos à nossa disposição ao empregarmos a linguagem fora de seu sentido literal. Veja a seguir.

1▸ Leia este poema de Mario Quintana:

Dos hóspedes

Esta vida é uma estranha hospedaria,
De onde se parte quase sempre às tontas,
Pois nunca nossas malas estão prontas,
E a nossa conta nunca está em dia...

QUINTANA, Mario. *Espelho mágico*.
São Paulo: Globo, 2005. p. 56.

▸ **hospedaria:** estabelecimento que recebe hóspedes mediante pagamento; local que serve de abrigo para viajantes, pessoas que estão de passagem.

a) A seguir, reproduzimos um dos versos do poema "Dos hóspedes", do poeta gaúcho Mario Quintana. Releia-o observando a expressão destacada. Note que ela está em linguagem figurada. Explique o provável sentido que o eu lírico procurou atribuir à vida.

> Esta vida é uma **estranha hospedaria**,

_____

_____

_____

_____

b) Para estabelecer relação entre o significado de vida e o significado de hospedaria, o recurso de estilo empregado foi:
- a personificação. (   )
- a aliteração. (   )
- a hipérbole. (   )
- a metáfora. (   )
- a metonímia. (   )

c) Releia este outro verso:

> De onde se parte quase sempre às tontas,

O eu lírico menciona uma partida. A que partida provavelmente ele se refere? Que sentido é possível atribuir a esse verso?

_____

_____

_____

Ao empregar um termo fora de seu sentido literal, real, ele ganha nova significação. Afirmamos então que esse termo está sendo utilizado em **sentido figurado**: um uso da linguagem que é diferente daquele que empregamos habitualmente.

Em poemas, o sentido figurado propicia uma forma mais subjetiva de expressar o que o eu lírico vê naquele momento, como ele se sente. O sentido de uma palavra ou expressão é atribuído por quem produz o texto para atender a necessidades expressivas. Nesses casos, podemos afirmar também que a expressão está em **sentido conotativo**.

d) Releia os versos a seguir.

> Pois nunca **nossas malas** estão prontas,
> E a **nossa conta** nunca está em dia...

Que sentido é possível atribuir às expressões destacadas nesses dois versos? Explique.

_____

_____

_____

_____

_____

e) Pode-se afirmar que as expressões destacadas no item **d** são:
- hipérboles. (   )
- personificações. (   )
- metáforas. (   )
- aliterações. (   )
- assonâncias. (   )
- metonímias. (   )

2▸ Transforme as comparações a seguir em **metáforas**.

a) A quantidade de pernilongos era tão grande, que era como se houvesse uma esquadrilha de aviões zunindo em volta dos meus ouvidos.

_____

_____

_____

b) Tinha tanta vontade de participar da corrida que chegar ao final era como ganhar um tesouro.

_____

_____

_____

c) O sorriso da moça era tão alegre que ela parecia estar em um Carnaval de rua.

_____

_____

_____

d) Havia tantos brinquedos espalhados no quarto do meu filho que o lugar mais parecia uma brinquedoteca.

_____

_____

_____

e) Andar por esta grama macia é como caminhar nas nuvens.

_____

_____

_____

_____

3▸ Assinale as frases em que há **metáforas**.

a) O rosto é o espelho da alma. (   )

b) Olhou seu rosto no espelho e viu as marcas do tempo. (   )

c) As nuvens pareciam pinceladas no céu. (   )

d) Nuvens escuras se acumulavam em um lado da cidade. (   )

e) Olhando do alto, o trânsito era uma teia de luzes. (   )

f) O trânsito na cidade está cada vez mais confuso. (   )

g) A minha sogra é um doce de pessoa. (   )

h) A vida é uma roda-viva de experiências e emoções. (   )

i) Acordou neste dia como se um caminhão o houvesse atropelado. (   )

UNIDADE 1

4▸ Escreva o sentido que se pretende expressar por meio das **metonímias** presentes nas frases a seguir.

a) Li Machado de Assis, mas preciso lê-lo novamente com mais atenção para entender bem.

_____

_____

_____

b) Pagaram uma fortuna por um Portinari.

_____

_____

_____

c) Depois da corrida, estava com tanta sede que engoliu uma garrafa inteira de água.

_____

_____

_____

d) No mundo, há ainda muitas pessoas que não têm um teto para dormir.

_____

_____

_____

e) Ele tem músculos de ferro: carrega peso mais do que ninguém no trabalho.

_____

_____

_____

5▸ Assinale as frases em que a **personificação** está presente.
a) A pressa é inimiga da perfeição. (   )
b) A pressa fazia todos sentirem que os trabalhos não estavam bons. (   )
c) O rio secava pouco a pouco com a falta de chuva. (   )
d) O rio parecia agonizar por causa da falta de chuva. (   )
e) Uma chuvinha miúda caiu no final da tarde interrompendo o longo período de seca. (   )
f) Uma chuvinha miúda acariciava a plantação ressecada. (   )
g) Uma chuvinha fraca molhava a plantação ressecada. (   )

6▸ Leia as frases a seguir observando as expressões destacadas . Depois, analise-as e indique quais delas são **hipérbole** e quais são **antítese**.
a) Nos momentos de espera, **medo e felicidade** se alternavam em seu espírito.

_____

b) Meus irmãos mais velhos ganharam uma **montanha de dinheiro** criando lanches diferentes e vendendo de porta em porta.

_____

c) Foi ajudar ao amigo que caiu, mas quase não conseguia porque estava **morrendo de rir**.

d) Guerra e paz têm movido os povos em busca de tempos melhores.

e) Todo jovem tem um **mundo de planos e esperanças** na cabeça.

f) Demorou cem anos para chegar ao *show* e esqueceu o ingresso.

g) O sobe e desce de emoções o deixa cada vez mais ansioso.

7▸ Leia as frases reproduzidas a seguir. Depois, indique o nome do recurso usado para destacar a sonoridade nessas construções.

a)

"Anda que corre que pula que cai [...]"

> PAIXÃO, Fernando. Pega pega. In: *Poesia a gente inventa*. São Paulo: Ática, 2010.

b)

Moleque vivido e sofrido
Não tem mais ilusão
[...]

> VIOLA, Paulinho da. Zumbido. In: *Zumbido*. Emi-Odeon, 1979.

c)

A arara é uma ave rara
Pois o homem não para
De ir ao mato caçá-la
Para a pôr na sala
[...]

> PAES, José Paulo. Raridade. In: *Olha o bicho*. São Paulo: Ática, 2012.

d)

Se Sansão prepara a sopa
sem sal, sem sal a sopa será;
se sai a sopa de Sansão sem sal,
a sopa insossa estará.

> *Adivinhas e trava-línguas*. São Paulo: Caramelo, 2009.

e)

O tempo todo, o tempo todo é tempo demais [...]

> NX Zero. Não é normal. In: *Multishow ao vivo. NX Zero 10 anos*, 2011.

UNIDADE 1 **9**

Desafios da língua

Meio: advérbio, numeral ou substantivo

Como você já estudou em *Desafios da língua* da Unidade 1 do livro, a palavra *meio* pode ter várias funções. Conforme o contexto, pode ser usada como advérbio de intensidade (= um pouco), como numeral adjetivo (= metade) ou como substantivo (= recurso; ambiente). Para saber se deve ser flexionada ou não, é preciso perceber qual dessas funções ela exerce no texto em questão. Em caso de dúvida, consulte o estudo sobre esse tema na página 40 de seu livro.

1▸ Explique a flexão em cada uso da palavra *meio* nos textos a seguir e classifique o termo como substantivo, numeral adjetivo ou advérbio.

a)

> **NOVIDADE DA PIZZARIA DO TIÃO!**
>
> Pizza Meia Atum Meia Muçarela
>
> A nova *pizza* meio a meio da PIZZARIA DO TIÃO é uma delícia. Inteira saborosa, satisfaz toda a família. Ela é a **Meia Atum Meia Muçarela**. Dois recheios deliciosos em um só disco. A união perfeita. Vem buscar a sua!

_____

_____

_____

_____

b)

Editora Ática/Arquivo da Editora

_____

_____

_____

_____

_____

História meio ao contrário, livro de Ana Maria Machado, publicado pela editora Ática.

c)

Reprodução/www.meioemensagem.com.br

Logotipo do *site* do jornal *Meio & Mensagem*. Disponível em: <www.meioemensagem.com.br>. Acesso em: 15 fev. 2019.

_____

_____

_____

2▸ Complete os espaços com *meio*, *meios* ou *meia* conforme for adequado.

a) Havia naquele lugar _____ sacola de laranjas colhidas há poucas horas.

b) Ninguém nunca a tinha visto assim: _____ triste, _____ desanimada, _____ retraída.

c) Ele olhou no relógio e levou um susto: os ponteiros já marcavam _____-dia e _____.

d) _____ desanimado, João esperou por Dolores ainda mais _____ hora.

UNIDADE 2

Narrativas que atravessaram o tempo

Coesão e coerência nos textos (I)

Para relembrar:

1▶ Leia a tirinha e responda às questões a seguir.

Adão. *Folha de S.Paulo*, São Paulo, 1º nov. 2014. Folhinha. p. 8.

a) A coerência do texto está na relação entre:
- as perguntas e o título em linguagem verbal. (   )
- as perguntas em linguagem verbal e as respostas em linguagem visual. (   )
- as perguntas em linguagem verbal e as respostas em linguagem visual antecipada pelo título. (   )
- os elementos linguísticos. (   )

b) Os elementos de coesão do texto estão:
- claros, presentes na linguagem verbal. (   )
- ocultos nas imagens. (   )
- subentendidos no diálogo entre linguagem verbal e não verbal. (   )
- explícitos no diálogo entre texto verbal e não verbal. (   )

c) A utilização do diálogo entre a linguagem verbal e a não verbal provoca no texto um efeito de:
- dúvida. (   )
- humor. (   )
- brincadeira infantil. (   )
- certeza. (   )

UNIDADE 2 11

d) Reescreva as respostas às perguntas da tira, utilizando a linguagem verbal. Empregue os elementos coesivos.

- "Onde fica a padaria?"

_____

- "Farmácia?"

_____

- "Onde ficam as nuvens?"

_____

- "Onde fica a tristeza?"

_____

2▸ Um dos elementos de coesão é o **advérbio** ou a **locução adverbial**, palavras ou expressões que indicam circunstância de tempo, lugar, modo, negação, afirmação.

Reescreva as frases a seguir, acrescentando **advérbios** ou **locuções adverbiais** como **elementos de coesão**.

a) Estou melhor. Pensei que precisasse ser hospitalizada.

_____

_____

b) Está tudo bem. É que a confusão ainda não acabou.

_____

_____

c) Leia tudo. Você tem que responder às questões.

_____

_____

3▸ Outro elemento de coesão são os **pronomes**, palavras que acompanham ou substituem o substantivo. Leia as frases a seguir e complete-as com o(s) pronome(s) mais adequado(s). O pronome poderá ser pessoal, possessivo, demonstrativo, indefinido. O que vai determinar qual deles deverá ser usado será o contexto.

a) O menino trouxe _____ brinquedos e _____ roupas.

b) Não gostaria de refazer o projeto da casa, pois _____ tomaria muito tempo.

c) Era preciso que os participantes fizessem as atividades com muita atenção. Se _____ acontecesse,

_____ trabalho seria muito facilitado.

d) O esperado encontro aconteceu logo que amanheceu. Parecia que _____ fato tão desejado por

_____ só podia acontecer _____ parte do dia.

4▸ As **conjunções**, palavras que ligam orações e termos de uma mesma oração, também são elementos de coesão textual. Ligue as orações por meio de uma conjunção, evitando a repetição de palavras e garantindo o sentido das frases.

a) A velha senhora chegou com sua florida sombrinha. A florida sombrinha a protegia do sol.

_____

_____

b) Todos trabalhavam. O preguiçoso dormia e roncava.

_____

_____

12 ❭ **UNIDADE 2**

c) A criança não tinha ideia do perigo. Ela era muito pequena.

_____

_____

d) O lugar era muito pequeno. Foi impossível convidar tantas crianças para tomar o lanche lá.

_____

_____

5 ▸ Complete os ditados populares a seguir, utilizando os elementos de coesão necessários para garantir o sentido das frases.

a) Cada um sabe _____ o calo aperta.

b) _____ baixo, todo santo ajuda.

c) Longe dos olhos, _____ do coração.

d) _____ há mal que sempre dure _____ bem que nunca acabe.

e) O melhor da festa é esperar por _____.

f) O _____ os olhos não veem, o coração não sente.

g) Formiga, _____ quer se perder, cria asas.

6 ▸ Os parágrafos do texto a seguir, que traz informações sobre mitologia, estão fora de ordem. Reorganize-os para que o texto volte a ter sentido, numerando os quadrinhos conforme a ordem correta.
Dica: Oriente-se pelos elementos de coesão – de sentido ou linguísticos – entre cada um dos parágrafos.

A origem de tudo

Maurício Horta, José F. Botelho, Salvador Nogueira

☐ Bom, com Gaia, que trouxe a matéria da qual o mundo é feito, nasce uma insaciável força motriz capaz de unir elementos diferentes para criar novos seres, sejam eles deuses, animais, vegetais ou minerais. Seu nome é Eros, o "amor". E, com sua flecha, a história do Universo começava para valer.

☐ A vontade de gerar vida impulsionada por Eros faz com que Gaia crie à sua imagem o céu – ou Urano, em grego. E assim o Universo se divide em três camadas – a superior, que dará morada aos imortais deuses; a intermediária, dos homens; e a inferior, da morte e dos deuses subterrâneos. Tudo isso parido de Gaia sozinha, como que por partenogênese.

☐ Primeiro havia o Caos, uma matéria completamente crua, indiferenciada, indefinível, indescritível que existia desde a eternidade e que era o princípio de todas as coisas. É impossível saber o que havia antes – como acontece no Universo do mundo real, em que os físicos não se arriscam a dizer o que havia antes do Big Bang.

☐ Mas, em meio ao próprio Caos, eis que surge o seu oposto – a fértil deusa Terra "dos seios fartos", que os gregos chamam de Gaia. Em vez da confusão obscura do Caos, Gaia apresenta uma forma distinta, nítida, precisa, firme e estável. É a Mãe Natureza, o conjunto de todas as partículas do mundo físico que darão origem aos seres e à força que os nutre, formando tudo o que existe no mundo natural – das mais altas montanhas às mais profundas grutas subterrâneas; às florestas, aos rios, ao céu, ao mar.

☐ Para os gregos, o Caos não diferenciava o úmido do seco, a direita da esquerda, o leve do pesado, o concreto do abstrato, o quente do frio (embora para os físicos era definitivamente mais quente que o inferno). O sol não iluminava o dia, pois o dia não existia, nem havia a lua para sucedê-lo, pois tudo era obscuro demais para que a noite fosse noite. Não havia o espaço, o tempo, as coisas, a vida, o amor. Nada, senão uma tremenda confusão.

☐ Eros não era o amor entre os humanos. Afinal, o mundo estava tão no princípio que nem sequer existiam os seres sexuados. Caos, em grego, é um substantivo neutro, nem masculino, nem feminino. E, ainda que a Gaia fosse indiscutivelmente feminina, ainda não havia a quem ela amar, senão ao indiferenciado nada do Caos.

HORTA, Maurício; BOTELHO, José F.; NOGUEIRA, Salvador. *Mitologia*: deuses, heróis, lendas. São Paulo: Abril, 2012. p. 15-16.

UNIDADE 2 13

Desafios da língua
Adequação de linguagem

Em *Desafios da língua* da Unidade 2 do livro, você estudou que muitas vezes a comunicação é dificultada quando um código linguístico comum a um grupo sociocultural ou profissional é usado em contexto diferente daquele em que normalmente acontece.

Leia o trecho de uma matéria que trata desse assunto e, depois, responda às questões.

"SE TROMBAR NA FITA"
Não entendeu? Então confira o dicionário do "rolezinho"

Apu Gomes - 18.jan.2014/Folhapress

- **COCOTA** Garota bonita
- **COLAR** Ir para algum lugar
- **SE TROMBAR** Encontrar-se com alguém
- **DAR UM ROLÊ** Dar uma volta, um passeio
- **NAVE** Carro de alto padrão
- **FITA** Evento, acontecimento diferente ou problema
- **TÁ PATRÃO** De alto nível
- **PLAQUÊ** Notas de dinheiro
- **ZOAR** Brincar, se divertir
- **PEGAR GERAL** Beijar muito, "ficar"
- **ZIKA** Muito bom

Jovens fazem "rolezinho" no shopping Metrô Tatuapé

 O QUE É UM "ROLEZINHO"?
Combinado pelas redes sociais, é um encontro de jovens em shoppings para:

Segundo participantes
"Zoar, dar uns beijos, rolar umas paqueras, pegar geral e se divertir"

Segundo a polícia e lojistas
Tumultuar os centros de compras e promover roubos e furtos

 A LEI E O ROLÊ

Contra
› A Constituição, no art. 5º, garante o direito à propriedade e, por serem privados, os shoppings poderiam restringir a entrada

› Segundo o art. 41 da lei de contravenções, quem pratica qualquer ato capaz de produzir tumulto pode ser preso ou multado

A favor
› Os direitos de ir e vir e de liberdade de manifestação, previstos no art. 5º da Constituição, impediriam limitações ao "rolezinho"

› Pelo art. 5º da lei que define crimes de preconceito, quem impedir acesso a estabelecimento comercial pode sofrer reclusão

Folha de S.Paulo. São Paulo, 20 jan. 2014. Cotidiano, p. C4.

1 ▸ Você já tinha ouvido falar do "rolezinho"? Conhecia o significado de alguma(s) das palavras e expressões apresentadas nesse "dicionário"? Em caso afirmativo, qual(is)?

_____

_____

2▶ Pesquise usos especiais que determinados grupos sociais fazem da língua: estudantes, advogados, políticos, vendedores, surfistas, jogadores de futebol.

Eleja um desses grupos e utilize o trecho destacado da matéria como modelo para montar as informações coletadas: recorte foto(s) de indivíduo(s) que o represente(m), cole-a(s) no espaço abaixo — ou, se preferir, faça você mesmo ilustrações e, ao redor, componha balões com exemplos de falas que caracterizem a linguagem do grupo escolhido.

CONHECIMENTO EM TESTE

Texto 1

Pra dizer adeus
Tony Bellotto e Nando Reis

Você apareceu do nada
E você mexeu demais comigo
Não quero ser só mais um amigo

Você nunca me viu sozinho
E você nunca me ouviu chorar
Não dá pra imaginar quanto

É cedo ou tarde demais
Pra dizer adeus
Pra dizer jamais

Às vezes fico assim pensando
Essa distância é tão ruim
Por que você não vem pra mim?

Eu já fiquei tão mal sozinho
Eu já tentei, eu quis chamar
Não dá pra imaginar quanto

É cedo ou tarde demais
Pra dizer adeus
Pra dizer jamais

BELLOTTO, Tony; REIS, Nando.
Acústico MTV. WEA, 1997.

1 ▸ O eu lírico dessa letra de canção da banda Titãs se expressa:

a) em primeira pessoa. (   )

b) apenas como um observador. (   )

c) como alguém que está distante do ser amado. (   )

d) como um amigo que dá conselhos. (   )

2 ▸ A letra de canção "Pra dizer adeus" parece expressar:

a) apenas uma reflexão que o eu lírico faz consigo mesmo. (   )

b) uma briga entre duas pessoas. (   )

c) uma fala do eu lírico para a pessoa amada. (   )

d) uma fala do eu lírico para uma pessoa de quem ele já não gosta e pretende se despedir. (   )

3 ▸ Releia este verso:

> Você apareceu do nada

Ele pode significar que:

a) a pessoa a quem o eu lírico se refere surgiu de um lugar desconhecido pelo eu lírico. (   )

b) a pessoa a quem o eu lírico se refere chegou de repente. (   )

c) a pessoa a quem o eu lírico se dirige era um ser de um lugar muito distante. (   )

d) a pessoa a quem o eu lírico se dirige era muito insignificante. (   )

4 ▸ Releia estes versos da letra de canção.

> Às vezes fico assim pensando
> Essa distância é tão ruim
> Por que você não vem pra mim?

Esses três versos expressam:

a) uma advertência. (   )

b) um conselho. (   )

c) uma ironia. (   )

d) um apelo. (   )

Capa do álbum *Televisão*, de junho de 1985, no qual a faixa "Pra dizer adeus" foi gravada pela primeira vez.

5 ▸ Releia os versos a seguir.

> Não dá pra imaginar quanto
> **É cedo ou tarde demais**
> Pra dizer adeus
> Pra dizer jamais

a) No verso destacado, a figura de linguagem empregada indica:

- uma comparação por meio da construção de imagens: uma metáfora. (   )
- uso de uma palavra que corresponde ao todo para se referir apenas a uma parte: uma metonímia. (   )
- uso de palavras com significados opostos: uma antítese. (   )
- uso de exagero: uma hipérbole. (   )

b) A figura assinalada na questão anterior expressa:

- a certeza do que o eu lírico está sentindo em relação à pessoa amada. (   )
- os sentimentos contraditórios que tomam conta do eu lírico diante da pessoa amada. (   )
- somente a tristeza que o eu lírico está sentindo diante da partida do ser amado. (   )
- a tristeza do eu lírico por saber que não verá mais a quem ama. (   )

Texto 2

Tocando em frente
Renato Teixeira e Almir Sater

Ando devagar porque já tive pressa
E levo esse sorriso porque já chorei demais
Hoje me sinto mais forte mais feliz, quem sabe
Eu só levo a certeza de que muito pouco eu sei
E nada sei...

Conhecer as manhas e as manhãs
O sabor das massas e das maçãs
É preciso amor pra poder pulsar
É preciso paz pra poder sorrir
É preciso chuva para florir

[...]

TEIXEIRA, Renato; SATER, Almir. Renato Teixeira & Pena Branca e Xavantinho. *Ao vivo em Tatuí*. Kuarup, 1992.

1 Releia esta estrofe da letra de canção "Tocando em frente", de Renato Teixeira e Almir Sater.

> Ando devagar porque já tive pressa
> E levo esse sorriso porque já chorei demais
> Hoje me sinto mais forte, mais feliz, quem sabe
> Eu só levo a certeza de que muito pouco eu sei
> E nada sei...

a) Qual figura de linguagem predomina nos dois primeiros versos dessa estrofe?
- metonímia ( )
- hipérbole ( )
- personificação ( )
- antítese ( )

b) Por meio dos versos dessa estrofe podemos afirmar que:
- o eu lírico faz uma reflexão sobre o passado e o que a vida lhe ensinou. ( )
- o eu lírico arrepende-se das coisas que viveu. ( )
- o eu lírico tem a certeza de que a vida não é um aprendizado. ( )
- o eu lírico quer apenas expressar esperança por uma nova vida. ( )

2. Releia esta outra estrofe da letra de canção.

> Conhecer as manhas e as manhãs
> O sabor das massas e das maçãs
> É preciso amor pra poder pulsar
> É preciso paz pra poder sorrir
> É preciso chuva para florir

Nos dois primeiros versos, há uma brincadeira com pares de palavras de grafias semelhantes, mas não iguais. Em cada um desses versos, encontre as palavras com o mesmo número de sílabas e com sílabas tônicas alternadas. Note que, embora tenham grafias semelhantes, o sentido de um termo é bem diferente do sentido do outro.
Copie esses pares de palavras e explique quais são as sílabas tônicas e quais são os sentidos desses termos.

_____
_____
_____
_____
_____
_____

Texto 3

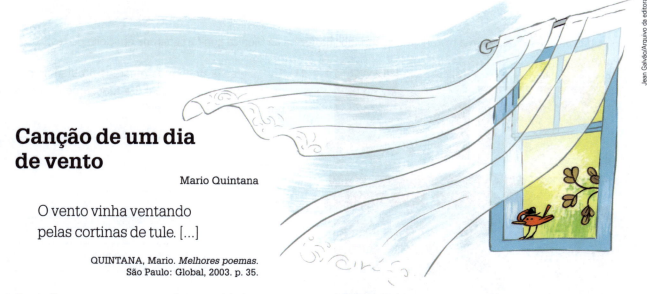

Canção de um dia de vento

Mario Quintana

O vento vinha ventando
pelas cortinas de tule. [...]

QUINTANA, Mario. *Melhores poemas*.
São Paulo: Global, 2003. p. 35.

1. Indique o recurso que produz sonoridade nesses versos de Mario Quintana.
   a) Rimas. (　)
   b) Repetição de sons consonantais iguais. (　)
   c) Alternância de ritmos. (　)
   d) Repetição de palavras com o mesmo sentido. (　)

2. O sentido produzido pelo recurso sonoro nos versos da questão anterior enfatiza:
   a) a solidão do eu lírico. (　)
   b) o movimento das cortinas. (　)
   c) o barulho do vento. (　)
   d) o início de uma tempestade. (　)

UNIDADE 3

Realidade e imaginação na criação de narrativas

Coesão e coerência nos textos (II)

Para relembrar:

Coesão textual
Organização das relações entre elementos e partes de um texto por meio de ligações sintáticas e ligações de sentido.

Elementos linguísticos de coesão textual

- Preposições
- Conjunções
- Advérbios e locuções adverbiais
- Pronomes
  - Referência a algo que o precedeu no texto.
  - Referência ao que segue no texto.
  - Evitam repetições desnecessárias em textos.

Leia, nas páginas 20 a 22, uma história em quadrinhos da Turma da Mônica que foi separada em cinco partes.

Parte 1

SOUSA, Mauricio de. *Almanaque da Magali*, n. 43. São Paulo: Panini Comics. p. 17-21.

1. Em "E eles já tinham os mesmos problemas que os homens atuais...", qual é a função de *e eles*? A que se refere esse termo?

_____
_____
_____
_____
_____
_____
_____
_____
_____
_____

Parte 2 Parte 3

SOUSA, Mauricio de. *Almanaque da Magali*, n. 43. São Paulo: Panini Comics. p. 17-21.

2) Em "Para **isso**, era preciso enfrentar animais selvagens...", qual é a função do pronome demonstrativo *isso*?
_____
_____
_____

3) Assinale a(s) alternativa(s) correta(s) em relação ao trecho "... Mas às vezes isso não dava certo!".
a) A conjunção *mas* inicia a oração indicando que uma ideia oposta ao que foi afirmado antes vai ser introduzida. (   )
b) A locução adverbial *às vezes* indica que, em algumas ocasiões, enfrentar animais não dava certo, porém deveria ter sido omitida no texto para evitar repetição. (   )
c) O pronome *isso* retoma a ideia de que enfrentar animais selvagens para demonstrar coragem nem sempre dava certo. (   )

4) O que o pronome *isso* está retomando nas duas ocorrências do trecho abaixo?

> "Claro! As primeiras tentativas não deram certo! Mas, nem por **isso**, o homem desistiu de se enfeitar! Mesmo que **isso** significasse dor!"

_____
_____
_____

UNIDADE 3 21

Parte 4   Parte 5

SOUSA, Mauricio de. *Almanaque da Magali*, n. 43. São Paulo: Panini Comics. p. 17-21.

Agora, responda às questões a seguir considerando as partes 1 a 5 da HQ.

5 ▸ Copie da história os **advérbios** e as **locuções adverbiais** que marcam a sucessão de fatos no tempo.
_____
_____

6 ▸ Copie duas orações com **conjunção adversativa**, ou seja, que estabeleça entre elas uma relação de oposição.
_____
_____
_____
_____

7 ▸ Copie da HQ frases ligadas por uma **conjunção** que expresse **ideia de adição**, **de soma**.
_____
_____
_____
_____

22 UNIDADE 3

8) Releia os trechos a seguir, prestando atenção nos pronomes — **pessoais** e **possessivos** — destacados. Depois, localize na HQ o nome a que os pronomes se referem.

a) "E *eles* já tinham os mesmos problemas que os homens atuais..."
_____

b) "Com o passar do tempo, o homem procurou *se* enfeitar cada vez mais!"
_____

c) "Cada cultura com o *seu* enfeite."
_____

d) "O homem continua *se* enfeitando para agradar as mulheres."
_____

9) Compare o emprego dos pronomes demonstrativos *esta* e *essa* no início e no final da HQ.

> **Esta** história começa junto com os primeiros homens...

> E ele precisava contar toda **essa** história para justificar o brinquinho?

Assinale a(s) alternativa(s) que justifica(m) a diferença entre o uso desses pronomes ao se referir ao mesmo substantivo: *história*.

- Não há diferença de sentido entre usar *esta* e *essa* ao se referir à história. ( )
- A diferença está no sentido: *esta* se refere à história que será contada, e *essa*, à história que foi contada. ( )
- A diferença está no sentido: os pronomes demonstrativos *este*, *esta* e *isto* fazem referência ao que será dito, e *esse*, *essa* e *isso* fazem referência ao que já foi dito. ( )
- A diferença não está no sentido, e sim na escrita: pode-se usar qualquer uma delas, sempre. ( )

Frase, oração, período

Para relembrar:

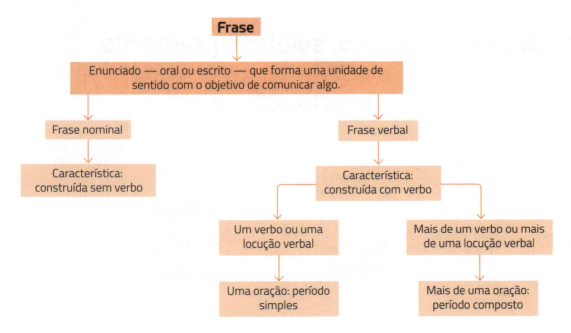

UNIDADE 3   23

1▶ Diante de cada frase a seguir, escreva: FN para frase nominal e FV para frase verbal.
- "Esta história começa junto com os primeiros homens..." (   )
- "Ficar bonitão! [...]" (   )
- "Eis o segredo!" (   )
- "Estão no papo!" (   )
- "Claro! [...]" (   )
- "[...] Usou colares... ... cocar... ... pinturas..." (   )
- "Cada cultura com o seu enfeite..." (   )

2▶ Sublinhe os verbos e as locuções verbais das frases a seguir. Escreva se o período é simples ou composto.

a) "Mas uma coisa não mudou!"
_____

b) "E ele precisava contar toda essa história pra justificar o brinquinho?"
_____

c) "Com o passar do tempo, o homem procurou se enfeitar cada vez mais!"
_____

d) "Foi quando ele começou a pensar em algo menos perigoso pra conquistar as garotas..."
_____

e) "Mesmo que isso significasse dor!"
_____

f) "Estão no papo!"
_____

g) "E assim o tempo foi passando..."
_____

h) "Até chegarmos aos dias de hoje!"
_____

▎Termos da oração: sujeito e predicado

Para relembrar:

1 ▶ Observe a capa de uma edição de um caderno especial do jornal *Folha de S.Paulo*.

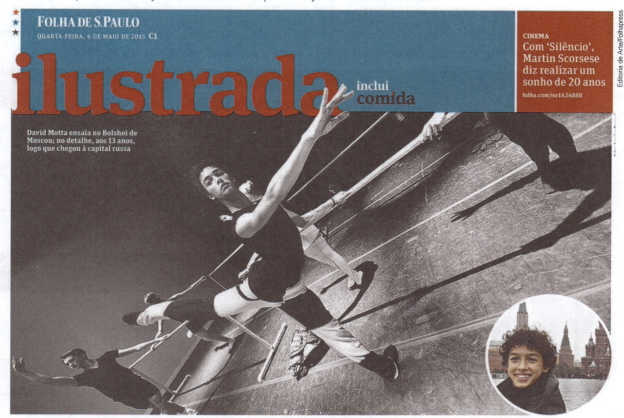

Folha de S.Paulo. São Paulo, 6 maio 2015. Ilustrada, p. C1.

Considerando apenas o título dessa reportagem, é possível deduzir o assunto dela? Explique.

_____
_____
_____
_____
_____
_____
_____

2 ▶ Assinale a alternativa que melhor explica o título da reportagem.
- David era feio quando chegou a Moscou e depois ficou bonito. ( )
- David enfrentou dificuldades na chegada à Rússia, mas conseguiu superá-las. ( )
- David gosta da peça de balé *O lago dos cisnes*. ( )
- David sonha em ser bailarino, mas não realizou seu sonho. ( )

UNIDADE 3 25

3▸ Leia as frases reproduzidas a seguir. Depois, copie nos quadros o sujeito e o predicado dos verbos destacados. Na sequência, classifique os sujeitos nas tabelas.

a) "De família pobre e após sufoco na chegada à Rússia, primeiro brasileiro formado pelo Bolshoi de Moscou já **recebeu**, aos 18 anos, convite para atuar no corpo de baile da mais prestigiada companhia de balé do mundo."

Sujeito	Predicado

b) "David Motta **ensaia** no Bolshoi de Moscou; no detalhe, aos 13 anos, logo que chegou à capital russa."

Sujeito	Predicado

◣ Desafios da língua

Pontuação

Em *Desafios da língua* da Unidade 3, você reviu os sinais de pontuação que ajudam a expressar o sentido do texto, pois organizam as relações entre os termos da frase, as partes do discurso e as pausas orais e escritas. Se necessário, consulte o quadro referente aos sinais de pontuação na página 119 de seu livro.

▸ Assinale as alternativas que indicam o efeito de sentido provocado pelos sinais de pontuação destacados nas frases a seguir.

a) "E assim, o tempo foi passando**...** até chegarmos aos dias de hoje!"
- Provocar suspense quanto ao tempo transcorrido. (   )
- Destacar a duração do tempo transcorrido. (   )
- Interromper o transcorrer do tempo. (   )
- Mostrar a descontinuidade do tempo. (   )

b) "Tchau, garotas**!**"
- Mostrar surpresa com a despedida. (   )
- Mostrar espanto com a despedida. (   )
- Mostrar indignação pelo fato de se despedir. (   )
- Enfatizar a despedida. (   )

c) "A primeira coisa para agradar as garotas**:** mostrar coragem... muita coragem!"
- Reforçar o suspense. (   )
- Ampliar a surpresa criada pelo suspense. (   )
- Dizer o que "agrada as garotas". (   )
- Criar um suspense. (   )

26 ❭ **UNIDADE 3**

UNIDADE 4

Expor e organizar conhecimentos

Tipos de predicado

Para relembrar:

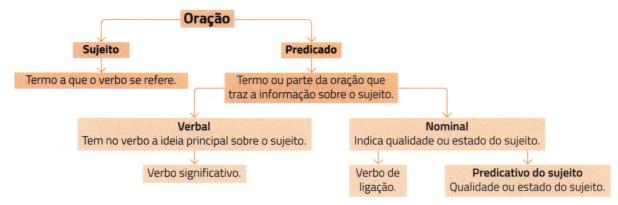

Veja a primeira página do caderno especial da *Folha de S.Paulo* de 5 de junho de 2015. As questões 1 a 5 desta seção foram estruturadas com base no texto (verbal e não verbal) dessa página.

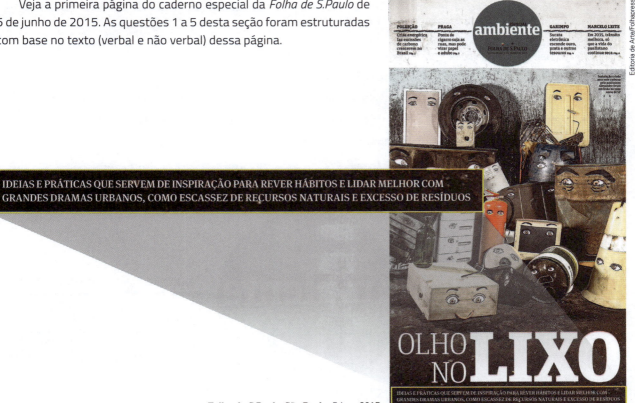

Folha de S.Paulo. São Paulo, 5 jun. 2015.

1▸ Releia o título da matéria jornalística desse caderno.

Marque com **X** a(s) alternativa(s) correta(s).

a) No título, a palavra *olho* pode indicar:
- a primeira pessoa do singular do verbo *olhar* no presente. ( )
- o nome do órgão responsável pela visão. ( )

b) Pelo título da matéria jornalística, é possível supor que o conteúdo do caderno:
- orienta sobre o lixo. ( )
- previne contra o lixo. ( )
- alerta sobre o lixo. ( )
- condena o lixo. ( )

c) Se *olho* não for considerado verbo, a frase "Olho no lixo" é uma frase nominal. Escreva uma frase verbal que pode substituir esse título, sem mudar o sentido.

_____

_____

d) Releia o subtítulo da matéria:

> Ideias e práticas que servem de inspiração para rever hábitos e lidar melhor com grandes dramas urbanos, como escassez de recursos naturais e excesso de resíduos.

Com base nessa explicação, assinale a(s) alternativa(s) correta(s).
- Há muitos objetos com olhos jogados no lixo. ( )
- A matéria trata de dicas para rever hábitos ligados a como lidar com o lixo em grandes centros. ( )
- Há poucos recursos naturais e exagero de resíduos nos grandes centros urbanos. ( )
- Somente nos grandes centros urbanos as pessoas não sabem lidar com o lixo. ( )

Leia abaixo as informações que estão no topo da página reproduzida do jornal *Folha de S.Paulo*. Elas permitem ao leitor saber o que há no caderno especial sobre ambiente. Realize as atividades 2 a 6 com base nessas informações.

Folha de S.Paulo. São Paulo, 5 jun. 2015.

2▸ Sobre as chamadas reproduzidas, responda.

a) Em qual das chamadas há somente uma oração? Copie-a.

_____

_____

b) Reescreva essa oração no esquema a seguir e grife o verbo.

sujeito	predicado

3▸ Releia a chamada sobre poluição: "Crise energética faz emissões de carbono crescerem no Brasil".

a) Copie as formas verbais.

_____

b) Quantas orações existem no período?

_____

c) Qual é o sujeito do primeiro verbo?

_____

d) E qual é o sujeito do outro verbo?

_____

e) O que a expressão "no Brasil" indica sobre as ações dos verbos?

_____

4▸ Ainda sobre as chamadas para as matérias, releia o texto empregado para tratar de um problema urbano: "Ponta de cigarro suja as ruas, mas pode virar papel e adubo".

a) Há quantas orações nessa frase?

_____

b) Copie a **primeira** oração no esquema, grifando o verbo:

sujeito	predicado

- Copie a palavra principal do sujeito, o seu núcleo: _____.

- Copie as palavras que vêm junto do núcleo do sujeito: _____.

- Complete esta afirmação:

  As palavras que vêm junto do núcleo e o determinam recebem o nome de _____.

c) Copie a segunda oração no esquema, grifando o verbo:

sujeito	predicado

- Escreva a classificação do sujeito que é percebido na oração, mas que não aparece nela: _____

- Escreva o pronome que, na segunda oração, poderia substituir o substantivo *ponta* para que o sujeito ficasse claro sem repetir a expressão "ponta de cigarro": _____

- Copie a palavra que liga as duas orações e escreva a ideia que essa palavra estabelece entre elas:

_____

5▶ Releia a chamada para o texto de Marcelo Leite:

> Em 2035, trânsito melhora, só que vida do paulistano continua seca

a) Reescreva a primeira oração no esquema:

sujeito	predicado

_____

- Copie o núcleo do sujeito: _____

- Copie o verbo: _____

b) Distribua os elementos da segunda oração no esquema:

sujeito	predicado

_____

- Copie o núcleo do sujeito: _____

- Copie os adjuntos adnominais: _____

- Copie o verbo: _____

c) Complete a sentença a seguir.

O termo que liga as duas orações — _____ — expressa ideia de

_____ .

6▶ Copie os **verbos** e classifique os **predicados** das chamadas da primeira página do caderno especial reproduzida anteriormente.

a) Crise energética faz emissões de carbono crescerem no Brasil.

_____

_____

b) Ponta de cigarro suja as ruas, mas pode virar papel e adubo.

_____

_____

c) Sucata eletrônica esconde ouro, prata e outros tesouros.

_____

_____

d) Em 2035, trânsito melhora, só que a vida do paulistano continua seca.

_____

_____

e) Complete:

Nesses quatro períodos há _____ predicados verbais e _____ predicados nominais.

30 UNIDADE 4

7▸ As frases a seguir foram adaptadas do jornal *Folha de S.Paulo*, edição de 14 de junho de 2015. Reescreva as frases ampliando-as por meio de **adjuntos adnominais** acrescentados aos **núcleos do sujeito** destacados.

a) **Carros** vão perder faixa e ganhar semáforo.

_____

_____

_____

_____

b) **Ponto** de parada perto da rua Haddock Lobo servirá para travessia de ciclista.

_____

_____

_____

_____

c) Por uma ladeira, 29 **ciclistas** passam em uma hora.

_____

_____

_____

d) Nova **lei** vai estimular comércio em "bairros-dormitórios" de São Paulo.

_____

_____

_____

e) **Proposta** de zoneamento pretende criar empregos em áreas de moradia popular na periferia.

_____

_____

_____

_____

◣ Desafios da língua
Pontuação: uso da vírgula

1▸ Usa-se a vírgula para:

   I. Separar os nomes de lugar dos elementos que compõem as datas.

   II. Separar os elementos que compõem um endereço.

   III. Separar os elementos de uma enumeração (palavras, expressões ou orações).

   IV. Separar o vocativo.

   V. Separar o aposto.

   VI. Marcar a inversão ou intercalação de termos da oração.

UNIDADE 4 **31**

Leia as tirinhas com o personagem Calvin reproduzidas a seguir. Depois, justifique o uso das vírgulas nas falas dessas tirinhas, escrevendo entre parênteses o número (I a VI) que corresponde à justificativa adequada para o caso.

WATTERSON, Bill. *Calvin e Haroldo.*

Idem, ibidem.

2 ▸ Justifique o uso da vírgula nas seguintes quadras populares de autoria do poeta português Fernando Pessoa.

a)
Tenho uma pena que escreve
Aquilo que eu sempre sinta.
Se é mentira, escreve leve.
Se é verdade, não tem tinta.

PESSOA, Fernando. *Obra poética.* Rio de Janeiro: Nova Aguillar, 1969. p. 649-665.

_____
_____

b)
Fomos passear na quinta,
Fomos à quinta em passeio.
Não há nada que eu não sinta
Que me não faça um enleio.

Idem, ibidem.

_____
_____

c)
> As ondas que a maré conta
> Ninguém as pode contar.
> Se, ao passar, ninguém te aponta,
> Aponta-te com o olhar.
>
> PESSOA, Fernando. *Obra poética*. Rio de Janeiro: Nova Aguillar, 1969. p. 649-665.

_____

d)
> Nuvem alta, nuvem alta,
> Por que é que tão alta vais?
> Se tens o amor que me falta,
> Desce um pouco, desce mais!
>
> Idem, ibidem.

_____
_____

3▸ Justifique o uso da vírgula nos provérbios reproduzidos abaixo.

a) Há coisas na vida que nunca voltam atrás: a flecha lançada, a palavra pronunciada e a oportunidade perdida.
_____

b) A palavra é prata, o silêncio é ouro.
_____

4▸ Nos seguintes provérbios, a vírgula foi usada para separar os elementos das frases que estão em **ordem inversa**. Reescreva-as em **ordem direta**, conforme o modelo.

```
           sujeito                              predicado
   ┌──────────────────┐              ┌──────────────────────────────────────┐
   núcleo + determinantes            verbo + complemento verbal + adjunto adverbial
```

a) Em terra de cego, quem tem um olho é rei.
_____
_____

b) Se o vento soprar de uma única direção, a árvore crescerá inclinada.
_____
_____

c) De grão em grão, a galinha enche o papo.
_____
_____

d) Depois que a fonte seca, percebe-se o valor da água.
_____
_____

e) Quando o dinheiro fala, a verdade se cala.
_____
_____

UNIDADE 4 33

CONHECIMENTO EM TESTE

Texto 1

O amor é cego — literalmente

Camilla Costa

Quem está apaixonado fica em estado de graça: meio aéreo, sem prestar muita atenção no que está se passando a sua volta. Cientistas da Universidade da Flórida acabam de descobrir que a coisa pode ir muito além: o amor torna o cérebro humano literalmente incapaz de prestar atenção em rostos mais bonitos.

Os pesquisadores fizeram um estudo para medir a atenção de 113 homens e mulheres, que foram expostos a fotos de pessoas lindas (e outras não tão bonitas). Metade dos voluntários teve de escrever, antes da experiência, um pequeno texto falando sobre o amor que tinha por seu parceiro. A outra metade fez uma redação genérica, sobre felicidade. Em seguida, as fotos foram exibidas — com os olhos dos voluntários monitorados por um computador. Quem tinha escrito (e pensado) em amor passou a ignorar as imagens de pessoas bonitas. E essa rejeição só acontecia com as fotos de gente linda; com as imagens de pessoas comuns, não havia diferença.

Segundo os cientistas, isso acontece porque, quando as pessoas pensam em amor, seu neocórtex passa a repelir pessoas muito atraentes — que são tentadoras e têm mais chances de levar alguém a praticar adultério. O mais impressionante é que, entre os homens, esse mecanismo antitraição é 4 vezes mais forte do que nas mulheres.

Os cientistas especulam que ele teria se desenvolvido, ao longo da evolução, para ajudar os machos a se manterem monogâmicos. [...]

> **monogâmico:** aquele que segue a regra ou costume social de só ter um cônjuge.

Superinteressante. Disponível em: <http://super.abril.com.br/ciencia/o-amor-e-cego-literalmente>. Acesso em: 18 fev. 2019.

1▸ A principal ideia defendida nesse artigo de divulgação científica é:
   a) Os homens são frequentemente mais fiéis do que as mulheres. ( )
   b) Quando pensam em amor, os indivíduos ativam o mecanismo antitraição que os faz ignorar pessoas bonitas. ( )
   c) O neocórtex dos seres humanos tem a função de repelir pessoas atraentes. ( )
   d) O cérebro dos seres humanos tem um mecanismo que sempre evita o adultério. ( )

2▸ Assinale a alternativa que melhor descreve a forma de organização do artigo.
   a) A ideia principal do artigo é o fato de o neocórtex afastar os seres humanos de pessoas atraentes. ( )
   b) As alterações ocorridas no neocórtex dos participantes da pesquisa foram tratadas como elemento secundário, pois a ideia principal é o fato de homens e mulheres serem monogâmicos. ( )
   c) A maior complexidade do mecanismo masculino de antitraição é tratada de modo secundário pela jornalista, que se preocupa mais em apontar a existência desse mecanismo em pessoas que pensam em amor. ( )
   d) A exibição de fotos de pessoas atraentes para dois grupos distintos de indivíduos é a ideia principal do texto. ( )

3▸ O fato de os homens terem desenvolvido um mecanismo antitraição quatro vezes mais forte do que o das mulheres indica que elas:
   a) são menos capazes de se apaixonar do que os homens. ( )
   b) são mais monogâmicas do que os homens. ( )
   c) são mais desatentas do que os homens. ( )
   d) praticam adultério mais frequentemente. ( )

Texto 2

Apaixonados por... aranhas!

Sabia que, em São Paulo, na Cantareira, há duas espécies de aranhas que não têm mais do que um milímetro de comprimento? Pois até fevereiro deste ano, cientistas do Brasil e do mundo também não tinham essa informação. Mas isso mudou graças a profissionais muito especiais: os araneólogos, pesquisadores que estudam aranhas.

Esses profissionais, que lidam com animais que, em geral, costumam pôr medo nas pessoas, podem atuar em diferentes áreas. Uma delas é justamente identificar as diferentes espécies de aranhas que existem no planeta, dando nomes científicos a elas, como fizeram, no caso das aranhas paulistas, profissionais do Instituto Butantan.

"Há cerca de 40 mil espécies de aranha no mundo, sendo que cinco mil apenas no Brasil", conta Antonio Brescovit, araneólogo do Instituto Butantan. Garantir que cada espécie de aranha esteja identificada com um nome científico é fundamental para a sua preservação. Isso porque é muito difícil preservar uma espécie se ela não tem nome. Além disso, há espécies que são muito parecidas umas com as outras. Como cada uma, porém, tem um nome científico, diferente do das demais, evita-se que sejam confundidas. O trabalho do araneólogo, porém, não se resume a identificar as espécies de aranhas. Ele também pode determinar as que são perigosas, por terem veneno, e ainda atuar em áreas protegidas, degradadas ou onde serão construídos grandes empreendimentos, como estradas e hidrelétricas.

Disponível em: <www1.folha.uol.com.br/folhinha/dicas/di29110806.htm>. Acesso em: 18 fev. 2019.

1ʼ O objetivo desse texto é:
  a) informar o leitor a respeito da vida das aranhas. ( )
  b) instruir o leitor para reconhecer uma aranha. ( )
  c) informar o leitor a respeito de estudos sobre as aranhas. ( )
  d) ensinar como preservar as aranhas. ( )

2ʼ O tema do texto é:
  a) o perigo representado pelas aranhas. ( )
  b) o trabalho de pesquisa dos araneólogos. ( )
  c) a importância de saber reconhecer uma aranha perigosa. ( )
  d) a dificuldade de encontrar nomes para as diferentes espécies de aranha. ( )

3ʼ "Há cerca de 40 mil espécies de aranha no mundo [...]", segundo o texto. Isso quer dizer que no mundo há:
  a) exatamente 40 mil espécies de aranha. ( )
  b) pouco menos de 40 mil espécies de aranha. ( )
  c) mais de 40 mil espécies de aranha. ( )
  d) aproximadamente 40 mil espécies de aranha. ( )

4ʼ Na frase "**Além disso**, há espécies que são muito parecidas umas com as outras", a expressão destacada tem efeito de:
  a) oposição. ( )   **b)** adição. ( )   **c)** negação. ( )   **d)** conclusão. ( )

5ʼ De acordo com o texto, os araneólogos:
  a) apenas identificam as aranhas de diferentes espécies. ( )
  b) descobrem e identificam as diferentes espécies de aranha. ( )
  c) identificam diferentes espécies, indicam as aranhas perigosas, além de outras ações. ( )
  d) descobrem e identificam espécies de aranhas que podem ser perigosas. ( )

UNIDADE 5
A ciência e a informação

Predicado verbal e a completude das orações

Para relembrar:

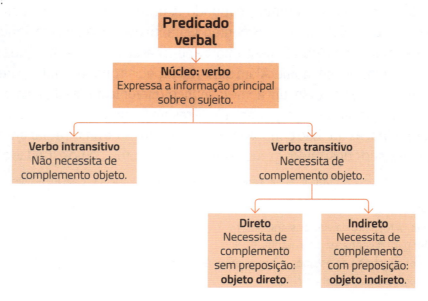

1▸ Leia a seguir frases retiradas do texto "O lado negro do Facebook", publicado na revista *Superinteressante*, em junho de 2015. Sublinhe os verbos e classifique-os. No caso dos verbos de ação, verifique sua transitividade: têm complemento(s) ou não? De que tipo? Se o verbo for de ligação, copie o **predicativo do sujeito**.

a) "Ele vigia os seus passos, [...]"
_____
_____

b) "[...] mexe com a sua cabeça, [...]"
_____
_____

c) "[...] transforma você em cobaia de experiências."
_____
_____

d) "Conheça as verdades [...]"
_____
_____

e) "E quanto mais amigos *on-line* ela tem [...]"

_____

f) "[...] mais narcisista e agressiva tende a ser."

_____

_____

g) "Conforme você usa o *site*, [...]"

_____

h) "[...] e coloca informações nele, [...]"

_____

_____

i) "[...] o Facebook vai montando um prontuário digital com grande quantidade de dados a seu respeito."

_____

_____

j) "Robôs analisam tudo [...]"

_____

k) "[...] e também vigiam a sua navegação por boa parte da internet."

_____

_____

2▸ Reescreva as orações classificando os elementos. Siga este modelo.

sujeito   predicado

O Facebook é, de longe, a maior rede da história da humanidade.

núcleo do   compl. circunstancial   predicativo
sujeito   de modo   do sujeito

verbo de ligação

Jean Galvão/Arquivo da editora

a) É o meio de comunicação mais poderoso do nosso tempo.

_____

_____

_____

_____

_____

b) A maior parte das pessoas o adora.

_____

_____

_____

_____

_____

UNIDADE 5 ❮ **37**

c) O Facebook é ótimo.

_____

_____

_____

_____

_____

_____

d) Pelo Facebook, acompanhamos os acontecimentos nos nossos grupos sociais.

_____

_____

_____

_____

_____

_____

e) No Facebook, ficamos mais impulsivos, narcisistas, desatentos e infelizes.

_____

_____

_____

_____

_____

_____

3▸ Leia as frases abaixo e, diante de cada complemento destacado, escreva:
- **OD** para objeto direto
- **OI** para objeto indireto
- **PS** para predicativo do sujeito
- **CC** para complemento de circunstância (tempo, lugar, modo, etc.).

a) **No ano passado**, (   ) pesquisadores recrutaram **82 usuários do Facebook**. (   )

b) **Durante duas semanas** (   ), os pesquisadores enviaram **via SMS** (   ) **perguntas** (   ), **cinco vezes por dia** (   ), **para voluntários**. (   )

c) O estudo produzido revelou **uma relação direta** (   ): quanto mais tempo passava **na rede social** (   ), mais **infeliz** (   ) ficava.

d) Os cientistas **não** (   ) sabem explicar **o porquê**. (   )

e) Mas uma de suas hipóteses é **a chamada inveja subliminar**. (   )

f) Essa ideia surge **sem que a gente perceba**. (   )

g) Isso **já** (   ) aconteceu **com você**. (   )

h) Quando você está **no trabalho** (   ) e dois ou três amigos postam **fotos de viagem**, (   ) você se sente **um fracassado**. (   )

i) As pessoas mostram só **as coisas boas** (   ) no Facebook. E elas não refletem **a totalidade da vida dessas pessoas**. (   )

j) A reunião de informações dos usuários pelo Facebook é um **destaque da pesquisa**. (   )

Desafios da língua

Regência verbal

Para relembrar:

> **Regência verbal:** trata da relação entre o **verbo e seus complementos**.

Relembre as regências de alguns verbos no quadro abaixo. Você tem um quadro mais completo em *Desafios da língua* da Unidade 5 de seu livro. Ao fazer as atividades propostas a seguir, volte a ele ou consulte um dicionário.

Regência verbal	
Aborrecer-se com	Chegar a
Acreditar em	Entregar em
Admirar-se de, com, por	Esquecer (algo)
Agradecer a	Esquecer-se de
Apressar-se a, em, por, para	Ir a, para
Aproveitar-se de	Lembrar (algo)
Arriscar-se a	Lembrar-se de
Assistir a (com sentido de ver, presenciar)	Obedecer a
Concordar com, em	Simpatizar com

1▶ Complete as frases do discurso a seguir com as preposições adequadas à regência dos verbos, segundo os usos mais formais da língua.

Neste momento tão agradável a todos, estou ansioso por cumprimentar os que acreditaram _____ meus sonhos, concordaram _____ meus projetos e foram capazes de superar todas as dificuldades. Convido todos a assistirem _____ vídeo com os resultados dos projetos e apresso-me _____ agradecer _____ todos que fizeram parte dessa caminhada me auxiliando _____ todas as etapas e ajudando _____ chegar _____ sucesso.

UNIDADE 5   39

2. Marque com **X** apenas as construções adequadas do ponto de vista da regência verbal mais formal, indicada pela gramática normativa.

   a) Ele aspirou o perfume das rosas e espirrou. ( )
   Ele aspirou ao perfume das rosas e espirrou. ( )

   b) Assistimos ao espetáculo de dança. ( )
   Assistimos o espetáculo de dança. ( )

   c) Precisa-se costureira. ( )
   Precisa-se de costureira. ( )

   d) Não esqueça minha roupa. ( )
   Não se esqueça da minha roupa. ( )

   e) Obedeço ao regulamento. ( )
   Obedeço o regulamento. ( )

   f) Simpatizei com a garota. ( )
   Simpatizei-me com a garota. ( )

   g) O filme é impróprio a crianças. ( )
   O filme é impróprio para crianças. ( )

3. Complete as frases com as preposições adequadas aos usos mais formais da língua.

   a) Não me acostumo _____ frio.

   b) A menina não gostava _____ esportes.

   c) Prefiro a conversa _____ briga.

   d) Retraiu-se _____ chegar diante da plateia.

   e) Espero _____ você todos os dias.

   f) Ele se interessa _____ viajar futuramente.

   g) O menino obedecia _____ avô.

   h) O bebê não se acostumava _____ pessoas estranhas.

4. Leia a tirinha a seguir.

QUINO. *Toda Mafalda*. São Paulo: Martins Fontes, 2000.

   a) Que característica da Mafalda justifica a resposta, no segundo quadrinho?
   • Ser contestadora. ( )   • Ser incrédula. ( )
   • Ser ingênua. ( )   • Ser ousada. ( )

   b) Considerando que o verbo *obedecer* exige complemento, reescreva a frase do segundo quadrinho de acordo com o uso mais formal.

   _____

UNIDADE 5

UNIDADE 6

Ser ou ter? A propaganda tenta convencer

Complementos e completude de sentidos

Complemento nominal

Para relembrar:

> O **complemento nominal**:
> - é um termo que vem sempre associado a um nome (substantivo, adjetivo ou advérbio);
> - complementa nomes com significação transitiva, isto é, que para terem o sentido completo necessitam de um complemento sobre o qual recaia a ação contida no nome; os complementos nominais são necessários para a construção do sentido dos nomes;
> - sempre vem ligado ao nome a que se refere por meio de uma preposição.

1. O texto a seguir trata do diabo-da-tasmânia. Leia-o e descubra peculiaridades sobre esse animal.

> O diabo-da-tasmânia é chamado assim porque antigamente as pessoas ficavam com **medo dos barulhos** que o bicho fazia. Ele faz **parte da turma** dos mamíferos marsupiais como os cangurus. Tem **necessidade de dormir** durante o dia porque sai em **busca de animais mortos** para comer à noite. O animal tem a **capacidade de escalar** árvores para pegar ovos em ninhos. Por ter **confiança na sua força**, faz emboscadas para caçar outros mamíferos de médio porte.
>
> *Recreio*. São Paulo: Abril, 28 maio 2015. Adaptado.

Transcreva as expressões destacadas e sublinhe os complementos nominais de cada uma delas.

_____
_____
_____

2. Complete os espaços com as expressões do quadro, que devem servir de complementos nominais adequados aos nomes a que se ligam.

| de viver | pelos colegas | aos clientes | no amor | de locomoção | na medicina |
| à pena de morte | de votar | de doenças | da vacina | de novas estradas |

a) Esse jovem tem sede _____, tem sorte _____, mas é prejudicado _____.

UNIDADE 6 — 41

b) Em atenção _____ e sabendo da necessidade _____ , estamos

   trabalhando na construção _____ .

c) Depois da invenção _____ , tenho confiança _____ , que pode

   colaborar com a erradicação _____ .

d) Sou capaz _____ contra o projeto porque sou contrário _____ .

3▶ Transforme os verbos destacados em substantivos que exigem complemento. Faça a adequação usando preposições.
   a) Estamos trabalhando para **construir** melhores acessos aos pedestres.

   _____

   _____

   b) Eles lutam para **fechar** a fábrica que polui o rio.

   _____

   c) Todos querem **mudar** a rota dos caminhões que passam pela rua.

   _____

   _____

   d) **Defender** os pobres era o objetivo daquelas pessoas.

   _____

   e) Você quer **destruir** esse belo monumento antigo?

   _____

   _____

   f) Todos podem **confiar** nas promessas de campanha?

   _____

   _____

4▶ Complete as expressões com **complementos nominais** adequados.

   a) Medo de _____

   b) Direito a _____

   c) Preocupado com _____

   d) Luta pela _____

   e) Luta contra _____

   f) Defesa da _____

   g) Interesse em _____

5▶ Escolha uma das expressões que você criou na atividade anterior para empregar no texto a seguir.
   Participem todos

   • da luta pela _____

   • da defesa de _____

   • e pelo direito a _____

Adjuntos adverbiais

Para relembrar:

> Na oração, os advérbios e as locuções adverbiais exercem a função de **adjuntos adverbiais**: expressões que modificam a ideia de um verbo, de um adjetivo ou de outro advérbio, acrescentando-lhes uma circunstância.

1▸ Leia a tirinha e responda às questões propostas a seguir.

BECK, Alexandre. Armandinho. *Folha de S.Paulo*. São Paulo, 28 mar. 2015.

a) Marque com **X** o sentido em que foi usada a frase de Armandinho: "Às vezes tenho vergonha do meu tênis...".
- Ele considera o tênis feio. ( )
- Não quer ir à escola com o tênis. ( )
- Percebe com tristeza a diferença entre sua situação e a de crianças nas ruas. ( )
- Sente orgulho por ter uma situação econômica melhor do que a de outras crianças. ( )

b) Quais são os três adjuntos adverbiais ou locuções adverbiais presentes no segundo quadrinho?
_____
_____

c) Marque com **X** a(s) circunstância(s) que os adjuntos adverbiais ou locuções adverbiais do segundo quadrinho expressam.
- modo ( )
- dúvida ( )
- negação ( )
- causa ( )
- lugar ( )
- companhia ( )

d) A fala do último quadrinho da tira tem papel de adjunto adverbial. Que circunstância é expressa?
_____

2▸ Leia uma adaptação de trecho da história "A fera", do escritor russo Nicolau Liescov (1831-1895), sobre um urso criado na fazenda de um homem rico. Certo dia, esse animal cai em um buraco, o que provoca as reações relatadas a seguir.

> Os caçadores saíram **ao amanhecer**, **em direção ao campo**. Andaram **com dificuldade na neve** e começaram a levantar um longo tronco de árvore, não muito grosso. Foram **bem junto do buraco** onde se encontrava o urso. A tora foi **imediatamente** colocada **com as pontas para baixo**. **A qualquer momento**, o urso apareceria **do lado de fora**, mas ele **não** queria sair.

a) No trecho lido foram destacadas várias indicações das circunstâncias da caçada ao urso. Indique os adjuntos adverbiais empregados que indicam circunstância de:
- tempo:
_____

UNIDADE 6

- lugar:

  _____

- modo:

  _____

- negação:

  _____

b) Complete o trecho, modificando as circunstâncias propostas. Para isso, empregue outros adjuntos adverbiais.

Os caçadores saíram _____, **em direção** _____. Andaram _____ **na neve** e começaram a levantar um longo tronco de árvore, não muito grosso. Foram _____ **do buraco** onde se encontrava o urso. A tora foi _____ colocada **com as pontas** _____. _____ o urso apareceria do lado de fora, mas ele **não** queria sair.

3ᐳ Leia a tirinha do Calvin e faça o que se pede a seguir.

WATTERSON, Bill. *Calvin & Hobbes*.

a) Releia a afirmação de Calvin: "Meu cérebro está tentando me matar". Ele diz isso porque:
- seu cérebro pensa muito. (   )
- seu cérebro o encoraja a praticar atos perigosos. (   )
- seu cérebro o desanima a brincar. (   )
- seu cérebro o aconselha a ter cuidado. (   )

b) Copie as **locuções adverbiais de lugar** empregadas na tirinha.

_____

_____

_____

📕 Desafios da língua

Regência nominal

Para relembrar:

> **Regência nominal:** trata da relação entre palavras (substantivo, adjetivo ou advérbio) e seus complementos.

Relembre as regências de alguns nomes no quadro abaixo. Você tem um quadro com mais exemplos em *Desafios da língua* da Unidade 6 de seu livro (página 231). Ao fazer as atividades propostas a seguir, volte a ele ou consulte um dicionário.

Regência nominal	
Acessível a	Descontente com
Adequado a	Dúvida em, sobre, acerca de
Agradável a	Essencial a, para
Ansioso de, por	Horror a
Atento a, em	Impaciência com
Capaz de, para	Impróprio para
Contemporâneo de	Respeito a, com, para com, por
Cuidado com, em, de, por	Satisfeito com, de, em, por
Desagradável a	Suspeito de

1 ▸ Complete o parágrafo a seguir com as preposições adequadas à regência das palavras, segundo os usos mais formais da língua.

Visitantes,

Para que este passeio seja agradável _____ todos, pedimos que fiquem atentos _____ avisos de segurança, tendo cuidado _____ as plantas exóticas.

Prestem atenção _____ roteiro porque há trechos impróprios _____ crianças desacompanhadas.

Em caso de dúvida _____ os procedimentos, façam uma consulta _____ orientadores do passeio.

2 ▸ Complete as frases com as preposições adequadas aos usos mais formais da língua.

a) O rapaz não estava acostumado _____ falar em público, mas se saiu muito bem.

b) A menina era avessa _____ esportes.

c) A conversa é preferível _____ briga.

d) Ficou aflito _____ ver o assalto.

e) Estou ansioso _____ conhecer os resultados.

f) Ele tem interesse _____ viajar futuramente.

g) O menino parecia obediente _____ avô.

h) O bebê não estava acostumado _____ pessoas estranhas.

UNIDADE 6 45

CONHECIMENTO EM TESTE

Texto 1

1. A leitura dos elementos verbais e não verbais do cartaz acima permite afirmar que se trata de um texto possível para campanha de:
   a) economia de água do planeta. (   )
   b) denúncia de ações criminosas nas florestas. (   )
   c) proteção da Mata Atlântica. (   )
   d) trânsito, orientando para o cuidado com animais selvagens na pista. (   )

2. Pelas imagens do cartaz, o que se espera que seja denunciado? Assinale a resposta adequada.
   a) Maus-tratos aos animais. (   )
   b) Incêndios florestais. (   )
   c) Desmatamento em áreas de preservação. (   )
   d) Desrespeito aos territórios indígenas. (   )
   Justifique sua resposta.

   _____
   _____
   _____

3 ► Releia o texto do cartaz.

> Quanto mais detalhada e mais documentada a denúncia, mais rápido e eficazmente poderá agir o órgão ambiental. Portanto, procure anexar todo tipo de prova que possa dar credibilidade às **suas** informações e também facilitar o trabalho do Poder Público: fotos, vídeos, mapas, notícias de jornais, revistas, nome e endereço de testemunhas, etc.

a) Que tipo de informação esse texto procura detalhar para o leitor do cartaz?

Assinale a(s) alternativa(s) adequada(s).

- Apresenta os procedimentos que levarão o leitor a ser identificado pelos denunciados. (   )
- Detalha a documentação a ser apresentada com a denúncia. (   )
- Detalha os procedimentos que tornam a denúncia eficaz. (   )
- Apresenta os passos que serão adotados pelo Poder Público com base na denúncia feita. (   )

b) No parágrafo reproduzido, o pronome *suas*, destacado em negrito, refere-se às informações:

- solicitadas pelo Poder Público. (   )
- expressas no próprio cartaz. (   )
- fornecidas por quem denuncia. (   )
- existentes nas provas. (   )

c) Leia novamente este trecho:

> Quanto mais detalhada e mais documentada a denúncia, mais rápido e **eficazmente** poderá agir o órgão ambiental.

A palavra destacada indica circunstância de:

- tempo. (   )
- modo. (   )
- intensidade. (   )
- finalidade. (   )

Texto 2

Se mata lá fora

Pesquisa mostra: 85% dos teens de seis capitais (inclusive os fumantes) são contra cigarro em lugar fechado

Chico Felitti Da Reportagem Local

[...]

O número saiu de uma pesquisa Datafolha realizada em dezembro de 2008 com jovens entre 12 e 22 anos, em seis cidades — São Paulo, Rio de Janeiro, Belo Horizonte, Porto Alegre, Salvador e Brasília.

[...]

A. Tenho direito a fumar!

Acho essa lei uma bobagem. É a mesma coisa da Lei Seca, que funcionou só na primeira semana. Cigarro não é só um vício. Tenho o direito de fumar! Fumante tem que ter bom senso; eu não vou acender um cigarro dentro de um elevador. Em barzinhos e baladas, é só ter uma ala de fumantes e problema resolvido. Sempre vai ter algo pra incomodar: acho fumaça de carro muito mais chato do que a de cigarro.

Enquanto pensam em leis antitabaco, diminuem imposto de carros, gerando mais poluição, congestionamento e inúmeros outros problemas. Se a lei funcionar, com fiscalização, multas e tal, eu deixarei de frequentar vários lugares.

C. T. M., 19, é estudante do terceiro ano do ensino médio em C.

B. A saúde agradece!

Eu já esperava que a lei fosse aprovada. É só ter bom senso: ficar num ambiente com aquela fumaça toda é incômodo. Nunca experimentei cigarro nem tenho a mínima vontade. Talvez seja porque o meu pai fuma e porque perdi um avô por causa de câncer de pulmão. Não acho que os jovens de hoje fumem menos. O consumo de cigarro deve ser o mesmo da juventude do meu pai. Fumar ainda é coisa de gente "legal", fica mais fácil interagir quando se está fumando. Se você está num lugar onde é proibido fumar, fica constrangido e, pouco a pouco, para. A influência do cigarro vai diminuir, porque a lei proíbe o fumo em lugares divertidos. Já me taxaram de chata, mas muitas vezes me elogiaram. Meu primeiro estágio foi numa ONG contra o tabagismo. A saúde da população agradece.

N. C., 19, é estudante de Direito

Folha de S.Paulo. São Paulo, 20 abr. 2009. Os nomes foram abreviados para preservar a identidade dos entrevistados.

1▸ Sobre o título da matéria jornalística — "Se mata lá fora" —, pode-se afirmar que:
- **a)** foi construído em linguagem mais informal. (   )
- **b)** provoca o leitor fazendo-lhe uma sugestão. (   )
- **c)** menciona um assunto considerado terrível por muitos: o suicídio. (   )
- **d)** é objetivo, reproduz exatamente o assunto tratado na matéria. (   )

2▸ Releia o subtítulo, ou linha fina, da matéria.

> Pesquisa mostra: 85% dos *teens* de seis capitais (inclusive os fumantes) são contra cigarro em lugar fechado

Assinale a(s) alternativa(s) correta(s). Pelas informações contidas nesse trecho, o leitor:
- **a)** descobre qual é o assunto da matéria jornalística. (   )
- **b)** tem um exemplo do que acontece quando se fuma muito. (   )
- **c)** tem ideia de qual é a base dos dados apresentados na matéria. (   )
- **d)** fica sabendo do percentual de adolescentes que são contra o cigarro em lugares fechados. (   )

3▸ Os estudantes consultados que fazem declarações nos trechos A e B:
- **a)** concordam com a proibição do fumo em ambientes fechados. (   )
- **b)** discordam da proibição do fumo em ambientes fechados. (   )
- **c)** assumem posições opostas em relação à lei. (   )
- **d)** não revelam suas opiniões. (   )

4▸ Segundo o trecho B, a lei que proíbe o fumo em locais públicos terá efeitos positivos porque:
- **a)** as pessoas passarão a perceber que a fumaça de cigarro incomoda os não fumantes. (   )
- **b)** as pessoas deixarão de fumar para continuar frequentando os lugares divertidos. (   )
- **c)** as pessoas perceberão que a interação ficará mais fácil sem o uso do cigarro. (   )
- **d)** as pessoas perceberão que correm o risco de ter câncer de pulmão. (   )

5▸ Na frase "O consumo **de cigarro** deve ser o mesmo da juventude do meu pai", o termo destacado tem função de:
- **a)** adjunto adverbial, por modificar a ideia de um verbo. (   )
- **b)** complemento verbal, por completar o sentido de um verbo. (   )
- **c)** complemento nominal, por complementar o sentido de um substantivo. (   )
- **d)** adjunto adverbial, por modificar a ideia de um adjetivo. (   )

UNIDADE 7

O desafio de dar e de aceitar opinião

Vozes do verbo

Para relembrar:

Vozes do verbo

Formas de relacionar o verbo com o sujeito expresso na oração.

Voz ativa
- sujeito agente;
- sujeito responsável pela ação expressa pelo verbo;
- verbo de ação – transitivo direto;
- objeto direto sofre a ação do verbo.

Voz passiva
- sujeito paciente;
- sujeito sofre a ação expressa pelo verbo.

Voz reflexiva
- sujeito agente e paciente ao mesmo tempo;
- construída com os pronomes pessoais *me, te, se, nos, vos*.

Analítica
Construída com locução verbal (verbo auxiliar + verbo principal) e agente da passiva.

Sintética
Utiliza a partícula *se* junto ao verbo.

Para as atividades das questões 1 a 4, leia a sinopse dos livros a seguir.

I.

O barqueiro e o canoeiro

Este livro narra o encontro inusitado entre João, um barqueiro branco, e Toró, um canoeiro indígena no rio Amazonas. Com sua canoa prestes a afundar, **o canoeiro é salvo pelo barqueiro**. Durante o trajeto pelo rio, os dois conversam sobre a vida. [...]

O barqueiro e o canoeiro, de Fernando Vilela, publicado pela editora Scipione.

II. **O mistério do Capiongo**

Em 1951, **Raimundo dos Angos é chamado por um coronel** para investigar o sumiço de animais em sua fazenda. Chegando ao local, **ele é informado pelo vizinho** de que **o cliente viajou e voltará em duas semanas**. Logo, uma série de fatos começam a surpreender o detetive. [...] Suspense e cultura popular se misturam nesta trama.

O mistério do Capiongo, de Joaquim de Almeida, publicado pela editora Scipione.

UNIDADE 7 **49**

III.

O fantasma da torre

Três jovens resolvem fazer uma visita noturna ao "castelo" — **um velho casarão que foi tombado pelo Instituto do Patrimônio Histórico** — em cuja torre viveria um fantasma. [...]

O fantasma da torre, de Giselda Laporta Nicolelis, publicado pela editora Scipione.

IV.

Não acredito em branco

Macauoân é escravizado e catequizado pelo homem branco. A invasão dos territórios indígenas é relatada pelo oprimido.

Não acredito em branco, de Celso Antunes e Telma Guimarães Castro Andrade, publicado pela editora Scipione.

V.

A flauta mágica

A princesa Pamina é raptada por Sarastro. Ao ver o retrato da moça em um camafeu, o Príncipe Tamino apaixona-se por ela. **Com a ajuda de uma flauta mágica, ele parte para resgatá-la.**

A flauta mágica, de Wolfgang Amadeus Mozart, adaptado por Rosana Rios e publicado pela editora Scipione.

VI.

Aventura em mares tempestuosos

Cecil e Duplação vão até a baía de Pacamac para investigar o sumiço de navios. A bordo do bucaneiro, **os dois são tragados por um furacão** e acabam indo parar em uma ilha, **onde eles descobrem uma base secreta de piratas**.

Aventura em mares tempestuosos, de Martin Oliver, publicado pela editora Scipione.

1▸ Você já conhecia algum desses livros? Ao ler as sinopses, ficou com vontade de ler a história completa de algum(ns) livro(s)? Qual(is)? Por quê?

_____
_____
_____
_____

2▸ Nas sinopses de livros apresentadas nas páginas anteriores, há frases destacadas. Transcreva-as no quadro a seguir de acordo com a voz verbal correspondente a cada uma das frases – voz ativa ou voz passiva.

A. Frases construídas na voz ativa	B. Frases construídas na voz passiva

UNIDADE 7 **51**

3▸ Escolha quatro frases da coluna **B** e escreva o agente da passiva de cada uma delas.

_____

_____

_____

_____

4▸ Escolha quatro frases da coluna **B** e reescreva-as, passando cada uma delas para a voz ativa.

_____

_____

_____

_____

_____

5▸ Reescreva as frases a seguir, passando-as para a voz passiva e fazendo as adequações necessárias.

a) Este livro narra o encontro inusitado entre João, um barqueiro branco, e Toró, um canoeiro indígena no rio Amazonas.

_____

_____

b) Eles descobrem a base secreta de piratas.

_____

_____

c) Este livro narra a visita noturna de três jovens a um castelo.

_____

_____

d) Um fantasma habitava a torre do castelo.

_____

_____

6▸ Dos resumos dos livros, copie um exemplo de frase com **voz reflexiva**.

_____

_____

7▸ Leia, a seguir, uma manchete publicada pelo jornal *O Globo* em 11 de junho de 2015. Observe as mudanças que foram feitas na construção para passar a frase da voz ativa para a voz passiva.

sujeito   predicado

Câmara muda <u>data da posse de Presidente da República e governadores</u>

objeto direto

Voz passiva analítica:

A data da posse de Presidente da República e governadores **é mudada pela Câmara**.

Voz passiva sintética:

Muda-se a data da posse de Presidente da República e governadores.

8▸ Conforme as orientações, reescreva as manchetes a seguir, reproduzidas do *site* da UOL (disponível em: <http://noticias.uol.com.br/ultimas>; acesso em: 26 jun. 2015).

a) Criminosos explodem caixas eletrônicos em cidade do interior

Voz passiva analítica:

_____

_____

Voz passiva sintética:

_____

_____

b) Motorista abandona cão na ponte Rio-Niterói

Voz passiva analítica:

_____

_____

Voz passiva sintética:

_____

_____

c) Produção de comidas de festa junina gera empregos em Caruaru

Voz passiva analítica:

_____

_____

Voz passiva sintética:

_____

_____

d) Braço mecânico reproduz movimentos humanos

Voz passiva analítica:

_____

_____

Voz passiva sintética:

_____

_____

UNIDADE 7 53

◣ Desafios da língua

Mal ou *mau*?

Em *Desafios da língua* da Unidade 7 do livro, você estudou o uso das palavras *mal* e *mau*. Vamos relembrar:

A palavra *mal*	A palavra *mau*
· é antônimo de *bem*; · pode equivaler à conjunção *assim que*; · pode ser substituída por *nem ao menos, nem sequer, apenas*; · pode ser substituída pelos substantivos *maldade, doença, problema*.	· é antônimo de *bom*; · é adjetivo, acompanha substantivos.

1▸ Leia as piadas a seguir, adaptadas da revista *Piadas para crianças*, publicada por Case Editorial.
Observe que, em todas elas, há as palavras *mal* ou *mau*, sozinhas ou em palavras compostas. Sublinhe-as. Em seguida, escreva a alternativa que indica o significado delas nas frases, com base no quadro acima.

a) Duas velhinhas amigas fazem crochê juntas. Uma delas diz:

— Não me leve a mal. Eu não consigo me lembrar: qual é o seu nome? A outra responde:

— Para quando você precisa dessa informação?

_____

b) O menino pergunta ao pai:

— Pai, onde estão os Alpes Suíços?

O pai, mal informado, responde:

— Pergunte a sua mãe. Ela é que guarda tudo.

_____

c) Um menino parou na frente de uma casa e mal se esticou para tocar a campainha quando chegou um policial.

— Quer que eu toque a campainha pra você? — disse o policial.

— Sim, toque e fuja porque eles costumam jogar água.

_____

_____

d) Ao filho mal-educado a mãe diz:

— Cada vez que você faz uma malcriação, um dos meus cabelos fica branco.

O filho se faz de mal-entendido e diz:

— Por que todos os cabelos da minha avó estão brancos? É por sua causa?

_____

_____

e) A mãe mal termina de se maquiar para uma festa e passa mal ao ouvir o filho:

— Mãe, adivinha por que o Totó é muito mau.

— Não sei! Por quê?

— Ele entrou em casa sujo de lama, foi para o seu quarto e resolveu dormir em cima do vestido branco que você vai vestir agora.

_____

_____

_____

54 ❯ **UNIDADE 7**

2) As piadas abaixo foram adaptadas do *site* UOL Entretê – crianças (disponível em: <http://criancas.uol.com.br/piadas/livro-de-piadas/>; acesso em: jun. 2015). Leia-as e complete as lacunas com *mal* ou *mau*.

a) No restaurante, o freguês _____ humorado chama o garçom:
— Tem uma mosca no meu prato!

— O senhor está _____ informado. É o desenho do prato, meu senhor.
— Mas está se mexendo!
— É desenho animado!

b) Um frango _____ começou a voar, lembrou-se:
— Espera aí, frango não voa. E logo em seguida caiu.

Outro frango, mesmo com o _____ resultado do voo do primeiro, bateu asas, voou e não caiu.
— Ei, por que você não caiu?
— Porque sou um frango a passarinho.

c) A cobrinha chega em casa com _____ estar e pergunta para seu pai:

— Papai, estou me sentindo _____. É verdade que somos venenosas?
— Não, minha filha! Mas por que perguntou?
E a cobrinha:
— É que acabei de morder a língua!

d) Um sujeito pede um frango em um restaurante de beira de estrada e logo depois chama o garçom para reclamar:

— Este frango está _____ passado!
E o garçom:

— Mas como você sabe, se _____ encostou nele?
— É que ele comeu todo o milho da minha salada!

3) Complete o texto com *mal* ou *mau*, conforme necessário.

Não fique _____ informado! Procure saber mais sobre saúde bucal:

• O _____ hálito pode ser consequência de dentes

_____ escovados.

• Pesquisas mostram o _____ resultado para a saúde
bucal pela falta de uso de fio-dental.

4) Complete as frases usando *mau* ou *mal*. Observe o exemplo a seguir.

> O móvel não tem um bom acabamento. Ele é **mal-acabado**.

a) O rapaz não soube agradecer o presente. Ele foi _____.

b) O comerciante vende produtos fora da data de validade. Ele é um _____.

c) Dizem que havia assombrações no castelo. Era um castelo _____.

d) Não aconteceu nada de errado. Tudo não passou de um _____.

e) Ela visitou o médico. Queixou-se de um _____ que não a deixa dormir.

f) O estudante soube do _____ resultado de suas avaliações.

UNIDADE 7 55

UNIDADE 8

Jornalismo: informação e opinião

Pronomes e colocação pronominal

Para lembrar:

> **Pronomes pessoais oblíquos:** *me, te, se, lhe, o, a, nos, vos, se, lhes, os, as.*
> **Pronomes demonstrativos:** *o(s), a(s)*, quando puderem ser substituídos por *isto, isso, aquele(a), aquilo.*
> **Pronomes indefinidos:** *algum(a), alguém, todo(a), outro(a), ninguém, nada.*
> **Pronomes relativos:** *que, quem, o qual, a qual, cujo(s), cuja(s).*

Colocação pronominal		
Próclise	O pronome vem **antes** do verbo atraído por:	– palavras de sentido negativo, como *não, nunca, ninguém, nada, jamais, nem*; – pronomes pessoais, indefinidos, demonstrativos e relativos; – advérbios ou expressões adverbiais; – orações optativas.
Mesóclise	O pronome vem "**no meio**" do verbo, quando este está no:	– futuro do presente; – futuro do pretérito.
Ênclise	O pronome vem **depois** do verbo. Emprega-se em:	– períodos que se iniciam com verbos; – orações imperativas afirmativas; – orações reduzidas de infinitivo.

1 ▸ Leia as curiosidades a seguir. Em seguida, transcreva de cada uma delas os verbos e os pronomes empregados. Depois, indique se ocorre próclise, mesóclise ou ênclise.

O que se fazia no passado:

a) sem banheiro?

> O primeiro vaso sanitário só apareceu em 1597. Quando não se tinha vaso sanitário, as pessoas usavam baldes ou penicos para suas necessidades e jogava-se o conteúdo na rua.

_____

_____

b) sem ventilador?

> O primeiro ventilador foi construído em 1883. Antes disso, o único jeito de se refrescar era se abanar com folhas de árvores ou leques.

Thomas Soellner/Shutterstock

_____

_____

c) sem dinheiro?

> Sem notas ou moedas, como se compravam coisas? Trocando-se mercadorias. Os romanos usavam sal; os noruegueses, bacalhau. Usavam-se também conchas antes das moedas de ouro e prata.

_____
_____

d) sem garfo, faca ou colher?

> Os homens das cavernas afiavam pedras para deixá-las cortantes. Não se usava nenhum instrumento para comer. Se alguém queria se alimentar, comia com as mãos. Quando apareceram as colheres, uma mesma colher era usada por todos que se juntavam para comer.

_____
_____

e) sem cadeiras, sofás ou camas?

> Na falta de cadeiras ou sofás, sentava-se no chão. Não era de se espantar que as refeições também ocorressem no chão.
> As camas eram artigos de luxo. Quase ninguém as tinha em casa para descansar. Deitava-se em esteiras ou redes desconfortáveis. Todos se acomodavam como podiam.

_____
_____

2 ▸ Justifique as colocações pronominais em destaque no trecho a seguir.

> Quase ninguém **as** tinha em casa para descansar. Deitava-**se** em esteiras ou redes desconfortáveis. Todos **se** acomodavam como podiam.

_____
_____
_____

3 ▸ Leia esta tirinha de Calvin e responda às questões.

WATTERSON, Bill. *Calvin & Haroldo.*

UNIDADE 8 · 57

a) Nessa tirinha, o que Calvin mais temia?
_____
_____

b) Por que ele tanto temia?
_____
_____

c) Releia estas falas da tirinha e responda: Qual é a justificativa para o uso de próclise?

> [...] não deixe a professora **me chamar**!
> Não **me faça** ir ao quadro [...]
> [...] não **me envergonhe** na frente de toda a turma.

_____
_____

4. Leia mais uma tirinha de Calvin.

WATTERSON, Bill. *Calvin & Haroldo*.

Quando Calvin afirma "Eu **me livrei** dessa!", qual é a justificativa para o uso da próclise nessa fala?
_____
_____

5. Escolha a melhor opção de colocação do pronome *se* — próclise ou ênclise — para o cartaz, observando as palavras que estão antes dos verbos.

ACADEMIA VALE-TUDO

AQUI _____ DÁ _____ IMPORTÂNCIA PARA SEU BEM-ESTAR!

VOCÊ _____ EXERCITA _____ E NINGUÉM _____ ATREVE _____ A INCOMODÁ-LO!

NÃO _____ IMPORTE _____ COM O PREÇO NEM _____ PREOCUPE _____ COM O PAGAMENTO! TUDO É FACILITADO!

_____ RECUPERE _____. _____ SINTA _____ BEM. _____ DIVIRTA _____.

_____ VENHA _____ CONHECER AINDA HOJE!

58 UNIDADE 8

Desafios da língua

Acentuação — revisão

Releia algumas regras de acentuação.

Casos	Regras	Exemplos
1. Palavras oxítonas	São acentuadas quando terminam em -a(s), -e(s), -o(s), -em, -ens.	vatapá, carajás, dendê, carijó, também, vinténs
2. Palavras paroxítonas	Acentuam-se as terminadas em -l, -i/-is, -n, -us, -r, -x, -ã/-ãs, -ão/-ãos, -on/-ons, -um/-uns, ei(s), ps.	fácil, júri/júris, pólen, Vênus, caráter, tórax, imã/imãs, órfão/órfãos, próton/prótons, álbum/álbuns, pônei, bíceps
3. Palavras proparoxítonas reais	Todas são acentuadas, tanto as proparoxítonas reais quanto as proparoxítonas aparentes (também chamadas de paroxítonas terminadas em ditongo oral).	**proparoxítonas reais:** sólido, cântico, excêntrico, fôlego
4. Palavras proparoxítonas aparentes		**proparoxítonas aparentes:** história, nódoa, série, cárie
5. Ditongos abertos -éu, -éi, -ói	Sempre são acentuados nos monossílabos tônicos e nas palavras oxítonas.	céu, chapéu, anzóis, dói, pastéis

1▸ Indique a regra que justifica o acento em cada grupo de palavras. Utilize o número correspondente a cada regra, de acordo com o quadro anterior.

a) quartéis, faróis, anéis, véus (   )
b) água, canário, ciência, armário (   )
c) fábula, lâmpada, sonâmbulo, cânticos (   )
d) fênix, ônix, Félix (   )
e) ânus, vírus, bônus (   )
f) sofá, ninguém, jiló, pangaré (   )
g) órgão, sótão (   )
h) crustáceo, colégio, coletânea, Iugoslávia (   )
i) cronômetro, óbito, pálido, problemático (   )
j) nível, fácil, amigável, fóssil (   )

2▸ Leia a tirinha reproduzida a seguir, de Fernando Gonsales.

GONSALES, Fernando. Níquel Náusea. *Folha de S.Paulo*. São Paulo, 5 mar. 2019.

a) O diálogo, na tirinha, ocorre entre dois personagens de ficção, isto é, que pertencem ao mundo da fantasia: a rena do Papai Noel e Pégaso, um cavalo com asas que pertence à mitologia greco-romana. Por que Pégaso se sente uma ficção mais aceitável?

_____

_____

b) Justifique o acento da palavra *aceitável*.

_____

UNIDADE 8 · 59

Leia as regras de acentuação do quadro a seguir.

Caso	Regras	Exemplos
Vogais *i* e *u* em hiato	Acentuam-se as vogais *i* e *u* quando: • formarem hiato com a vogal anterior; • estiverem sozinhas na sílaba ou seguidas de *-s*; • não forem seguidas de *-nh*; • não vierem precedidas de ditongo (nas palavras paroxítonas).	saúde, uísque, proíbem, juízo, reúne, Piauí

3 ▸ Acentue adequadamente as palavras que estiverem de acordo com as regras citadas no quadro anterior.

> saudade   ataude   ausente   faisca
> juiz   pais (progenitores)   pais (pátria)
> balaustre   Havai   Luis   Luisa

_____
_____

Leia as regras de acentuação deste quadro:

Caso	Regras	Exemplos
Acento diferencial	Acentua-se *pôr* (verbo) para distingui-lo de *por* (preposição). Acentua-se a forma verbal *pôde* (3ª p. sing. pret. perf. ind.) para diferenciá-la da forma do presente do indicativo *pode*. É facultativo o emprego do acento em *dêmos* (1ª p. pl. pres. subj.) para diferenciá-lo de *demos* (1ª p. pl. pret. perf. ind.). É facultativo o emprego do acento em *fôrma* (substantivo) para distingui-lo de *forma* (substantivo ou 3ª p. sing. pres. ind. ou 2ª p. sing. imper. afirm.).	Para pôr (verbo) toda essa bagunça em ordem será necessário que você comece por (prep.) aqui. Ela não pôde (pret. perf. ind.) viajar nas últimas férias, mas nas férias de agora ela pode (pres. ind.). É preciso que todos dêmos/demos (pres. subj.) mais atenção a ela. / Nós demos (pret. perf. ind.) toda a atenção de que ela precisava naquele momento. Não acredito que um bolo com essa forma (subst.) tenha sido feito naquela fôrma (subst.). Ele forma (pres. ind.) uma banda diferente por ano. / Forma (2ª p. sing. imper. afirm.) tua banda, se é isso que queres.

4 ▸ Leia os trechos a seguir e empregue o acento diferencial quando necessário, considerando principalmente os sentidos que se quer garantir ao texto.

a) Você não pode ir agora ao aeroporto, pois seu pai ainda não chegou para acompanhá-lo.

b) Ontem o juiz não pode mostrar o cartão vermelho ao jogador que fez a falta porque ele não viu a jogada.

c) Para grandes esculturas, são feitas formas de metal para dar a forma inicial.

d) Gostaria de por este quadro na parede da entrada da casa: ele inspira muita paz!

60 › UNIDADE 8

Uso do hífen

1 ▸ Leia a tirinha:

GONSALES, Fernando. Níquel Náusea. Disponível em: <http://www2.uol.com.br/niquel/>. Acesso em: 18 fev. 2019.

a) No último quadrinho da tira, o cavaleiro diz:

> Cruzes!

Por quê? Explique considerando o contexto.
_____
_____

b) A cor da camisa do primeiro cavaleiro é verde-musgo. Essa palavra composta é escrita com a ajuda de hífen. Escreva duas outras palavras compostas que nomeiem cores.
_____
_____

2 ▸ Observe os elementos a seguir, usados na formação de certas palavras. Da maneira adequada, escreva as palavras que eles formam, completando com hífen quando necessário.

a) ex + marido: _____
b) micro + ondas: _____
c) sem + terra: _____
d) hidro + avião: _____
e) azul + celeste: _____
f) recém + casado: _____
g) erva + doce: _____
h) super + realista: _____
i) auto + retrato: _____
j) ultra + sensível: _____
k) anti + inflamatório: _____

3 ▸ Reescreva as palavras da atividade anterior que não se ligaram por hífen. Justifique esse fato em cada caso.
_____
_____
_____

UNIDADE 8

CONHECIMENTO EM TESTE

Texto

De patinho feio a cisne

Flávia Foreque

Em 2010, quando desembarcou em Moscou para estudar na Escola do Teatro Bolshoi, David Motta Soares enfrentou uma de suas "piores semanas no país".

Aos 13 anos, sem falar inglês ou russo, viu-se sozinho em recesso das aulas da renomada companhia de dança.

"Fiquei sem fazer nada e não conhecia ninguém. Foi um sufoco total. Eu me perguntei durante o ano inteiro: 'O que estou fazendo aqui?'", lembra em entrevista à Folha, por telefone.

Hoje a dúvida já não passa pela cabeça do rapaz: aos 18 anos, é o primeiro brasileiro a concluir os estudos na sede do Bolshoi e já recebeu o convite para atuar na companhia, a partir de setembro.

Outros três brasileiros, formados na filial do Brasil, integram atualmente o corpo de baile. "Aqui estamos sempre em contato com os bailarinos do teatro, é uma inspiração para nós. E os professores estão sempre contando história dos bailarinos antigos e de agora", relata.

Filho de um guarda municipal e de uma auxiliar de serviços gerais, David ingressou na carreira por acaso, ao acompanhar a prima em uma aula de dança em Cabo Frio (RJ), em sua cidade natal.

Uma de suas apresentações, registrada em vídeo, chamou a atenção de um olheiro. Após participar de curso de verão no Bolshoi de Nova York, David foi convidado a se mudar para Moscou.

[...]

Folha de S.Paulo. São Paulo, 6 maio 2015. Ilustrada, p. C1.

1) De acordo com o texto, David é:
   a) bailarino junto com a prima em Cabo Frio. ( )
   b) um bailarino brasileiro em Nova York. ( )
   c) um dos três bailarinos brasileiros em Moscou. ( )
   d) um bailarino brasileiro em Moscou. ( )

2) O texto que você leu tem por objetivo:
   a) informar dados sobre a carreira de um bailarino. ( )
   b) relatar como foi o início da carreira de David como bailarino. ( )
   c) alertar como é difícil vencer profissionalmente na Rússia. ( )
   d) relatar as viagens de David como bailarino. ( )

3) Releia o primeiro parágrafo do texto:

> Em 2010, quando desembarcou em Moscou **para** estudar na Escola do Teatro Bolshoi, David Motta Soares enfrentou uma de suas "piores semanas no país".

Detalhe da cidade de Moscou, capital da Rússia, no fim da tarde, com destaque para o rio Moscou.

a) A palavra *para* pode ser substituída, sem que se altere o sentido, por:
   - porque. ( )
   - ainda que. ( )
   - a fim de. ( )
   - afim de. ( )

b) As aspas na expressão "piores semanas no país", têm a função de:
   - indicar ironia. ( )
   - sinalizar uma gíria. ( )
   - dar sentido especial à expressão. ( )
   - sinalizar uma citação. ( )

4) Releia este outro parágrafo:

> Hoje a dúvida já não passa pela cabeça do rapaz: aos 18 anos, é o primeiro brasileiro a concluir os estudos na sede do Bolshoi e já recebeu o convite para atuar na companhia, a partir de setembro.

Que palavra poderia substituir o sinal (**:**) sem alterar o sentido?
   a) então ( )
   b) por que ( )
   c) porque ( )
   d) assim ( )

5. Releia este trecho:

> "Fiquei sem fazer nada e não conhecia ninguém. Foi um sufoco total. Eu me perguntei durante o ano inteiro: 'O que estou fazendo aqui?'"

A palavra *sufoco*, nesse trecho, significa:
a) dificuldade de respirar. (   )
b) estreito, comprimido. (   )
c) angústia, ansiedade, dificuldade. (   )
d) muito trabalho. (   )

6. O uso da expressão "durante o ano inteiro" no trecho anterior da atividade:
a) marca o tempo do sufoco. (   )
b) destaca a dimensão do sufoco. (   )
c) introduz a pergunta seguinte. (   )
d) reduz a dimensão do sufoco. (   )

7. As palavras ou expressões que delimitam a vivência de David entre ser patinho feio e cisne são:
a) *Aos 13 anos* e *sempre contando histórias de bailarinos*. (   )
b) *Ao acompanhar a prima em Cabo Frio* e *hoje*. (   )
c) *Em 2010* e *durante o ano inteiro*. (   )
d) *Em 2010* e *hoje*. (   )

8. Releia o trecho a seguir:

> "Aqui estamos sempre em contato com os bailarinos do teatro, é uma inspiração para nós. E os professores estão sempre contando história dos bailarinos antigos e de agora", relata.

A palavra *nós* faz referência:
a) a David e à prima. (   )
b) a David e aos professores. (   )
c) a David e a todos os bailarinos. (   )
d) a David e a outros três brasileiros. (   )

Bailarinos do Balé Bolshoi ensaiando no Teatro do Cassino Barrière, em Deauville, na França, em agosto de 2018, ao participarem do Festival Deauville de Arte Russa. Na frente do grupo e com o rosto voltado para a câmara, os bailarinos Artyom Ovcharenko (à esquerda) e Olga Smirnova.